宋代寺院碑文集成

蔣媛媛 點校

第一册

天津出版傳媒集團
天津古籍出版社

圖書在版編目（CIP）數據

宋代寺院碑文集成 / 蔣媛媛點校. -- 天津：天津古籍出版社，2021.1（2022.6重印）
ISBN 978-7-5528-1006-6

I. ①宋… II. ①蔣… III. ①佛教—寺院—碑文—匯編—中國—宋代 IV. ①K877.42

中國版本圖書館CIP數據核字（2020）第183145號

宋代寺院碑文集成
SONGDAI SIYUAN BEIWEN JICHENG

蔣媛媛/點校

出　　版　天津古籍出版社
出 版 人　張　瑋
地　　址　天津市和平區西康路35號康岳大厦
郵政編碼　300051
郵購電話　(022)23517902

策　　劃　唐　艦
責任編輯　鄭　偉
責任校對　黎冬瑶　王羽茜
封面設計　鞠佳美

印　　刷　北京虎彩文化傳播有限公司
經　　銷　新華書店
開　　本　787毫米×1092毫米　1/16
印　　張　170
字　　數　1695千字
版次印次　2021年1月第1版　2022年6月第2次印刷
定　　價　2480.00圓（全五册）

ISBN 978-7-5528-1006-6
9 787552 810066

前言

公曆紀元前後，佛教開始由古印度傳入中國，中印文化交流，在秦漢初期已有迹象。至魏晋南北朝，民間信仰及知識分子的皈依，使佛教在中國得到普遍傳播。由漢末至魏晋南北朝，學術思想的風氣一反兩漢的質樸，對形而上的追求趨於普遍，佛教和道教的宗教學術便在這個時期日益發達，而儒家學説在佛道之間依違兩可；又因南北朝以來帝王政權的提倡，佛教受到朝野的尊崇，無以復加。唐初文化思想博厚雄渾，佛教學者名僧輩出，加之對宗教的優容政策，唐代使佛教真正得以發展。到了宋初開國時期，有宋一代的儒學，一變而有理學五大儒的興起。宋代的理學家，即受禪宗的影響，也滲入老莊的成分，自此，宋代的佛教已經由佛而入儒，這是中國文化史上的必然演變，也是佛教文化與中華文化融匯的成果。到了南宋末期，佛學儒化、儒學佛化的迹象已經非常明顯。至明，理學家的思想已深入知識分子階層，又因朱明政權提倡儒學與朱注經疏，作爲佛教唯一權威的禪宗難以與理學相抗衡，只好故步自封。晚明垂末，理學大行，加之佛教人才衰落，僧衆良莠不齊，佛教難以重振唐宋時代的聲威。降至清代，佛教本身濟世渡人的精神衰落，思想義理漸至蒼白；清政府對中原佛教文化實施了嚴格的管控與限制，同時以藏密教派制衡中原佛教；嘉慶以後，歐風東漸，西洋文化的思想與教會俱來，佛教命運遂隨時勢推移而衰落。

裴松之《請禁私碑表》有言：『碑銘之作，以明示後昆。自非殊功异德，無以允應茲典。』即所謂『建永世之名，留金石之功。』自漢以後，刻碑的風氣逐漸普及，幾乎處處可碑，事事可碑。碑銘文質樸凝重，條理清晰，用語典雅。按其用途和內容大致可以分爲紀功碑文、宮室廟宇碑文和墓碑文。碑文的作者由官方到民間演變，內容由莊嚴向世俗轉進，文體亦發生了較大的變化。碑文往往保存許多珍貴史料，具有重大歷史價值。前人實行，後人效法，碑文成了使用範圍極廣的實用文體。

宋代政權建立以後，一反前代後周的政策，采取措施給佛教以適當保護，宋代佛教寺院在數量上居全國之冠。明代黃仲《八閩通志卷之七十五》：『……歷晋、宋、齊、梁而始盛，又歷隋唐以及僞閩而益盛，至於宋極矣！名勝地多爲所占，結宇琳宮，羅布郡邑。』宋代謝泌《長樂集總序》：『城裏三山千簇寺，夜間七塔萬支燈。』韓元吉《南澗甲乙稿》卷十五《建寧府開元禪寺戒壇記》：『夫閩之八州以一水分上下。其下四郡，良田大山多在佛寺。』《三山志》卷四十：『（福州）金銀福地三千界，風月人居十萬家。』《福州市志》：『（宋初，泉州）寺觀之存者凡千百數。祠廬塔廟，雕繪藻飾，真王侯居。』這些文獻只是粗略描繪宋代禪寺林立的情形，『閩於天下，僧籍最富」，「諸路出賣度牒，惟福建一路爲多」，説的是宋代福建僧尼高居全國榜首，實則宋代僧尼之衆、寺院數量之大可窺一斑。當時，許多文人或于寺中讀書，或與高僧品茗問法、吟詩作文；或把寺廟作爲宣揚儒家教化的講壇；亦或以游寺爲樂。

由是，宋代進入了寺院碑文的繁盛時期，作者群體龐大，作品數量驚人，體裁亦呈現多樣化的特點。宋代寺院碑文的作者，雖然文人士大夫仍然處於中心地位，但實則已泛化至社會各個階層，顯示出佛教日益社會化的特點。文人階層包括朝中重臣、地方要員、一般文臣、下級文吏，如余靖《廣州烏龍山覺性禪院草堂記》、文同《成都府楞嚴院書六祖記》、蘇軾《題廣州清遠峽山寺》等。除文人階層外，僧人這一群體的成就也十分引人注目，因宋代加强完善了僧衆管理制度，提高了僧籍的准入門檻，使得僧人的文化水準得以提升，加之士大夫和朝廷對佛教的傾力扶持，僧人之作應運而生。與文人之作相較，僧人之作更是别具格調。如釋贊寧的《紫薇山重修志願寺碑銘（并序）》、釋善道的《興教院石卵銘》、釋契嵩的《杭州武林天竺寺故大法師慈雲式公行業曲記》。此外還有一定數量的普通作者，如吴氏小四娘《寶勝禪院吴氏包鎮造塔記》、梅權《造塔記》，此類碑文語言樸實，内容具體。宋代碑刻，從體制、字體、形式上都沿襲前代已定的規模。數量巨大的寺院碑文將佛法滲入世人的精神世界，碑文或傳寫高僧，禮贊高僧大德，或補充正訛僧史僧傳，或叙述某一寺院建成修復及興衰的過程，或記録有關佛教制度，或闡述佛經教義，或解讀佛教精神，或記録宗派禪師語録，或輯録僧人的言談逸事，或展示佛教的實現方式，或叙述人事更迭，或勸誡世人爲善，或頌揚儀理道德，或追憶往代歷史。凡此種種，形成了宋代寺院碑文的宏大局面。

宋代爲佛教中國化、世俗化、平民化的時期，從宋代寺院碑文中可見宋代佛學文化的基本面向：人生福祉、自修自悟、兼收并蓄與社會和諧。朱光潛説：『佛教以出世的精神，幹入世的事情。』在古代，佛陀傳揚恢弘的教義，保佑普天之下太平無恙；在今天，佛教的自律自净、依正利他的理念，與提升人生境界和生命價值、塑造完美的人格精神的提倡是完全一致的。《宋代寺院碑文集成》一書的點校，對世人瞭解宋代佛學文化進而瞭解宋代文化具有積極意義；對當下整合各方力量，構建和諧社會的發展與穩定，進而推動整個社會文明、進步和發展具有深刻的啓示意義。

目録

釋智圓

釋法勝

鄭向文

余靖

歐陽修

釋契嵩

蘇洵

元　絳

釋普莊

唐　介

李大臨

員安輿

陳摶

陳摶（？——九八九），字圖南，亳州真源（今河南鹿邑）人。後唐長興中舉進士不第，遂隱于武當山九室岩，服氣辟穀。移居華山雲臺觀，又止少華石室。周世宗召爲諫議大夫，不受。太平興國中朝宋，太宗甚重之，賜號希夷先生。摶好讀《易》，自號扶摇子，學者又稱白雲先生。端拱二年七月卒。著《易龍圖》一卷，傳先天之學；《指玄篇》八十一章，言導養及還丹之事；又有《三峰寓言》《高陽集》《釣潭集》。今所傳陳摶著述，多爲後人僞托。見《宋史》卷四五七本傳，馮椅《厚齋易學》附録二。

京兆府廣慈禪院新修瑞象記〔一〕　雍熙二年三月

夫以立瑞像者，重其本也；崇訓誥者，演其教也。像非其貌，故不可以盡文；經非了義，故不可以復思。其謂常心，有兹歸向。若或睹像如在，看經不虚，乃響接以必然，即因緣之博矣。其瑞像者，即經藏王，僧義省新修也。焰輪金灼，儀相月圓。自假相以裝嚴，且托真而教導。其諸瞻禮，即香燭以載陳；其又信心，乃夢魂而常在。曁乎釋捨中正，柔麗大和，成六年戰野之功，超十地得朋之操。因空得性，無相成真，尚從馴致之能，方證圓明之果。出諸體化，離以言名，有願是從，無響不應，毫珠電轉，心印星羅。隨造化以有初，莫窮其始；育玄黄而在後，罔測其終。任草木以榮枯，吾非大覺；在陰陽之隱顯，吾不自知。洎一氣分元，三才互用，龍馬□闢于上下，烏兔分照于東西。運變形名，陶甄物類，剛柔著矣，大小數焉。將及指名，罔窮玄造，確乎性也，其何言哉！且翕斂于四時，復含章于萬物。如來也融光五藴，馳化六虚，不可以聲色所言，不可以智慧所議。既受我命，復生我神，惟命與神，可大可久。不化而化，不言而言，乃謂神極，而必通感誠，而後應其法相也。言與其聲，教也自行，妙不可表于人寰，至不可言乎沙界。乃因瑞像，略以明辭。辭不可盡乎聖理，像不可述乎聖容。蓋自有情，響于福壽者也。贊曰：

我丞三昧，無終善始。我丞大極，得通善至。履和盡妙，感誠無思。惟真日忌，惟法是利。匪我神通，神通自致。匪我法輪，法輪自熾。偉哉像設，教流大地。大寂淵奥，雲施雨行。大寂圓朗，電激雷驚。或出或處，萬物含英。且易且簡，萬物生成。至極至變，非色非聲。至感至應，不滅不生。我法非法，我名非名。誰蓄誰泄，自枯自榮。噫哉瑞像，歸于物情。大樂無聲，且鼓且舞。大權無名，且默且語。我味天供，匪寒匪暑。我聲天樂，惟律惟吕。爲世慈悲，百靈相與。

大宋雍熙二年，歲次乙酉，三月戊辰朔，十八日壬戌，僧義省建。武威郡安文璲并弟文璨鐫字。

《金石續編》卷一三，臺灣新文豐出版公司石刻史料新編本。

〔一〕題下原署：『華山希夷先生陳摶撰，前鄉貢進士楊從乂書丹篆額。』

陳洪進

陳洪進（九一四——九八五），字濟川，泉州仙游（今福建仙游）人。少習兵法，以材勇聞。隸兵籍，從留從效奉閩主王延政，延政送款于南唐主李璟，璟以洪進爲統軍使，遷清源軍節度、泉南等州觀察使。建隆中，奉表聽命于宋，歲修朝貢。太宗時來朝，因獻漳、泉二州，詔授武寧軍節度使、同平章事，留京師奉朝請。後封杞國公，進岐國公。雍熙二年卒，年七十二。《宋史》卷四八三有傳。

修塔願文　太平興國三年三月

弟子平海軍節度使、特進、檢校太師陳洪進，伏睹繁臺天清寺建立寶塔，特發心奉爲皇帝陛下捨銀伍佰兩入緣。右，謹稽首刹土如來、恒沙菩薩。竊以繁臺真境，大國名藍。六洞虚仙，曾留勝迹；九層寶塔，近立崇基。洪進頂戴睿恩，耳聆厥善，合掌爰游於妙域，傾心特捨于中金。伏願舜德巍巍，□乾坤而共久；堯風蕩蕩，播寰海以恒清。今因捨施，和南謹記。太平興國三年三月日，弟子平海軍節度使、特進、檢校太師陳洪進記。國家圖書館藏拓片・各地四八三三——一。

徐鉉

徐鉉（九一七——九九二），字鼎臣，揚州廣陵（今江蘇揚州）人。初仕吴，爲校書郎。事南唐李璟，歷官太子右諭德、知制誥、中書舍人。後主李煜嗣位，任禮部侍郎、尚書左丞、兵部侍郎、御史大夫、吏部尚書，充翰林學士。隨後主入宋，爲太子率更令、右散騎常侍，遷左常侍。淳化二年貶静難軍行軍司馬，明年八月二十六日卒。鉉長于爲文，尤精小學，曾奉詔校定《説文》（存），著《質論》數十篇、《稽神録》二十卷（今存爲六卷本）、文集三十卷（存）。《宋史》卷四四一《文苑傳》三有傳。

楞嚴院新作經堂記

君子才足以治劇，惠足以安民，見危致命，以死勤事。有一于此，然後可以薦信于無方之神，儲慶于必大之門。噫，楞嚴院經堂之作也，其庶幾乎！平陽柴君諱進思，字昌美，故太尉、中書令、尋陽靖王之孫也。少而爽俊，長而忠恪，尤善騎射，頗曉兵書。靖王愛之，出則典親兵，居則專家政，幹蠱之美，宗族稱之。王薨，始爲公臣，累遷旅師，鴻圖再造，金革寢威。上以其材能可任，故以爲内宴副使，乘軺建節，將命四方，盤根錯節，所至皆治。改鄂岳觀察巡官，知永興縣事。縣有山澤之征，榷管之利，歲終考績，倍于前人。遷泰州軍事判官，兼營田鹽監。平蠹政，決庶獄，勞農督課，潔己律人，民不告疲，公有餘利。除勸農使，復監池、吉二郡，護武昌軍，千里晏安，上流静謐。會梁人入寇，我武未揚，東畿陷没，群情震駭，命君爲行營應援軍使，率舟師數千，鼓行而東，平難濟口，復海陵郡，于是淮泗之地，聲勢始通。乘勝長驅，因逼隋苑，前茅接戰，群帥後期，振臂奮身，有死無二。雖破竹之勢，敗于垂成，而東道清夷，本由君之一舉也。江都剋復，歸葬京師，天子閔焉，贈左千牛衛將軍，賻贈加等，禮也。嗣子殿前承旨廷遇等，棘心在疚，荼蓼兼倍。以爲苴麻苦塊，飾哀之期有終；蒸嘗封樹，追遠之禮有數。復欲圖不朽之績，徼無邊之福，則金仙之教，世之所崇，宗旨在于經文，威容存乎像設。于是擇奇勝之地，補闕遺之事，構經堂六間，塑地藏菩薩像一軀。几席什器之類，華而備，精而固，耽然其質，焕乎其章。深嚴足以遠世喧，虚明足以味玄旨。其全節之風也如彼，其集靈之所也如此。然則冥冥之祐，綿綿之慶，豈誣也哉！余頃歲左宦海陵，君盡傾蓋之分。感忠臣之事主，嘉孝子之奉親，刻石紀事，以聳善也。援筆悽愴，無心于文。保大丁巳歲春三月，東海徐鉉記。徐乃昌影宋明州刻本重刊本《徐公文集》（其中徐乃昌校記簡稱『徐校』）卷一三。又見《全唐文》卷八八二。

攝山棲霞寺新路之記〔一〕

棲霞寺山水勝絶，景象瑰奇，明徵君故宅在焉，江令公舊碑詳矣。高宗大帝刊聖藻于貞石，紆宸翰于璿題，焕乎天光，被此幽谷。先是，兹山之距都也五十里而遥，方軌并驅，崇朝可至。及中原構亂，多壘在郊，野無牧馬之童，歧有亡羊之僕。義祖武皇帝潛龍兹邑，訪道來游，始命有司，是作新路。金椎既隱，玉軑言還〔二〕，桐山之駕不追，回中之道亦廢。於戲！聖人遺迹，必將不泯，微禹之嘆，夫何遠哉！保大辛亥歲，時安歲豐，政簡民暇。粤有寺僧道嚴，名高白足，動思利人；百姓莊思悰，家擅素封，積而能散。嗟亭候之不復，閔行旅之多艱，乃相與翦荆榛，疏坎窞，闢通衢之夷直，弃邪徑之迂迴，建高亭于道周，跨重橋于川上，鑿甘井以救暍，立名表以指迷。草樹風烟，依然四望；峰巒臺榭，肅肅前瞻。由是江乘之塗，復識王畿之制矣。余職事多暇，屢游此山，喜直道之攸遵，嘉二叟之不懈，爲文刻石，用紀成功，俾後之好事者以時開通，隨壞完葺。此碣有泐，斯文未湮，不亦美乎！其年八月一日，兵部員外郎、知制誥徐鉉記。《徐公文集》卷一三。

又見《全唐文》卷八八二，乾隆《攝山志》卷四、《金陵梵刹志》卷四。

〔一〕新路之記：《全唐文》、黟南李宗媚光緒十六年刻《徐騎省集》（簡稱『李刊本』），其中李英元校記簡稱『李校』）、臺灣商務印書館影印文淵閣四庫全書本《騎省集》（簡稱『四庫本』）無

「之」字。

〔二〕玉軑：原作「玉馱」，李校云「一本作『馭』」，據《全唐文》改爲「軑」。

金陵寂樂塔院故玄寂禪師影堂記

士有切問强記以修其内，和光退節以晦其外，而人自仰之，名自歸之，不知所以然而然，見之于玄寂禪師矣。師名澄玘，姓陳氏，番禺人。既生而孤，天骨奇秀，岐嶷之態，有异常童。常端居静念，如學道者。七歲復失所恃，母臨終以托其姑曰：「此兒幼有奇應，法當出家，儻果斯願，吾無恨矣。」年十一歲，遂詣本郡從師，十七歲，韶州南華寺正度。于是造詣先達，請益質疑，歷游名山，無遠弗届，不違類于顔子，起予同于卜商。丁未歲，來止舒州山谷寺，遍閲經論，師門之學，無所不通，然未嘗爲人言也。是時季唐二葉，像法大興，凡聚徒講學者，所在奉之以爲長老。禪師徇狎鷗之志，慕争席之風，雖衆人與居，而群望自集，道俗敦請，抗志不從。郡守周公，因人之心，封章上啓，嗣君嘉賞，以詔書命之。周公延至郡齋，親爲致禮。師不得已，乃攝齋即坐，音詞宣朗，寮吏屬目，士庶咸歡。還處精盧，宴居如故。丁巳歲，避難南渡，止于廬山。嗣君召致建康，累徵乃至。迭處名寺，咸敷講席，恩禮優渥，賜號玄寂禪師。時之名流，無不景仰。至于誘進後學，開導真筌，激厲憤悱，皆得所欲。乾德五年冬十一月，終于建康龍光禪院，春秋六十有一，後主遣中使護葬，贈送甚優，葬于都城東南隅鳳臺鄉。門人弟子廬于墓次，誅茅構宇，遂成道場，儼設靈儀，式觀遺愛。鉉頃自禁掖，放逐舒庸，閉關却掃，不豫人事，時游潛岳，因獲覯止。容貌閑暇，議論平淡，言意相得，有若舊交。雖慚方外之期，自叶忘形之契。一生一死，已隔于當年；谷變陵遷，復悲于陳迹。弟子嗣昭等，永懷遺範，願勒貞珉，因述斯文，庶申夙分。年月日記。

《徐公文集》卷二八。

撫州永安禪院記

教之大者其行遠，利之博者其報豐。自三代已還，百家并騖；炎靈之後，釋氏特隆。經法之盛，參乎先聖；祠宇之設，廣于虞庠。不知所以然而然，非言象所及已。撫州郡署之左一里而近，有禪院焉，乾符中署曰寶國，天祐中改名永安。方志失傳，莫知肇興之始；高人迭處，咸爲宴坐之場。夫經像之所居，苾蒭之所薦，必將據郡國之形勝，襲川原之氣象。斯郡也，總楚、越之都會；斯院也，浸章、汝之清流。逸少、康樂，江左名士，而墨池經臺介乎比閭；麻姑、南真，丹臺上列，而仙壇閑館峙乎封域。閈閎相望〔一〕，鐘磬交音，神靈之所依憑，烟霞之所韜映。爾其棟宇之狀也，則赫赫乎顯敞，耽耽乎深嚴。黼藻成文，磨礱盡妙。層樓對峙，修廊四通，列講肆于崇堂，安衆士于奥室。動有擊蒙之益，静有寧體之娱。儲峙必豐，器用必給，四方學者，至輒如歸。考績程功，則住持禪師義韜之力也。韜公道學精詣，慧心朗悟，以濟衆爲務，以興教爲懷。少游名都，歷訪先達；晚栖臨汝，自闢師門。甲申歲，來詣京華，褐衣請見，對揚玉扆，躬奉天言，論難所及，辭義響答。聖恩嘉矚，贈以紫衣，登門之徒，莫不增肅。韜公以斯院制度崇麗，修奉精嚴，金石闕如，何以示後，惠然見顧，求我以文。辭讓不獲，因爲之記。年月日記。《徐公文集》卷二八。

〔一〕閈：原作「閉」，據上海涵芬樓影印黄丕烈批校抄宋本《徐公文集》（簡稱「黄校本」「黄校」）、李刊本改。

潤州甘露寺新建舍利塔記　端拱二年二月一日

維皇宋二葉，改元五祀，潤州丹徒縣令王紀改築縣墻，掘地得石函，驗其刻文，梁大同五年道人法序瘞真身舍利于此。函中銅龕一，龕中銀合一，合中銀瓶二，舍利七粒存焉，而銅龕復有刻文，則唐貞觀十二年再加營奉。掌役者張遇獲之以獻。遇也感貞應之在己，念妙道之可修，因投郡之慈雲寺，削髮爲沙門，易名聞真。精心苦行，誓復前迹，廣募衆施，疇咨協心。數年之間，克果其願，即以端拱元年夏四月八日，遷致于郡之甘露寺東隅，建浮屠焉。獻狀而來，求志其績。粵聖人在上，欽若靈心，政無不修，神靡不舉。玄貺交感，坤元效珍。用能使幽瘞之質，煥然景彰；騫崩之迹，蔚然雲構。然則澤及微隱，福被含生，其可知也。是郡也，揚州之都會，京口之重鎮。六代之風流人物，綜萃于斯；三吴之山川林泉，肇發于此。高深自改，氣象常存。是寺也，北固山之陰崖、贊皇公之遺迹。峥嶸飛閣，迴闞滄江；邐迤岩房，周行數里。植□之作〔一〕，遠邇雲臻。故真師因人之心，相地之勝，獲此空隙，建兹崇封。材用工役，必求善良；規模制度，必據經法。其高七十尺，其周二十步，八隅瑩玉，五盞凌霄。冠星珠于觚棱，海日先照；圖雲氣于棼橑，宿霧常栖。中嚴睟容，肅然月滿；旁績靈變，煥若霞舒。游居之徒，莫不稱嘆。愚嘗見釋氏子爲此役者多矣，如真師者，其涉道也淺，其居處也卑，上無許、史之托，下無猗、陶之助，苦節以感物，績微而著功，不慁民，不愆素，而能事以立，亦可尚也，故嘉而志之。端拱二年二月一日記。《徐公文集》卷二八。又見《輿地紀勝》卷七，《北固山志》卷一二，《京口山水志》卷一。

〔一〕植□：黄校云：『影宋本不空，按文義有脱字。』李校云：『各本「里」下空格，疑是「動」字。』四庫本此二字作『浮屠』。今按缺字疑是『福』字。

邠州定平縣傳燈禪院記　淳化三年三月

乾維巨屏，實曰邠郊。其地險固，其氣剛勁，被宗周信厚之澤，咏王業艱難之風。是故人知徼福之方，俗嚴慈氏之教，精廬靜宇，隱轔相望。定平縣傳燈禪院者，帶位署之左方，據郭邑之勝勢，四面環其趾〔一〕，涇水蕩其胸。却倚崇岡，爰標龍尾之號；上寫寒澗，仍有天河之稱。藹爾鮮原，鬱然佳氣。昔居唐室之季，四海崩離。中和四年，有禪師從一者，挺秀宗門，從師臨海，避難高舉，擇地遐征，萬里而來，税駕于此，相其爽塏，有志盤桓。群心翕然，助成其事，買地築室者咸集，横經跪履者亦臻。十年之間，百堵斯建。守官嘉尚，請命于朝。景福二年，詔賜題署，天光所及，道譽彌高。一公化去，弟子佐範克嗣其業，範之弟子知信復繼其任。守之以恪，加之以勤，感召益多，法事增廣。殿堂像設，靡不莊嚴；儲峙器用，無乏供億。而經典猶闕，講誦弗聞。以爲居今識古者存乎書，觀象得意者存乎言。金匱石室之宏規，名山京師之故事，此而不務，何以爲能？乾德四年秋，肇啓精誠，指期繕寫。邑人石遷等，聞風而悦，叶比其謀，日就月將，惟力是視。卷以緗帙〔二〕，貯之琅函。邑人高玘，奉其家山，以備構室。采伐未備〔三〕，夫役未充。俄而暴雨猥至，山溜奔激，屹然巨石，自至院前，取以給用，宛契心匠。雖廬岳神運之殿，石頭後渚之梁，感通冥符，無以過也。既而信公復没，以屬弟子令熙。熙也遵行，弗敢失墜。而民非兆萬，俗空猗、陶，漸以化之，静以俟之，二十許年，猶未訖事。會中使王君名素，分榷管之職，督關梁之征，歸餘于終，率籲衆力。于是簡牘几閣，即日僝工，俾下帷鑿壁者得肆其勤，研精索隱者不愆其義。真風無泯，介福來臻。繄高士四世之勤，垂本宗百代之憲，宜其篆刻金石，永示方來。知余有好善之心，專舊史之學，求我以文〔四〕，是用直書。于時歲次壬辰淳化三年春三月記。《徐公文集》卷二八。

〔一〕四面：諸本同。徐校、李校謂「四面」疑誤。
〔二〕帙：原作「秩」，據徐校、李校、李刊本改。
〔三〕未：原作「之」，據徐校、李校改。
〔四〕以文：原無，據徐校、李校補。

大宋重修峨眉山普賢寺碑銘〔一〕并序

臣聞賢人闡化，必有胥附之資；賢士膺期，必垂不朽之迹。是以顔回默識，冠師門于洙泗之濱；尹喜受經，應真氣于崤函之右。故得千載之下，好學之徒，入其國而知其教，思其人而愛其樹。聖賢相遇，有如此焉。在昔像教權輿，能仁命世。綜百靈而貫群動，歸向如流；窮絶國而亘諸天，感通若響。爰有法王之子，來從普勝之方，憑翼真乘，導揚宗極。具大悲之願行，綜十智之因緣，從我立名，斯爲上首。及乎慈航既濟，慧炬分華，乃曁衆真，俱承佛敕。乘六牙之瑞獸，降右蜀之靈峰，將以協井絡之會昌，鎮金方之勁氣。猶且潛而勿用，明而未融，暗持摩頂之仁，陰騭含生之命。故使神嬰青縷，肇建國都；路闢金牛，始通華夏。沉犀息沴，李太守之玄功；噀酒救灾，欒尚書之妙用。郡開學校，文翁廣洽于儒風；樂播《中和》，四子誕揚于帝德。藹爾褒斜之域，穆然周、漢之民，非法力之攸憑，豈人謀之獨得？其後金人既應，白馬斯來，神開顯俗之徵，家識致誠之所。于是祥符焕爛，靈變紛綸。或則銀色浮空，與朝陽而共麗；或則燈光并列，將夜魄以俱明。聖衆盤旋，真容隱見，奇踪萬狀，不可勝圖。瞻之者耳目咸新，聞之者身心共肅。一方欣賴，歷代修崇。遂于白水之源，特建普賢之寺。金土交運，開閉不常，白毫之相長存，法鼓之音靡絶。夫以導江遺迹，天漢名區，必有道之見歸，豈三分之能久？太祖神德皇帝，文修内禪，武定中區，正卿揚九伐之威，遠俗致七旬之格。納蜀王之土貢，受劉禪之騾車，重紐坤維，還銘劍閣。于時王風初被，污俗尚繁，游魂篁竹之間，假息萑蒲之際，匪輕刑之可禁，顧先甲以徒勤。金地寶坊，浸成藪澤；田衣毳褐，漸致流離。妖禽既就于焚巢，紺宇終悲于闃户。雖復葺其撓棟，繕彼垝垣，而陛序猶卑，基扃未廣。尊號皇帝長君嗣統，二聖重熙，覆萬物以如天，廓重昏而比日，聿修成業，欽若靈心。尺書徵懷德之君，折棰定畏威之地。盡炎洲而極玄朔，尉候徒存；亘日域而浹流沙，車書莫二。然後勝殘去殺，反樸斫雕，包干戈以虎皮，鑄劍戟爲農器，定《大護》《雲門》之樂，舉淹中、稷下之儀。慈衛仁薰，時和俗阜。天地應而慶雲甘醴，律吕調而玉燭景風。猶復成而不居，勤則有繼。一游一豫，表王度之惟常〔二〕；必躬必親，示庶民之光聖。慮極冰霜之誡〔三〕，皇綱畢舉，睿思彌精。以爲象外微言，無生妙理，修于心則圓通無滯，被于物則福應來臻，足以助王道之和平，致蒼生于仁壽。乃申明詔，歷選精廬。唯此蛾眉，獨標殊勝。天真人皇諭道之地，楚狂接輿隱景之鄉。封域之間，氣象盤薄。洪源奔注，二江雙流，沱潛之川；峻岊回環，玉壘銅梁，岷嶓之阻。况禪枝擢秀，來自祇園；法海餘波，别疏定水。慈氏所相，疇能廢之？烝哉聖謨，符此玄貺。五年春，申命中使，率將杍人，伐貞石于它山，下瑰材于邃谷。或子來而肆力，或神運以標奇。模制度于鷲峰，極莊嚴于花界。耽耽正殿，巘巘飛甍，玉甃丹楹，金鋪瑣闥。洞户順陰陽之候，中宸變寒暑之威。揭以端闈，繞之周廡。鑄鴻鍾之萬石，貫猛虡之千鈞，桀孽凌空，鏗訇震野。其後則層樓入漢，飛陛連雲。彩檻離婁，冠餘霞而上出；璇題玓瓅，綴列宿以旁迴。神明之臺不足以語其高，天梁之宫不足以矜其麗。鑠金爲字，寫大藏之經秘于上，逾五百函；範銅爲像，擬普賢之容設于下，高二十尺。味其文，則如來之宗旨可得而觀；禮其相，則菩薩之威神于是乎在。將使三蜀之地，一切有情，皆銜氣以含和，盡革凡而成聖。則知大雄之教，漸于世也深焉；元后之仁，利于民也至矣。昔者軒皇訪道，歷襄野以猶迷；漢帝祈年，拜竹宫而無得。恭惟盛美，允屬皇猷。若夫事以頌宣，言以文遠，作而不記，後嗣何觀？爰命下臣，式旌不朽。其銘曰：

允矣象教，洪惟法王，如河不竭，比日同光〔四〕。有情斯應，無遠弗彰。化自八國，聲馳萬方。爰有大賢，是稱達者。异境齊致，同聲協雅。聞道莫逆，瞻顔不捨。乃演真乘，來儀東夏。蛾眉之阻，群帝之庭，作固作鎮，栖真宅靈。普賢至止，潜耀千齡。爾未我覿，我疇爾形。經教既孚，神明乃作。瑞相顯晦，圓光欻霍。萬變凌峰，百靈溢壑。信士歸依，輿人駭愕。崇崇梵宇，于此宏開。時遷末運，數偶三灾。焚如魯廟，傾若齊臺。淳風必復，聖日斯迴。赫矣皇圖，烝哉二聖！混一區宇，受天明命。與物皆春，得人爲盛。式叙九疇，迭修三正。皇帝曰咨，咨爾西人，助我神化，其惟正真。爲爾祈福，轉兹法輪。禪林則舊，寶刹惟新。秘殿耽耽，高門奕奕。修廊四注，層樓百尺。尊經聖像，金文寶質。妙善周園，福釐繁錫。乾光俯燭，慧炬朝焞。同開壽域，共闢重昏。貙氓之伍〔五〕，杜宇之魂，乘是妙果，俱登法門。明明大君，照臨下土。墜典咸修，靡神不舉。彼都人士，式歌且舞。揭此豐碑，永傳終古。《徐公文集》卷二五。

〔一〕蛾眉：四庫本作『峨眉』。下同。

〔二〕王：原作『玉』，據徐校、黃校本、李刊本改。

〔三〕李校云：『「庶民」句以下，「皇綱」句以上，有脱訛字句，無從查考。』黃校、徐校同。按此句下黄校本空六字。

〔四〕日：原作『目』，據黄校本、李刊本、四庫本改。

〔五〕貙氓：原作『貙珉』，據四庫本改。左思《蜀都賦》：『拍貙氓于葽草。』

洪州延慶寺碑銘

若夫名區勝境，真靈之所徘徊；通都大邑，游居之所走望。故其府朝之制度，里閈之延袤，宫廟墠壇之肅，禋祀薦享之嚴，無不及焉，必可觀也。豫章古郡，通楚要津，萬靈所宗，百寶攸集。龍劍之氣炳耀于列星，金冶之精騰光于峻岊。飛錦帷于仙館，植鐵柱于重陰。方志所傳，奇踪可見。而故老復言晋元帝即位之歲，郡人有耕于東湖之艮隅者，獲璃像焉，其高三尺，其狀殊异，守臣上啓，詔立寺以處之〔一〕。歲紀迭更，薦奉無絶。至唐大和三年，文宗皇帝以夢寐通感，特詔修崇。有僧普願者，率勵衆力，創造飛閣，極高明之制，盡臨觀之室，瞻仰之徒，勝賞仍在。會昌沙汰，旋更殄夷。時有寺主僧神確，躬奉瑞容，瘞于堂下。大中改制，將復修完，像遂堙沈，求不可得。而靈迹所在，群心未忘。咸通二年，連帥嚴撰表請重建，因紀誕聖之節，署爲延慶之寺，子來之力，雲構如初。廣明中，巢寇亂常，群盜蜂起，三灾所及，寺復焚如。光啓二年，廉使王師甫即其故基又加營繕。自時厥後，百載于兹。市朝屢更，興廢不及，名人上士，增飾相因。國家奄有寰區，普恢教法，人識修心之旨，家懷祈福之誠。此邦之人，素多尚信。千里之地，頻致豐穰，户有餘貲，居多暇日。監寺僧智清，勤行其道，時省其庸，推誠以化人，節用以成務。峻其卑庳，緝其傾頽，改作正殿及廊廡共七間。疏楹廣厦，雕甍藻棁，瑣窗洞户，珠網金鋪，蹇産鴻紛，深沈焕爛，闕政備矣，能事畢矣。觀其康莊旁達，闤伍綺分。西則崇山隱天，烟霞韜映乎其上；前則平湖瀰望，魚鳥翔泳乎其中。雖復闤雉接連，車馬回合，蕭然人外，自遠世紛。信乎栖息之場，習静之地也。僧契緣攝贊其事，不朽是圖，伐石爲碑，以文求我。銘曰：

至哉玄貺，邈矣坤珍！凝爲异像，以祐斯民。靈心所格，精舍攸因。其神或隱，其迹寧淪？廢興在運，啓焕由人。有美清師，勤行其道。彼都人士，服義承教。率是衆力，完斯廟貌。秘殿穹隆，層軒窈窱。勝事精嚴，丹誠至到。名山雄雄，大江溶溶。五侯之國，千里之封。靈場隱軫，道氣明融。神明所相，有感必通。刊名法宇，永播無窮。《徐公文集》卷二六。

〔一〕寺：原作『等』，據徐校、黄校本、李刊本改。

洪州西山翠岩廣化院故澄源禪師碑銘

聖人設教，賢者學之。有能極深研幾，剖疑析滯，不背本以矯激，不沿波而流宕，世人宗仰，時君褒异，斯可以爲君子矣。禪師名無殷，姓吴氏，連江人也。昔泰伯獲讓，肇啓南蕃，至德所及，流光百代，子孫蕃衍，吴越爲多，至今爲著姓焉。累世隱德，鄉曲推重，道氣鍾粹，而生禪師。幼异常童，不染俗態。年七歲，從晋安雪峰真覺禪師出家。二十，詣開元寺受度。真覺之道，見重于時，禪師默識微言，盡得要旨。而復博考往行，幽尋勝迹，江浙諸郡，靡不經游。先達推稱，後生請益，結轍連袂，虚往實歸。禪師以道貴衝用，性復虚静，所止之處，學徒俯千人，輒復捨去。晚歲止廬陵之禾山，其名益彰。季唐先主召見之，特加禮遇，俾居廣陵之祥光院。嗣君踐祚，優禮有加，賜號澄源禪師，命移處豫章之上藍，西山之翠岩院。是皆都邑之勝概，高人之游集，自非密行淳德，不能鎮服群情，我迭居之，綽有餘裕。雖身在岩谷，而恩注帷扆，存省問遺，使者相望。享壽七十有七，建隆元年春二月五日終于翠岩院。甘露被樹，數日不晞；皓鶴盤空，三周而去。門弟子用西域之禮，葬于院之巽隅，封于其上。恩旨褒飾，名其丘曰大醫。道俗孺慕，會其葬者萬數。鉉也趨捨异術，聲塵致暌。于時釋氏方盛，師門互啓，嘗侍嗣君宴語，從容上言曰：『古稱千里一賢猶比肩也，今號長老者十數，無乃多乎？』嗣君深以爲善〔二〕，因曰：『惟澄源禪師其殆庶矣！』無幾何，以家門情禮，請告至山，會師已没，瞻仰遺像，參迹行事，乃信名不虚得，亦表君之知臣。今來京都，復與師弟子鑒琮相遇。琮師志性端慤，修習精勤，肅奉成規，博總衆藝，慈惠救物，時人稱之。明詔賜號慧覺大師，錫以紫服，朝恩浹于累世，實教門之榮觀也。于時禪師委順三十年矣，琮也思廣銘頌，庶永遺風，以鉉嘗學舊史，見求直筆。若夫褒善稱伐，翰墨攸先，載瞻西山，實寄松檟。敢抽秘思，以告九原。銘曰：

艽艽東越[二]，武夷之區。時生异人，與古爲徒。禪師出焉，俊邁且都。顯顯南楚，西山作鎮。真靈所宅，教法斯振。禪師居之，允矣令問。道無不在，法非可名。理超言象，俗仰風聲。豐碑載勒，勝氣長生。猗嗟來者，用此爲程。《徐公文集》卷二七。

〔一〕善：原作『言』，黄校本作『善』，李刊本作『然』，據黄校本改。

〔二〕艽艽：按『艽』乃藥名，于此無義，疑當作『芃芃』。《説文》：『芃，草盛貌。』後文《易府君神道碑銘》云『艽艽泗川』，又《崔君墓志銘》云『艽艽故園』，亦當爲『芃』之誤。

大宋舒州龍門山乾明禪院碑銘　并序

山岳極天，莫雄于灊霍；川瀆紀地，莫靈于江淮。盤薄縈帶，中畫郡國，幅員數千里，舒皖居其陽，真聖之所躔次，景福之所興作。必有高士，來闢妙門，以導精粹之氣，以恢淳和之俗，則龍門山乾明禪院所以建也。是山東去郡九十里，蓋灊岳之一峰。山有龍井，郡人雩禜之所，靈應昭晳，因以名焉。深岩洞岫，風雲之所畜泄；涌泉清池，璇碧之所隱見。凉飈爽氣，五月可以披裘；修竹茂林，四時未嘗易葉。游方之士，至輒忘歸。有曉遵禪師者，家本宜春，幼捐俗累，從師訪道，歷抵湘沅。探幽洞微，得聖人之宗旨；清心煉行，踵前作之風聲。向道之徒，靡不宗仰。乾德五載，始來此山，顧瞻林泉，有懷栖息。邑人宋仁瑗，輟其隴畝，以奉宴居。面壑臨流，誅茅穿徑，遠擬關令草栖之觀，近同焦光蝸牛之廬。歲計有餘，善信來應，廬江人侯霸，大施資賄，以奉經營。數年之間，蔚然崇構。複廟重屋，瑣窗洞户，藻以丹雘，騈以璧璫，所以重威神也。甍堂講肆，疏楹高座，皓壁月皎，層軒霞舒，所以敷道義也。前則端闈瞰野，旁則修廊納升，厨廪充牣，居室閑安，閟經籍于岩房，息徒侣于奥寢。棟宇延袤，凡二百區。蓋精誠之所憑，實邑里之勝概也。今上嗣統，像法大興，禪師徒步神京〔一〕，對揚雲陛，恩旨嘉賞，賜號曰乾明禪院。華題鳳篆，降自慶霄；聖日天光，焕乎幽谷。夫道之行也，時與地并。斯郡山水奇絶，動植茂遂，民情淳樸，聖迹回環。非明主至仁，不能恢清净之教；非禪師密行，不能化嵔㠐之人。示之以精修，祐之以戩穀，變魯至道，夫何遠哉！鉉頃歲謫居此地，思過三載，閭里之見待也厚，風物之愜志也深，冥得喪之懷，無憔悴之色。及今三紀，未嘗忘諸，會禪師狀肇興之由，圖不朽之作，受簡秉筆，欣然記焉。銘曰：

教必有象，待時而行；道無不在，因地而靈。灊岳穹崇，皖川清泠，鬱鬱佳氣，宜爲福庭。有美遵師，爲仁由己〔二〕。人應物感，風行艮止。闢此叢薄，化爲金地。雲構中開，靈光四起。君恩啓焕，真聖回翔。劉、雷永遠，接軫齊芳。玄符靡測，福應無方。刊兹樂石，用配無疆。《徐公文集》卷二七。

〔一〕神京：原作『神景』，據徐校、黄校本、李刊本改。

〔二〕爲仁：原作『爲人』，據《論語·顔淵篇》改。

故唐慧悟大禪師墓志銘　并序

士有佩服聖道，闡揚師訓，進不累于軒冕，退不滯于丘樊，務勤身于濟衆，不養高以絶俗，其唯仁人矣。大禪師名衝煦，字大明，姓和氏。昔者，帝堯光宅天下，我祖世掌天官，保姓受氏，冠冕百代。在漢則調鼎之重，在晋則專車之賢。末葉湮沉，徙居固始。先君從郡豪王氏南據閩方，今爲晋安人也。大禪師生禀异氣，幼挺玄機，年十有五，詣鼓山興聖國師出家，即具戒品。博覽經史，雅好文詞，郡多俊秀，咸見推仰。證無爲之理，演不言之教，綽爲先達，端然妙門。居城北之升山。于時王氏衰淪，亂臣專恣，淫刑飛語，虐及善人，大禪師杖策去之，適臨川郡。中書令宋公齊丘作鎮南楚，頗尚空玄，聞師之來，遠加延納。言意不合，拂衣而行。下至池陽，郡守王公繼勛，鄉國之舊，賓禮甚渥。時季唐二葉，像教方興，嗣君聞其名，召與之語，移晷而罷，眷矚殊優。命居光睦禪院，復遷長慶道場，俾與儲貳游處，實羽翼也。後主即位，恩旨加隆，特賜法智禪師之號。廬山開先禪院者，嗣君所創，真容在焉，命大禪師居之，精嚴修奉之儀，以申罔極之感。居數年，召還建康，止報恩禪院，加號慧悟大禪師，名其所化曰智度堂。精廬櫛比，選勝而處，禮秩之數，有逾于前。出則居奉先道場，入則居净德内寺。開寶七載夏六月寢疾，旬餘，乃集大衆〔二〕，與論生死之理。十九日清旦，上疏告辭，後主遣使問之，至則化矣。享年五十有九，住法四十四年。即其月二十五日，從西域之禮，收靈骨葬于鍾山之陽。禮物官給，中使監護。至某年月日，弟子省才遷于廬山某所，遵理命也。大禪師風骨秀整，機神穎悟，博該衆藝，綜以玄談，王公大人咸所欽尚。鉉非學釋氏者，不能言其道業，徒以傾蓋之分，久要不忘，今京師復與才公胥會。才公以文藝精敏，見重于時，永惟嚴師之義，願刊不朽之迹。嘉其偉志，爲作斯銘。銘曰：

慧悟禪師，釋雄之奇。有文飾己，有道膺時。生延世寵，没有遺思。歸舟翩翩，九江之湄。爐峰勝境，蓮社餘基。門人稟訓，遷神于兹。衰翁懷舊，勒銘志之。蘭菊無絶，高深與期。《徐公文集》卷三〇。又見乾隆《鼓山志》卷九。

〔一〕集：原脱，黄校本空一格，徐校、李校云：「『乃』下疑脱『集』字。據補。」

釋贊寧

贊寧（九一九——一〇〇一），俗姓高，其先渤海人，隋末徙居德清縣（今浙江德清）。吴越寶正中，捨身杭州靈隱寺爲僧，已而入天台山。精于南山律，時人謂之『律虎』。太宗嘗召對，賜號『通慧大師』，命充史館編修。後住東京天壽寺，知西京教門事，充東京右街僧録，尋遷左街。咸平四年卒，年八十三。謚圓明大師，葬龍井。所著有《宋高僧傳》三十卷（存）、《大宋僧史略》三卷（存）、《内典集》一百五十卷、《外學集》四十九卷等。見王禹偁《小畜集》卷二〇《通惠大師文集序》，《佛祖歷代通載》卷一八，《釋氏稽古略》卷四，《十國春秋》卷八九本傳，陳垣《釋氏疑年録》卷六。

紫微山重修志願寺碑銘　并序　景祐四年正月

錢塘屬邑，鹽官爲最。在浙之朝陽，爲吴之右臂。白飛江練，青點海門。蜃樓起而螮蝀横，星漢低而枯槎活。潮生信大，雷霆藏龍戰之聲；潤下功深，蜀井喪虎形之味。厥田下下，厥土塗泥。物惟錯而饒，國資利而大。地靈浮漲，沙怪徙遷。坎之坤則變田，水勝土則爲海。苟不以明神作奠，其可得乎？封岱宗而禪會稽，就玆稅輦；祀蓬萊而禳王氣，于此舍杭。以其疏鑿山川，翕張鬼物，故有立禹秦之祠禦焉。由是拓開極浦，近尾閭之委輸；涌出長汀，添大章之步數。覆盂之勢，其安必同。其有肖形立乎金仙，傳法出乎玉牒，成有道之道，用無心之心。以德報冤，冤隨霧散；以慈攝物，物繞指柔。解激射之怒濤，子胥弭節；紓奔衝之憤氣，文種銷憂。樹諸所之伽藍，安一隅之斥鹵。人豐作乂，宜招樂土之歌；佛福成功，若有富民之術也。志願寺者，昔東晋邑人張延光舍莊宅之所構也，賜寺題焉。至唐肅宗乾元元年四月中，敕支本縣稅錢，重加修飾。乘山峻址，映水開扉。殿深之像光浮，偏藏怖鴿；墻匝之僧界廣，不縱心猿。庭栽秦大夫之松，壁有顧將軍之畫。講堂禪室，孔翠飛而拂曉烟；邃宇修廊，蚊蠅鳴而成洞響。窗間遠岫，象三峽之流名；檻外澄波，連十洲之好景。自爾新聞舊，昏代明，雲門三作其伽藍，鶖子一悲其蟻垤。唐季兵纏下土，火炘池魚，升平爲舍衛之民，喪亂入波旬之黨。布新垂象，長斜抽彗孛之芒〔一〕；止沸表功，高險築鯨鯢之冢。賊巢雖殄，淮寇復興。侵外壘之封疆，幸中原之多事。嬰城及閏，檇李重傷。其人也，争駕出長安之門〔二〕；其寺也，成灰類昆明之底。誰嗟梵築，化作荒虛。旱農汲而丹井枯，老圃鋤而金繩斷。暨乎人知懷土，物有復期，越鳥終繞乎南枝，燕鴻合遵乎北藪。編苫覆頂，綴鉢謀齋，漸成像設之觀，遂立紀綱之任。前寺宰皓祥者，齎乎宿願，葺爾遺基，開捷陁指礎臼之踪，記趙逸占石磚之井，乃欲續晋初之香火，行唐世之慈風。匪計無成，而投有力。乾德甲子歲，得營田將吴仁綬、郭贊、周仁俊、朱仁矩、陳德銑等〔三〕，東南著姓，氣義多才，胸襟吞震澤之波，巧智埒陶朱之富。魚鹽蜃蛤，黍稷稻粱，利道引鄭蔓而惟長，信心犯宋風而不退。争捐寶貨，預市楩楠，分認舊基，共成新致。殿儼見金人之會，廊周如校獵之場。豁達重門，巍峨別室。大鐘在虡，驚吼嘎之蒲牢；寶傘縣梁，拂飛翔之仙鼠。挈貳横棟，鴛鴦建瓴，瓬人埏埴之工，梓匠梲栭之壯。墉期傅堊，桷待施朱，焕爛璇題，交羅棼橑。幡高刹迥，表識事于前茅；井淡泉香，賞私勞于后土。始者東縣信鼓，如一卒之傳呼；右峙經臺，若雙幢之導引。惟朱承俊、承儼補是缺然。完全也，千金之裘成；有後焉，九尾之狐見。觀小兜率，露深洞天。象龍蹴蹋而雜居，燕雀喧呶而相賀。今寺主遠才也，求珠戒海，合穗情田，其光充和，厥性惟巧，凛凛繼後昆之躅，堂堂企前哲之規，仔肩毖飭，廣募群緣。有若皓崇、惟勝焉，皓鄰、慕賢焉，計十許人，并昆岡群玉，合浦斛珠，譚中之綺鮮妍，辭上之粒泮奂。二分兩至，同成一歲之功；六石五金，共補三焦之損。上坐德輝也，田間芝秀，苑内鹿鳴，爲法界之封人，實仁祠之祝史。傳律能信、保欽也，學于我得，講免吾憂。食海底之金剛，栖傾故樹；齕雪山之肥膩，乳出醍醐。好將上色之藍，用染鮮明之氍。雍熙乙酉歲，觀音、羅漢、律堂等就，因命毗尼徒結二同之界，律儀之盛，職由此乎！左乃馬湘之宅，傍則朱灣之瑩。雲總高僧，尚遺禪窟；崇慧三藏，曾敵异宗。白刺史爲題名，章正字多遺迹。夫如是，東則仙客乞醯，西則禦兒遺勇。漣漪之溪北去，噬嗑之市南通。其山空，所以藏怪物；其洞小，所以宣古風。神農之草木遍嘗，不生鈎吻；伯益之羽毛咸識，不宿飛鼯。中可緘滅定之僧，上可望下生之佛。四千丈而窮頂，雖闕駿高；五百歲而當開，亦流瑰寶。推其福地，不其偉歟！子子孫孫，與天相畢。愚也學慚稱海，經不爲神。未説在胎，令母有驚人之辯；何曾識鼎，入秦爲博物之僧。受知于大君，愧老于明代。兩膺詔命，續《僧傳》而編佛書；三省才能，譬范冠而同蠶績。故鄉美事，請德嘉招，俾構好辭，思刊樂石。揄揚孝女，誰高度尚之文；贊述頭陁，始中昭明之選。非所敢望，聊作銘云：

天生蒸民，下田所養。周爵子男，秦分令長。海物資繁，散鹽利廣。禮節攸知，斗虚宗仰。海昌都尉，晋代伽藍。刹繞飛電，山濃紫嵐。連甍屹屹，邃宇眈眈。龍王稽首，帝釋和南。物久則遷，法無常者〔四〕。兵動盗生，虎威狐假。枉矢西流，游魂東下。此域斯須，青灰赤瓦。陰陽有數，銷長無恒。寶殿爰構，山堂復登。曩基匼匝，新制加增。勸導全力，由是名僧。名僧伊何，猗我寺宰。精擇六和，數侔十在。無憚多艱，有緣相待。吴君唱首，于焉慷慨。既成斯刹，言念諸公。薦居福地，往趣天宮。無逾此善，不朽其功。名刊琬琰，百千年中。高其閈閎，廣其中溜。師子窟成，更無它獸。薝蔔林繁，寧容餘臭。殊勝莊嚴，名小靈鷲。

系曰：

寺距海兮，百里而近；基據山兮，廣輪而深。鋪茵綉兮，比丘香草；念佛聲兮，夫子家禽。陟岡兮，識令升之宫；周睇兮，想孝標之吟。顧北渚兮，泱漭三楚；瞻東岫兮，依稀二林。酒旗摇兮，鳳凰風勁；魚艇横兮，鳧鷺浪沉。爾時兮無能無所，斯景兮見色見心。現量中兮常如是，日可銷兮百鎰金。

景祐四年正月，東京左街僧録、知教門事、應史館編修、通慧大師贊寧撰。道光《海昌備志》卷一二，道光二十七年刻本。又見《淳祐臨安志輯逸》卷四，康熙《海寧縣志》卷一三，乾隆《海寧州志》卷六，民國《海寧州志稿》卷一九。

〔一〕斜：原作『科』，據《淳祐臨安志輯逸》、乾隆《海寧州志》改。

〔二〕長安：原作『長者』，據《淳祐臨安志輯逸》改。

〔三〕陳德銑：右引作『陳德鋭』。

〔四〕者：原作『在』，據右引改。

黄麟

黄麟，宋初鄉貢進士。

開元寺新修佛頂尊勝陀羅尼經幢記〔一〕　乾德元年三月

蓋聞法輪常轉，無罣礙于虚空;，聖力難量，運慈悲于□界。念之則□□億劫，□之則獲福無邊。而□先覺者賢乎闢心田者鮮矣。粤有信士王環，瑯琊人也，身雖凡俗，酷慕聖因，早悟真空，志歸玄寂。侈鋃鉛金□，敬寫貫花;，節蔬食麻衣，供勤禪葉。今者罄搜筐筥，□歡喜奉行。各願扶持，共圓功德。旁求郢匠、遠市他山，不累月磨礱，越浹辰鎸刻。斯典也，來因波利，遠涉流沙，傳西天梵文，譯東土唐語。救善住不沈七返，出帝利永托三天。書□皇帝履星御極，懷斗當陽，銅刁罷振連營，鐵馬休征遠塞，華夷四裔，車書一同。願一切含生，并同霑上善。功成翠琰〔二〕，筭立香山，背依講堂，前臨佛殿，端嚴寶相，秋月滿□烏翻兔跂，事往人非，聊叙徽猷，紀于貞石。時乾德元年歲次癸亥三月十八日甲午建，會首王瑰并書〔三〕。《金石萃編》卷一二三。

〔一〕題下原署：「鄉貢進士黄麟撰。」
〔二〕「翠」下原作「御名」二字。清仁宗名顒琰，《金石萃編》避「琰」字，今改。
〔三〕此下原有王昶小注：「下行有僧正景饒等名，不具録。」

釋智朗

智朗，宋初僧人。

尊勝陀羅尼經幢記〔一〕　建隆三年

□靈源本有之真，杳真莫見〔二〕；秀氣不無之質，識智尤彰。故道存于虛，聖人之旨得用；性歸□□，物我之情何差。然後心白齊日月之明，神静測乾坤之奥。是知我身得之于一合之□王，隨生□之元，受父母之體。孔氏曰：孝者五教之宗，仁者百行之祖。如孝敬内藴，則爲人□，仁信外行，稱君子矣，自然與賢哲同塗，典經合軌者矣。今太原郡王公諱贇，器度汪深，風儀明秀，達談因就果之義，宏知今博古之書。荷覆載之恩，高而莫報；懷襁□□重，泉壤空幽。是則披□釋經，間陳碩德，乃見如來説奥妙之法，拔善住離苦之因。□尊勝陀羅尼經幢者，即公奉爲亡母李氏追薦靈識之所建也。猶是出家財，命良匠，磨琢□□，鏤銘真教。殊功既已積矣，勝福定有歸矣，乃竪于妙道寺庭側。魂指浄域而非遥，面禮彌陀而不遠。庶乎天長地久，罔離種福之方；暑往寒來，永鎮修行之地。大宋建隆三年四□□□日建，太原王晏瓊鎸。《山右石刻叢編》卷一一，臺灣新文豐出版公司石刻史料新編本。

〔一〕題後原署『（上闕）智朗撰并書』。

〔二〕杳真：疑當作『杳冥』。

李瑩

李瑩，字正白，洛陽（今河南洛陽）人。後周廣順進士，顯德、建隆間，任護國軍、彰義軍節度掌書記。乾德初，爲殿中侍御史。開寶四年爲三司度支判官。使江南，坐受李從善賂遺，責授右贊善大夫，卒。瑩善詞賦，有集十卷。見《續資治通鑑長編》卷一〇、一二、一四，《宋史》卷二〇八《藝文志》四、卷四五七《李瀆傳》，《唐文續拾》卷七《李瑩小傳》。

栖巖寺新修舍利塔殿經藏記　後周顯德六年

蒲城東南十五里抵中條山，登山復五里届栖巖寺，隋武元皇帝藏舍利之塔廟也。邇來因時因事，或廢或興，具諸僧史，此不復載。我國家以聖繼聖，武功成、文德修，恒思驅天下蒼生于富壽間，其術在于擇長吏而已。丙辰秋八月，詔今府主太尉移北庭節度鎮于蒲，蓋北庭之能政聞于天，而蒲之疲民渴于理也。一之歲，省案牘，有節目不利于政者咸去之；二之歲，訪井邑，有風俗而無益于民者盡革之；三之歲，千里之地，遠者近者、公者私者，熙熙閑閑，各遂其所。屢欲揭碑表于九達之衢，以揚府主之化理，府主極詞以止之。然方有暇于宴游出處，用示其成政也。己未春，登中條、憩栖嚴，山水形勝，盡于歷覽，顧謂寮佐曰：『今之化人，能令終夕之間佩服道德者，甚爲難事。佛之垂教，使無量劫出生死海，登菩提岸，較其功德，實懸天地，而或縱其湮没，其如何哉！嗟乎！佛之像貌，去世逾遠，其所遺者，有舍利在。今塔廟圮毁，訖爲平地，我將表飾之。佛之言行，箸于經文，今依山架龕，嵐氣腐潤，匪朝伊夕，磨滅無睹，我將嚴護之。』于是搜材索匠，揆日僝工。始則構高楹，闢大宇，乃壯乃麗，軒如翼如，所以覆舍利也；中則斲楩柟，佈龕室，乃金乃碧，輪焉奂焉，所以藏經文也。觀其宏敞之狀，固密之功，雖歷永劫，無騫崩之憂，次使衆生，有歸敬之地。論者曰：佛之大教，囑于正人，事立則民敬，民敬則福生，福生則清净之緣結矣。今府主以是福力，興斯善緣。復聞以少香少花、一句一偈者，猶獲福無量，而此覆舍利、藏經文之功，諒百千劫中，永爲供養，豈不以是法力，助府主之福，歷百千劫之後，如是者哉！瑩幸預賓階，實聞時議，况承嚴命，因敢直書。時大周顯德六年，歲次己未，九月癸卯朔，九日辛亥，稽首謹記。《唐文續拾》卷七，中華書局影印本《全唐文》附。

劉從乂

劉從乂，後周顯德間官節度掌書記，試大理司直。入宋，建隆中以檢校工部員外郎、兼殿中侍御史，爲永興軍觀察判官。見《金石萃編》卷一二三，《全唐文》卷八六〇。

大周廣慈禪院記

原夫了無相之因，乃歸寂默；現有爲之教，即示莊嚴。攝□生浮想。于是□無相而詮真諦，以有爲而誘鈍根。嗟乎！刦□動地，但漲情□□負冤而不能堙苦海之波，蟻有術而不能□以指迷津而□彼岸，開惠日而破昏衢。未廣度于能仁，應機誤□隨業化緣，質□□難信之疑，立像法相沿之理。不有開士，孰匡□故思遠禪師之經始也。禪師本王氏子，回中人也。道性元通，□調象馬，能降慌□之情；體化蒲蘆，盡作如來之種。微言殆絶，景行彌高。扣□無階，駕真乘而長往。詳僧傳則于是乎在，創佛宫則可得而言。禪□化南昌教□□□時洪州廉使侍中彭城公請住香城禪院。□□二紀，有志四方，乃振錫浮江，□徒登路。念三輔五陵之豪族，想規天矩地□□□思□鷲峰遂歸□

松柄未揮，歸依者掎裳連袂而來，檀施者接足駕肩而至。感優曇□之良緣，莫不童子標花，神人獻柱，競施布金之地，□投累壁之錢，□材朽宅之頽基聳構，正殿中蹲而□起，長廊四注以雲舒。蟾蜍納□葩于藻井，文楣憐亂，畫栱攢羅，達法堂以悟空，設真教以陶智。□定布經行之地以豫游，無里閈之囂塵，□□泉之爽氣，聿成佛□我皇祖在宥之二載也，太尉袁公罷侍□玉節。次宗結社，潛懷出俗之心；靈運居官，已熟生天之業。拜封□榜以斯題，遂敕賜號廣慈禪院，以廣□慈□等苦節橫霜，高名跨世。精進而身田自潤，住持而眼界常空。□而下陰欲于寶刹，思勒貞珉，托敘美于非才，庶傳芳于不□存摭實之辭。時歲在單閼，月旅季秋記。《全唐文》卷八六〇。

重修開元寺行廊功德碑 并序〔一〕 建隆四年七月

詳夫元氣分形，寥廓俄成于幻境；大明引曜，運行莫息于流光。六根滋嗜欲之萌，□化窨榮枯之制，究成住壞空之理，得見聞知覺之心。想乎百億須彌，不出死生之□；三千□土，未離煩惱之端。則知實際常存，真空不壞。一塵一劫，算壽量以寧窮；非女非男，思了回之難解。指無生示生之域，歸無滅言滅之鄉。窮數知來，鳳曆不能考禪天之數；運情□變，龍機不能測惠地之情。於戲！愛浪翻空，昏衢漲日。無上覺皇之旨，設號能仁；有緣群類之心，藏諸頓詣。斷回物起遷之見，恢化人不倦之慈。決性海之本源，塞□山之支徑。廣導四依之衆，大開八正之門。矧其靈迹相追，法輪不退。月氏使者，初傳石室之經；疏勒國王，遠奉金襴之貢。發揮聖道，遂質疑心。睹佛日之載隆，扇玄風而益遠。昔唐之季也，四維幅裂，九鼎毛輕，長庚襲月以騰芒，大盜尋戈而移國。帝車薄狩，夜逐流螢；民屋俱焚，林巢歸燕。銀闕綺都之壯麗，坐變丘墟；螺宫雁塔之精嚴，僅餘煨燼。天祐甲子歲，華州連帥許國韓公建，遷爲居守，重務域民，既香刹之新崇，列寶坊之舊號。閲今存之院額，皆昔廢之寺名。當其制度權輿，經營草創，時移事改，烏雀喧于壞簷；風去雨還，榛蕪旅于荒砌。今皇帝開階立極，御辯登皇，握上帝之靈符，睠先王之寶命。緑綈白檢，出薦榮河；紫蓋黃旗，鬱爲嘉氣。五方述職，八表同文。百神趨駕象之塵，四塞守輸龍之約。冰天月窟，咸輦贐以來庭；衢室總街，每翹旌而舉善。庶人不議，多士以寧。禹會塗山，思朝萬國；湯興景亳，將顯七名。明年，太師、中書令瑯琊王公，言自歧陽，入趨魏闕，欲量能而處位，先議賞以疇庸。蒨旆守方，俾鎮咸秦之地；丹書著誓，永傳帶礪之勛。幢節再臨，室家相慶。我公玉麟薦瑞，金虎儲精。壯氣雄風，早負人中之勇；高牙暢轂，屢揚閫外之權。縱横而識洞機先，薰灼而名居實下。忠規孝道，獨映緹緗；偉度冲襟，旁吞江漢。暨扼車致化，□刃皆虚。導民而引義正身，詢事而推恩廣下。去蝎政蠹民之弊，喧昔襦今袴之謡。里巷相歡，奸豪屏迹，杜驕期于過侈，防巧詆于深文。接畛連疇，污萊盡闢；充衢塞隧，貨賈咸臻。昔者獻月捷以告功，翼天飛而佐命。徐城既陷，漢節遄加。言念平陽，實鄰并土，邊鄙有蕩摇之懼，疆埸疲侵軼之勞。仰奉帝俞，遂膺朝選。屬雲中塞候，罷警高烽；河内咽喉，方求□將。拔横槊據橋之勇，授擁旄仗鉞之恩。領蒲坂之山河，移璧田之屏翰。察俗于剪鶉之野，頒條于鳴鳳之郊。入境咸蘇，從風率化。而又荐臨舊治，益焕殊恩。輝焯數朝，便蕃八鎮。養堂侍膳，獨耀班衣；台衮鳴環，首親文陛。所居即化，所去見思。奉晏子之一心，修净名之十行。立勛勞于討伐，屢積恩封；享富貴于崇高，潛明福報。居常則怡情法樂，扣寂禪樞。再臨北斗之城，每結東林之社。政成事簡，潛會冥符。越有文慧大師、賜紫嗣麟，净行出塵，□名跨世。念滅而心隨境滅，圓通而眼入大通。夙明三報之冥緣，共讓十方之達識。登峰造極，仰之彌高；振蟄澄瀾，挹之無際。潔操而金潭映月，孤貞而玉筍當秋。比西竺之七賢，纔堪把袂；方北山之二聖，聊可差肩。迴薫修漸信之疑，調憹悷難馴之性。大師以赤縣神州之故地，黄圖帝里之舊都，每願聳激道心，闡揚法教。靖嵩之游京口，士庶遠迎；支遁之入吴興，高低延接。主事等虔伸膜拜，勤請住持，許奉興修，力行講化。升蜂臺而演秘，揮象扇以談經。施財則霧集行檀，馳辯則雷驚蟄户。一音斯暢，千里不違。其有樊鄭豪華、金張意氣，皆願焚身作供，刺血灑塵。罷綺榭之壞材，咸充法宇；輟瓊厨之豐膳，并作齋羞。于是慕匠庀徒，計功蕆事。采丹梁于崿谷，礱碧礎于昆陵。不周歲而倏若化成，不勞人而盡驚神速。長廊迴合，峻宇峥嶸。飛甍抗翼以排虚，鏤窠含葩而布藻。增華崇麗，散彩交輝。煒煒煌煌，望之則形離而勢合；磷磷亂亂，察之則魂驚而魄褫。遂于四廊及講堂諸壁，畫高僧計四百五十尊。然後訪彩筆于菰城，飾雕墻于奈苑，得長康之妙手，邁袁倩之奇工。會稽徒尚于沈標，廬岳頓輕于宗炳。遂按寶唱《僧録》，道宣《僧傳》。武昌石碌，不自他求；蜀郡鉛華，咸能自致。含毫酌妙，涴腸塗掌之流；賦彩傳神，白足青眸之士。殊姿异相，如歸七葉之岩；寶飾珍裝，競列千花之帳。已而悉知悉見，若天若人。袨服靚妝，繼日而掎裳連袂；鮮車怒馬，凌晨而結轍齊驅。非上士不能勤行，非賢侯不能諦信。恢張溢美，仰助雍熙。終夜有聲，似聽魚山之梵；繁雲上覆，遠聞龍界之香。覩之者輻湊千祥，禮之者冰銷萬咎。慈心所化，盡歸不二之門；願力所持，可舉大千之界。邑人等以我公推誠布慧，服義酬恩，留邵伯之棠者不足稱多，立欒公之社者未爲盡善。願于梵刹，乞寫真容。漢閣議功，已畫耿弇之像；□州好德，争圖陳實之儀。盡四體之妍媸，加三毛于俊識。兼于邪廊諸壁畫邑人，别樹豐碑，紀其名氏。僧正崇法大師、賜紫宗著，圍陀聚學，震旦馳名。六入既除，萬緣俱寂。髻珠心印，密奉嚴持；犀枕貂裘，不違檀施。僧判顯教大師、賜紫希廣，多聞增智，屢照無疲。執惠劍以降魔，觸虛舟而不怒。籌盈室内，已成過去之因；芥落針頭，更待未來之果。邑人等或賢侯幕府，珠綦玳席之賓；或上將爪牙，楚鍔燕弧之士。或七貴伐冰之胄，或五陵藏鏹之家，或柞塞成邊，或蒲珪宰邑，并皆聿成勝事，共締良因。從乂也學謝該通，才非浚發。講中軍之小品，莫剖精微；依上相之初筵，虛塵厚遇。誤承見托，勉述斯文。贊彌勒之真容，合歸傅亮；銘釋迦之畫像，遠愧隱侯。永賁□林，用刊翠琰，乃爲銘曰：

大雄示現，故號能仁。三祇鍊行，百福嚴身。位登正覺，劫算微塵。難窮壽量，迴拔沉淪。其一。具四攝心，運六通力。迦維妙典，娑婆靈迹。闢解脱門，鑿慈悲室。道濟群生，化周含識。其二。昭宗之季，大盗挺灾。鶉郊聚拓，鳳闕飛灰。都城谷變，幕府洞開。招提乍建，法侣方來。其三。年祀既深，棟梁摧朽。越有高德，善行慈誘。駭聾俗耳，作師子吼。來集萬善，去離三垢。其四。戒珠含月，智刃飛霜。其功不伐，其道彌光。廣化檀施，修崇寶坊。畫徵顧凱，材搜豫章。其五。玳瑁□排，鴛鴦瓦密。刻桷高□，飛簷矯翼。布藻垂文，增華崇飾。翠屋凝烟，丹楹赫日。其六。衆香爲地，諸寶成宫。覺身常樂，真相自空。菡萏出泥，旃檀逆風。法王無礙，神化難窮。其七。僧寫五天，廊成千步。棹舉迷津，榛披覺路。白黑千衆，人天八部。遠近歸依，高低仰慕。其八。象王獻果，龍女持花。聲傳贍部，教類耆闍。連開定水，穀變燋牙。功隨願力，福等河沙。其九。於鑠賢侯，荐承聖寄。不忘付囑，共成勝利。貞石是刊，芳猷不墜。再動毗嵐，長存此地。其十。

建隆四年七月十七日建立。推誠奉義翊戴功臣、永興軍節度、管内觀察處置等使、特進、檢校太師、兼中書令、行京兆尹、上柱國、瑯琊郡開國公、食邑四千五百户、食實封一千三百户王彦超。都料安宏。姪仁祚刻字。《金石萃編》卷一二三。

〔一〕題下原署：『觀察判官、朝散大夫、檢校尚書工部員外郎、兼殿中侍御史劉從乂撰。前攝彰義軍節度巡官袁正己書并篆額。』

釋善道

善道，宋初鳳翔府崇信縣（今甘肅崇信）興教院僧。

興教院石卯銘　乾德三年七月

小師善道及内外社衆等善能、光祥，隨咸真、實琛，今奉爲殁故先師于鳳翔府崇信縣南巒之下，北宮之前，興教院中，謹造石卯一所，葬于舍利靈骨。并願諸官信心，六道四生，同沾勝果。

大宋乾德三年歲次乙丑七月己巳朔，十四日壬午建立。《隴右金石録》宋上。

張邴

張邴，乾德間人，曾居潁州開元寺。

潁州開元寺地藏院新修羅漢功德堂記　乾德三年正月

越以春秋迭代，水火交馳，山川無定位之方，陵谷有遷移之恙。乾坤爰列，成住終歸于壞空；人物既分，輪迴寧逃其生死〔一〕。惟我空王之出世也，大矣哉！真際流光，日輪非夢，應法身于百億，運權智于大千。慈雲清火宅之炎，法炬朗昏衢之暗。煌煌煜煜，照九居而輝萬靈；蕩蕩巍巍，溢宇宙而極沙界。能事畢矣，顯道昌矣！于是含生福盡，大雄韜光。其以法訓遺形，付囑十六大阿羅漢，永令護持，作諸饒益，實謂曜靈西匿以潛輝，素朏東生而繼朗。立言垂範，品物咸資。闢無量之福田，植有情之德本。向使劫火飛焰，壽域復隍，大教仍存，斯文未喪。昨以歷窮木數，鼎遷火隨，區宇大寧〔二〕，人民胥悦。故有都維那彭城劉公并邑衆等，感悟真宗，式符妙道，喜逢昌運，乃構良緣。願素既陳，董成其事，同心戮力，嚮應風從，作苦海之虛舟，崇菩提之精宇。良材則豫樟杞梓，巧匠則班爾公輸。榱桷閂空，欒櫨拱密，龍蹲鳥跂，日觀雲亭，巍然焕然，壯矣麗矣。霧籠丹雘，疑彩鳳以翻翔；烟鎖棟梁，認虹霓之偃伏。殿堂既備，聖相是陳，爰命良工，式模梵質。請京師王延光、莊塑趙守忠等〔三〕，莊塑釋迦像一軀，螺髻連趺，舉高丈五。文殊、普賢，飲光、慶喜，供養菩薩，掖衛善神，一搶九事；并前護法大阿羅漢，及法住記主，慶友尊者，并僕從等，統數三十六事。于是尊居卑侍，師昭資穆，譬山主顯于大海，如朗月晃如群星〔四〕。而又道具必陳，供養克備，并功絶世美，妙盡物華。安生、吴道玄之奇能〔五〕，孰謂遠矣？乾德三年正月二十八日，厥功告畢，慶贊云終。風雲聚散以呈祥，羽毛高低而應瑞。凡諸感變，奚可輕殫。爰自備物，迄以立功，辰浹二百旬，金費五百萬。於戲！釋氏宗門，盛事如此。兹院也，即西京講《維摩經》宗公上人之先師普明大師之遺址也。上人以先師遷化之後，就其聽徒温浴凡數十載，法席無閑。上人以邴嘗栖函丈，每潤情瀾，以文爲托。固辭不暇，姑從質實，用記歲時云。道光《阜陽縣志》卷一九，道光九年刊本。

〔一〕〔二〕寧：原作『御名』，乃《阜陽縣志》編者避道光帝旻寧諱，今改。

〔三〕『莊塑』二字疑涉下衍。

〔四〕『如群星』之『如』字似誤。參上句，疑當作『于』。

〔五〕玄：原作『元』，原注『遵用代字』，乃避清諱。

令狐杲

令狐杲，宋乾德間人，官樞密學士、左諫議大夫。

大宋晋州神山縣重鎸玉兔古寺實録〔一〕　乾德三年十月

玉兔寺者，元即玉兔觀也。乃巨唐高祖神堯帝登號之二載，歲次□□三月三日，平陽西北，即今汾西地也，時有玉兔現化其形。□□□□奉命經過，親覿其兔，徐徐趁之，其兔前去，趁之不獲。事訖朝天，具奏□事，帝遣祭之，兔復現形。至其年十月五日，敕令置玉兔觀，四時享祭。後至高宗在位，麟德元年，歲次甲子，四月八日，兔復現化，頻經月日。平陽聞奏，高宗遣使，廣備祭儀，重興觀宇。至則天皇帝萬歲通天□年〔二〕，歲次乙未，二月八日，又復出現，履空而行，不逾觀地。平陽太守杜承衍故觀其事，親睹奇猷，具表聞天。帝遣中臣王文泰來獲玉兔。文泰至平陽，與承衍躬祭求現，其兔尋出。徐步趁之，經數日間，至平陽東神山縣西南隅，或而隱迹。文泰與承衍尋于隱處穿□之。穿深丈餘，獲得玉石兔一軀，端麗無并，遽貢聖后。帝令移□□玉兔觀至神山縣獲玉石兔地，敕度道流三百餘人，住持觀院。□□天二年〔三〕，歲次丙申，十一月十五日，□觀院上有羅漢履空現身，語道首葉仙靈等曰：『此非觀地。即過去世人壽二萬歲時，有佛出世，名字迦葉，當于其時，白兔寺基。吾于其時，爲此寺主，由勤進道，今得聖位，即羅漢身。汝等宿慶，得值好時，宜捨觀爲寺，各求出家。』仙靈等三百餘人各悟前因，欲從緇侶。聖者復語仙靈等曰：『今此平陽太守杜承衍，乃是修過去白兔寺者施主，由修寺故，生生之中，常爲侯相。』仙靈聞已，詣杜公處，具述前由。公聞奇事，心駭，躬觀求羅漢現。時聖者隨求而現，準前告語，述其因緣。公遂悟解，與仙靈等具表聞天。杜公迴觀爲寺表在《唐興异事録》，仙靈等之度爲僧表在内藏《廣弘明集》。帝聞所奏，忻喜奇故，至聖曆元年正月十五日，敕令改觀爲寺，度仙靈等皆悉爲僧，别賜錢絹各是一千；敕補京師大法師仁映，共住此寺；敕捨神山一縣之税，供給寺衆五百餘僧。後至長安三年，帝崩，乃廢供給。其寺周圍一里二百五十步矣。□□三年〔四〕，歲次乙丑，十月丁酉朔，三十日丙寅，重建寺施主、推誠奉義翊戴功臣、建雄軍節度、晋慈隰等州觀察處置等使、光禄大夫、檢校太下□州諸軍事、行晋州刺史，兼御史大夫、上柱國，天水縣開國侯、食邑一千户趙彦徽立。

〔一〕題下原署『樞密學士左諫議大夫令狐杲集』。《山右石刻叢編》卷一一。

〔二〕□年：『□』，據《山右石刻叢編》按，應作『元』。

〔三〕□天：「□」，據右引，應作「通」。

〔四〕□□：據右引，應作「乾德」。

王延福

王延福，開寶間人。

重修尊勝幢記　開寶三年

若乃塞瞢欲路，闢方便門，建大法幢以裨教綱者，實謂達人矣。今有都維那頭弟子王延福等，雖爲凡庶，願結聖緣，于衣食之餘，慕功德之事。切見城西門外尊勝院者，即大周二祀，元無敕額，尋已廢停。雖殿堂佛像以金，無奈尊勝石幢之仍有八面之香風緣起，四邊之糞土交流。是欲遷就清净之方，所貴長辭穢惡之境，是以葳興上願，共率貨財。雖是古功，苟成今業。□層數而闕者破者，命梁工以修之補之；使金偈之復新，居寶地之永固。所冀日還月往，福我衆生；地久天長，祐我國界。四人共構，萬載□依，偵彼所由，書之不具。時大宋開寶三年□月五日建立。匡祚、張重遇、梁景福、仇延遇、武延超、薛延福、王仁遇、李知進、張祚、楊文義、張延超、薛懷義、都維那頭王延福。國家圖書館藏拓片，未編號。

釋惠祥

惠祥，宋初登州蓬萊縣沙門。

登州蓬萊縣儀鳳鄉清泉里合盧寺故持念大德舍利尊幢銘　開寶三年十月

□夫得菩提於妙覺，獲接記於燃燈。從補處以降迦毗，控日輪而□右脅。觀厭老患闕六字六年之苦行修禪，八萬之塵勞解脱。魔軍退散，覺道圓成。玄規布護於人天，洪範彝倫□□□。□開方便，示悟群生。誘喻痴迷，息之疲乏，潛垂付囑，密示衣珠。記慈氏於闕六字後佛。五天興化，八國傾勤。慕寂樂於拘尸，般涅盤於雙樹。而自金闕四字倡東鄹。敕被遐方，招提匝野。牙爲筏喻，代有人焉。即故大德早著嘉聲，闕四字大德諱懷尊，俗姓萬，當郡蓬萊界儀鳳鄉東石人也。家傳十善，闕五字樂於人倫，益風流於文物。大德以生而异智，幼而不群，學贍才高，闕四字重。四含八藏，洞曉於心端；九部三乘，區分於句下。言譚出衆，札繕超群。肯□□□定多端，化東西之俊彦，爲師爲傳，接預隨機。成歸指，通津要，落闕四字山寺闕六字俗宗師弱年之負笈尋師，具戒於密州壇下，神州帝闕四字永吴闕四字雲心息，返步家山。侍覲師宗，歸寧左右。始終荷負，尊闕四字尊□□親倍□□傷法化，忽意遠源。俄示疾於春初，限遷神於秋杪。□□旬有三日，臘四十□餘。以□□□九月廿四付囑院緣，奄然長逝。時也金闕六字秋，□日既而天地□，夜月落而山□暗。于以門徒感戀，骨肉悲攀，嗟道樹闕四字雁行□零落，愧終□亡，畢會荼毗。酬法移以建支提，效師資而圓□堵，莫不□窮神智。石選嘉山，琢磨而師闕七字交盤瑞獸。是處也，前山抗頂，後水朝宗。東背長□，西鄰巨□，□脱□□□幽奇。師之多劫修行，獲安于此。歲當庚午，月次玄英。□以良辰僉安增加和彰實録，詎敢繁文。不得而然，乃爲頌曰：

法眼圓通，逾明逾潔。鑒照隨緣，理無分别。在智爲賢，處聖爲喆。日昃西偏，月圓東□。出此没彼，來生去滅。海量弘深，淹通戒節。秋菊芬芳，春蘭香暍。一報身終，萬緣祖□。骨葬兹山，魂游净刹。勒石刊銘，顧年記月。

僧全、僧法海。開寶三年歲次庚午，十月己巳朔，廿八日丙申午時書，沙門惠祥撰兼書〔一〕。

民國《福山縣志稿》卷六之二，民國二十年鉛印本。

〔一〕以下原有匠人、寺僧、檀越等題名，文繁不録。

釋如皎

如皎，宋初台州天台縣（今浙江天台）傳教院僧。

傳教院新建育王石塔記〔一〕　開寶八年八月八日

世雄化緣告息，韜形秘藏，唯塔像存焉。或封玉甃，緘金骨，標幟高顯，俾回眸舉手，咸成妙機，非率然也。粵有守澄上人，内習禪那，外營梵福，有年數矣。凡曰善利，知無不爲。一旦惠然而來，議及勝概，乃曰殊特者難偕聖塔，堅久者莫越貞珉，命愚同力，營兹巨善。愚聞之敢不稱贊？于是共募緇俗，獲泉貨六萬餘。乃命石工，匠成四所，不逾載祀，能事告圓。其二所對高五尋，立于院之庭，其次立于普賢懺院，蓋擇其勝地，咸得其宜也。其質狀擬于育王，鎔範衆寶，固無漏略，中置鷲峰，極談妙經。故不須復安舍利者，所謂已有如來全身也。矧復以實相爲道，無金石鴻纖之殊也。劫火燒空，藍風動地，其可壞乎！愚不揣斐然，直書于此。大宋開寶八年歲在大淵獻，八月八日記。《螺溪振祖集》，續藏經第二編第五套第五册。

〔一〕題下原署：『當院徒弟如皎撰并書。』

龔惟節

龔惟節，開寶間人，曾爲隨使押衙。

大宋故萬固寺主月公道者塔記〔一〕　開寶六年三月

道者俗姓馬氏，諱紹月，冀州衡水縣人也。盛宗華裔，其來甚遠；空根至理，獨嬗于兹。初于真定府從師，尋即受具。後辭出家院，學業潛已通禪。洎乎振錫西來，真鑒洞了。獲安樂之地，斷煩惱之源，任意浮沉，抑有年祀。始則寓隆福之金地，廣設化緣；終則遷萬固之精藍，適因騰并。多開方便，普用慈悲。師之道行，如水善下；衆所心悟，若蟻慕膻。于是喧闐，大作利益。丹碧照野，棟宇干霄。有感必通，無求不應。夙願未集，法海□枯。粤自開寶五載正月二十日子時，遷化于本寺，享年五十八，僧臘三十二，凡度門人一十三人。于時中外號慟，如喪考妣。謀斯起塔，貴睹真儀。亡而若存，垂于不朽。永證聚沙之果，長留多寶之石。故用直書，以示來者。時歲作噩，月臨□洗，開寶六年三月十一日記。《山右石刻叢編》卷一一。

〔一〕題下原署：『前隨使押衙龔惟節述。』

張汝弼

張汝弼，太祖時人，鄉貢進士。

尊勝幢記〔一〕　開寶七年閏十月

蓋聞西極之土，有金人焉，具無量威德，植無量福田。發大悲心，救一切苦，有無兼謝，覺夢都忘。證十號以庇群生，拔三塗而福幽界。尊勝陀羅尼者，我佛總持之教，大雄方便之門。燭彼昏衢，燃以智慧炬；濟諸苦海，泛以般□舟。不可思議廣大利益，未來過去悉所歸依。凡報父母慈育之恩，答怙恃叩勞之力，非仗如來真諦，以資勝利，則安能成人子之道，伸罔極之情哉！大宋開寶七載冬閏十月二十八日，京兆前攝華州別駕杜永訓，奉爲先考府君諱澄字德潤、亡妣夫人周氏，建茲幢焉。自唐封杜，因國命周，書契已還，罕敵大姓。府君以恪恭之美，佑彼侯藩；夫人以貞懿之行，宜其家室。有慈有義，可法可象。志銘斯在，行諜備詳。府君寄骨于晉陽，夫人啓殯于茲地，庶合商人之禮，□□楚相之魂。敬鐫龍藏之文，少寫蘭陔之恨。汝弼早悟苦空，深信因果。聞是請命，歡喜踴躍，恭敬合掌，謹述偈言：

我佛大慈悲，能滅諸苦惱。乘是功德山，速成無上道。

次男銀青光禄大夫、前攝相州别駕兼監察御史承詡，長新婦吕氏，次新婦趙氏。孫男五人，長曰繼明，前攝華州觀察巡官，新婦吴氏；次曰繼升，前攝相州司馬；次曰繼宗，前攝華州長史；次曰喜哥；次曰重喜。孫女四人，長曰相哥，次曰邢哥，次曰妹兒，次曰洛姐。重孫男汴哥，女鳳姐。《八瓊室金石補正》卷八二。又見國家圖書館藏拓片·各地五〇五八，《洛陽存古録》卷三，《搜古彙編》卷五〇。

〔一〕題下原署：『鄉貢進士張汝弼撰。』

釋緣海

緣海，宋初解州聞喜縣唐興寺僧。見《山右石刻叢編》卷一一。

佛頂尊勝陀羅尼經幢題記　開寶七年八月

聞金人出降，玉偈敷宣，爲五濁甘露之門，作八苦清凉之路。愐想群書群典，難過尊勝尊經。明除七返之尤，暗减三塗之患。襄有邑首弟子王□等，夙親善本，早厭浮花。有窮達磨之玄關，有悟天人之福報。乃見并來寺院□故石幢，經言之破傷□露，佛像之隳殘土没。於是一人啓口，衆願隨從，重修窣堵波形，刻就陀羅尼咒。上願皇圖永固，佛教興隆，雨風長積於三農，戈刃不施於四海。黎明安泰，幽□□□。□是存亡，俱霑勝利。具邑人如後：

都維那王説，副維那李追福、杜追貞、張千、衛裕、張詮、逆追韜、吕斌、魏彦。清衣邑衆魏氏、敬氏、范氏、王氏、徐氏、王氏。

大宋開寶七年歲次甲戌八月丙子朔十五日庚寅建，唐興寺主僧緣政。比丘緣海書。匠人李思□。

《山右石刻叢編》卷一一。

□岵

□岵，宋初人，開寶末爲州縣官。

重修龍興寺東塔記　開寶八年四月

若夫致情自逸，聖人生博弈之談；驗性迷方，諸祖散指月之論。是以珠沉於海，俾罔象之忘機；補竅於身，使混沌之返□。則必逍遥委化，復歸何有之鄉；清净居真，共安無過之地。何須窮泰極侈，恣嗜欲於心胸；入聖從凡，昧修行於眼耳。唯釋氏之教，興於曠劫。金剛三昧，爲法界之歸依；玉毫六通，作人天之瞻仰。灑醍醐以霈潤澤，則無不舒蘇；震法樂而激聲教，則俱聞踴躍。是故衆魔既伏，列仙共歎。得樹神之精勤，感輪王之迴向。擎拳合掌，悟法相之皆空；落髪披緇，學菩提之無上。其過去未來之因果，龍藏名言備矣，此何足以稱揚。覺皇受浹旬之請而入涅槃，雖化身强焚，而金質自永。舍利之寶，散入支那，同州龍興寺東塔是其一也。截翠嶽於半天，影太陽於中道。隋氏之將興，祥兆見焉。金陵電滅，浮喜氣於東南；火運炎空，籠祥光於中夏。夾輔王室，方嚴承相之尊；纂成帝功，竟塞神尼之讖。隋文因以所居宅，是爲此寺。自後紅樓翠殿，高危上入於雲霄；寶鐸珠輪，光彩傍侵於河洛。然則年代深遠，功績漸隳。瓦墜梁傾，歎風摧而雨敗；物存基在，但日往而月來。不有否也，其何泰乎？有恒農楊氏名繼宗，乃左馮一長者也。金玉其貞，冰霜勵己。干以非道，有難犯之容；動以觀時，多不平之色。以布施修崇爲己任，以謙和儉約爲身謀。人倫之中，不可多得。以爲芝蘭在佩，不如戒定之香；嵇吕成交，争似聲聞之果。其是院之西，又有長與萬壽院〔一〕，其住院僧前僧正法諱智峰，師號嚴静，章服副焉。秋袍自擁，夏臘甚高。羅什博通，識五天之儀範；道安講唱，明三界之因緣。萬二千五百衆，咸願登門；一切十恒河沙，亦將共貫。恒農與之爲道侶而甚密，亦猶昔之蓮花社也。高秋八月，演摩詰之玄談〔二〕；宴坐一時，味如來之真語。許壇那爲布施，奉内財以供佛。用精進爲焚修，依法身而潔己。居一日，乃謂峰上人言曰：『東院真身舍利塔毁頽缺漏久矣，此不爲修，如之何有能興者？』師欣然贊成其事。於是集工人，籌度之，鳩衆材，聚丹雘，無曉無夜，經營架構。于時即日而就，約其費用，將百萬計。雲烟乍斂，若漢日之再中；星月共臨，疑天樞之獨立。非夫有大力量，有大志願，豈能成此殊常之功德哉！先是此寺鍾樓斜朽凋壞，及峰上人院西殿并中尊列侍，并隋室時興塑，以之浸久，中間縱有貼補，亦罕能全功。恒農一旦皆以家財，呼匠巧，取材用，及金翠瓦甋之屬，并附益修飾之。十分之數，彌縫其七八焉。信矣夫！世尊之感應，長者之護持，非獨聞於往昔也。阿育王之志氣，功滿行修；給孤園之清凉，法興教立。遂使清信上士盡生降伏之心，憹悷衆生頓换柔和之性。其誘化補報也如此。府主連帥太師鍾一千年之亨運，應五百載之間生。衛社惠民，恤刑欽政。視匈奴如草芥，舞陽侯之横行；驅樓蘭若狐狸，傅介子之深入。方持虎節，顯鎮侯藩。帳中號令之嚴，秋風偃草；門下平章之命，禁殿宣麻。通總隴右公朱研益丹，玉焚須冷。宰衡餘慶，自高定國之門；聖祖衝元，必握真人之籙。觀風譙郡夏侯公威棱有執，如松柏之負雪霜；忠信罔愆，比春秋之應日月。此際且登於蓮幕，匪朝即列於蓂階。嘻！道與時來，時與賢會。元戎物望，多憐共治之榮；調御音容，不爽付囑之意。恒農以功願既畢，乃率以文之。岵也德行無取，文學甚虚。進未能輔相帝王，立萬年之運祚；退不能交朋巢許，傲列嶽之風雲。而猶勞役風塵，徘徊州縣。賦慚鸚鵡，肯爲席上之珍；雨助蛟龍，□是池中之物。强搜鄙拙，用以紀云。大宋開寶八年乙亥歲四月辛巳朔二十九日辛未建。《金石萃編》卷一二五。

〔一〕長與：疑當作『長興』。

〔二〕玄：原作『廟諱』。按此乃是避康熙諱。

孫承祐

孫承祐（九三六——九八五），杭州錢塘（今浙江杭州）人。吴越國主錢俶納其姊爲妃，因擢處要職，累遷至鎮海鎮東兩軍節度副使、知静海軍節度事。太平興國中，錢俶盡獻其地，徙泰陵軍節度使。五年從幸大名，留知府事。雍熙二年，改知滑州，數月卒，年五十。《宋史》卷四八〇有傳。

靈岩山寺磚塔記　太平興國二年

吴靈岩山，即古吴王夫差之别苑也。太湖渺白涵其側，虎丘點翠映其後。自餘岡阜川瀆，沃野上田，環繞帶縈，若視諸掌。代遷人异，倬爲佛祠。愚守藩之七祀也，屬丙子歲。冬，先國妃居共氣之親，鍾斷臂之禍。詩人罔極，聊可諭其哀；素王尚右，未足申其制。由是顯營雁塔，冥助翟衣，于山之椒，累磚而就。基其岩，所以遠騫崩之患；黜其材，所以絶朽蠹之虞。不揮郢匠之斤，止運陶公之甓。自于經始，迨爾賀成，凡九旬有六日。仍以古佛舍利二顆，親書《金剛般若》一編，置彼珍函，藏諸峻級。美歟！山聳地以千仞〔一〕，塔拔山而九層。巍巍下瞰于娑婆，杳杳平觀于寥泬。纔疑涌出，或類飛來，如日之升，無遠弗届，可以高擎天蓋，可以久鎮地輿。實在報先妃之慈，薦先妃之福也。覺雲承足，定水澄心。拂石仙衣，尚爲游轉；無垢佛土，終正菩提。抽毫直書，用備陵谷。太平興國二年，平江節度使孫承祐新建。《吴都文粹》卷八，無錫孫氏小緑天閣抄本。又見《吴都法乘》卷九，《吴郡志》卷三二，《姑蘇志》卷二九，《古今圖書集成》神异典卷一二三，道光《蘇州府志》卷四〇，民國《靈岩山志》卷二，民國《吴縣志》卷三六上。

〔一〕山：原作『上』，據四庫全書本改。

宋白

宋白（九三六——一〇一二），字太素，大名（治今河北大名東）人。建隆二年舉進士甲科，乾德初解褐授著作佐郎。曾任翰林學士，仕終吏部尚書。白嘗三典貢士，稱獎後進，如蘇易簡、王禹偁等皆出其門。學問宏博，太宗時，預修《太祖實録》《文苑英華》。喜聚書，至數萬卷。嘗類故事千餘門，號《建章集》。有文集百卷，又與李宗諤同纂《續通典》二百卷。大中祥符五年卒，年七十七，謚文安。《宋史》卷四三九有傳。

大宋杭州西湖昭慶寺結社碑銘 并序 淳化元年

太宗在宥于大寶，淳化紀號之元年，天象高明，七政齊而璿璣定；人時上瑞，五稼登而玉燭和。車書混一于寰中，玉帛駿奔于天下，俗躋仁壽，運洽升平。將相名臣，精通文武之教；緇黄上士，勤行道釋之宗。由寶命以惟新，致彝倫之欣叙。苾蒭盛事，簡策宜書。杭州昭慶寺僧曰省常，身樂明時，心發洪願，上延景祚，下報四恩，刺血和墨，書寫真經。書之者何？即《大方廣佛華嚴經·净行》一品也。每書一字，必三作禮，三圍繞，三稱佛名。良工雕之，印成千卷，若僧若俗，分施千人。又以旃檀香造毗盧像，結八十僧同爲一社。再時經象成，乃膝地合掌，作是言曰：『我與八十比丘、一千大衆，始從今日發菩提心，窮未來際，行菩薩行，願盡此報，已生安養國，頓入法界，圓悟無生，修習十種波羅蜜多，親近無數真善知識。身光遍照，令諸有情得念佛三昧，如大勢至；聞聲救苦，令諸有情獲十四無畏，如觀世音；修廣大無邊行願海，猶如普賢；開微妙甚深智慧門，猶如妙德；邊際智滿，次補佛處，猶如彌勒；至成佛時，若身若土，如阿彌陀。八十比丘、一千大衆轉次授記，皆成正覺。我今立此願，普爲諸衆生，衆生不可盡，我願亦如是。』偉矣哉，上人之言如是、志如是！心如北斗，建之而天下春；舌如南箕，鼓之而萬物動。由是幅員四境，棋布百城。士人聞之，則務貞廉，息貪暴，慎刑綱，矜人民；釋子聞之，則勤課誦，謹齋戒，習禪諦，悟苦空；職司聞之，則慕寬仁，畏罪業，尊長吏，庇家屬；衆庶聞之，則耳苦辛，樂貧賤，精伎業，懼憲章。善者聞之而遷善，惡者聞之而捨惡，夫何异哉？嘻！世末時移，風凋俗弊，慳痴塞路，懺很成群，王化有所不懾，國命有所不從。上人以是因緣，悉生迴向，如趨寶肆，如登春臺，所謂出其言善，千里之外應之也。乃有朝廷縉紳之倫，泉石枕漱之士，猗頓豪右之族，生肇高潔之流，皆指正塗，趨法會，如川赴海，如鱗宗龍，賁然來思，其應猶響。非夫勵精素志，奮激清心，入金仙之室，游古佛之門者，孰能感人心、隆大教若斯之盛也！上人姓顔氏，字造微，錢塘人也。母孫氏，始夢梵僧，終證法器。年方齠齓，性絶葷茹。七歲捨家，十五落髮，禮菩提寺吴越副僧統圓明大師志興爲師。十七受具戒，二十通性宗，二十一杭牧翟守素請講《大乘起信論》，二十五金師錢儼上表奏賜紫方袍。又從五雲大師志逢傳唯心法門。雍熙中，夢感神僧示文殊像，由是化四衆以造成，擬五臺之相好。次則慕遠公啓廬山之社，易蓮華爲净行之名。福無唐捐，功已成就。内學之外，爲詩甚工，湯休、皎然，不相上下。噫！昔慧遠當衰季之時，所結者半隱淪之士；今上人屬升平之世，所交者多有位之賢。方前則名氏且多，垂裕則津梁無已。道光遠裔，行冠前修，此而不書，將遺巨美。白望風金地，恭職玉堂，遥贊斯文，以備僧史。凡入社之衆，請勒名石陰。銘曰：

牛斗之下，吴越之區。山輝韞玉，川媚含珠。公王奥壤，神仙下都。名聞北闕，僉曰西湖。中有精藍，斯爲勝境。雲霞曉光，松篁翠影。水象龍宫，峰侔鷲嶺。云誰居之，顔僧曰省。有大智慧，有大聲名。層冰性潔，皓鶴神清。據彼靈刹，高開化成。刳香爲像，墨血書經。乃募時賢，乃招净者。無論玄素，不限朝野。以《華嚴》品，結蓮華社。龍必登門，燕皆賀厦。惟上良緣，惟兹福田。如豫出地，如翰戾天。深通實際，頓悟真筌。慧燈相照，法印相傳。八十比丘，一千大衆。題名寶方，隨喜香供。金磬成音，天華浮動。如彼雲韶，來儀威鳳。猗與上人，擬人于倫。取諸名士，非止遺民。璨如珪璧，和若陽春。英聲冠古，令範長新。不刊不刻，孰彰名德？非頌非歌，寧宣懿績？將輝佛乘，宜鎸樂石。善利能仁，流芳萬億。《圓宗文類》卷二二，續藏經第二編第八套第五册。

修相國寺碑記

臣供職禁林，伏膺典策，伽藍故事，緗素預聞。按相國寺，本北齊建國寺也，至唐室睿宗改賜今名。大凡有土地曠廓，不能自立也，然後置國城；有國城露處，不可暫安也，然後修棟宇。恭承制旨，願畢其辭，于是謹拜手稽首而颺言曰：『天生蒸民，樹之司牧。文經武緯，創業垂統。建邦設都，風雨所會，上古已還，弗常厥所。粤稽載述，堯都平陽，舜都蒲坂，周都豐鎬，漢都長安，咸以爲天下之君，保域中之大。若乃睠視梁國，在古實屬豫州，主于斗極之三度，入房星之五度，無名山大川之阻，衢四通五達之郊。梁開平中置爲京闕，晉、漢、有周，三代因之。』嘻，天道玄遠，有開必先。惟周之興，爲宋經始，遷宗社于斯，築新城于斯。太祖皇帝潛陽在下，玄德升聞，百姓與能，三靈改卜。爰尊禪讓，方陟元后，以爲必躬必親，所以康世難，破澤潞維揚之隩，不壯不麗，何以威外？彝闕皇居，應門之象，國之大事，在祀與戎。增嚴禋上帝之壇，大禁衛連營之制。由是荆湖内附，吴蜀一統，嚮明而治，十有七年。太宗皇帝德合天地，明齊月日，肇膺顧命，一委長君，恢張四維，奮迅獨斷。盛哉吴越，享國百齡，我以尺一而召之；蕞爾并汾，不庭二紀，我則一戎衣而下之。功成制禮，治定作樂。新集賢、秘閣之署〔一〕，草籍田、東封之儀。既而麟鳳效祥，草木呈瑞。垂衣端拱，二十二祀。崇文廣武聖明仁孝皇帝之應運也〔二〕，紫氣充庭，黄雲作蓋，壽邸通三之貴，震宫明兩之朝，歷數在躬，大寶曰位。以至誠奉六廟，以純孝尊萬安，接宫府以雍睦，御臣民以公正。禮無違舉，文思化成。六合無不獲之夫，四海多來賓之國。皇猷既以彰矣，昌期亦以隆矣。一旦負黼扆，語侍臣曰：『朕荷九天眷命，襲二聖丕基，寅畏奉行，弗敢失墜。人熙有慶，時汔小康。行大中之道，吾無間然；存方外之教，意有所關。太祖革封禪爲開寶之號，太宗錫龍興以太平之名，别開啓聖之梵宫，實作上都之壯觀。唯相國寺敕建三門，御書賜額，餘未成就，我當修之。』乃宣内臣、飭大匠，百工館至，衆材山積。岳立正殿，翼舒長廊。左鐘曰樓，右經曰藏。後拔層閣，北通便門。廣庭之内，花木羅生；中廡之外，僧居鱗次。大殿睟容，即慧雲師所鑄彌勒瑞像也；前樓衆聖，即潁川郡所迎五百羅漢也。其形勢之雄，制度之廣，剞劂之妙，丹青之英，星繁高手，雲萃名工。外國之希奇，八方之异巧，聚精會神，争能角勝，極思而成之也。偉夫！觚棱鳥跂，梅梁虹伸，綉栭文楣，璇題玉砌。金碧輝映，雲霞失容，琤鐸玲瓏，咸韶合奏。森善法于目前，飄樂音于耳界。若乃龍華春日，然燈月夕，都人士女，百億如雲。綺羅繽紛，花鬘瓔珞。巡禮圍繞，旃檀衆香。仰而駭之，謂兜率廣嚴，攝歸于人世。又若天仗還都，鳳樓肆赦，千乘萬騎，流水如龍。旌旗彗空，歌吹沸渭，憑欄四顧，佳氣榮光。俯而望之，疑蕊珠閬風，神化于海土。猗宏麗也，殊超勝也，皆不可稱，不可量。大矣哉！維大雄氏，真大聖人，佐佑大君，興隆大化，受托付囑，爲世外護。故將以法王能仁，兼帝王要道，參而行之。經言廣大，則無思不服，經言慈悲，則視民如傷；經言忍辱，則國君含垢；經言利益，則我澤如春。德惟日新，精進也；畏于天命，持戒也。如是知見，如是信解，然由造有相之功德，廣無邊之福田，固皇圖如泰山，躋蒼生于壽域。冀灾沴不作，僭賊不生，風雨咸若，寰區謐寧者歟。古云登高能賦，作器能銘，彼皆小者，尚以文爲。昔簡栖抒頭陀之碑，江總紀栖霞之迹，庾信述鳳林之景，王勃演牛頭之詞，鴻筆遺妍，龜趺盡在。矧夫夷門巽位，汴水陽涯，旁連北斗之城，近對蒼龍之闕哉〔三〕！臣久玷鰲山，榮瞻鳳扆，學微睹奥，文愧非工〔四〕，捧詔惕然，抽毫銘曰：

地象爲輿，天形若笠。四序循環，三辰出入〔五〕。吁嗟五代，日不暇給。祖宗耿光，神祇降祥。

受天永命，得人者昌〔六〕。崛起大宋，祚逾皇唐。赫赫太祖，聰明神武。櫛風沐雨，披壤九土。握機蹈矩，炳文如虎〔七〕。明明太宗，寬仁肅恭。務材訓農，萬方來同〔八〕。類帝禋宗，神德猶龍。重熙累洽，慶流三業。玉塞鏖兵，銅梁獻捷。文物葳蕤，苞符雜遝。信及豚魚，混一車書。儒通墳索，道講玄虚。勤行二教，諦奉真如。隋堤之側，寺名相國。仿佛天宫，光華日域〔九〕。下福蒸人，上延聖歷。輪焉奂焉，五色相宣。春陵寶馬，許史雲軿。争趨勝地，如會諸天。不可思議，歎未曾有。悦懌群心，歡呼萬口。千劫愛塵，一時斗藪〔一〇〕。揆日十星，揚于紫庭。黄麻錫詔，翠琰刊銘。金田寶刹，萬祀千齡。乾隆《祥符縣志》卷九，乾隆刻本。又見康熙《開封府志》卷一九。

〔一〕集賢：原作『集仙』。按『集賢』謂集賢館，『仙』字誤。
〔二〕皇帝：原作『黄帝』，誤。
〔三〕《開封府志》於『蒼龍之闕』後尚有『構此大壯，宣揚頌聲』八字，然無『哉』字。
〔四〕『學徹』二句：原無，據《開封府志》補。
〔五〕『四序』二句：原無，據右引補。
〔六〕『受天』二句：原無，據右引補。
〔七〕『握機』二句：原無，據右引補。
〔八〕『務材』二句：原無，據右引補。
〔九〕光：原作『先』，據右引改。
〔一〇〕『千劫』二句：原無，據右引補。

錢儼

錢儼（九三七——一〇〇三），原名信，字誠允，錢塘（今浙江杭州）人。錢俶异母弟。幼爲沙門。錢俶襲國，爲鎮東軍安撫副使。入宋，爲隨州、金州觀察使。出判和州，在職十七年。咸平六年卒。儼謹慎好學，博涉經史，文辭敏贍。著有前集五十卷、後集二十四卷，《吴越備史》十五卷、《忠懿王勛業志》三卷等。今存范坰、林禹《吴越備史》，陳振孫《直齋書録解題》謂儼托名范、林所作，《四庫全書總目》謂陳『似得其實』。《宋史》卷四八〇有傳。

建傳教院碑銘〔一〕　雍熙三年十一月

聖人之垂文設教，所以舉綱維而示軌轍，使後世之人至乎聖賢之道也。若夫括天地，極陰陽，窮吉凶，審消長，莫尚乎《易》，而伏羲始之，仲尼述之，是垂美利于天下也。以日繫月，彰往考來，正王道，紀人倫，莫尚乎《春秋》，而夫子經之，丘明傳之，是申明誡于萬世也。敢問聖人之垂文設教，極于是乎？殊不知垂褒貶之文，不能等冤親，齊生滅；究否泰之術，不能暢妙性，括真機。其爲人天之津蹊，越生死之淵奧，則大雄氏之法，莫不大乎，莫不聖乎！若夫鷲嶺之韜玉音，龍藏之傳寶典，去聖逾遠，垂裕後昆，所以廣香海之波瀾，壯大車之輪轂，又莫盛乎天台之教者。故陳、隋國師智者大師，法名智顗，演一花之大旨，立八柱之華宗。以明破昏，太陽之開氣霧；以静扼動，神龜之抃重溟。藏通别圓，四教斯闡；醍醐乳酪，五味相宣。傳般若之燈光，開方等之門閾。長風破浪，溺群魔于不二之門；大山出雲，茂正法于説三之圃。垂爲妙典，揚我真風。由是國王大臣，延首丹丘之講肆；城邑聚落，傾心金地之道場。則智者之化人，其利博哉，不可得而言也。傳教院者，即今净光大師寂公住持之所。師法名義寂〔二〕，俗姓胡氏，永嘉人也。先是周顯德初，螺溪居民張彦安來詣師曰：『家居寺之東南，有隙地，可一里餘。陰晦之夕，必有鬼魅吟嘯之聲，亦有鍾磬考擊之響。又嘗夢神龍游其地，故非愚民所可有也。願奉師以爲僧事。』師約之親往閲視，嘆其山水秀异，因謂衆曰：『此伽藍地也，常以傳續真乘，思卜講唱之所。又天台一宗稟于龍樹，彼夢神龍之兆，豈非此耶？』然而財施不供，莫能遂成其志，但納所捨而營蔬圃耳。尋而法華岩公之門人齊公，（顧齊公後亦署崇法禪師，亦師傳法弟子。）以其事聞于本師禪師，禪師大可其議。遂輟所得衆施錢三十萬，以資經始。師雖聆喜捨，頗懼重勞，乃誡齊公曰：『今之所營，蓋以學徒爲念，非欲芘風雨以移冢間樹下之志。汝體乃意，當勉成之。』齊公乃鑿山肇基，度木興構，凡建法堂三間，廚屋數舍。覆茅累塊，悉尚樸素，以稱師心。乾德甲子歲秋八月堂成，乃請師居之。默然遂率學徒二十人，以之俱往。點頭之石，行列翠巘；雨新之花，飛颺寶几。師又覩其樸野，協彼安栖，至心之餘，歡喜無量。其後登魚門宇，日競充盈；放鶴園林，人患襞積。師聞之，沮其説者數四。而雲居韶公禪師，以其傳燈之地，未廣函丈之規，乃疏于今漢南國王：『智者大師位登諸地，迹示四依，得總持門，獲無礙辯。所述教法，盈數百卷。净光大師義寂傳而講之，如水分器，而所居精舍，棟宇未豐。願許經營，用安搵衣之衆。』王從之，乃命愛子襄、華二師洎于宗藩，各施錢粟以助之。師以草堂之居，雅得便穩，不聽命者久之。三年及丁卯歲〔三〕，建創始畢，凡重構懺堂、法堂、禪室、經室，及隸寺宇制者，罔不畢備。中間内外總一百三十餘間。林泉相輝，金碧明媚，瓶錫所至，寒暑忘歸。其年國王復命師講《法華經》一座，追福于王妣恭懿太夫人吴氏。自是神龍喜于聞法，鳥獸樂于銜花。供飽純陀，席嚴布薩。隱几捉拂，翼翼小心；海福田衣，濟濟有衆。太平興國二年，元帥府都押衙王君承益、内知客余君德徽，同議本院建造彌陀佛殿，王復命施錢八十萬。又請師講《金光明經》一座，飯僧三萬人，香華幡蓋供佛之具，一皆稱足。明年，彤矢常參，金輪大統，教法愈盛，莊嚴益專。屬像設未周，衆望斯鬱，乃遣僧重雲遠來京師，請于襄師。襄師因以陳國夫人徐氏、漢南國王府别駕徐君貴安，共捨錢二十萬，副以金帶。又募郡人李從遇衆率净財三十萬，同就厥工。于是孔雀頂螺，尊臨中扆；芙蓉冠葉，翊輔崇臺。環衛以之雄棱，侍從以之柔悦。沈沈金口，深類無言；爛爛青眸，真符不瞬。三寶既具，百福可量。而聞師妙行孔修，慈心止足，衣惟大布，卧止一床。杖頭但掛于瓶囊，庭内不施于扃鑰。談女亹亹五十席，非謂該通；樂道熙熙三重閣，未爲高邁。今俗年六十有八，僧臘四十有九。雖春秋已高，而誨誘無懈，實僧史之一奇士也。噫！天台教者，述覺王無説之義，包括寧遺；明衆生有趣之源，環循莫盡。由是三乘迭駕，方析假以入空；十地宏超，遂即凡而成聖。豈必指蓮華于水上，先示從權；自當悟蝴蝶于夢中，了無别體。宣此義者，孰不宗之？而師之學徒通鑒大師知廉，以師崇佛宫祠，開法庠序，將求歲寒之績，請以刊勒爲期。而儼念天台山素足名儒，繼談聖教，竽難濫吹，硯合先焚。然思句偈成因，敢以謏辭爲避。所願草藩肥膩，滋善本以常新；風動毗藍，吹慧光而不滅。謹即齋戒，爲之銘曰：

伏羲往兮仲尼不興，爾《易經》兮爻象何明。宣父亡兮丘明不出，爾魯史兮篇題斯逸。皇皇真教兮超生死，洋洋梵音兮總權實。鶴樹圓寂兮玉偈秘密，螺溪不談兮花編誰帙。傳光析派兮有赤城，植柰松揮兮宜萬齡。

係曰：

台山岩岩標幾尋，傳教孜孜開寶林。寒猿野鶴盡念法，猊座無言揚妙音。

時雍熙三年丙戌歲，十一月十日文。《螺溪振祖集》。

〔一〕題下原署：『忠果雄勇功臣、金州管内觀察使、判和州軍州事、光禄大夫、特進、檢校太傅、兼御史大夫、上柱國、彭城郡開國公、食邑六千户、食實封一千一百户錢儼撰。』

〔二〕義：原誤作『羲』，據《宋高僧傳》卷七改。

〔三〕三年：原作『五年』。按甲子至丁卯僅三年，作五年誤，徑改。

咸平觀音禪院碑銘　咸平六年六月

天下之名郡言姑蘇，古來之名僧言支遁。以名郡之地，有名僧之踪，復表伽藍，綽爲勝概。至于傳法，不泯真風，則紀之以文，信無愧矣。蘇州觀音禪院，即東晋支公道林所建支硎寺也。伊昔二衆同居，舍宇尤廣。其山有支公馬迹及所居石室存焉。唐景龍中，詔更名報恩。及瑞陵初圮海内精宇，人衹號咽，兹寺在圮例。獻文纘嗣，佛日再中，旃檀之林，枯荑畢秀。時太原尹盧公簡求方牧是邦，與僧清贊相善，乃勸捨俸錢，復新締架。大中五年請僧洪憲主之，憲即豫章希運禪師之法嗣也。自咸通甲申歲至于乾德甲子歲，凡百餘年，陵谷迭遷，香華中輟。其年二月，有永嘉禪學沙門文謙嘗駐錫姑蘇永光蘭若，頗以佛事結諸衆緣。尋詣天台大寂韶公禪師之法席，願齒入室之列。大寂示之曰：『汝雖越人，非越地可居，其當化人于吴地耳。』于是遂如大寂之教，復來茂苑。會僧正安公以報恩舊地，辟而住持，是爲今觀音禪院矣。復有本郡都知兵馬使趙承遇及司理判官張仁某等，同經度之，獲石銘于殿基，承遇以下名氏，皆如銘之所記，蓋宿緣符契也。未幾，謙師徙居上方，所度弟子三十餘人。今之恩公上人蓋白眉也，亦禮大寂，得其宗旨。退而闡法席于先師之精廬，昭善繼也。恩公苦行有聞，玄談尤峻，適居放鶴之地，雅契安禪之懷。早歲師嘗入京師，時愚方預常參，一得相面。今師沿前會之邂逅，疏本寺之寅緣，欲愚爲文，以紀其事。愚以向之所言信無愧者，乃紀而銘之云。時大宋咸平六年六月，忠果雄勇功臣〔一〕、金州管内觀察使、判和州軍州事、光禄大夫、檢校太傅兼御史大夫、上柱國、彭城郡開國公、食邑六千户、實食封一千一百户錢儼撰。《吴都文粹》卷八。又見《吴都法乘》卷一〇，《吴郡志》卷三二，《姑蘇志》卷二九，道光《蘇州府志》卷四一等。

〔一〕雄：原誤「確」，據前篇題署改。

釋惠堅

惠堅，太平興國中僧人。

大宋西河臨泉山聖力禪院故先師和尚塔記　并序

□□雙林散藥，祇樹分枝。法教遍于塵微，六相盈于沙數。繇是劫增劫減，緣死緣生，晤涅盤，稱指歸，到彼岸，爲解脱。矧有□□覺智□三毒□魔深斷愛□蜜持堅固□□唯元□乎。公俗姓王，法名殷元，本西河太平里人，自懷橘之年，便□賞俗；佩□之歲，早悟釋緣。汲泉烹茗之餘，唯精諷誦；掃塌添瓶之暇，更□□□。□歲年依資日月□師住上挂錫停游，降伏其心，寬弛度衆。又□彌綸，□復否泰。□□享壽九十三歲，戒臘七十三。癸酉歲十月二十八日終于本院也。門人等拊禪床而慟泣，攀繐帳以哀號。而須□□□并□條。宋□□己卯歲太平興國四年九月廿六日□□□□□□□亦建之窣堵波，記其景也。前瞻聖殿，後靠□□，虎岫連通，龍山掩映，邈矣哉！天長地久，暑往寒來，鐫列銘□□□後記。同學僧惠堅、惠真，講生經講□□維塵，經僧

□□，門人講上生經僧紹□，院主兼塔主僧經紹岩、紹□、紹講、紹逵、紹□、紹雅、紹普，童子僧哥、僧留、□得。時太平興國四年，歲次己卯，九月丁丑朔，二十七日癸卯建。《汾陽縣金石類編》卷三，民國刊本。

田錫

田錫（九四〇——一〇〇三），字表聖，嘉州洪雅（今四川洪雅）人，祖籍京兆（今陝西西安）。太平興國三年進士高等，釋褐將作監丞、通判宣州。遷著作郎、京西北路轉運判官，改左拾遺、直史館。歷知相州、睦州，轉起居舍人，還判登聞鼓院，以本官知制誥。端拱二年忤宰相，出知陳州，坐稽獄，責授海州團練副使，徙單州，俄詔直集賢院。真宗時出使秦、隴，同知審官院兼通進、銀臺、封駁司，出知泰州。咸平五年再掌銀臺，擢右諫議大夫、史館修撰。六年十二月十一日病卒，年六十四。著《奏議》二卷、《咸平集》五十卷、《別集》三卷、《唐明皇制誥後集》一百卷、《麴本草》一卷（存）。《宋史》卷二九三有傳。端平初謚曰獻翼，見《直齋書録解題》卷一七。

大宋重修鑄鎮州龍興寺大悲像并閣碑銘　并序〔一〕　端拱二年正月

國家改元曰端拱之年，有司下鎮陽之奏，以大悲銅像鎔範既久，高閣精廬締構已就，琢他山之石琰，請好詞以銘鏤。秋七月，天子視朔于明堂之日，王言如綸，乃命詞臣，俾濡染摭實之文，叙修□廢興之事。臣再拜稽首，惶恐祇肅，以爲刻貞石，垂丕休〔二〕，揚聖朝崇建之本末，視後人耳目之聽信，苟非鴻儒碩生，有大手筆，空門實相，達□心觀，則安能抽秘思，答明詔？徒以末學膚淺，昧道荒忽，聊叙萬分之一也。夫隨感而通，能救諸苦，謂之大慈大悲乎；應變無方，能現諸相，謂之千手千眼乎。然真性本空，不生亦不滅；冥數前定，有廢□有興。周顯德中，世宗納近臣之議，以爲奄有封略不過千里，所調租庸不豐邊備，校貫屢空于軍實，算□莫濟于時須，于是詔天下毀銅像，鼓鑄以爲錢貨，利用以資帑財。金人其萎，梁木其壞〔三〕。化身從革，通有無于市征；圜府流□，豈執著于我相？而惟鎮之邦，惟鎮之民，萬人聚，千人計，惜成功，□見毀，冀上意以中輟。雖卜式出財以有助，而贊皇執議以不迴。洎像壞之際，于蓮葉之中有字曰『遇顯即毀』，無乃前定之數乎？物不可以終隳，必授之以興復；時不可以終否，必授之以隆昌。我國家應乎天，順□人，革有周之正朔，造皇宋之基業。南取越，西平蜀，崇道教，興佛法，無文咸秩，隳像重興。乾德中，乃命重鑄大悲之像于是邦也。虞衡伐木，司爟用火，法陰陽以爲炭，□天地以成鑪。豈萬物之銅，萬靈之庸，憑帝力以神速，因匠哲而功倍？既而鎔成，滿月之容，如冠輕霞，升于顥□。青蓮爲目，天花飾躬。四十二臂，金色曈曨；七十三口，寶相穹隆。仰之彌高，瞻之益恭。洎構以摩雲之閣，如褐蓬壺〔四〕，倚于遼廓；□□旋題，風清寶鐸。十□三襲，危梁□躍；重階複道，飛棟電爗。夕月瑩其藻繪，朝霞飾其丹雘。有周之毀也既如彼，我宋之興也復如此。今皇帝嗣鴻業，凝睿圖，運應千齡，道超三古。成湯克己，稱其德也謂『齊聖廣淵』；帝堯爲心，稱其道也曰『聰明文思』。用七德，講五□，□□禮義德刑爲戰器；疆四海，宇萬方，而以動植黎元躋壽域。豆籩有踐，配烈祖于上□；金石成文，謁先師于太學。列儒臣以侍講，祀先農以躬耕。禮容彬彬，帝儀穆穆。六服群辟，罔不率□；四夷左衽，罔不□□。延虎觀以議偃兵，訪鶴林以俟檢玉。包匭述菁茅之職，公車獻封禪之書。豈不由德動天？天道順，星辰軌道，風雨咸若，來浙帥，俘晋主，祥麟出，黄河清。天且弗違，况于人乎！佛猶其依，况于鬼神乎！越太平興國之七年，秋仲□月，粤有苾芻，其名瓊法，祇受宣旨，專主佛閣，焚修勤恪，住持教化。以爲像之設也，□閣之成也，宜周之以廊宇，嚴之以閈閎。于是經之營之，七年于兹。化輿□，鳩衆財，人心□，財用備，土木其萃，班、倕斯至。始揆日以悦使，俄有時而告成。長廊翼舒，迴映□其千柱；重門洞啓，壯麗豁然四達。然瓊法有如是勤、如是化也，如是緣、如是功乎〔五〕。噫！民有餘財，方能施佛財；衆有羨利，方能修福利。引而伸之，夫所實者慈與儉，所修者禮與樂。叙彝倫，建皇極，生民所以獲福者，中國聖人之教也。所去者貪嗔痴，所修者戒定慧，諸天由修福生，諸趣由造罪入，超無生、證無漏者，西方釋氏之教也〔六〕。然非明聖在上，則像法疇依；非富庶在下，則塔廟不立。今公帑有羨財，國廪有餘積，可以營佛事，創梵宫，不害民，不妨農。農亦有餘□，民亦有經産，可以捨净財，結善緣。聞鐘磬之音，則隨喜之心生；睹慈悲之相，則□□□□起。□花由是獻，金幣由是臻。贊睿澤如東溟之深，祝聖壽若南山之固。其應如響，獲福無量也。臣文非潤色，職在司言，祗詔徬徨，命筆數四，以爲文不迨意，意不迨理，理不達于真諦，文不稱于王命。江淹才盡，寧摛五色之毫；相如思遲，徒奉九重之旨。銘曰：

吾皇御宇，運膺下武。金玉王度，爲佛法主。《易》不云：『聖人而萬物睹。』《禮》有中庸，《易》有變通。筌蹄至理，與佛□同。臣所謂王澤流而三寶方崇。天生蒸民，樹之司□，□□帝力，謂衣食自足。所以歸依佛，歸依法，而獲天人之福。佛度衆生，攝以慈悲，莫測神化，以感應無遺。所以不可量，不可思，而爲□人之師。範金成象之容，瞻仰雲中。傍雙列于□，□嚴厥功。上棟下宇之制，岌嶪空際。高特出于樓臺，雕鎪其麗。若士若庶，至菩薩前，稽首法願，結其因緣。無遠無近，睹菩薩相，膜拜展禮，除其罪障。其毀也無乃示有周□□，其□也□以彰皇宋其昌。詔下創立，聖謨洋洋。功成磊落，福善穰穰。□鎮之邦，在冀之方。全趙封圻以畫野，恒山鬱盤以連崗。慈爲雲兮敷蔭，慧爲日兮揚光。祐我聖皇，寶祚□□。

端拱二年，歲次己丑，正月癸未朔，十五日丁酉建立。李思順、李嶼、李繼元鐫字。《常山貞石志》卷一一，臺灣新文豐出版公司石刻史料新編本。又見《金石萃編》卷一二五，《八瓊室金石補正》卷八五。

〔一〕題下原署：『朝奉郎、尚書兵部員外□、知制誥、柱國、賜緋魚袋臣田錫奉敕撰，翰林待詔、將仕郎、□少府□主簿、御書院祗候、賜緋魚袋臣吴郢奉敕書并篆額。』

〔二〕丕：原作『不』，據文意改。

〔三〕木：原作『本』，據文意改。

〔四〕褐：疑誤，或是『諝』字。

〔五〕如是緣：『如』字原無，以意補。

〔六〕西：原作『四』，據文意改。

釋可鐐

可鐐，太平興國間虔州（治今江西贛州）開元寺僧。

大宋虔州開元寺重修古戒壇記　太平興國七年

我佛慈悲，滔滔無際；我佛汲化，杳杳難名。既日無餘，普流大教，塔廟之盛，戒律是嚴。南康郡開元寺，邃古之精舍也。首出雄藩，雲萃緇侶，由是戒壇居之。代遠時更，或隆或替。今上皇帝執契臨人，秉符負扆，復禹、湯之大域，開周、漢之鴻猷，允文允武，乃神乃聖。三教率茂，四民遂情，特下秩文，通敷睿渥。軫憂勞之聖意，慶披剃于群情。矧值我良牧天水郎中某、通理隴西贊善某、督郵扶風監丞某〔一〕，六條善布，千里同安。恭稟丹書，共圓妙果，其戒壇耶，復茲嚴飾。于是有德全上人者，心持苦行，力植善根，化彼有緣，成茲巨義。乃有太原王藴、潁川陳佳、弘農楊贇等，喜聞勝事，同誘多人，法本無偏，名難具舉。大宋二葉興國七年壬午，黄鍾月二十有一日，是壇成。匠者善其功，觀者嘆其麗，上助南山之壽，永光北闕之尊，千官一德以輸忠，氓庶萬方而樂化。惠日與皇明永耀，法雲將帝澤同施。而以可鐐忝列僧曹，素疏辭筆，輒敢序述，式紀歲時。己亥，勾當緣化僧德全、管内僧司掌籍沙門可鐐撰。同治《贛州府志》卷一六，同治十二年刊本。又見同治《贛縣志》卷五〇。

〔一〕丞：原作「承」。按少府監、將作監等皆有丞，通稱監丞，「承」字誤。

釋敬翔

敬翔，虔州（治今江西贛州）僧人，太平興國間任虔州管内僧副。

虔州開元寺戒壇捨釋迦舍利記〔一〕　太平興國七年十一月二十一日

虔州開元寺長講《仁寺經》〔二〕、《百法》《俱舍》等論持律沙門、大唐國主李煜〔三〕，開寶二年己巳歲于昇州鍾山太子庵求得釋迦慈光舍利，隨身供養。伏遇今上皇帝敕諸州啓戒壇，廣度僧尼文牒，元供養釋迦如來慈光舍利七顆捨入戒壇。上願□豐歲□，國界安寧，雨順風調，萬民樂業。時大宋太平興國七年歲次壬午十一月己丑朔二十一日己酉建〔四〕。管内僧副、講經律表護大德敬翔書。同治《贛縣志》卷五〇，同治十一年刊、民國重印本。

〔一〕此爲上篇釋可鐐《開元寺戒壇記碑》之碑蓋文，撰人非南唐後主李煜，因煜已先卒于太平興國三年。

〔二〕仁寺經：按佛經有《仁王經》，無《仁寺經》，疑誤。

〔三〕主：原作『生』，據文意改。

〔四〕『十一月』下原有『壬子一日』四字，當爲衍文。又『己酉』原作『己巳』，按十一月己丑朔，二十一日爲己酉，非己巳，今改。釋可鐐碑亦在同日。

曹延晟

曹延晟，歸義軍節度使、敦煌王曹元忠之子、曹延禄之弟。乾德中爲歸義軍節度監軍使、檢校尚書左僕射兼御史大夫。太平興國五年授瓜州刺史。見《續資治通鑒長編》卷二一（誤作『延晨』）、《宋史》卷四八〇《沙州傳》。

寫大般若經施顯德寺題記　乾德四年

清信弟子歸義軍節度監軍使、檢校尚書左僕射兼御史大夫曹延晟，撙割小財，寫《大般若經》一帙，并錦帙，施入顯德寺者。奉爲軍國永泰，祖業興隆，世路清平，人民安樂，大王遐壽，寶位堅中，邱山寵蔭日新，福祚過于江海。夫人仙顔轉茂，魚軒永駕于芝宫；美貌長滋，鸞鏡恒輝于鳳閣。伏爲己躬，後生雄猛，縱意恣情，不覺不知，廣造業障。或飛鷹走犬，捕捉衆生；或大箭長弓，傷他性命。日本橘瑞超《敦煌將來藏經目》，轉引自姜亮夫《莫高窟年表》第五六一頁。

王嗣宗

王嗣宗（九四四——一〇二一），字希阮，汾州（治今山西汾陽）人。開寶八年中進士甲科，補秦州司寇參軍。太宗朝屢司漕運，歷河北、京西、河東、淮南等路轉運使，江浙、荆湖發運使。真宗咸平四年，爲左諫議大夫，知通進、銀臺司，兼門下封駁事，出知并州，兼并代部署，召拜御史中丞。大中祥符六年，任樞密副使、檢校太保，出知許州，移知河南府。天禧初致仕，五年卒，年七十八。著有《中陵子》三十卷。《宋史》卷二八七有傳。

祐國寺記

夫聖人之妙用，必在于清净；聖人之至行，必存于教迹。雖玄黄并列，覆載之體不同；而水火交馳，化育之機一致。自淳元浸散，道德下衰，嗜欲熾而奔競繁，巧僞騁而仁義缺。揭日月者既患昏衢之翳，鼓橐籥者更嗟蘊界之塵。邪山厚而智種蟠芽，苦浪深而性珠匿耀。不有啓發，孰救沈淪？金容一夢于漢皇，玉偈遂流于中夏，教之盛者，其誰與京？《華嚴經》云：『佛成正覺，普見一切衆生，無不具有如來智慧，但以妄想執著而不證得。如來愍之，于是發大誓願，放大光明，始則轉四諦法輪，所以攝有學也；終則視一乘心印，所以契圓寂也。』其間張定慧、顯權實，性相雙列，空有交證。隨機設教，靡遺于巨細；對病施藥，寧差于淺深？一源通而萬派分，一炬然而千燈照。躋夫慈救之旨，可謂至矣；善誘之利，可謂備矣。後之學者，實繁有徒，何代無人〔一〕，以幹法蠱。則斯院經始，粗得而言：後唐故明悟大師、賜紫惟課，甌閩之良族也，籍本温陵，俗姓林氏。生既殊稟，幼且不群；殆至成童，卓然秀异。每或出侍游覽，必曠望岑寂，若有所待也；入承訓教，必凝澹窗户，若有所奉也。舉止閑雅，爲宗族所异。一旦辭親，慨然有脱灑之志。年十三，詣泉州仙游縣龍華寺文璀禪師，以祈落髪。師從其願，俾奉灑掃。年十七，受具于福州白塔戒壇。師神形清爽，心機穎悟。初讀《法華經》，豁若生知；次閲《因明論》，宛如宿習。自爾博訪講席，遍禮道場，不五六稔，大有領悟。遂振錫游名山，禮諸祖，參勝會，扣玄關，了然默識，密契心要。北游岳麓，靈感非一，以長興庚寅歲憩于大梁之精舍。暇日躡屩至明德坊，睨隙地數畝，乃嘆曰：『有爲之法，逐境而遷；無定之波，遇坎則止。吾其少息焉。』遂有解履之興。因以厥志，募諸檀信。善願冥契，如谷響答，曾未周歲，資用充羨，乃書券而易之。于是購材鳩工，揆日興事，始則一室蔽風雨，終則百楹極壯麗。玉質金相，再稔而成，爨室糗房，繼踵而出，亦爲當時之勝概也。晋天福初，以精誠上請，遂賜額焉。紫服美號，翌日加錫，旌行業也。于是富門大族，率多相矚，捐金施寶，曾無虛日。師曰：『吾以一瓶一衲，植足皇都，經之營之，亟逾素願，乃緣合歟？吾當廣作佛事，以利一切，且以答檀施之惠也。』于是首寫《大藏經》總五千四十八卷，設秘藏以置之；次塑畫羅漢像各五百軀，闢華堂以列之。正殿之內，塑釋迦像，洎侍從賢聖總九軀，繪塑之妙，率爲一時之奇觀也。院之營構，自唐長興辛卯逮漢乾祐戊申，始卒十八年，經費數千萬。虹梁藻棟，總成三百間；圓頂染衣，度逾二百衆。匪師之力，曷至是哉！師以周顯德丙辰歲春三月，微恙遽作，翌日加劇，乃攝衣正念，召門弟子喻以後事，竟以其四月日示滅于方丈。門弟子升堂者三人：長曰智覺大師、賜紫從琛，早終。次曰贊正大師、賜紫從璦，季曰明演大師、賜紫從璪，皆名流也。璦公以素膺肯構，允謂當仁，爰于曳杖之秋，上禀傳衣之命，兢兢幹事，不墜清風。迨我皇朝乾德癸亥歲，錫以命服，旋加美號，奬舊德也。是歲季冬之令月，國家以皇居狹隘，載拓基坰，斯院所居，正該卜築。于是詔遷净衆于京城之北，賜隙地數十畝，俾結界而居焉，仍以舊額旌之，即今豐美坊之西北隅也。璦衣裓之外，悉以營材；粳糯之餘，罄將募役。斧斤交運，板築連施，剞劂之伎靡停，繪塑之工間作。督藏忘倦，卒睹成功，比之舊規，諒無慚德。紺殿中峙，迴廊四周，危樓接影聳于前，虛閣飛甍壓其後。禪堂四闢，爨室東開；聖像雲攢，經龕鱗次。小大相計，逾四百間；精潔護持，向二十稔。昔之舊物，一以無遺。嘻！負荷之勤，斯亦至矣。璦公以太平興國己卯歲示化禪室。院之後事，屬于璪公焉。璪公行業素高，節概可法。自祇院事，纔逾半紀，炎涼構疾，不臻上壽，以雍熙甲申歲秋九月奄云示化，良可惜也。今院主悟圓大師、賜紫智柔，洎供養主覺慧大師、賜紫智緣，皆先師課公及門者也。法裔相沿，式當預事。于是禀遺命，勵愨誠，循軌而趨，守節而立，檀施以之傾信，游學以之歸附。華龕燦燦，時開寶軸之文；雲衲侁侁，日飫香厨之供。院之法侣，殆百餘人，于佛法中率有所得。蘭敷菊秀，各振清芬；玉潔珠寒，供融善價。吾見其進，蔚有可稱。保此令猷，二公之力也。於戲！教之大也，如來開示之，菩薩闡揚之，四衆護念之，故佛滅度後二千歲，中雖隆替相仍，而傳持不絶。非神力何以至是耶！宜其世間作大依護，贊嘆叙述，諒無愧焉。嗣宗掛籍策名，彤庭彯組，素于内典，尤懵指歸。柔公以僕早熟道風，嘗師心要，縷述始末，俾緒斯文。智縈而未睹玄珠，識淺而更慚果海。猥承見托，難執讓名，强率斐詞，以旌殊績。《古今圖書集成》職方典卷三八四。又見康熙《開封府志》卷一九，乾隆《祥符縣志》卷九。

〔一〕代：原作『伐』，據康熙《開封府志》改。

康文興

康文興，雍熙間爲押衙。

寫賢劫千佛名經題記　雍熙二年十一月

雍熙二年乙酉歲十一月廿八日書寫，押衙康文興自手，并筆墨寫記。清信弟子幸婆表願幸勝者、張福定、幸婆李長子三人等，發心寫《大賢劫千佛名經》卷上，施入僧順子道場内。若因奉爲國安人泰，社稷恒昌，四路通和，八方歸伏；次願幸者、幸婆等，願以業生净土，見在合宅男女，大富吉昌，福力永充供養。敦煌卷四六〇一。又見《莫高窟年表》第五九七頁。

張詠

張詠（九四六——一〇一五），字復之。以『乖則違衆，崖不利物』自戒，因號乖崖子；又號九河生。濮州鄄城（今山東鄄城北）人。太平興國五年進士，即授大理評事，知鄂州崇陽縣。淳化初，由知浚儀縣擢爲荊湖北路轉運使。四年，官樞密直學士、知銀臺通進封駁司，兼掌三班院。詠歷遷外任，曾于淳化五年、咸平六年兩知益州，景德三年，出知昇州，皆以政績聞。大中祥符三年，官工部尚書，同年秋，加禮部尚書。八年八月一日卒，年七十，贈左僕射，謚忠定。詠剛方自任，爲治尚嚴猛，『文章雄健有氣骨，稱其爲人』。有文集十卷，後人增爲十二卷。《宋史》卷二九三有傳，又見《乖崖先生文集》附録李燾《湖北漕司乖崖堂記》，錢易所撰墓志銘，韓琦所撰神道碑銘。

陝府迴鑾寺記

粤若我佛之教也，以大悲憫拔無量苦厄，大智慧破一切邪見。色相未空〔一〕，文字流衍，滋法雨之惠施，清火宅之烟焰。茫茫苾芻，資精進以成果；悠悠凶俗，識嚮善以蒙福。存諸中國者，正由是歟？周天王書懸象之變，漢天子證金人之夢，其源濫觴，浸以成海。吴、魏之后，咸與伸之，廣于晋、宋，盛于齊、梁也。王城郡縣，想象于祇園；名山大川，半同于鷲嶺。靈因聖果，釋典備存焉。迴鑾寺者，唐代宗返正之所建也。天網疏疏，胡羯肆虐；惟陜之休，鑾輿至止。土德斷而復續者，黄帝所以告帝休也；青天裂而再補者，尚父所以戡巨難也。大明始更，帝其念哉！大曆二年，詔陜牧節東諸侯歲貢之貨，爲朕寺之，所以表殊績而謝玄聖也〔一〕；寶應元年，荐賜名號，所以志聖感而示無窮也。緇徒雲趨，嘆甚希有。洎唐祚告衰，内夷作梗，巢孽蔡盜，揭竿而趨，流毒于陜，彌歲未殄。檀爐靈刹，資爲烽候之具；清磬鴻鐘，翻成鼙鼓之響。殊功勝事，一旦委地者哉！降及有梁，纘天稱帝，宗臣昇王，允厘斯土。謂六度可以參五常，存善所以增厚德。眷彼遺堵，遂發誠願。我賂既以雲委，四衆因而影附。民力不匱，功用斯集。猗乎大像中尊，欲示有爲之教；三門外厄，因嚴象帝之居。高閣層樓，若峰之峙；長廊正殿，如翼相附。宴堂食廬，罔不兼備。天祐二年夏四月，門吏告成，王命我先師審志大德主焉。師姓郭氏，當郡沙子人也。幼趨精舍，因成習性之漸；長悟塵累，卓有擺落之志。謂心可傳，禮長智于咸、鎬；嘆聖將遠，參文殊于五臺。戒珠不缺，慧炬增照。既兆真寂之應，終動王侯之請。登堂之後，嘆言：『善哉！静節可以勵俗，有作所以成住。室與磬懸，行亦冰立。顧榛蕪如寇仇，隨意剗落；爲坎坎非心地，與之平坦。日階月衢，以至休哉！言念蒸人，迷遠真覺，故和其容以附衆，正其詞而行化。惟和與正，其漸民之級歟！』于是登師堂者，頑必易慮，誕必守節，瞽用開視，愚或成哲。豈徒超玄邁空，獨利學者；亦使忠義仁孝，因由是生。今主院某，志本孟浪，心隨昭通，事師如父，禮師如佛。三十年內，一物不遺。實僧國之能賢，而玄門之宗主也。某器其克肖，睹此盛因，略助援毫，用存實録。金壇示法，愧引喻于無窮；石柱疏詞，冀存功于不朽。時皇宋開寶七年月日記。《續古逸叢書》影印潘氏滂熹齋藏宋刊本《乖崖先生文集》卷八。

〔一〕相：原作『想』，據清黄丕烈校本（簡稱『黄校』）、光緒莫祥芝校刊本（簡稱『莫本』）改。

〔二〕績：原作『纘』，據右引改。

柳開

柳開（九四七——一〇〇〇），字仲塗，大名（今河北大名）人。少慕韓愈、柳宗元文，因名肩愈，字紹先，號東郊野夫。既效王通述作經典，乃以『開聖道之塗』自命，遂更今名今字，號補亡先生。開寶六年登進士第，補宋州司寇參軍，遷録事參軍。太宗朝歷知常州、潤州、貝州、寧邊軍、全州、桂州、環州、邠州、曹州、邢州等軍州事，官至殿中侍御史、崇儀使。真宗即位，加如京使，知代州，徙知忻州。咸平三年徙滄州，病卒于道，年五十四。著《河東先生集》十五卷。宋之古文，實自開始，然其體艱澀。事迹詳其門人張景所撰《柳開行狀》，《宋史》卷四四〇有傳。

宋州龍興寺浴室院新修消灾菩薩殿壁記

道隱師居是宫，作是殿，立是像。柳子以王事繫于斯，時任宋州録事參軍，有轉運使和峴，誣奏予盗庫金，被制降使劾之，以拘于寺中。見而問之。師謂柳子曰：『余聞在佛時，有大賢智施功若力，能消除世間一切灾苦，故于今傳其道者未嘗廢。予嗣其法，見夫有形有類者，當罹于灾禍間，症亦至矣。太虛中，天地或有災變，日月或有災蝕，邦家或有災難，人民或有災患，夷狄禽獸或有災癘，草木蟲魚或有災害。予欲如在佛時，皆使免焉，故以作是菩薩，願能消而除之。』予曰：『佛之力，師之心，果若是，是亦大矣。』紀其言，刊于石，以爲師作記。四部叢刊本《河東先生集》（上海涵芬樓影印舊抄本）卷四。

桂州延齡寺西峰僧咸整新堂銘 并序

桂州西峰僧咸整，淳化元年，不下山十二年矣。整之師洎祖師，悉如整。開與贊善大夫張測〔一〕，爲整作新堂以居之。有問整之行何爲奇者，對曰：『若時入陣戰賊，勇能進，不顧死者，足爲善將矣，况如孫、吴乎！交朋間，視其友無欺者〔二〕，足爲義士矣，况如管、鮑乎！爲政廉以平，足爲良吏矣，况如龔、黄乎！入朝事君直，能言必盡誠者，足爲賢臣矣，况如伊、周乎！父兄在，視其室無私者，足爲孝子矣，况如曾、顔乎！爲文理勝辭者，足爲大儒矣，况如荀、孟乎！』惟整焦然坐一室，足不踐山下寸地，况入豪貴污賤之門，嗃嗃如狗鼠諂竊哉。百善萬惡，心動即生，身遠自藏，幾滅半矣。方之外殊而内同者〔三〕，止是整能潔其行。與之善將之下商較其輕重，整亦足爲真僧矣。由湖湘而南，問僧者，語整爲諸先。冬十二月堂成，開詔罷州任，得歸闕，留文堂下，爲整以銘之。

知生爲役兮，無息無利。畏同蹈遠兮〔四〕，出求以异。復本還元兮〔五〕，尤耽其味。寧如不殊兮，益增乎累。整之專嚴兮，潔行世世。超然遐邁兮，時誰可洎。窮觀永古兮，何足有貴。萬類千變兮，終焉若是。包極六合兮，未充貪意。精明至止兮，深藏自閉。維堂斯皇兮，猶多餘地。群甡草樹兮〔六〕，藤榛茂翠〔七〕。環鄰俯覿兮，勝情與智。祖源師派兮，成流善繼。于家于國兮，有慚名位。晝塵夜燭兮，昏嚻若醉。城闉岩岫兮，疑畫相似〔八〕。渾淪奔紛兮，孰思而議。跬步天違兮，海睟難既。吁嗟整之兮，離垢脱穢。我寧爾及兮，膓塡滓滯。

《河東先生集》卷四。又見嘉慶《廣西通志》卷二四〇、《粤西文載》卷六〇。

〔一〕與：原作『輿』；測：原作『洲』，據清彭元瑞校抄本（簡稱『彭本』）、文淵閣四庫全書本（簡稱『庫本』）、明吴氏叢書堂抄本（簡稱『吴本』）、傅增湘校抄光緒辛巳碧琳琅館刻《三宋人集》本（簡稱『傅本』）改。

〔二〕友：原作『交』，據彭本、庫本、傅本改。

〔三〕同：原作『周』，據彭本、庫本、吴本、傅本改。

〔四〕蹈：原作『陷』，據前引改。

〔五〕還：原作『逾』，據傅校改。

〔六〕甡：原作『性』，據彭本、庫本、吴本、傅本改。
〔七〕藤榛：原作『藤藤』，據傅本改。
〔八〕畫：彭本作『盡』。

曾致堯

曾致堯（九四七——一〇一二），字正臣，撫州南豐（今江西南豐）人。太平興國八年進士，爲符離主簿、梁州録事參軍，遷著作佐郎，直史館，改秘書丞。出爲兩浙轉運使，歷知壽、泰、泉、蘇、揚、鄂等州。大中祥符五年卒，年六十六，贈諫議大夫。著有《仙鳧羽翼》三十卷、《廣中台志》八十卷，《清邊前要》五十卷、《西陲要紀》十卷，《爲臣要紀》三卷，文集十卷。歐陽修作有墓志銘，《宋史》卷四四一《文苑傳》三有傳。

齊雲院碑　淳化三年

浩浩妙界，茫茫衆生，以妄爲真，以真爲妄，一心顛倒，五欲縱横。溺在愛河，罹于世網，不思解脱，自作煩惱，不知見佛，歸來道場。五蘊皆空，六塵俱浄。無有恐怖，常獲安樂。臨川郡管南豐縣，縣西有山，高萬餘仞，翠壓五岳，根盤萬里。奇峰怪石，靈草异藥，罔不在焉。若歲大旱，請禱必雨。山前有古精舍曰齊雲院，以其院在山前，猶與雲齊，故以齊雲爲名。乾德中築室掘地，得白石觀音像，高尺餘，瑩潔殊絶，與冰雪等。復得銅鐘一，題云：『此鐘三百斤，大唐永泰二年太歲丙午二月鑄。』今院主僧智圓，劍潭人。淳化二年，山下善信稱智圓有道行，疏請掛錫于此。是時山椒寂寥，屋室敗壞，智圓召衆緣造法堂，以備説法。明年有縣城信士蘇吴朱氏令珍與弟令珙，皆純厚端謹，不雜流俗，樂于善，宗于佛，由是建僧堂誨衆，至無闕事。復造大殿一，塑金姿寶相、左右諸天弟子，藻繪莊嚴，從西方教也。幡花沉水，香燈不絶，四壁月晃，重門洞開，珠網浮空，畫欄霞駁，亦一時佛事之盛也。又以佛堂既就，而香積廊廡，其可乏乎？于是造厨庫房廊數十屋，皆雕栱相鮮，朱軒交映。堂深則曉蓄風雲，檐峻則夜礙星斗。朱氏性安于道，孝于家。母何氏年八十四，有閨門之範，其視聽不衰，乃朱氏色養之所致。至于結善緣、作善事者，其故無他，上則以資母氏之遐算，下則以薦已往之眷愛。福存薦往，外無所禱，皆朱氏棣萼之心焉。吁！經云：『若有信心，人捨一金，施一食尚獲福；無量佛事，其獲因果，豈有窮乎？』僕與朱氏乃鄉里之親，朱氏善事畢〔一〕，托予爲碑。碑成，銘曰：

軍山巍巍，在縣之西。山有禪院，院與雲齊。齊雲嶔岑，構此禪林。歲月滋久，屋不成陰。爰有朱氏，孝弟甚深。成此寶坊，壯古麗今。福存薦往，佛日昭臨。廣殿大厦，日礙星侵。禪堂邃宇，雲宿風吟。香燈羃羃，幡花沉沉。川堂答響，鼓磬之音。資延母壽，不惜千金。稽首諸佛，棣萼一心。同治《南豐縣志》卷四二，同治十年刻本。

〔一〕事：原作『士』，據文意改。

釋澄彧

澄彧，太宗時在世，净光大師羲寂門人。

净光大師塔銘

師諱羲寂，字常照，俗胡氏，永嘉人也。削染于本郡開元寺。年十九受具，業律于會稽，尋依國清習天台教。昔智者師迄湛然師，燈燈相續，遍布寰宇。自唐武宗焚毁，微言暫污，傳持中廢。而能苦心研味，在處宣通，製科考文，誨人無倦。居山四十五載，禀學二百餘人。鄧王錢氏有國之日，欽其道德，賜紫衣師號，樹宇以安之，賫臘供以延之。今天下郡府匡化紹隆，多其弟子。師與人授菩薩戒，約數十萬，其德行事狀備載僧史。雍熙四年丁亥十一月四日，遷化于丈室，春秋六十九，僧臘五十。明年改元端拱，歲次戊子，季夏十六日，建塔亭，葬于國清寺東南隅。善來弟子二十餘人，長曰令餘、令繼，箕裘者曰皎如，實克負荷，事之以禮，葬之以禮。夫如是，又何憾焉？愚忝傳後焰，備熟前踪，乃爲銘曰：

智者圓宗，然師後躅。代産奇士，温其如玉。興教劬勞，誨人委曲。法海揚帆，昏衢秉燭。錫振何處？塔局深谷。法子法孫，燈燈相續。《螺溪振祖集》，日本大正新修大藏經本。又見《續藏經》第二編第五套第五册。

釋元恪

元恪，淳化時人，泉州僧。

泉州招慶禪院大殿前大佛頂陀羅尼幢記　淳化元年十二月二十八日

大佛頂陀羅尼者，蓋總持之林苑也。秘諸佛之玄旨，包萬法之大源。其爲用也，列邪見之網羅，明正慧之燈燭，拔三塗之滯迹，滅多劫，深愆所。其千聖共傳，衆靈攸仰，欲存廣益，必藉流通。兹佛頂幢者，即當州清信長者劉熙與弟闡，同發菩提心，捨浄地之所建也。奉爲當今皇帝、在郡朝賢、法界龍神、亡過父母、四大六趣、一切有情、三塗地法、受苦衆生，爰及自身、闔家眷屬，同資福利。二公以崇善至切，奉佛心堅，涉萬里之滄波，買他山之翠琰，琢觚棱之奇狀，刊秘密之梵文。繇是選勝崇基，果符夙願。我招慶禪師傳佛心印，繼祖師燈，真機雖逗于生根，善誘不忘于衆品。許就金園之内，安于寶殿之前。其幢高二十五尺，下列神儀，上嚴聖像。風摇鐸韵，和清梵以虚徐；日映珠光，對玉毫而熠耀。天龍由是發歡喜之心，鬼神于斯撤瞋恚之業。諒乎難思之利，存夫不朽之功，齊日月以無窮，與乾坤而等固。感通斯在，報應昭然，慈雲覆而福樹花春，慧日輝而愛河浪竭。時淳化元年庚寅歲，十二月二十八日□□。《閩中金石略》卷三。又見《福建金石志》石五。

王乘

王乘，淳化間瑯琊人。

晉江承天寺陀羅尼經幢記　淳化二年十一月

竊以佛頂陀羅尼幢者，具等特之勝力，總無爲之妙門，能令欲海塵飛，我山冰泮，足使含靈之類，俱臻彼岸之程。是以大婆茄婆，特所稱贊，善崇斯績，弘及無垠。皇宋改元淳化之二載，泉城壽寧寺嚴福沙門處鑾，以勤度心，得不思議，善捐所愛，庸導群情。自備工直，于所居寺大殿之西陛爲今聖上嚴建是幢一座，庶上窮非想，下括泥犂，遍周夷夏之民人，遐格飛潛之品彙，盡沐慈悲之澤，同符惠施之因。□以□郢呈能，貞珉就琢，巍層儼若，勝績煒如。然願奉此玄功，□資宸扆，俾帝祚與輪王而并軌，壽山將劫石以齊基。□□□□，永鎮□□。是歲冬十有一月志之。瑯琊王乘、僧元□。《閩中金石略》卷三。又見《福建金石志》石五。

潘平

潘平，東海（今江蘇連雲港東南）人。淳化五年進士落第，游襄州鳳山延慶禪院。

大宋襄州鳳山延慶禪院傳法惠廣大師壽塔碑銘　并序〔一〕　淳化五年六月

蒼潤玄泉，萬仞衍彌盧之項；青峰妙嶺，千尋凌渤澥之心。理備三才，天即地而人即法；道隆千古，法即人而□石碎，缺廿八字佛證菩提，喜舍話三乘之性；禪令頓悟，慈悲開五葉之源。法雨高垂，益潤等乾坤覆載；玄風遠布，光輝齊日□缺廿八字達此是真如之境；識心了性，悟斯爲般若之源。有以見惠廣大師之旨趣也。師名歸曉，字信天。□缺五字□□出□缺廿字光元年，歲在癸未，誕生之時，天地明肅，清烟繞室，白日凝空，仁里榮觀，親疏共慶。年六歲，父令誦詩，缺四字□菩薩。幼不食肉，□隨母齋，缺十字旦白父母曰：『志求出家，□垂□□。』父問曰：『出家何謂？』云：『願歸清净之門，早悟真源之理。』唐清泰三年閏月八日，年□缺二字□城延壽禪院禮清遇和尚爲師。初到缺七字家當爲何事？對曰：『我欲見佛。』師云：『汝若志心，佛當必見。』自始采薪擊磬，汲水添鉼。暑往寒來，精勤靡間。朝暮掃地，□□摩經。至是身如聚沫，不可撮摩。凝然而立，云浮生缺五字語，驚喜訝之，乃命闍梨□與落髮。幼禀天性，雅静雍和，言直志端，异常罔測。大晋天福五年暮春月十六日，向邢州開元寺授戒，始□毗净威儀，登般若玄門。披四分之律風，耀一輪之戒月。神清耿耿，如鶖子□□□峰；骨秀昂昂，似飲光行于鹿苑。初夏，師令誦律，半月念終。五年依止于師□，一志精虔于旦暮。師忽問曰：『汝知玄理□□，何不往乎參問？』于是辭師南北，渡水穿雲，游東洛，入西□□□□禮知識。後至長水，見靈泉道人，乃申一問：『無雲還有雨也無？』對云：『有。』良久沉思，又祀三拜。遂□洛汭，入□氏峽，過黄沙里，渡□渌水千重。睹高嶺之烟雲，問含珠之秀麗。□□□上，到卧龍追虎之郊；遇賞襄陽，見解珮沉碑之浦。西之廣德，罥細霧之輕烟；南□含珠，上巔崖之峻嶠。初到時，師置起拂，對曰：『海上龍横，人天總見。』師又拈柱杖放在面前，對□□□罔測。師云：『少年老大。』爾後因兹入室，乃遂升堂。□益朝昏，隨流上下。中秋夜，師大上堂，海衆雲集，特申一問：『明月當天，爲何不照學人心意？』師云：『一輪皓色光三界，八識憧狂昧□□。』□斯示諭，頓息機緣。如四海之閑雲，似五天之孤月。一從參覲，六換炎凉。采□□薇，以申供侍。忽一旦暫辭香砌，略别師顔，造隨陽護國名筵，至安陸竺乾勝會。有時途路上見□□□□，『野□有霜宿，孤峰無水齋。白雲隨步步，黄葉落挨挨。若遇杉松裏，風寒□碧崖。』而又前之荆渚，順詣湖湘，旋迴五綴于鳳山，乃掛六鐶于延慶。值當院通性大師來自芭蕉，□□□□，一從慕□，八載依仁，翊輔辛勤，星霜靡閑。不期通性示寂，緣終王□□園。分明囑授，惟慚薄鮮，退讓德人，匪敢承當，深增婉荷。乃請首座惠超上人開堂爲衆，未由半載，又□□□。大宋建隆元年十二月十九日惠崇院主守旻、維那及大衆等密上請疏：『聞王太師願請院主曉上人開堂爲衆説法住持，勿阻告投，希從衆望。』豈謂臺情喜允，又舍□天□□□大齋共申祀請。于是龍幢虎節，□□俗□赴以□□遠邇英賢□蓮幕金璋而濟濟。衆乃榮登花座，如月滿以當空；信禮焚香，似□花而映水。坐定良久，師云：『道德荒閑，虐受□□見□□□愧□□□碩德吹揚。遜讓未遑，倍□悚惕，而□□諸儀密意□枉目前悟即刹那□之永□□承三請，須露一言，幸對人天，有疑請問。』尋有僧問：『師唱雜家曲，宗風嗣阿□？』對云：『道□□□□□，慈雲法雨布人天。』又有僧問：『如何是□？』對云：『道州出矮子，後有進士樊。』復問：『生死色空，如何免會？』對云：『有路易尋三島客，無門難覓九天人。』忝承重命但愧轉，□□論古聖興慈。』□□□□□一佛刹至一佛刹曲□□□□□祖□玄極有奥青霄得□，明之者目下醒醒，昧之者途中浩浩。爾後禪林益茂，海衆臻盈，八方清信，鴻英咸皆景重；丹禁公卿，朱紫盡總欽依。遂□水□□□□□□松偃蓋，靈禽去而瑞鳥來；緑竹□□，丹鳳集而蒼龍至。洎開寶二年，南陽侍中張公諱永德，聞師道，仰師德，甚欲披雲，無由睹月。雖□封域，俱守藩□。□聆清浄之芳音，莫到白雲之嘉□。是飛章表，願降天衣。果蒙聖主允從，特賜皇恩紫綬。由是專差人使，送至鳳山，表三台景望之恭虔，作一旦輝今之耀古。太平興國三年，壽州□□太尉王公□承衍，天邊嚮譽，日下欽名，遥瞻雪嶠以傾心，遠望蓮臺而禮足。載陳章奏，薦乞加恩。沐天慈貽惠廣師名承□□□。玄林蒼翠，致使襄江楚□高□芳名□□□□□傳嘉□□龍神踴躍。藤蘿蓊鬱，映天河月島以連雲；殿閣峥嶸，□鴛瓦□梁而對日。霜鍾暮擊，清聲揚六律之音；月磬朝鳴，□□□五音之韵。師恒爲□無□□□無仍有者，一切衆生亦有；衆生無者，一切諸佛亦無。乃有高品劉供奉問：『龍廷金口問，□何對玉機？』師對云：『鳳閣龍樓遠，堯雲舜日新。』又有□□不慕諸聖不重□□□□□對云：『此問太伍，何不近上問？』又有進士劉岳問：『得失是非，一齊放却時如何？』對云：這一條□□阿誰□師云：『一真理性，同天地以難窮；五藴虚浮，□□□□易□。』遂有天水公趙普者，禮讓通明，玉石金蘭，作性温良，□義青松，白月爲心，實闐闠之笙簧，乃人倫之□鏡。□師示諭，不覺凄涼，遂捨家財，擬修壽塔，粗表精素，以俟送終。乃□□言，願垂允許。師忽聞已，默然未從，慮害于人，恐傷于物。普又與彭城劉氏再三共禮，方可從之。洎端拱元年歲在戊子五月一日，師壽年六十六，擇勝地，選良時，趙公以捨寶□材□□□霜斤□□□然先立塔亭一座，三間九架。奇哉！壯麗輪奂，□□明。窈窱虚幽，豁然□雅。圬墁了日，清□至而碧霧凝；結兀圓轉，玉光旋而金烏繞。後有僧義永上人者，天雄□□，□水精英，爲奈苑之玄枝，作祇園之翠葉，睹斯盛事，擬助良緣，自□□能以修石塔，衆皆忻贊，不可違之。天水趙公聞之甚喜，于是開山取石，隨日月以忙忙；鑿壁穿崖，逐寒喧而□□。□□因緣契合，□□心堅，匠巧材豐，俄然告足。乃般乃運，以鑿以鐫。□□□□礱之合成，莫不上下高□，方圓備□。周迴而山海攢攢，内外而花雲蔟蔟。盤龍走鳳，飛騰如出□奔山；□□□□，□□似□天□地。腰短拂傴，如舞踏以驚人；脚細胡□，似吹彈□□衆。巍峨□麗，□祥烟上貫三天；□□□□，□□□平吞九地。其塔也，東連東海，西接西天，南觀□□洪荒，北□□雲紫塞。□使陵遷永在，谷變恒存，非憑琬琰辭文，莫記年華日月。□平才非二陸，學謝三□，□□天□□□□□□□□□又忝隨秋貢，過南宫，陪丹鳳，翱□□□春闈。□北□□□□失意，而後同之漢上，乃届禪扃。蒙碩德以延容，向金□而栖隱。時觀水□如□□□之□日睹□□□□□□□□□上人忽將實録□托□□□□村□乃□□□及□□水部，乏雕金琢玉之功；演思雲間，叙達士通仁之記。然□□□敢述大名，不□□□□爲□曰[二]。民國《湖北通志·金石志》卷七，民國二十三年上海商務印書館影印本。又見《八瓊室金石補正》卷八六。

〔一〕題後原署：『東海潘平撰，北岳信天書。』

〔二〕以下銘文部分，文字殘脱太甚，兹不録。銘末原署：『宋□（淳）化甲午六月壬子朔十二日癸亥記。』

王禹偁

王禹偁（九五四——一〇〇一），字元之，濟州巨野（今山東巨野）人。太平興國八年登進士第，授成武主簿。次年除大理評事、知長洲縣。端拱二年拜右司諫、知制誥，未幾判大理寺事。爲徐鉉雪冤忤旨，貶商州團練副使。移解州，差知單州。召爲禮部員外郎，再知制誥。至道元年，兼翰林學士，坐謗訕，罷知滁州，移知揚州。真宗即位，召還，復知制誥。咸平初預修《太祖實録》，以直書史事，出守黄州。四年，徙蘄州，病卒，年四十八。有《小畜集》三十卷（存）、《小畜外集》二十卷（今存七——一三卷）、《五代史闕文》一卷。另有《承明集》《奏議集》等。《宋史》卷二九三有傳。

濟州龍泉寺修三門記

古之官府通謂之寺，故今九卿之署，其名尚有存者。浮圖氏之教，來于西國，館于鴻臚，斯得名之始也。莊嚴宏敞，歷代增之。得高其堂，揭以鴟尾；得大其户，軒如雉門。中心闕然，蓋兩觀之遺制爾。濟州龍泉寺者，唐大曆四年建于鄆州巨野縣，縣即春秋時西狩獲麟之地，漢初時彭越聚盜之所也。東距任、宿，西接曹、衛，北走汶水，南極芒碭，皆百餘里。其中藪澤深陋，民俗獷戾，揭竿嘯聚，率以爲常。周廣順中，魯侯以曲阜叛，六師薄伐，七旬來格。思欲屏萑蒲之盜，啓符竹之封，乃詔有司，改邑爲郡，緇徒蘭若，從而興焉。雖主者增修，而日不暇給。既而前有殿，儼像設也；後有堂，備説法也，雖廊廡未具，固已甲于他寺矣。唯兹三門，基而弗構，蓋地苦洪水，民無餘貲，殆三十年，編蓬而横木矣。開寶丙子歲，功德主大德某，矢謨締構，勠力經營，聚喜捨之財，節衣盂之費，伐木輦石，鳩工庀徒，凡五年而有成，即以太平興國某年月日遷化。弟子某嗣而葺之，丹青赭堊，焕乎有光。又立二金剛以守焉，望之巍巍，足爲壯觀。夫寺之有門，若人之有衣冠、樹之有枝葉也，不壯不麗，民安仰哉？某生于周，長于魯，興廢始末，皆得而知。舉進士時，見托撰述，游宦靡定，于兹十年。待罪商於，始畢前願，得以事實，總而書之。僧之耆宿、郡之檀越，暨租庸、至向，請書于石陰。時淳化三年某月日記。四部叢刊本《小畜集》卷一六。又見《曹南文獻録》卷五九。

黄州齊安永興禪院記

王禹偁

齊安，郡名也；永興，院額也，蓋僧耆故老通而呼之，遂以爲常耳。唐時舊州在齊安河上，

《院録》云因刺史杜僕射，以白雲觀建爲斯院。按唐史，未嘗有官至端揆而刺黄者。疑唐末杜洪據有鄂渚，北結梁人，東抗楊氏，黄鄂之屬郡也，或以宗族典之。于時皇綱弛紊，官紀僭忝，僕射之稱，不爲异矣。其後隨郡遷徙，立院于兹，兵掠火燔，曾無寧歲。乾寧中，楊行密盡有淮南之地。天祐二年，楊公卒，其子渥稱嗣。吴王奉唐正朔，以部將孫彦思爲黄州刺史，始造院宇，崇佛像。彦思母王氏捨妝奩鑄鐘，于今尚在。主院之僧，傳法之祖，喪亂無紀，莫得而知。今所述者，斷自紫陵而下。紫陵者，郢中名山也，山僧曉禪，世謂之紫陵和尚。其後捨兹院，游鳳翔，從清泰入洛，賜號國師。次曰同一，次曰行忠，次曰節運，次曰延真，次曰自正。此五僧者，自前唐天祐止聖朝。端拱初，有若蘄州三角山龍門禪院僧自南，開堂演法。自南者，合淝人，世姓解氏，住持凡七年，復歸蘄州四祖山。淳化中，有若蘄州白雲山廣教院僧智雨，嗣興院事。智雨者，漣水人，世姓朱氏，以至道三年十一月一日寂滅，俗壽五十一，夏臘二十七，臨終召院衆付囑。今長老仁辯，遂寧人，得法于智雨者也。即以其月十二日，用荼毗之法葬智雨，起塔于長圻村。二十八日，仁辯會大衆，升法堂，有僧玄資問曰：『如何是齊安境？』答云：『後面青竹連道觀，前頭緑水接武昌。』又問：『如何是境中人？』答云：『大似不相見。』此之謂住持傳法僧〔一〕。院舊有堂厨各五間，淳化二年，郡人王福捨錢二百萬造大殿，成再興捨錢一百五十萬造僧堂，郡之衆户率錢二十萬建老宿堂，又率錢十萬立方丈室，左都押衙丁文燧捨錢五十萬建浴室，蘄州人王真捨錢四十萬創菩薩殿，塑彌勒像，里人周遇捨菜圃，此之謂檀越。知院元吉掌申牒公府，維那法俊掌提轄堂司，供養主文遇掌化募施利，典座道真掌庖厨，直歲省慎掌墾種，此之謂知事僧。先是，衆僧請院前閑田一段，又請逋民麥莊一區，由是來麰蔬果豐焉。住持傳法僧無祖禰，道高衆伏則推之，知事僧無資級，才堪心願則爲之，故上下熙熙，而忿争不作矣。夫禪者，儒之曠達也；律者，士之名教也。浮圖氏離而爲二，罕能兼之，其甚者，互相矛盾，過于仇讎。唯長老仁辯禪其心以度人，律其行以伏衆。有來斯應，虚往實歸，禪其心也。一衰一飯之外，日誦《法華經》二部，律其行也。某筮仕以來，治僧之訟多矣。獨愛其無親疏，無人我，有賢智則尊而事之，有才力則信而使之，去而不强，推而無競，渾然幾乎道矣。故總而爲之記。至于院宇之至嚮，田園之廣袤，道具經典，租庸什器，請書石陰。時大宋咸平二年八月十五日記。《小畜集》卷一七。又見光緒《黄州府志》卷三八。

〔一〕僧：原脱，據影印文淵閣四庫全書本（簡稱『庫本』）、吴翌鳳、黄丕烈、張紹仁校乾隆二十五年趙熟典愛日堂刻本（簡稱『吴本』）、武英殿聚珍版書光緒二十年孫星華增刻本（簡稱『孫本』）補。

龍興寺三門記碑　太平興國七年閏十二月

佛滅度後，後末世一切衆生并陷業障〔一〕。法有輪梶而不轉〔二〕，魔有網結而高張。積覆簣之邪，峰乃峻極；浸濫觴之苦，波乃尾閭。是諸凡夫，煩惱不斷；是諸世界，虚妄大行。地水火風，攻之于外；貪嗔愛欲，寇之于内。大則以金玉滿堂，垂子孫之計；小則以錐刀競利，務衣食之源。末俗于是難移，真如以之不競。幻身有漏，寧知牛乳之方；火宅將焚，孰信鹿車之諭〔三〕？則有悟電泡之非久，識生死之有緣，以慈悲喜捨爲身謀，以因果報應爲己任，謂財能賈禍，我則輕之若浮雲，謂福可濟身，我則指之爲彼岸者，其惟京兆杜公乎！公慤愿理躬，淳和賦性。出言有信，重于千乘之盟；立事去奢，笑彼三家之僭。自謂處太平之代〔四〕，飽歌頌之聲，兵革不聞，伏臘自足。上則知其帝力，熙熙常陟于春臺；下則依彼空門，世世期臻于净土。始念劬勞未報，風樹纏哀，耕山起曾子之歌，陟岵動詩人之嘆。堂雖肯構，蓄五牸以成家；養孰弗能，奉三牲而何益。爰思追薦，是用修崇，出兹潤屋之財，飾彼布金之地。龍興寺者，東兖招提之甲也。先是，三門建于大中年，兖、海、沂、密等州連帥劉公莒之所立也。位歷數朝，時逾百祀，風雨所寇，檐楹不完。寺衆羞之，思所整葺，而力未支也。公乃革其舊址，立以新基，易之以金鋪，構之以重閣，庀徒且亟，蕆事靡遑。丁丁伐褒谷之材，陰疏烟葉；落落輦他山之石，翠斷雲根。役夫憧憧，車轍轔轔，繩墨者，陶人圬人，繼踵接武，其來如雲。因爲揆日之期，特起凌霄之勢。乃曰：『夫有其材而無其工，則材將弃矣；有其工而無其首，則工乃惰矣。疇其代我魁以董之？』乃得藏主大德洪昭尸其事，且戒季子航以左右之。由是無晦暝，無風雨，是剞是劂，以圬以墁。畚鍤之影齊來，雲生東岱；追琢之聲互動〔五〕，雷殷南山。板幹畢興，土木交作，惟知日入而息，豈俟定之方中？加以勞來有常，趨督忘倦，匠之哲者，則甘言重賂以誘之；役之賤者，則嘉醪芳味以悦之。工不敢怠，人豈知疲。星灰始周〔六〕，功績告備，莫不拔地若涌，掀空欲飛。金碧交光，爍亭午之日；欒櫨互映〔七〕，過崇朝之雲，複道排虚，龍蟠夭嬌之狀；重檐截漢，鵬運扶摇之風。崢嶸而始，謂鰲擎來從碧海；峭拔而終，疑蜃吐飛出紅塵。其或春雨絲紛，秋雲羅散，夏引清飆而凄楚，冬涵皓雪以溟濛。憑欄放懷，望遠送目。前對孤桐之岫，杳靄凝嵐；左連浮磬之川，縈迴静練。足以作魯邦之勝概，爲法門之雄觀者歟。事既畢，公乃慶良緣，會大衆，且以香花落之，故得觀瞻之衆雲趍，贊嘆之音雷動，飛聲走響，自邇及遐。緣事有成，福德無量。亦何必持長者之蓋，方表修行；捨畫師之金，始爲利益者哉？議者曰：『凡人從緣而生，從緣而死。』衣食者，治生之器具也；功果者，濟死之津梁也；悟之者，若發箭在空，恒虞力盡；迷之者，若無舟泛海，但見溺焉。斯蓋濁惡染其欲情，聲香觸其根性。遂使捨一毛一飯或至艱難，奉少香少花皆有吝嗇。苟非解方便力，有迴嚮心，則孰能弃小徑于迷途，持直心于覺路者耶〔八〕？公則不然。始乃儉于其身，勤于其家，孝于父母，信于友朋，然後輟能散之財，崇無邊之福，有以見其心也不可思議，其德也不可唐捐。《經》曰『名稱高遠如須彌』者，我公有之。又曰『堅固不壞如□□□』，斯門比之。公欲紀兹功德，思所銘刊，猥顧非才，俾揚善績。其或叙如來之教法，則内典詳矣；陳伯禽之土風，則《禹貢》具矣。

是故書歲時而不敢略〔九〕，語修建而無愧辭。秉筆成文，尤謝簡栖之作；拂石爲碣〔一〇〕，永留寶積之名〔一一〕。時皇宋太平興國七年十三月廿三日記。《山左金石志》卷一五。又見《古今圖書集成》神异典卷一一五，乾隆《山東通志》卷三五之一九上，道光《巨野縣志》卷一八。

〔一〕後：《古今圖書集成》無，此疑衍。

〔二〕轉：原作『槫』，據《古今圖書集成》改。

〔三〕孰：原作『熟』，據右引改。

〔四〕代：原作『伐』，據《山左金石志》附記、《古今圖書集成》改。

〔五〕〔七〕互：原作『牙』，據右引改。

〔六〕灰：《古今圖書集成》作『辰』。

〔八〕于：原無，據《山左金石志》附記增。

〔九〕是故：『故』字原作『敢』，據《山東通志》改。而不敢略：原闕，據《古今圖書集成》補。

〔一〇〕碣：原作『劫』，據《山東通志》改。

〔一一〕名：原闕，據《古今圖書集成》補。

濟州衆等寺新修大殿碑　并序

漢明以來，像教熾于天下，大都小邑暨名山勝境，鮮不建梵刹而聚緇流，有以見大法之光揚，末俗所歸仰也。按地志，高平巨野縣，乃斯郡之舊封。周廣順中始剖符竹，命二千石以治之。未改邑時，粤有兹寺之額，院宇弗葺，垣墉半傾，待風雨，避燥濕，外則無觀焉。是知地之興廢，必因其時；法之盛衰，必有所主。我先大師，斯郡人也，世姓徐氏，法名玄應，師號衍正。幼而聰悟，長而博達。始落髪于嵩陽會善寺琉璃院，戒律既具，精進自苦。謂衆生貪著，我則演法以誘其俗；謂佛性空寂，我則修心以行其道。加以辯若泉涌，捷如響答，有道安之理論，蕴支遁之神俊，故當時釋種，咸所景附。開運中，天子崇信佛法，廣延僧耆，師以行望素高，屢得召見，于是簾前賜紫。我宋開國，加號演正大師，兼内外臨壇，文章表白，旌宿德也。建隆初，爰自上國，來歸故鄉，仍補管内僧正。師一心住持，戮力完葺。且以斯郡地惟塗泥，木不喬秀，棟梁榱桷，出于西山。由是往來京師，市易材植，雲委山積，桴川而東。約費用殆數千緡，積歲月幾二十稔。勞筋苦骨，曾未知疲。上自國王大臣之捨施，下及一毛一飯之供養，我先師悉籍録之。冬裘夏葛，盂食盤蔬之外，未始輕擲。非積勤累儉，則曷能奮獨力而成勝緣者邪？先是，無鐘以警昏旭，乃範金以鳴之。兹樓既成，兹殿將構，天不慭遺，師之云亡。徒弟五人，今院主大德無相，克荷先願，用伸孝思。雖居哀苦之中，詎廢經營之力？因垂成之績，竭肯構之心。既成厥功，思志其美。以某邑人也，辱與先大師游，見托論撰，申之以銘，其辭曰：

郡之厥初，草創改邑。寺雖有名，殿實未立。我師之來，志在必葺。寂滅有期，大功未輯。天道悔禍，師門代及。弟子無相，孺慕號泣〔一〕。夕構朝營，歲捃月拾。資用益饒，工徒允緝。紅樓霞舒，紺殿山岌。榱桷棟梁，龍蟠虬蟄。丹艧螟塗，霜凝霧翕。是維莊嚴，豈慮燥濕。厥師經始，因果如彼。弟子善嗣，功力若此。紀事勒銘，永傳厥美。《小畜集》卷一六。又見《曹南文獻録》卷五九。

〔一〕泣：原作『立』，據傅增湘校光緒二十五年廣雅書局刻聚珍本（簡稱『傅本』）改。

商州福壽寺天王殿碑

天王之名，在三代時實人君也，故見于《春秋》，載于禮文。秦兼三五之號，王爵歸于人臣，由是儒教無之，内典有之。其神异威力，具于佛經〔一〕，此不繁述。今所序者，廢興修建而已。商州福壽寺天王殿者，唐天祐三年所建也，其塑繪金碧，皆當時良工，于今百年，相好無減。唯殿堂朽蠹，殆將不支。先院主清弁，世姓席氏，房陵人也。後唐天成元年依寺僧戒賢出家，長興初落髮，尋受具戒于興元府王子寺。清泰中繼主寺事，以太平興國四年遷化。凡四十年間，建大殿，立三門，僧堂惟西，僧庖惟左，廊廡環合，亭臺洞啓。樹珍果，植名花。佛事之莊嚴，釋門之儀範，靡不具矣。然後墾山田，造水磑，嘉蔬有圃，柔桑垂陰。兹所以備紺宇之繕完，給緇徒之供養。別建羅漢閣于西偏，頗極宏麗，唯天王殿未暇改作，蓋工用之大也。臨終謂弟子懷省曰：『吾始居兹寺，屬兵亂之餘，院宇圮毁。驅其豺虎，剪其荆棘，勤苦無怠，庶幾有成。而商土瘠，商民貧，衣食唯艱，檀施且鮮。吾粗衣糲食，往來竹山、上庸間，得尺布斗粟，負荷而歸，積毫累銖，以至百萬。今僝功雖在，示滅有期，心不滿者，惟天王殿爾。汝能嗣之，吾願畢矣。』懷省泣受付囑〔二〕，戮力經營。始于庚辰，成于辛卯，伐木秦嶺，徵工華陰。宏壯瑰奇，不可殫紀。非先師之理命，弟子之肯構，疇能與于此乎？初，懷省之伐殿材也，在深山窮谷之中。常時度木者，以僻險不取，咸謂虚弃其功，必不能致矣。會天大雨，溪水暴作，一夕吹積于山下，欒櫨榱桷，以類而聚，若人力之區别然。而寺封尚遠，河流頓耗，非復一雨，不可至矣。懷省乃晝夜環禮，精心禱之。果有風雷吼駭，山谷推蕩漂注，集于郡南。自非神功陰助，曷能若此之易也？某左官商於，見托撰述，得以事迹，刻于貞石。寺之原始，舊記存焉。銘曰：

惟唐建都，崤函之右。惟商爲郡，京輔之首。山名兔和，寺曰福壽。有天王殿，基于天祐。載祀綿遠，棟欹甍漏。先師理言，弟子肯構。事雖人謀，材乃神授。基聳抃鰲，山蟠靈鷲。畫拱丹楹，紅欄青甃。上方古木，南榮列岫。梵宇增輝，睟容益茂。善績可紀，良緣有後。刻兹貞石，用光不朽。《小畜集》卷一六。

〔一〕具：原作『异』，據吴本改。

〔二〕受：原作『授』，據文意改。

揚州建隆寺碑

唐貞觀中，制以天下戰陣處爲寺，且命虞世南、李百藥、岑文本之徒，刊勒碑銘，紀述功業，傳諸簡册，燦然可觀。蓋聖人不欲無罪而殺一夫，無名而荒寸土。及乎諸侯阻兵，百姓徯后，驅人以戰，事不獲已。矢石之下，死傷則多，徇義效忠〔一〕，有足哀者。雖復贈官爵，禄子孫，誠有勸于生，懼無益于死。以爲漢明之後，釋教誕興，謂冥寞之中，有輪迴之數，能使精魄復生人天。其道如何？事佛誦經而已。繇是交兵之地，捨爲梵宫，田不耕而有名也；死事之人，盡離鬼趣，士揖生而無恨也。帝王所尚，今古攸同，雖有服儒冠而執名教者，又安知其果不然邪？我太祖皇帝受禪于周〔二〕，啓封在宋，朱旗所指，黔首乂安。惟李重進作帥江都，嬰城構逆〔三〕，時建隆元年九月也。乃命故中書令石公，統王師以討之。十有二月，傅于城下，于是建行宫，迎法駕。是月十一日，太祖至大儀驛，距廣陵六十里。夜半而城陷，詔宣徽北院使李公知軍府事。尋以行在立爲梵宮，取僧之有德行者處焉。是時，先寺主道暉本居孝先，衆所推擇。李公列狀以聞，即可其奏，仍改法名爲道堅，以紀年爲寺額；墾田四頃，隸省一莊，咸以賜之，供香積而飯緇流也。道堅既没，智速嗣之。智速又没，義幽嗣之。義幽，超化大師也，以淳化二年歸寂，義隆、顥仁監而主焉〔四〕，皆超化大師之弟子也。自國初至今凡四十載，日供僧不減六十人。像設莊嚴，經教具備，禮佛有殿，演法有堂，齋庖在東，僧寢在右。奥有室供湯沐焉，外有亭給登眺焉。廊廡翼舒，門扉洞啓，修竹交映，碧流縈回，實藩服之勝游，淮海之福地耳。先是，太祖將返鑾輿，留其御榻，忌晨供帳，于今尚存。嗚呼！戰伐所亡，人骨已朽，乘兹善果，皆出冥塗，豈知不再事朝廷，復爲臣子歟？義隆等謂，修建已來，碑志未立，以某出從翰苑，守是郡條〔五〕，宜爲斯文，理不可讓。是時大行晏駕，聖主承祧，至道三年四月也。銘曰：

神道設教儒所崇，佛法度人釋之宗。王者草昧多屯蒙，乃有征伐揚武功。野必死戰城必攻，出入矢石豈梯衝，殞首喪元争效忠。聖人念爾心所恫，詔舍戰地爲梵宮，游魂精氣或感通。拔爾出離冥塗中，恩异文王枯骨叢〔六〕，事殊楚子京觀封。香燈鐘磬飄天風，四十餘年僧幢幢。止戈偃伯文軌同，三葉重光自建隆，祐我聖祚垂無窮。《小畜集》卷一七。又見嘉慶《重修揚州府志》卷二八，光緒《甘泉縣志》卷九。

〔一〕效：原作『救』，據傳本改。
〔二〕受：原作『授』，據文意改。
〔三〕構：原脱，據傳本、黄丕烈校宋紹興十七年黄州刻遞修本（簡稱『黄本』）補。
〔四〕主：原作『至』，據庫本、吴本改。
〔五〕是：原作『爲』，據庫本、吴本、孫本改。
〔六〕叢：原作『葬』，據吴本改。

滁州全椒縣寶林寺重修大殿碑

寺名花山，縣牒所傳。壞于會昌，緇徒散亡。興于大中，層構崇崇。顯德沙汰，兹名獨在。聚并闔縣，凡十六院。我皇御極，始賜今額。嘉號寶林，用光布金。有莊隸屬，桑柔土沃。歲取稼穡，以供香積。靡夏靡冬，僧來憧憧。大殿歲久，基傾柱朽。有僧德緣，革而修焉。録事張戭，同兹大願。化于邑郭，施及村落。得錢百萬，吾事斯辦。全椒林麓，材惟樸樕〔一〕。西走山陽，號大雲倉。伐木編桴，棟梁欒櫨。蕩波而來，厥惟良材。其誰運斧，維曾維吕。翬飛翼張，望之堂堂。既成棟宇，彩繪無取。有曉貞師，先師從依。及鉢遺留，願捨而修。乃備丹雘，晶熒交錯。殿堂肯構，佛事猶陋。戭復化率，能始能卒。塑釋迦像，金容可仰。菩薩善神，各三其身。對待拱立，金碧耀熠。矢謨雍熙，早夜孜孜。僝功淳化，簷楹秺秺。令佐經營，曰穀曰禎。政平訟息〔二〕，兹出餘力。有范百宗，成名澤宫。爲賊曹掾，舊識吾面。聿來詣郡，再拜恭懇。曰公詞臣，久司帝綸。兹殿之碑，非公而誰？健毫不抽，實寺之羞。顧其勤勤，敢吝斯文。直書事實，辭句魯質。庶幾勝緣，垂乎億年。《小畜集》卷一七。

〔一〕惟：原作「推」，據庫本、吴本、孫本改。

〔二〕訟：原作「頌」，據黄本、吴本改。

查道

查道（九五五——一〇一八），字湛然，歙州休寧（今安徽休寧）人。端拱初，舉進士高第，解褐館陶尉。以寇準薦，授著作佐郎。淳化中通判遂州。至道中徙知果州。咸平四年代歸，出知寧州。舉賢良方正，拜左正言、直史館，歷西京轉運副使、充度支副使，出知襄州。大中祥符元年預修《册府元龜》，三年爲龍圖閣待制。天禧元年出知虢州，二年五月卒，年六十四。有集二十卷。《宋史》卷二九六有傳。

乾明寺僧堂記　大中祥符二年四月

乾明寺者，去郡百里，古曰石門，因敕易之。高山峻谷，虎豹所伏，岐路磽确，人烟敻絶，非志于道者，罔能栖其心也。游宦之徒，羈束利名，雖覩其勝絶，而罕能陟其境。道守郡日，知有學者法字守榮，自雍熙三年參尋而至。後安禪之堂，卑隘隳壞，于是發心重構，克堅其志，聚落求化，多歷年所。召良工，市美材，迄景德三年始告成，凡五間十一架。春，有學徒慧果，携錫至京，請余識之，將刊于石。乃書曰：自佛法廣被，達磨西來，具信根者，求證本源，星居曠野，蔽身草木，衣不禦寒，食不充腹。及正法漸漓，人法替怠，百丈禪師乃營其棟宇，以安老病。邇來禪刹，競構宏壯，少年初學，恣卧其間。殊不知化緣者勞形苦骨，施財者邀福懺罪，明因果者如卧鐵床，若當冤敵。自非朝夕密密，增長聖胎。其次親善知識者，志求解脱，可以暫容其形，龍神攸護。其或心汩蓋纏，身利温煖，不察無明，不知命縮，唯記語言，自謂究竟，韶盡遷謝，墜彼惡趣，丈夫猛利，得不動心者哉？榮公生鳳翔虢邑，出家于雍州鄠縣白雲山净居禪院，大中祥符二年四月八日記。《雲卧紀譚》，《續藏經》第二編乙第二十一套第一册。又見《緇門警訓》卷六。

梁鼎

梁鼎（九五五——一〇〇六），字凝正，益州華陽（今四川成都）人。太平興國八年進士甲科，知秭歸縣。端拱初通判歙州，徙知吉州。淳化中爲開封府判官、三司度支判官。至道初爲江南轉運副使，徙陝西。歷知徐、密二州。真宗時遷兵部員外郎、知制誥，拜右諫議大夫、度支使，陝西制置使。景德初，知三班院、通進銀臺司兼門下封駁事，出知鳳翔府，求判南京留守御史臺。三年，卒，年五十二。著有《隱書》三卷、《史論》二篇、《學古詩》五十篇。《宋史》卷三〇四有傳。

大宋鳳翔府青峰山萬壽禪院記〔一〕　景德二年一月

右扶風郡北盤岐山，南據秦嶺，地之形勝，甲于關輔。秦嶺之南，蜀山北走，突霄磨霓，磅礴萬里，至是崒然，若奔而駐。其秀絶者曰青峰山。涵碧孕翠，畜靈積粹，崔嵬迴漢，四峭如削。故自山麓緣危磴，陟猿徑，殆將百里，至于是峰，人迹敻絶，窅若物外。中有洞穴，深莫知其際，舊傳阿羅漢隱息于此；然自昔未嘗有精藍，天其或者必俟開士而後興焉。同光初，有釋傳楚者，本陳倉人，幼抱高志，辭親隸道，奄有頓法，遂荒智地，景行大迦葉，悟即心即佛之旨，乃曰：『昔人普詣百城，參契妙理，我雖懸解，豈廢軌則。』故南之嶺外，東適江表，振錫法會，印可知識，僅逾一紀。長興末，旋自吴會，戾于故里，將爲人天開示大法。時清泰主潛隱斯地，爲重法故，奉禪師若師傅，禪師遽請結茅玆峰，以爲禪誦宴坐之所。繇是經營締構，棟宇大備，峨峨梵刹，不日成之。四方游學歸之，與山谷曹溪相侔。清泰中，以舊恩降璽書勞問，賜命服及彰勝大師之號，禪師授而弗有。昔賢首語文殊言：『一切無礙人，一道出生死。』禪師所傳，正得是法，直指本心，更無他要，故言下解脱者不可勝紀。化事云畢，示寂適去，即晋天福二年秋八月二十有二日也。禪師上足曰清免，善繼先志，亦師子吼。免復去世，其法季曰清悦嗣之。悦終，免之門人曰義成繼主其事。自肇建禪宇，于今七十有三載矣，而未暇刻石識其盛烈，嘗虞年祀浸遠，後之人無以知所由來。會予奉詔假守是邦，而僧成條其狀，願爲之記，且曰將俾斯文與是山俱隆污。謹弗敢讓，而爲之實録云。時景德二年，歲在乙巳，正月十五日甲子書。安璨鐫字。《金石萃編》卷一二六。又見乾隆《寶鷄縣志》卷一五，民國《寶鷄縣志》卷一四。

〔一〕題後原署：『起復朝奉大夫、右諫議大夫、知軍府事、安定縣開國伯、食邑七百户、食實封三百户、賜紫金魚袋梁鼎撰并篆額，廬岳沙門正蒙書。』

釋辯端

辯端，太宗時僧人。

新昌縣石城山大佛身量記　咸平五年

剡溪之東三十里，而遠屬新昌縣，有石城曰隱岳，實天台之西門。去縣五六里而近，雙巒駢聳，狀猶琢削。實其表，無瑕隙，而草樹不得植；虛其中，無翳隘，而虎豹不得入。豁然若堂奥，窅然若龕室，誠造物者獨有意于是焉。其左右前後皆圓岑峙峰，胥以環衛。案劉勰舊記：當永明四年，有浮屠氏，厥號僧護，嘗兹矢誓，期三生恭造彌勒之像。梁天監十二年二月，始經營開鑿之，洎畢，龕高一十一丈，廣七丈，深五丈，佛身通高十一丈，座廣五丈有六尺。其面自髮際至頤，長一丈八尺，廣亦如之。目長六尺三寸，眉長七尺五寸，耳長一丈二尺，鼻長五尺三寸，口廣六尺二寸。從髮際至頂，高一丈三尺。指掌通長一丈二尺五寸，廣六尺五寸，足亦如之。兩膝跏趺，相去四丈五尺。咸壯麗特殊，其四八之相，罔弗畢具。咸平五年，端東游天台，路經是岳，故得雄觀其敞博崇偉，且嘆仰之不暇，諒嘉陵、并郡石像外至于斯，天下鮮可比擬者。乃詢其數量之延袤，刊之于石，以垂堅久，庶傳于四方之耳目，俾洽于聞見也。若其神异之感召，事物之奇勝，悉存諸劉公之文，此不當復有説矣。時皇宋咸平壬寅記。《會稽掇英總集》卷一九。又見《會稽志》卷九。

楊緘

楊緘，太平興國七年與胡旦等爲轉運副使。雍熙間爲江南轉運使。淳化初自尚書省謫降至睦州分水。後復爲轉運使，咸平間失官宰畿邑。見《宋會要輯稿》食貨四九之五（第六册第五六三六頁），《宋史》卷四三九《和嶹傳》、卷二六八《周瑩傳》、卷三〇四《范正辭傳》。

大宋解州聞喜東鎮保寧禪院記〔一〕　淳化元年七月十五日

伊尹放太甲之地，僉曰桐宫；漢武下尉他之年，乃更聞喜。惟東之戍，實大且繁，崗巒糾紛，川陸秀异。鄉曲有清通之範，風俗歸空寂之門。眷彼大招提，栖于善知識。角立杰出，何代無人！驗以前文，明唐興之舊額；稽諸近敕，□保寧之新思。先長老諱法柔，即當縣清河氏之華胄焉。晚歲出家，一言悟道，心源瑩澈，滿輪之月印湘潭；眼界馨香，千葉之運開剡浦，允謂作人天之師長，立僧籍之紀綱。度脱緇黄，輝映今古。始謀挂錫，獲此遺基。變荒榛爲寶方，敞大厦爲精舍。陰風負檐，丹霧觸楹。瞻之在前，凜凜紫金之像；寂然不動，霏霏白毫之光。露往霜來，時异事變。偶周世宗皇帝頒宣詔命，澄汰釋門，時當院然合存留〔二〕，亦動煩惱，蓋以字人贖貨，堅欲從新，岳牧飛章，不令改作。士庶聞之而贊嘆，龍神衛之以歡忻。建隆庚申秋，修法堂畢功。次年辛酉仲春月上旬，長老遺囑門人，舒右脅而化，享壽七十四載，開堂二十八年。仲荼毗則昇于常倫，獲舍利乃何可勝計。居人供養，時無暫閑。猗歟幻化之身，有玄有感；真如之性，不滅不生。乾德二祀甲子，營石塔于院之西北原。今院主緣正上人克紹清風，咸推白足。飛雨花于天際，始未談空；攝龍火于鉢中，方明得果。感四衆歸依之外，崇一日必葺之功。開寶癸酉歲，構彼麗譙，懸于法鼓。仿佛百尺，照灼於虛空；鏘洋一聲，啓抉於昏聵。又于興國己卯歲修經藏。乃金乃碧，曲盡于莊嚴；以日以時，常臻于利益。龍宮海藏，莫之與京。覩夫金口微言，既悉緘于秘邃；貝多妙迹，俄愈極于光華。我后嗣位之七年，三原帥博陵崔公奏令院主加命服。篋中藏天子之書，恩唯有偉；衣上染真人之氣，本實無心。諸法眷徒弟等，并堅固住持，歡喜圍繞祇陀樹下，長爲授蔭之人；阿耨池邊，免作迷津之客。緘也夙慕金方之教，幸趨玉筍之班。居士指歸，粗能分曉；覺皇付囑，敢昧贊揚！聊書建剎之因，兼紀出塵之德，刻于貞石，以示後昆。時淳化元年，歲次庚寅，七月甲戌朔，十五日戊子建。修造主僧智靄，典座僧普諄，石匠人賈福進，弟文密、弟文義，男莅均。恩門感德軍節度使、特進檢校太傅、博陵郡開國侯崔翰，院主沙門賜紫緣正。《山右石刻叢編》卷一一。

〔一〕題下原署：『江南諸州水陸計度轉運使、朝奉郎、尚書金部員外郎、柱國、賜緋魚袋楊緘述，維那僧智演書。』

〔二〕『然』字疑誤，似當作『雖』。

釋清遠

清遠（九五七——？），俗姓曹氏，本籍徐州彭城（今江蘇徐州）人，遷于汾州西河（今山西汾陽）。後出家爲僧，真宗時爲本縣蓮花院主僧。

大漢蓮花院主僧預修靈幢頌記〔一〕 天禧五年九月

夫生真者生不悦生，以浮生如空雲水月；達命者死不怖死，以□死若脱屣易然。繇是大覺潛靈，指涅槃□常樂我净；莊生鼓年〔二〕，將變謝同春夏秋冬。□勿寱昏默静罔窺湛寂謏深莫挹慕約之□梧徒辯失真如海□□争休知知唯俗諦若非降是之此臣喆利□品之通人。覺生非長生之生，了滅是□滅□滅。旨焉得指天地如焉樂生□死亦輪壽日纔斜卯塔句鶖林先甃法幢未倒靈室於鷄嶺□北。蓋破外道之貪□，亦浮生之有限。宜子來金躍之説，桑扈反真之故。此我曹氏之宗，利物晦密之道也。今歷晋暨我漢室，清遠自從，俗姓曹氏，彭城郡人也。幕水真精，靈山秀氣。戒珠大集，自悲况彌天。吞内外於一□，了生滅於無相。自□□之歲厭囂俗，而於西河浦歸之處，自披法服，伏侍師長。本師旨教，依兹具誡。夏滿三秋，南北學業。今者六十有五，四十五□誡。幸今者預修靈幢，切緣一扼，并事修蓋，將然畢傜釋迦□事益乃莊塑身渾金火□故事莊塑周圓，四大部經，添修并足。三世祖師并是起置塔院，祖送以衪。□豈是化召檀那，然心以圓□□，是利樂之人物，願生於天界。今有生身父母，聞此陀羅尼咒，以願生於□處。□□僧清遠遷化之後，不受沉淪之苦，早仍生於極樂。所有□之善，飛禽走獸，水□諸虫，陳沾影骨，總願生天，一切有情，更不重來。訟曰：偉哉！□□□□，非滅非生，離言相心。一偈總除，中旬□嚮，乘此一乘。量化□量，於世出世，□□□□。□□□□，誰疏誰親。□□干□，生死不垠。崿崿我師，□□靈□。鷁□□□，□□一偈。無名之名，大道之道。萬古千秋，永輝斯妙。俗□□曹德、姪曹靄、孫曹清建立。《汾陽金石類編》卷三，民國二十四年石印本。

〔一〕《汾陽金石類編》原編者按：『幢前書「大宋天禧五年」，爲宋真宗即位之二十四年，而後書頌記爲「大漢蓮花院主僧」。以文内「今者六十有五」推之，蓋清遠生於北漢劉鈞天會元年。至宋太宗太平興國四年滅北漢時，清遠已二十三歲，故頌記仍書「大漢」，亦足見北漢之得人心，清遠之忠義不忘故主也。元遺山謂宋滅北漢，移修并州城於唐明鎮，即今省城。而晋人尚多不忍入其城，據此亦可證之。又經幢多爲故後記墓所修，此書預修，并文云「清遠遷化之後，不受沉淪之苦」觀之，是生前預修祝福，如漢相孔耽、高士趙岐、吴人范慎、唐司空圖預作壽冢之類，僧家謂之生藏塔，亦闊達之流也，其俗家後代亦不忘孝思也。』

〔二〕鼓年：疑當作『鼓盆』。按此本爲手寫石印本，多錯字、俗字、脱字，文意不明，難于句讀，姑録以備考。

李湛

李湛，太宗時人，鄉貢進士。

重修延福禪院記　至道二年十月

蘇州常熟縣海隅山，舊有延福禪院，蓋出于梁天監之初，自唐會昌廢毁，存者無幾。端拱二年，今長老惠明大師希辯，荷天子榮命，歸止于斯，而鄉耋里氓爲之捨土木畚鍤之功，大作廣宇峻厦，不五歲而告成。于是有隆博而門者，有炳焕而亭者，有顯壯而堂者，有邃麗而室者，有虚揭危累而塔者，有雙延相敞而廡者，有表門背室、紆遮峭植而垣者。抱塔之趾，又有闉覆瑰架四十而院者，居高而顧望周旋。自下以相之，翼舒鱗萃，輝照可鑒，會奇集勝，狀不能盡。即以主者處師，俾悉得而專有之。師當錢氏列國時，從學于天台山。既大成而有聞，被召入爲惠智禪師，居普門寺演法。暨餘杭國除，隨詔詣闕，上御滋福殿引見，宣授紫羅命服，及内府帛五十匹，復賜師今號，留之京師天壽寺。淳化三年，上御製草書《急就章》一卷、《逍遥咏》一十一卷、《秘藏銓》三十卷、《太平聖惠方》一百册藏焉。恐後未諭其來，故按其實以録之。至道二年冬十月二十四日，鄉貢進士李湛記。《吴都文粹》卷一〇下之上，舊抄本。又見《吴郡志》卷三五，《海虞文徵》卷八，道光《蘇州府志》卷四三，光緒《常昭合志稿》卷一六。

李德用

李德用，真宗朝人，鄉貢進士。

京兆府武功縣寶意寺重修裝畫彌勒佛閣記〔一〕　至道三年九月

夫武功縣者，唐高祖潛龍之地；寶意寺者，彌勒佛大像之居。名山隱映，鎮于西城；麗水汪洋，繞其東□。即王勃有言曰『人杰地靈』，何處不有？至若創基立額，自述古碑；整壞葺隳，聊憑新記。矧兹佛也，身而百尺，閣就三層，度木鳩工，動盈萬數。若非信心化誘，特力主張，孰以興其善事也？奈以年代逾遠，風□凋零，虹梁欹而鴛瓦將飛，繪事暗而金身徒倚。一旦，有本邑知縣、都監、隴西殿直，以警巡之外，迎送之□，下馬登臨，憑欄顧望，乃曰：『今以寇盗屏迹〔二〕，人民乂安，稼穡爰豐，國家康泰，政事以簡，軍旅稍閑。始則修之以縣城，用嚴禦扞；次則勸之農務，不使訟争；漸乃飾之以□蓮宫〔三〕，自光教法也。睹兹丹臒，欲荐補修。』則前買木元公，同心誘化，共作維那；仍有效忠都頭崔進，專勤勝事，夙蓄道心。俾爲部轄之能，甚有精嚴之志。于是官寮減其清俸，士庶捨以□資。選匠命工，立成壯麗。榱桷以之重密，棟梁以之不欹，佛像以之莊嚴，佳致以之幽夐。或登樓而閑咏，勢若飛翔；或寓目以匿觀，宛如屏障。今古盛事，不其偉歟！德用以早踐文場，乃叨鄉薦，亟承請命，輒叙廢興。時大宋至道二年，歲次丁酉，九月癸亥朔，十五日丁丑建。

寺主左街内禪大德道贇。小師義□，小師義静，小師義恭。都維那頭、曹州效忠第二指揮、第三都頭□進。將仕郎、守主簿、權縣尉吕臯。前買□元德方。殿直、知縣事兼兵馬監押、巡檢李崇。安璨刻字。《八瓊石金石補正》卷八六。又見《陝西金石志》卷二〇。

〔一〕意寺：原缺，據下文補。碑題下原署：『鄉貢進士李德用撰。進士楊霸文書。鎮遏使主父翔篆額。』

〔二〕以：原缺，據《陝西金石志》補。

〔三〕蓮宫：原缺，據前引書補。

饒光輔

饒光輔，至道間鄉貢進士。按雍正《江西通志》載，饒光輔，南城（今江西南城）人，登大中祥符八年進士第，當即其人。

郢州趙横山慧通禪院先師和尚碑銘　并序〔一〕　至道三年

稽自古以來，名垂不朽者，則非苟一時之美，而得行後世之風也。必先廓仁義之派，彰道路之源，濟億兆黎民，闡無窮教化，使居内者有去惡之念，處外者知慕善之誠。舉其類則殊途，資于人則一揆，同有厥德，其可謂聖賢乎！然立功于前者，非自執持于後代，蓋則代生其□傳，而□之非其人，則無能爲也。是故一如來入涅槃之時，以正法付摩訶迦葉，其下則馬鳴三師子比丘至佛馱先那，以至覺、至可、至燦、至信、至忍、至能，謂之六祖。吾以六祖之後，繼踵于後者，非先師和尚其□可論哉？和尚諱歸柔，本魏府觀城縣再清鄉人也。俗姓靳氏，于有唐天祐十三載投本府興福院光□□出家落髮，越明年受戒。性深覺悟，不雜群近，遂負瓶鉢，參游大知。不逾歲間，獲悟于韶州雲門山真師之座也。自是放曠□□，優游道源，迭二十餘年，扣寂尋冥。廣順元祀，届于郢城。城之東南有□曰仙女，□□奇秀，扼荆楚之异□，和尚乃隱于斯，息蔑塵慮。餐黄菁以蒙養，絶顆粒以攄閑。龍虎既降，魑魅潛遁。枕怪石，□寒□，□十□秋，不交世俗。乾德五年，鄰岩雙流村胡可傳等備辭于公，始請住是山慧通禪院也。□之□院□□别記，此不復説。□□□□□□大啓徽猷，□□開而日月争光，行業生而烟霞并彩。歸□者如□，慕□者如□。生靈既濟于遐邇，惠愛益超于今古。中下之士，孰不瞻依？今皇上□□□載，雍熙元年十二月初六日夜，則和尚遷化之辰也，俗壽八十六，僧臘六十七。當月二十日，殯于塔廟。洎雍熙□年九月十四日將□塔，□□十三夜降夢于□之弟子紹因曰：『爲吾開其塔，無宜久蔽，□□□土。』因公既覺，□和尚有歸□之望。凌晨以夢中事白于檀那，約十八日會衆于塔前，開而視之，方□真身，有不壞之异。□是香湯百和沐浴□□□容飾就，儼若禪定，嚴妝座宇，香燈晨夕。噫，何須兜率天上，方明天道，直恐□□會中，□□□身。□□□□得祈求有□齋供霧集，稼穡枯燋之際，使法雨潤之于高下者哉！其如□□□隨□應召三□□顯□□□善彌彰于六合，令德斯博，又不可勝紀者也。是□生□佛事，普濟群生，俾中下之流，明而不息，真□國之情也。如此死有神化，克洽天功，使旱潦之兆□而不作，其惠民之義也。如此刊之□□，既崇且□，□釋氏已來同于是者，其亦鮮矣。太歲丙申，因至斯□□□□□蘭陵君延□于□□□□□見住山門□□□□上人請致其文。光輔不以學□□内典，聊屬詞以序其□□將垂先師和尚□□于墜矣。碑成而□□銘云：

生有其惠，死亦垂利。惠布生靈，利□□□。教先濟時，功後□祈。真身不墮，盛德如之。峨峨趙山，巍巍□□。因□□名，□□□□。歲月雖邁，□猷永賴。刊銘于碑，庶光其大。

至道三年□月□日建。匠人曹廷演鎸字，直歲僧紹勛，□座僧□新，維那僧海真，住持沙門紹因，將仕郎、京山縣尉同徵科事□用，文林郎、京山縣令尉遲懷師□歸藹。民國《湖北通志·金石志》卷七。又見光緒《京山縣志》卷二三。

〔一〕題下原署：『鄉貢進士饒光輔撰，進士蕭賁書并篆額。』

羅處約

羅處約（九五八——九九〇），字思純，益州華陽（今四川成都）人。太平興國八年登進士第。爲臨涣主簿，再遷大理評事，知吴縣。與長洲令王禹偁相唱和，蘇、杭間多傳誦。後并召赴闕，上自定題以試之，以禹偁爲右拾遺，以處約爲著作郎，皆直史館。後巡撫荆湖路，多所彈劾。淳化元年卒，年三十三。著《東觀集》十卷。見王禹偁《小畜集》卷一九《東觀集序》。《宋史》卷四四〇有傳。

景德靈隱寺記　雍熙三年

天地，體也；乾坤，用也。體不可以常寂，故以神而爲名；用不可以終動，故以静而爲本。是以境得之而爲勝地，心得之而爲妙道。斗牛之下，有郡曰錢塘；浙水之右，有山曰武林。居山之寺曰靈隱，其得境之勝地乎！居寺之徒曰禪侣，其得心之妙道乎！觀其群山環倚，一峰中斷，平湖鑒物，鴻濤駭人，雲生若趨，石怪欲語。陸羽記東晋咸和初，有梵僧慧理由天竺而至，嘆曰：『兹山靈鷲之一峰耳，何代飛來乎！』所携白猿復識其處，睨彼故地，同乎新豐。繇是金布其田，寶新其刹，憩蓮華之石，翻貝葉之文。洞深有天，岩垂爲室。晉、宋已降，賢能迭居，碑殘簡文之詞，榜蠹稚川之字。唐大曆六載，復新其大壯焉，謝亭歸然，袁松多壽。土運之季，國霸爲錢，雲措之規，則又過矣。繡桷畫栱，霞翬于九霄〔一〕；藻石雕楹，花垂于四照。修廊重複，潛奔濺玉之泉；飛閣岧嶤，下瞰垂珠之樹。風鐸觸鈞天之樂，花鬘搜陸海之珍。有若碧樹芳枝，春榮冬茂；翠嵐清籟，朝融夕凝。呼猿風閑〔二〕，卧龍石老。會漢南王籍彼土宇，歸我昌朝。雍熙之二載，郡之四衆請月禪師爲之首，師印可禪那，深得其髓。越明年春，僕自蘇臺抵杭郡，弭蓋靈鷲，濯纓冷泉，山光洗心，松聲娱耳。堅珉雖揭，好辭未刊。余斐然者也，月禪師俾文其事。噫，節彼靈山，奠兹吴土，秀極而爲萬狀，翠鍾而成一色，乍聳而還伏，將趨而却屹，豈造物者奇詭其勢，與心而符契哉？不然，胡以不爲世咫尺，而若在溟涬，俾仁者樂之，其得静之理乎？矧如來密印猶飲光而傳達摩，由達摩而付南能，厥後大有宗師，競分枝派。太虚無狀，而《楞嚴》謂三界忽生；湛寂本如，《易》義稱萬物自動。故衆生昧如如之性，住我我之所。執指爲月，瞪目成花，不有導師，孰爲法眼？若言真于妄，則二妄以斯同；破有歸無，則一邊而爲見。故融其妄法，是名真空。真空不空，斯爲妙有。雖揚眉舉足，則當體涅槃；三界四生，則爲心境界。栖禪于此者，其殆庶幾乎！偉哉是境也，其將以静爲君乎！是心也，其得本來無物乎！所謂得天地之體，乾坤之用，體用無原，水波圓融。故若境若心，以寂静攝，實觀道之妙乎！或曰：『以兹山得静之理，斯不誣矣；言飛來之事，何其怪哉？』余則曰：『戴神之端，子真不語者也。』蓋以力乘大教翼怪衰周，俾季世之人信道彌篤。嘻，太極剖而爲天地，游魂賢而知鬼神，豈非語怪者耶？因不自揆而書之，猶季路之率爾也。碑而銘之曰：

靈鷲一峰，飛來竺乾。非夸娥負，神妙難筌。非巨靈擘，聖功自然。誰識其异，慧理明焉。翠微之前，曹溪之禪。隱不違俗，静本乎天。四時群籟，萬古寒泉。因書真石，用紀千年。《咸淳臨安志》卷八〇，道光錢唐振綺堂汪氏仿宋重雕本。又見《武林靈隱寺志》卷六，《西湖志》卷一二，《宋代蜀文輯存》卷一。

〔一〕霄：原作『充』，據《武林靈隱寺志》補。

〔二〕閑：原作『閉』，據前引改。

李裕

李裕，永濟（今山西永濟）人，太宗至真宗朝在世。

栖岩寺四至記

栖岩寺自魏永熙之季，大隋太祖武元皇帝之所敕建，仁壽元年建舍利塔，命寺主僧明達禪師定其疆界四至，周圍約二十餘里。南至阿奴谷底，分水爲界；西至谷口過路，北至新羅嶺，東至鷂子嶺東凹底。乾化五年，西平王命寺主僧藏啓重止認疆界，差牽攏官十將張重進十人巡林一月。至清泰潛龍之日，亦差牽攏官十將李重遇七人巡林一月。至乾祐元年，周高祖與寺主僧洪泰出榜：今後應有房廊屋宇及近寺園林，軍人百姓輒不得斫伐一根一條，并拆拽屋宇，便仰本寺收捉，申送本府，當行嚴斷。至顯德五年，張太師令主僧希遠，并差親事官節級王延嗣五人，竪立標竿，出榜二道，巡林一月。至郭令公出榜，亦差都頭李進七人巡林一月，兼貼河東縣勒近寺耆長所由巡檢，不得采斫林木。至太平興國三年，蒙知府李補闕出榜，亦差馬軍節級羅崇嗣，與縣司弓手耆長等九人巡林半月。至太平興國五年，蒙知府王學士與主僧希海出榜，貼差耆長巡林。到至道元年七月内，蒙柴給事出榜，亦貼河東縣近寺耆長所由常切巡檢。至咸平二年六月内，蒙杜太傅與主僧元夔出榜，亦貼河東縣耆長三人巡檢。應有入山采斫柴薪軍人百姓等，并須勒于元係屬寺園林界畔外遠處采斫，不得輒令侵着近寺園林斫樹木。如有故違，便仰本寺收捉，申送上府，痛行决責，的無容恕。《山右石刻叢編》卷一一。

張濤

張濤，真宗時布衣。

聖宋崇玄大法師行狀碑〔一〕　咸平二年六月

法師姓張氏，諱守真，字悟玄。後漢三天正一扶教大法師，乃丞相留侯六代孫，法師即子房之遠裔。真嗣夐延，不常厥居，今爲盩厔人也。法師幼孤，及長，氣誼過人，言行相顧，不交權豪，篤濟物之心。逮壯，嘗游終南山，遇上聖空中降曰：『吾北天大聖，玉帝輔臣，授命衛時，乘龍降世。匪正直英杰之士，無以振古道。汝有异骨，殆非凡庶，夙叶真教，可受吾教。』法師□□聖語□□□事□還□以葷茹共記。真君曰：『吾乃玄真，非奇□至于缺六字汝安得輒用腥穢？然汝未晤，固不加罪，可缺六字汝至誠缺十六字者，□加□罰。』法師乃寅恭致謝，復啓曰：『守真聞在男曰巫，在女曰覡。缺六字大丈夫之所耻，願聞丕訓。』真君曰：『□教汝劍法，爲民除祆。次指汝缺五字國祈福。缺九字巫覡哉！』後□□□蒸民灾苦祈請者，靡不赴之。斬邪去□一缺六字自是不復爲患。真君降曰：『吾運化本朝第二主，將建玄闕，置十一座殿宇，列中外界星辰□國缺十一字汝發運必受大君禮遇。』法師稱謝曰：缺四字君曰：『吾爲天上師，汝須得人間師。』法師乃詣古樓觀主梁□門下，朝真叩靈，□月中缺五字法師于古終南縣私第旁構北帝宫，塑真君聖像。自是□遠從□者□奔走求□日聞神异，故時人呼法師爲通靈先生、張黑殺。開寶□年，太祖皇帝缺十字馳驛以□是年十月三日赴命，越十日□□東都，趨文陛，天子被□百辟列叙，法師對揚，神氣自若，左右爲之動容。上詢遇真君神异事，法師具對缺十字謂法師曰：『真君降言，有類此乎？』對曰：『若陛下不之信，弃臣市可驗，無以人聲媟瀆上聖。』帝然之，曰：『果正真之口。』即日詔憩建隆觀。十九日，太祖上仙。二十一日，太宗皇帝嗣統，命法師瓊林苑醮謝上帝。結壇施法，至誠幽贊，潛通穹昊。真君降曰：『大宋宗社□永時。』太宗伺午夜，秘殿底誠，稽首再拜謝曰：『仰賴上真福祲生靈，誓當修奉禮。』畢□□師西歸。至太平興國二年春，命起居舍人王龜從、内供奉王守節赴終南山慎選勝基，構立上清太平宫。衆議未決，時真君降曰：『北帝宫甫近，可建殊庭。』繇是以定。良材雲□，□□風從，迨三周歲，始僝厥功。顯符真誥逌敕，法師尸之。及賜縣官邸店，趙數百楹，匄日利以充費。法師前後賜賚，咸貿易創田園，不啻萬畝，立爲常住，其經營後世弗匱者，實法師之力焉。宣命給卒百人，供法師驅役。當時軺車沓至，士俗響臻，法師扆禮以延之，迄今遹爲永式。三年冬十月，修祝聖壽之儀，恭趨象魏，再親咫威。帝以高尚禮之，賜紫□□簡于黼座前，洊被隆恩，復之攸館。六年十月，御前賜師號曰崇玄大師。七年春正月，入内高品盧文壽中悁委本宫祈禱，用安宗社，樂康兆民。法師設普天大醮，威儀具陳，实非常□。真君降靈，乃録感應聞奏。上知社稷有賴，尤加虔奉。雍熙中，朝廷以□□□遞遣中貴麥守恩傳天憲，命法師昭告，以卜祺祥。遂啓羅玄大醮，□意蠲絜，愈于常度，升聞冕旒。及犬戎束手，河朔怗然，太史奏五福太一臨吴分，請修其祠。敕京城東南隅創靈宇以宅之，亟召法師醮請太一真君。上謂曰：『非卿何以感通神化！』禮畢而還。淳化五年冬，被制授鳳翔府管内道正，蓋尊嚴其教也。皇朝凡七祀圜丘，必詔法師導從法駕，□都人跂踵仰瞻。大聖人遇法師殊常之禮，實前古之罕聞。俾還本宫告謝，縟儀蒇事，國史詳焉。當時水旱灾沴，靡不修禳，式昭景貺，則知法師實清世應運之士也，故得福蔭一方。慕勝道□服膺，徒弟常不減數百。法師威而不猛，有總領均平之法，敉寧上下，無敢違越，豈非懿德之淵源乎？至于夙夜寅奉香燈，諸殿朝禮，越二十年，雖風雨不渝。法師象簡，執成指痕，斯乃勤至之驗也。法師凡爲國家設二百餘醮，修三百餘齋，授宣敕三十餘道。居一日，召門人謂曰：『吾有誅翦怪魅之功，而虧修鍊飛升之妙。奈何五行更王，大數告窮，胡能免于形謝哉？然而質雖遷殞，神自有歸，上帝録吾及物之勛，已領符命，授五土之主。汝等必能恢繼教風，天弗違願。』遽命蘭湯，日三浴，徐飲清泉斗餘，易衣啓示手足，以至道二年閏七月十六日委蜕而化，享年六十有六。時天地晦冥，大雨三日。于別野權厝後，復雨三日。法師重修古迹，宮觀有三，鋪叙飛奏，各賜名額。疇昔未遇，有子曰元濟，業進士，法師朝覲奏名，敕賜同學究出身。後調選，録法師行狀以聞，奉聖旨批付史官。布衣張濤集事迹，門人刻石，立于真堂之右。弟子二十一人：賜紫劉元載、張元明、元元德、滕元勝、李元亨、李元輔、趙元正、王元秘、段元素、李元清、李元白、張元宗、程元亮、劉元吉、姜善信、李善應、許善能、强善宗、趙善抱、楊善和、李善結。杜振塑真像，李楚裝。咸平二年六月二十一日立石。《金石萃編》卷一三四。

〔一〕原題《聖宋傳應大法師行狀》。按『傳應大法師』乃仁宗景祐中加封，當是皇祐二年重建碑時改題，今題依原封『崇玄』。

張哲

張哲，咸平間爲將仕郎、守許州陽翟縣主簿。

河南府密縣敕賜法海院新修法華經舍利石塔記〔一〕　咸平四年七月

是塔功訖，琢石待筆。憑予故人，闍了雲賓。跨山千詞，以驚其新。於戲！招迷導愚，佛自有書；褒空頌玄，僧自有徒。斯塔也，物微不足增輝；斯文也，才輕不足借名。但寫其因，録其形，載其歲月，雕其姓字，而騰之于無窮之齡。惟密邑法海院，上首帝天下年二月五日夜，有籍人安南郡仇知訓者，忽寐中自算，造此石塔。既覺，遂弃己財，洎旁誘群好，共果厥誓。凡繩準高下，規模洪促，即山以采索良珉，發地以鬥集奇勢，皆自知訓襟臆出，所購匠氏，但備磨刻而已。二年四月二日營始，八月十日先以舍利瘞于地室，是歲二月九日休作。鏨《蓮經》七以圍其軀，冥金像十四以實其虛。雙扉乍豁，仙窟匿露，短檻危籠，星繩纏空。十尋峻峙，迴若躍地；九叠岧嶢，遠疑懸霄。其或人恬天惺，清飀韵鈴。陰浸地膩，狂苔駁砌。射翠飛寒，大少之顔。匝步攢觀，汴路之間。茨嶺凝烟，塔與同堅。洧源長泉，塔與争延。不以土，不以木，惟石也剛介，俾風雨朽之不速；不爲宫，不爲壇，惟塔也高衆，使今古仰而不殫。噫！人之來者，閲塔游記，知功辯志，則如堂之地，永新佳致，與他邑异。時咸平四年七月十五日記〔二〕。《金石萃編補正》卷二。

〔一〕題後原署：『將仕郎、守許州陽翟縣主簿張哲撰，大隗山人閻羽書，洛京翟信鐫。』

〔二〕原碑以下列副維那等多人，今删。

鄧某

鄧某，太宗時人，青州益都縣（今山東益都）百姓。

重修佛龕記　至道三年五月

□宋青州益都縣南和界住人、清信男弟子鄧□，因到雲門，覽之勝境，皆□游□，忽睹真容，下缺二十四字今不朽雕□之相□□不生不滅，非真非□□以真下缺九字結此良緣。獨□□財重裝□像，成茲勝□□周圓，願□□□永輝下缺四字光昇燭常照耀于□天，莫不□者。下缺七字昇相從今□後下缺四字供養。下缺四字高僧下缺五字□家□□□常□□□無瘴疫之□□有登豐之稔。伏望諸佛慈悲，方品□□十方惟□□緣常保慈孝，下缺四字將斯善福，以□□因。既就莊嚴，□陳贊祝。時至道三祀仲夏月五日記。光緒《益都縣圖志》卷二七，光緒三十三年刻本。

韓季遷

韓季遷，真宗咸平中人。

廣州法性寺鐘款　咸平四年

弟子韓季遷同慈母李氏二十一娘、□□郎婆□婆珠等，敬鑄造鴻鍾壹口，重銅叁佰斤，奉爲亡室周氏八娘追薦，去識生界。以設齋慶贊訖，捨沙門義明，永充供養〔一〕。謹題。《金石續編》卷一三。又見道光《廣東通志》卷二〇五（題《光孝寺咸平鐘款》）。

〔一〕捨：原誤『拾』，據《廣東通志》改。

釋普亮

普亮，號宗志大師，真宗咸平間廣州法性寺僧。

廣州法性寺鐘款　咸平四年

臨壇比丘義明捨銅鍾一口〔一〕，重三百斤，于廣州法性寺大佛殿内懸挂，永充常住，二時聲擊。時大宋咸平四年歲次辛丑，九月一日己巳朔，七日乙亥，殿主表白、傳律、臨壇宗志大師普亮記〔二〕。《金石續編》卷一三。又見道光《廣東通志》卷二〇五。

〔一〕比：原誤『化』。捨：原誤『拾』。并據《廣東通志》改。

〔二〕宗：原作『宋』，據《廣東通志》改。

李畋

李畋，字渭卿，自號谷子，華陽（今四川成都）人。以學行爲鄉里所稱。知州張咏敦勉蜀士就舉，畋遂登淳化三年進士第。歷授恒寧主簿，國子監説書。天聖初以大理丞知泉州惠安縣。終知榮州。熙寧中致仕歸，卒年九十。有《孔子弟子傳贊》六十卷、《張乖崖語録》二卷、《道德經疏》二十卷、《谷子》三十卷、《該聞録》十卷（存一卷）、歌詩雜文七十卷等。見《澠水燕談録》卷六，《郡齋讀書志·後志》卷二，《宋史·藝文志》，雍正《福建通志》卷三〇。又《宋史翼》卷二六有傳。

重修昭覺寺記

妙色非相，有相則尊；真諦無言，有言則大。矧夫法身普現，帝網交映，寶月破昏于濁際，静刹植福于沙界，肅五藴之紛擾，具十善之莊嚴，惠照倒迷，無一遺者，斯相之尊也。法音贊運，群動無妄。大雲秘藏于貝闕，師子敷座于紺宇，攝四大之種性，歸一如之總持，解脱障纏，無一悖者，斯言之大也。既尊且大，則有爲之教興，無涯之利顯，在乎人天寅奉，王臣護持。塵劫不遷，是曰常住，其斯之謂歟。昭覺寺，成都福地，在震之隅。先是，眉州司馬董常宅，舊名建元，其締構紹嗣之由，具蕭相國遺碑悉之矣。唐乾符丁酉歲，爲了覺大禪師宴居之所。禪師法號休夢，姓韓氏，京兆萬年人。時宣宗興復象教，乃應詔誦經，對御落采，配終南山之捧日寺。具大戒于律師神祐，悟般若于石霜慶諸〔一〕，參法要于百丈懷海，契心印于洞山良价〔二〕。初至洞山，洞山問：『近離何處？』曰：『湖南。』又問：『途中還見异人否？』曰：『若是异人，不涉途中。』价深器之。後領旨寓蜀，始立一大寺，闢甘露門。開堂日，僧問：『净名大士入不二法門，旨趣如何？』曰：『山僧未敢舉明。』又問：『若是，即事理不分。』答云：『扁舟已過洞庭湖。』凡言峻機悟，以復如是。時劍南節度使崔公安潛奏改建元〔三〕，敕賜今額，仍給紫衣一襲，式光宗教。未幾，僖宗出狩，駐蹕西州，召禪師説無上乘，若麟德殿故事。由是開沃聖慮，握乾綱而不動；運輸神力，回天步而高引。玉鑾反正而帝眷彌深，賜禪師紫磨衲衣三事，龍鳳氍毹毯一榻，寶器盛辟支佛牙一函，布展義之澤也。越明年，王氏建節制兩川，于禪師申尊叔之禮，奏錫師號曰了覺大師。及王氏開國，而禪師滅度，享年八十一，僧臘五十一。門人洪福等建窣堵于當寺後庵，以令身歸之，謚曰『真隱之塔』。爾後宗派傳襲，真風炳然。至今住持大德延美上人，以了覺大禪師爲五代祖。上人陽安郡平泉人〔四〕，姓杜氏，禮本寺懷進大德爲出家師，依彥通律師授具足戒。性惟真實，體本虛静，開口無機化，不言而鷗狎。虛懷善應，施不求而谷盈。禪林果熟，薝蔔彌香，覺苑地靈，黃金爭布，作大利益，須非常人，美公之謂歟！兹寺有常住沃土三百廛，滌場斂穧，歲入千耦，并歸寺廪，與衆共之。有舟航大賈輸流水之錢，山澤豪族舍金穴之利，五銖一縷，悉歸寺府，無一私者。由是構樸斫之材，較班輸之技，而興修之議，于是集矣。寺之殿宇，舊且百間，今廣而增者三百。建正殿，塑金釋迦像一軀，爲黑白扱足之地；修經藏，挾唱梵之堂四扆，爲權實轉輪之所。廣方丈之室，傳達摩心；備水陸之儀，宣梁武教。及羅漢六祖，翊善大悲，各列一堂。又分千部經爲東西龕，續建紀天列宿堂一所，仍加壯麗。以至安毳侶、供公庖，局次有叙；厨倉寮庫、齋廳浴室，重門挾屋，啓閉以時。上縫瓦以如鱗，下密磚而若砥。左瞻右顧，俱是道場；一起一居，無非佛事。寺之舊址，復于頽垣，鞠爲茂草，僅百年矣。以至悖蹊樊圃，可畏其鄰；認牛忘羊，莫分其主。美公一旦竪版築以繩之，興百堵，畛舊封，葺墻五百餘間，周匝園圃，而諸鄰相讓，無一違者。凡供食之豐潔，法席之華焕，時一大會，朝飯千衆，累茵敷坐，如升虛邑，未有一物，爰假外求。寺之勝迹，有僖宗幸蜀放隨駕進士三榜題名記，陳太師塑六祖像，蕭相國文建寺碑，會稽孫位畫行道天王、浮丘先生、松竹，張南本畫水月觀音，翰林待詔失名氏，今寺額始自長安降到。模昭覺寺額，俱經亂不亡，爲唐故事。斯皆化感利捨護持之力也。自大中祥符戊申歲承領住持，迨三十有餘載矣。惟食不兼味，衣不重繭。言必諦信，故人無間言；行必總持，故身無擇行。深入無礙，物我不二。《經》云：『雖説種種道，其實爲佛乘。』吾見其人矣。然能爲愛河之舟楫，不住中流；開覺路之康莊，俾求諸道。故入其門者，如遜般若之岸，似升毗尼之堂。樹繞七重，塵無一點，信花界之勝果，錦江之福田者焉。尚能韜光愈晦，功成不居，耳聞贊揚，口稱慚愧，是謂常住不住，所得非得者乎！今門人賜紫沙門人遜謂布施迴向，嘆未曾有者，典教宗尚，寧可闕歟？遂持了覺禪師誥敕三通〔五〕，修寺行狀數紙訪畋，請紀茂實。畋且念景德初與今岳陽牧張都官逵肄業于兹，倏爾歲寒，永言夢寐。山陰都講，曾栽揮塵之松；衣錦相□，□□偷光之壁。及乎嘗醍醐之味，目琉璃之色，爲日久矣。德我既深，固不牢讓。大哉！開群迷之眼，俾矚乎大明，象設之謂也；安□動之心，俾諧乎一法，言教之謂□。□□□相則尊，所以祛其幻相；有言則大，由是辯其魔言。令蠢動廓然，見種種性，曰實曰權〔六〕，歸乎一揆，付諸佛子，歷劫奉持，非師釋氏之雄者，其孰能與于斯文！《成都文類》卷三七。又見《全蜀藝文志》卷三八，《蜀中名勝記》卷三，嘉慶《四川通志》卷三八，光緒《重修昭覺寺志》卷三，民國《簡陽縣志》卷一三。

〔一〕般若：原作「技若」，據嘉慶刻本《全蜀藝文志》改。

〔二〕洞山良价：原作「洞仙俍价」，據《宋高僧傳》卷一二改。

〔三〕安潛：原作「安漸」，據兩《唐書·崔安潛傳》改。

〔四〕上人：原無，據文意補。
〔五〕『持了』二字原缺，據《全蜀藝文志》補。
〔六〕權：原作『推』，據《全蜀藝文志》改。

釋法珍

法珍，咸平間僧人。

大宋國登州牟平縣歸化鄉鐵山里敕賜存留玉林院殁故院主大德塔幢記　咸平元年八月

上闕俗姓劉氏，本縣東牟鄉巫山里中中闕乾祐元年戊申歲中闕遂投先塔主諱神故爲師，即嵠山長老和尚之門人也。長老乃曹溪一派，雪嶺一人。折雪裏一朵梅，移來海嶠；分曹源幾滴露，下沷嵠峰。人既去而名長存，塔且在而靈尚儼。今斯大德，即禪派之子孫也。廣順元年，于當州開元寺受戒，中闕逐師軌範，繼迹住持。無名利而片衣片食，有錢財而一功一德。中闕端拱元年戊子歲，與各住持僧陸人等，詣闕進狀，沐聖雨霖，重檢焚修，再□申奏。伏蒙龍顔大悦，敕賜存留。寒林而甘露千山，幽谷而香燈萬古。帖從赤縣，牒自黄扉。中闕嗚呼無疾，哀痛忽臨。中闕欲存出世之訓身；遂建孝終之幢塔。乃于舊墟之側，永處玄宫。蟬鳴而百草九秋，鶴唳而孤松五夜。中闕法珍不量材瑣，乃述銘云：

上闕上人來兮真際，上人去兮無拘。中闕石火迸兮世壽，玄風歸兮净居。門人愴兮孝禮，塔幢鐫兮服除。蟬噪兮九秋咽，鶴唳兮萬籟舒。中闕

咸平元年八月日□建幢。雲水沙門法珍撰。門人小師法真書。民國《牟平縣志》卷九，民國二十五年石印本。

胡則

胡則（九六三——一〇三九），字子正，婺州永康（今浙江永康）人。端拱二年以進士起家，補許田縣尉。後知睦州、温州，改江淮制置發運使。真宗幸亳還，擢三司度支副使。出爲京西、廣西轉運使，累遷太常少卿。乾興初，坐丁謂黨，降知信州，徙福州、杭州、永興軍，以給事中權三司使，通京東西、陝西鹽法，人便之。以在河北時假官舟販鹽，後按驗出知陳州。逾月遷工部侍郎、集賢院學士。劉隨上疏言『則奸邪貪濫聞于天下』，徙杭州。再遷兵部侍郎致仕，寶元二年六月卒，年七十七，謚忠佑，改謚正惠。見范仲淹《兵部侍郎致仕胡公墓志銘》（《范文正公集》卷一二），《宋史》卷二九九本傳。其後裔輯其詩文爲《胡正惠公集》一卷。

重修法輪院記　大中祥符三年六月

夫岩谷窮邃，或生龍蛇；雲泉高潔，或居聖賢。廬嶽虎溪之間，法音靡墜；天台石梁之外，神應無方。皆所以拯濟衆生，登迴向地，誘掖群品，趣歸依門。大千世界，實繁于兹。婺州東陽縣峴峰敕賜法輪寺，即其一也。始建之曰峴峰禪院。其峰峭怪，逾數千尋，其上砥平，廣十餘里。佳氣蓊蔚，迭爲形勝；飛泉激越。散作清涼。爰有神僧，環草而處，猛獸馴擾，常護左右，居人瞻仰，罔知名號。檀越章鐸，親訪靈迹，深加諦信，遂崇法宇，以廣金田。唐乾符三載丙申歲，締建既圓，誠請于上，果以峰名爲額矣。霜星易换，緇流履更，梵刹峨峨，千古如一。太宗太平興國八載，本院傳法僧久修，檀越章從紹，同士庶之心，操邑宰之命，恭召金華山智者寺重禮上人主領之。上人，餘杭人也，潔白僧行，通明佛果。學者參尋，若暗投燭；檀信親附，如渴就飲。于是堂集毳侶，厨豐天供。上人以悲心憫群心，以智力勸衆力。與門弟子文懿、文鼎、文湛、文寵、嗣聰，重建僧堂、法堂，尊三寶也；次崇厨院、庫院，濟二時也；高大其門，專啓閉也；嚴潔其室，備澡浣也。以至道元年乙未歲始就〔一〕。復有本邑信人胡細、厲號俱捐巨賂〔二〕，同誓净緣，營立釋迦尊殿一門兩廈，咸平五年壬寅歲告畢。輪奂相宣，金碧交映，潼潼往來，目不暫舍。而又梵唄時作，香花間設，我慢者生精進心〔三〕，調伏者證菩提果。得非神僧肇開于前，上人嗣興于後，聖賢居上，靈效昭然？大中祥符元年詔改峴峰禪院爲法輪院。善矣哉！郡邑改觀，道俗增信，植福之地也，垂于無窮。則以永樂縣君哀制，居苫凶間，靈泉院繼初上人鄉關碩德，布素舊交，三訪倚廬，請述記誠。且云重禮上人集本院僧誦大乘《金剛般若經》五千八十四卷，爲永樂縣君之冥薦，而啓予述作之誠心。荼苦之際，嘉彼精意，禫除之日，愧此鄙辭，聊記堅珉，用貽來者。大中祥符三年六月一日，朝奉郎、行太常博士、知温州軍州事兼管内勸農事、護軍、借紫胡則記。《胡正惠公集》。又見雍正《浙江通志》卷二三二。

〔一〕至道：下原衍『歲』字，據雍正《浙江通志》删。

〔二〕厲號：右引作『厲就』，疑是。

〔三〕『我』字疑誤。

王曙

王曙（九六三——一〇三四），字晦叔，祖籍河汾，徙居河南（今河南洛陽）。淳化三年進士及第，任聳縣主簿。咸平中，遷秘書省著作佐郎，知定海縣。代還，爲群牧判官、太常丞、判三司憑由理欠司。再遷尚書工部員外郎、龍圖閣待制，徙淮南轉運、勾當三班院、權知開封府。後歷知益、汝、襄、潞、陜州、河南府。明道二年爲樞密使，明年加同中書門下平章事。景祐元年卒，年七十二，謚文康。著有《群牧故事》六卷、文集四十卷、《周書音訓》十二卷、《唐書備問》三卷、《戴斗奉使録》二卷，集《兩漢詔議》四十卷。見尹洙《河南先生文集》卷一二《王公神道碑銘》，《宋史》卷二八六有傳。

覺城禪院記

後學以像設者有爲也，滯于名相；禪般者無心也，曾是空寂。著空弃相，此既失矣；從無入有，彼何得哉？我佛所以啓頓漸之門，示悟修之路。頓則頓悟，言語文字之俱非；漸則漸修，六度萬行之不舍。權實交映，理事互融。無一物不是于真如，盡十方皆歸于己用。大千世界，猶若浮漚，無餘涅槃，有同昨夢。蓋達觀之上者，豈常談之得乎？益州覺城禪院，昔李唐明皇奄宅函夏，有詔郡國各建伽藍，并以開元爲名，皆一時之壯麗。迨中和俶擾，守臣負固，頭會箕斂，惟利是視。草創竊弄，未遑寧居，揎茗荈之兼贏，據隧肆而墆鬻。以兹寺庭宇，密邇市廛，因而有之，莫我肯顧。雲徒海衆，曾何足以少留；寶落璇題，杳不知其處所。陶籬僅隔，顔巷潛通。若金石之聞，乃止不壞；何神明所祐，巋然得存。今此院者，即開元之址也。孟氏廣政中，出女侍爲尼，俾居其間，號延福院。後弃而去，復爲僧坊。爰有閬中鐵幢長老，擁錫來游，載營載葺，衆號鐵幢院。又有神操，紹續紀綱。操授道信，道信授秦人微禪師。微師歸關中，道信薦主僧務。風雨攸蔽，禪頌漸興。今傳法沙門元信禪師，俗姓昝氏，本郡華陽人也。幼齡穎悟，脱落囂塵，辭親出家，尋師訪道。不遠千里，行詣百城，飄然沅澧之間，遍游江漢之域。聿來舊楚，乃契宿緣，得法于郢州芭蕉惠情禪師。情嗣南塔，南塔嗣先仰山，先仰山嗣溈山，溈山嗣百丈，百丈嗣江西，江西嗣南岳，南岳嗣曹溪。即禪師于曹溪爲八代嫡嗣，于釋迦如來爲四十一代法孫。師機緣既契，更不他之。有願還鄉，卜居演化，言旋舊里，求叶初心。道信喜師之歸，延請入室，密以傳授，且俾興修。師音容粹和，戒行高潔，慈悲喜捨而爲事，行住坐卧以相應。由是法衆歸心，士庶仰懷。乃謀締構，乃募檀般。卓鄭隆富之家，輿金而布地；闤闠伎巧之族，運斤而成風。樸斫九挺，雜沓坌并，人悦來而不絶，材襞積而居多。遂量工程，考廣袤，易奇邪爲方正，變湫隘爲平夷。自經始于辛卯，告成于戊午，凡歲星再周天矣。壇宇顯敞，正殿翬飛，户牖重深，禪堂岑寂，丈室清閑而奥秘，僧房窗𥦗以虚徐，齋廳來苾芻之流，厨庫有蒲塞之饌。廣博嚴静，盈二百間；供具緺敥，約數千事。又爲轉輪寶藏，繕寫十二部經。珠交露縵，彌覆其上；金姿髹彩，錯落其間。實福祥之淵源，雄都會之瞻矚。今知樞密院、刑部侍郎、樂安任公，昔鎮藩服，仰師道行，且以受佛付囑，悉心護持。以延福舊稱，乃僭僞所署，露章上請，俞詔下臨，特賜今名，彌光列刹。仍錫隙地，乃南其門，芝檢賁于藂林，雲篆揭其標榜。而師宴坐一室，應病與藥，載離寒署，不出户庭。初，廬帥雷公，特奏命服，亟請開堂。師問答隨機，扣擊無滯，故遠近道俗，多所歸依，前後王臣，靡不欽重。曙雅游苦早，悟道滋晚，被聖明之優渥，寄刺舉之聲政，遽傳而至，燭理未康。雖嚮師之名，莫造師之室。偶餘日之怡蕩，一款關以從容，即席而境閑，忘言而機契。風幡摇颺，直指仁者之心，庭柏青葱，自識西來之意。師既而曰：『夫示有作爲，方便也；揆無因果，斷滅也。方便即濟人無量，斷滅則末法疇依？惟兹院之紹隆，懼後時之堙漫，且礱石之斯久，願爲辭以見紀。』贊希有事，出和雅音，胡其幸焉，安敢讓矣！一來廬阜，即是遠公之社人；永鎮頭陀，欲刻簡栖之碑字。

《成都文類》卷三七。又見《全蜀藝文志》卷三八，嘉慶《四川通志》卷三八，嘉慶《成都縣志》卷五，嘉慶《華陽縣志》卷三九，同治《成都縣志》卷一三。

王　崇

王崇，濟南（今山東濟南）人，天聖時進士。

大佛山立幡竿記石幢　天聖二年五月

伏以國泰時康，烟岩勝寺，大佛遺迹，古老相傳。社衆結無等之心，幡竿立有緣之地。謬慚殊石，具對斯名。大宋歲次甲子天聖二年五月丁亥朔八日甲午立。社頭張燮、副社鄭德等二十七人刊石。出手買幡竿人劉遂，出耳幡竿人劉武，立幡竿木匠靳山。濟南進士王崇述并書。《濟南金石志》卷二，臺灣新文豐出版公司石刻史料新編本。

釋願鴻

願鴻，景德間開元寺僧。

台州永安縣遇明禪院碑銘 并序 景德二年七月〔一〕

聖上御極之六載，大禮奉于南郊，皇靈闡于區外，光昭乃祖，化被萬方。其仁如天，其智如神，醴泉朱草，金牛玉馬，其皆不取，但小大之政，不失其職，斯所以爲天下瑞，故勛華之風，可以平揖。繇是垂衣端拱，功成不伐，唯善其修，以及四海。是歲，詔下有司，乃曰：『朕聞道釋之教，歷代欽奉，元資大政，可福黔黎。』遂敕下以戒籙廣度，則知聖心無爲而無所不爲矣。下民被其化，皆能有志，是用獻贊我后之鴻祚也。或鷺池仙苑、金刹奈宫，其在必葺。永安遇明院者，即梁朝西仁寺也，居州之西北七十里，天監二年奉敕之所建也。地分牛宿，境占神皋，前枕寒溪，後連翠竇，桃源、天姥、頂湖、括蒼，烟霞一開，遠近如畫。項斯之宅可尋也，麻姑之峰可登也，甘露絶名，又何讓也？洎元帥王之有國，因改西仁爲遇明。厥後納版圖于朝，斯院則關乎能者而董正之。太平興國六祀邑人□□□□□□□□八保户人繫狀于縣，以命沙門文遂而主之。師端静淳素，抗節有聞，奉道之餘，植福多勇。咸平癸卯歲鼎新紺宇，事從典制，義取規舊，非務華好飾之越度也。雲廊月殿，像閣經齋，方丈法堂，三門庫院，内不備焉，信士濟南林承皓贊以成之。遂師復置東皋南畝，以實常住，延浮杯之侣，待挂錫之賓。曉月開經，香分玉篆。秋林出定，苔封石床。瑞鹿眠花，幽禽背雪。陶彭澤若聞應到，賈長沙如在合來。澗雲起而野色侵燈，山雨至而松風入檻。誰言諸子，不解髻珠？斯所以克荷真宗，越揚大教。俾法流慈澤，永潤枯根；冀蒼蔔優曇，長敷後葉。銘曰：

大宋撫運，承宗紹祖。昭格仁孝，光業文武。其一。富壽蒼生，基本皇極。乃廣法教，爰奉道釋。其二。民祝于天，載葺鹿園。遇明昔者，西仁寺焉。其三。紺宇凌雲，禪宫聳日。立雪傳衣，升堂入室。其四。平接寒溪，高連邃谷。晴霞忽開，翠屏滿目。其五。功之匪騫，利其斯久。資國與民，天地不朽。其六。

時景德二年歲次乙巳七月十有五日，汝南周□同勾當建立，清河張祚鎸字。《兩浙金石志》卷五。又見光緒《仙居縣志》卷二一。

〔一〕題下原署：『開元寺重修二□蓮社沙門顧鴻撰，門弟子講經律表白僧慧月書并篆額。』

郭重顯

郭重顯，太原（今山西太原）人，景德間在世。

建尊勝大悲經幢記　景德二年十一月

聞日落西山，水流東海，表人生而願去，彰世法以不來。在聖位而猶□，豈凡情而得免！孤子男重顯等奉爲考妣之靈，特就墳所，于東南隅建尊勝大悲經幢一所，用表□誠，薦拔生天之界。伏願憑茲妙社，登佛刹之金城；托此良因，躡仙宮之玉殿。塵霑罪滅，影拂佛生，資薦幽魂，能仁誠□矣。□曰：孤子志痛，憑何以追？是竭心誠，唯佛可歸。故鎸尊勝，特寫大悲，用報勞影集光。維大宋景德二年歲次乙巳十一月廿四日戊申建。長男太原郭重顯，新婦白氏，次男重甫，孫女婆安，孫男婆吉。國家圖書館藏拓片・各地五〇四一。

某弘

某弘（佚其姓氏），景德間人。

北新安村永安禪院碑記　并序〔一〕　景德二年四月

夫以法身銜邃，非詮旨以何歸；實相澄凝，非標式而莫睹。至若如如妙性，體業無方；萬□□身，寂照恒一。我釋迦慈父廣運悲心，降迹王宮，證真道樹，演無説之説，示無形之形。□□□相表乎儀，八十種好彰乎瑞。洎連河現滅，鶴樹遷神，飲光録化于苦踪，度喜傳燈于感躅。□□正法像法，昭然熳然。爰自法化西來，騰蘭東被，漢明弘集，洛陽寺興。爾後大建精藍，廣修□□。致使普天普地，知菩提歸仗之門；使令萬國萬象，了福田爲究竟之路。即有功德主僧宗感，□以定香馚馥，戒月澄明，同感建造之功，共辦葺修之事。而有功德主郝光璉等，并乃汾浦英彦，□巷名儒，五常俱身，三端立德，言本有則，行謹無虧。迥然標方外之心，志誠出人天之見。當院東連巨洎，西接虢河，前窺抱腹之峰，後對子夏之谷。去武定八年三月八日，當院石記：『自本州郡主郭翼之所奏，敕賜名爲定國永安禪院。村衆與院主僧弘演，共力修崇堂殿房□，共計六十間梁。』此舊記之所載也。邇後頻遭兵火，數遇戎夷，殿宇焚燒，名額廢墜，空存石記，□識院名。又去天福七年，再番古殿三間，内釋迦一會四壁，功德周圓。後面慈氏堂三間，内□氏功德，一會周足。功德主僧宗感、俗功德主郝光漣，净土太子因德；弟功德主郝訓、李勛等，藥師□殊；女弟子張氏等，觀音一鋪；功德主田榮，羅漢堂、僧房、庫房、功德樓、厨房各三間。去淳化元年□，大宋統天應運順聖孝明文武皇帝敕命指揮，有修蓋到寺院無名額者，并須毁廢，不得存留。况斯院尤是宿舊修□，有石記指説，敕賜名額。官員驗詳，遂得存留。又准淳化元年十二月十三日敕，宜令轉運司遍行指揮管屬州府軍監，内有元係河東僞命州軍，自克復後來創修□□□院，雖未敕賜名額，并與存留者。所願皇帝永固，帝道遐隆。太子諸王，福返萬葉；郡主寵澤唯新，福資壽算。塞上之戈鎚永息，中□□□角肅清。雨順風調，時康道泰。伏慮年華綿邈，故刊貞珉，永立布金之甸，長鎮新安之地。但弘福□夢日，學不談天，輒述瓦礫之辭，獲紀金石之德。幸承來命，難以推返，略序歲華，直書其事。時景德二年，歲次乙巳，四月戊寅朔，五日壬午建。鄉貢學究李自新書。院主僧宗感，傳《上生》《金剛》《心經》，業《法花》《維摩》；門人誦《法華經》僧繼隆，門人誦《法花》行者繼凝。石匠都料并刊字郭泰美，弟□□。《汾陽縣金石類編》卷五，民國刊本。

〔一〕題下原署：『碑子功德主金吾□□長史郝玢，業《判摩經》文章大德下闕。』

李道

李道，真宗時人，鄉貢進士。

佛頂尊勝陀羅尼經幢記〔一〕

縣管宋□奉□先亡□□王墳所特建尊勝幢子一座，具孝子禮，謂予曰：『願宜書石序事，紀諸于後。』僕遂固讓不獲而已，乃缺大□氏設教，則非其善而心識智知，不得□于金□耶？若以居惡業鄣行邪道，是故不得見□□《如來經》云：『赫日當天，盲者不見，是誰之過尤？』公則明瞿曇之正性，達世尊□慈悲，懷無上□心，□□利之恩。故公皇考諱稠，滎陽人也，享年七十四。娶成氏，年七十，葬于宅□原之上，行祔焉，禮也。□三子三女：長女適郭氏，次適衛氏，小適卜氏，并亡。長□□□，娶張氏，早□。次男□超，娶王□，□三子，長曰□□，并□；二女見在，長適王□，次適張氏。小男適美，娶□氏，生三子；長曰用和，娶王氏，生一女，名蒲江；次曰用貴，娶賈氏，生三子，長曰王留，次曰婆兒，季曰用平。托□氏爲親，□六禮一□□馬□早□公莫不是居家□□愷悌人仁，令子不欺于忠信，孝婦惟謹□□□名播鄉閭，義通交友。公慮□景之迅邁，整家道之優□，□用青□陳□慶薦于九月一□，就□設□□□一中□□□□道場報諸先代，庶幾人極賢聖，四海真□□□錫庇庥，長生護祐。乃□贊曰：

釋氏之門，大慈世尊。濟渡生死，□□見存。日月明兮四海暉□，□道慶兮百行舒張。八難□灾兮化成介福，□□□□兮萬壽無疆。

大宋景德二年九月一日記。光緒《重修曲陽縣志》卷一二，光緒三十年刻本。

〔一〕原題後署：『鄉貢進士李道書并贊。』

錢易

錢易（九六八——一〇二五），字希白，錢塘（今浙江杭州）人，廢吴越王錢弘倧之子。淳化三年舉進士，言者惡其輕俊，被黜，然蘇易簡贊其詩不下李白。咸平二年，年三十二，再舉進士及第，補濠州團練推官。召試中書，改光禄寺丞、通判蘄州。景德中舉賢良方正科，策入等，除秘書丞、通判信州，改太常博士、直集賢院，判三司磨勘司，擢知制誥、判登聞鼓院。天聖三年爲翰林學士，儤直未滿，卒。易才學贍敏，有《金閨》《瀛州》《西垣制集》一百五十卷，《青雲總録》《青雲新録》《南部新書》（存）、《洞微志》（殘存）總一百三十卷。《宋史》卷三一七有傳，又參《咸淳臨安志》卷六五。其生年據《新編分門古今類事》卷七錢易自述。《續資治通鑑長編》卷三三等多言易淳化三年年十七舉進士，則當生于開寶末年（九七六），然其父開寶中已卒（見《十國春秋》卷八〇），今不取。

鵝湖仁壽院碑　咸平三年

鵝湖，何故事也？仁壽，何錫名也？昔司馬氏都建業，爲之東晋，此爲東陽之屬。當兹時也，峰頂積水，有雙鵝泳焉。育子百數，翼而長之。一日皆騰去霄，極瞻仰而没，故鵝湖之名因是而立。且釋迦以演教之宫亦名鹿苑，羅什以具戒之所乃號鷄園，蓋由豢養之方，遂定名稱之迹。或配四靈以成道，倚芳枝而挺生，神异之興，實云龍樹；或泣驕駒而攝念，聽密語而起因，感應所召，乃曰馬鳴。則鵝湖之號，不爽于古矣。盛乎哉，鵝珠目瑩，爰契于神僧；鵝殿不騫，式符于香剎。唐大曆中〔二〕，大義禪師，須江人也，手桴佛鼓，心弄祖印。然以斷緣爲得，無念爲真。終以有物之身，當擇方而止。杖錫佩鉢，具遠游之裝；鑿石刻木，爲燕坐之地。聊建蘭若，固絶净侣。不見鬼鳥，直參風烟。群動莫休，清韵無往。時有鎑獸司原，挾矢深入，潛睹其所，入始見投。自後以慈攝凶，扣虎息害，不遠千里，皆爲其徒。一夕，昔去之鵝，忽歸斯水。雖湜湜其沚，曾未考槃，而昭回于天，倏已上擊。所謂傳承江夏，三年復來；非同逸少山陰，七言可换。事駭舊井，聲聞故林。直疑鶴返遼東，已成仙客；又恐珠還合浦，是慕清風。名德既形，書詔適至。卒無著物之桐，乃赴軟輪之求。屐登紫垣，偈答王座，片言内證，萬法盡空。通真之誠，默合上指；褒錫之寵，遂踐國章。始賜爲鵝湖峰頂禪院，自此連奉三朝，出入宫禁，與世敷教，爲國導師。後智孚上人力移峰頂之舍，今爲院焉。平險一致，棟宇尤壯。坦安樂之境，居吴楚之右。嗣其門者凡六人：明也素望，綸雅玄明；崇也清識，淹通令崇；林也内積，道映惠林；震也中興，禪悦雲震；真也秉之，不亂令真；休也守之，有常令休。至于今長老令新和尚，本郡人也，即震之徒焉。入室雲居，傳衣歐阜，洎還承襲，乃主道場。正智既真，諸境又現，心猿早逝，定慧雙忘。恔象争調，禁毒無用。德來檀度，誠接凡聖。况乎修堂秘殿，寒泉嘉林，復有岳陽王感應舍利甓爲塔。咸平庚子，制置使馮公亮奏降御書以鎮之，至于層樓，縢在玉笥。龜圖并躍，非狸骨之塵方；龍藏同深，豈茂陵之蠹簡？景德丁未，轉運使李公奏賜爲仁壽禪院，旲欲法輪不柅，佛日無虧。以博施濟衆之風，家臣子于六合；以永錫難老之惠，首蒼黔于五福。此曷非神踪美署，輝映岩野〔二〕。不有疇昔之靈，法嗣之盛，其孰能兼之哉？易味爽醍醁，理迷雲聚，徒與長老以道爲友，以法爲師。見托豐碑，三讓不領，輒敢獻頌，韻之爲銘：

佛性本静，萬法擾焉。凝寂不動，是爲真筌。真筌自在，强名爲禪。禪著有派，托之語言。語言不已，化爲機權。我有實義，誰何可宣？皎皎鵝湖，堂堂令嗣。大義之孫，法王之子。湛然虚源，默然妙旨。如雲在天，如月在水。六師相承，世濟其美。以燈傳燈，光光不已。康熙《廣信府志》卷二七。

〔一〕大曆：原作『大德』。按唐無『大德』年號，據雍正《江西通志》卷一一一云：『鵝湖山，唐大曆中，僧大義植錫山中。』是『大德』乃『大曆』之誤，今改。

〔二〕輝：原作『揮』，據文意改。

净光大師行業碑〔一〕　淳化三年

天南山奇，甚東西北山，其高深幽遠，便釋者栖。鍾于台，台連四去千萬山〔二〕，復又宏閟窈窕，如非人可以止者。昔我智者坐此山以著書，故得名教。智者没，釋來習其教，得其旨者，累累有之。易生于越，聞師之事甚异。師胡氏，家温永嘉〔三〕，三世習釋書。母鄭氏，既娠不食肉。生五六歲，與群兒戲于門。會三釋者被遠游具，由是道而遇群兒。一者撫師之頂曰：『汝有奇相，當爲吾門之達者。』既去，三願有羡聲。自後復授釋書，拜釋像，如無爲人事者心。年甫十二，投温之僧子安，爲浮屠氏。勤謹明利，得盡弟子禮。安器之，授經所謂《法華》者。期月周誦。其起居宴坐也，綽綽有古佛之威儀。十九始去鬚髮，爲比丘具矣。乃之越，授《毗尼》于清律師，三載盡極其道。又南之天台，通智者教，師承聳、廣二公。一旦手《法華本迹不二門》，至『法性之與無明，遍造諸法，名之爲染；無明之與法性，遍應衆緣，號之爲净』，因頓悟佛心，汗落如雨。不數月登座衍説，坐二師于聽徒中，了無愧色。每入大藏采一經，未嘗别考科疏，隨意而講，涣然冰釋。尋有去山意，止者盡台人，皆不能。時廣順中也。易忠懿叔父領大元帥，開府于浙水，聞之，堅止勿他往，授以釋署净光大師。三讓授受不施，方建法華道場。六時行釋事，晝夜不怠。甲子秋，居螺溪講導，事如道場。吾叔大元帥供施日至焉。丁卯下台，寓開元東樓。春雨連日，一夕有夢，若告樓垝。及旦遷他所。是夜大山頹，擊樓墮，免者將百人。早歲吴越不雨久，而吾叔命使求禱之。師領其徒，詣巨潭覆鉢作禱，而暗有咒語。食久，潭中爲風所激，恍有物自水中起。迴不半道，大雨連下，周境謝足。又嘗危坐居室，有童子服山人衣，形體瘠陋，持竹器，以土養小松，跪于室前。師徐詢之：『爾何來也？』答曰：『華頂遣送松栽。』言訖，遺竹器于地，忽爾不見。師潛謂其徒曰：『此山神也，吾當别住道場。』後創螺溪教院之前讖也。凡道南險者，首稱天台石橋，下臨萬仞，飛泉四射，危滑欹側，狀如横虹。師嘗夜度，有光前導，如列炬擲火，皆不知其來。又好修壞像，多獲古物，若有符契。因得咸通六年像中書，即當時僧希皎誓文，願復生此，以童子出家，傳大法首。衆謂師之前身，如許元度事。師昔在四明止育王寺，夢登上方，有寶幢高座，大署曰文殊臺，而闌楯圍絡，趨不能入。上有菩薩，手自相引，坦然可登。復覺是身與菩薩之體，泯合無二。癸未年，上使内侍省官與台守入山謀建釋舍，堅請師受菩薩戒，自稱弟子。師凡與台人授戒，有捨屠宰而執經論者，有不血食者，有至死不言殺者，有投高死而發願者，有弃妻子而求爲浮屠人者，有入山一步一禮，血垂于額者，有火一臂一指以供佛者。嗚呼！大音一舉，應者千谷，非發有所躋，其孰能通其大小乎？丁亥冬十有一月四日疾終，右脅而卧，神往形具，端而有生。其徒樹龕室于方丈，台人之慟，若喪所親。後五年易葬地，身體不壞，芳香蓊然。此非釋中達而异者乎？師名義寂，字常照，俗壽六十九，僧臘五十。先是，太平興國中，詔今左街首座掌西京教門事寧公手傳高僧，狀師之迹。易夙昔好善，常欲筆奇聞以申誨。始熟師之事績，而又得之門人仲休授書一通，參對辯正，皆符舊文。易無似人耳，三爲休之請立師之碑，退以書讓不克，又慮好事因循，失于紀述，乃稽首作禮，謹著是辭。銘曰：

教敷徒儀，徒爲教主。徒徹愈明，徒誕自侮。明則契聖，感以從真。侮則徒咎，咎非教淪。偉哉吾師，達明契聖。坐台指人，學及古性。生异其迹，死奇其尸。南嘩是聞，俾徒勤思。師徒伊誰，克完厥守。佩于永年，勿誕以咎。《螺溪振祖集》。

〔一〕題後原署：『朝奉大夫、行尚書户部郎中、知制誥、賜紫金魚袋錢易撰。』

〔二〕四：疑當作『西』。

〔三〕永：原作『求』，據文意改。

盧慎微

盧慎微，明州慈溪（今浙江寧波西北）人。景德二年登進士第，授全椒縣主簿。見《寶慶四明志》卷一〇，雍正《浙江通志》卷一二三，《敬止録》卷二九。

青山禪寺記　景德三年十一月

四明山支萬山，限郡控海，孰究其極？唯東南一峰，截天屏開，無雲黛濃，别名青山焉。山之勝，地之靈，可以圖寫，可以筆記。乃曰，兹山有羅漢禪院，天福三年信士李降權興也。降因感夜夢，洎達晨興，歷境荒榛，果獲遺址。年代浸邈，故録不傳，耆耋盲昧，厥由罔究。將以作事謀始，無乃求舊維新，遂以狀告于州牧。牧伯顯念休异，昭揚聲形，爰聽僝功，旋嘉訖役。比徒鳩衆，祐邦福民。然香續燈，晦旭誰怠？佛因孔明，靈應具彰。天祐元年中元日，日中有十六僧騰翔出現，萃于山顛，遠近咸睹，逡巡而滅。時許王方治江左之地，聞而异之，乃錫院額，并紀實，以『羅漢』名焉。厥初以降，距五十祀，六移權執，丹楹刻桷，雕墻峻宇，蔑有完者。太平興國八年，有寶寧上人嗣焉。上人冰雪勵行，水月空性，以爲真閟不可以泥丸封，法輪不可以金柅止，是莊嚴于眼界，隨制度于心機。内竭泉貨，外募檀施，補葺圮落，變革卑庳，計較工用，駢羅杞梓。是經是營，不越期星，厥功告成，莫之與京。利既根矣，善亦涯矣，則嘗謀曰：『夫傳法則稱祖，證相則爲因。祖其祖，因其因。』于是率財造法堂矣。上棟下宇，以待風雨。棟宇其頽，像設疇依？于是率財修羅漢堂，重建正殿矣。井之德養而不窮也，泥而不食，窮其甚乎。于是出己財治井，并蓋井亭矣。彼衆員來，我居未寬，于是出己財買山拓址矣。食廪未裕，晨厨乏供，于是出己財買田立莊矣。作無不濟，求無不獲，于是感鄉望黄仁昉、高承德及黄德進妻洪氏、男尹京捨山并地矣。夫如是，玄風扇俗，欽崇上士之慈仁；大化攝心，胥會衆生之歸向。輪奂已就，瞻仰斯在。一旦，上人謂慎微曰：『有爲之迹，斯言可徵，願托記述，以垂悠久。』慎微曰：『嘻！若夫如來之教横于四海也，惟皇啓迪則可久，惟徒扶樹則可大。可久之謂德，可大之謂業。式德以業，聲聵之所信念。』余不敏，又何足文之也哉。直能終始前後之由，刻于貞石，庶圖不朽云爾。時景德三年十一月九日記。《敬止録》卷二九，清抄本。又見同治《鄞縣志》卷六七。

釋惠顒

惠顒，咸平間僧。

慈林山法興寺重修僧堂記　并序〔一〕　咸平二年九月

粵維天元地像，聖之階也；上棟下宇，道之基也。故能立三朝於妙躅，顯無事以崇貞。既而教拯編言，故得僧嚴麗境者，豈非福聖乎？邦有此寺者，故唐鄭惠王之所再餝也。王乃親臨福景，仰奉徽文，安塔藏貞，廣崇佛事。洗塵滂于定水，長解脱于慈林。自此因歷星華，聖標遐泯。今乃厥有當寺山主僧崇達、院主僧法□，所謂净持惑律，寒潔冰霜。夙藴香風，□□筠竹。群方仰侍，遐邇潛皈，結鄉黨之緣，備雲堂之址。并乃星楣□像，月拱吞鯨。玉梵凝烟，瓊檐奪暑。即于咸平二年九月二十八日崇齋慶贊畢，都維那邑衆郭贇等是日恭心息慮，仰志□□。俯信容顔，潛資聖影。所冀□□彌茂，府郡昭舒。聖日同佛日高懸，皇風與慧風同扇。乃述詞曰：

道廣靈踪，凝開理性。寒谷生風，雲堂集聖。身潤慈舟，心歷净鏡。厥構殊因，位標明證。開慈上善，利樂全身。□崇雲室，顯是爲津。悟幻無罣，觀緣絶塵。陵谷遷變，刊名常貞。

都維那邑人郭賓、花進、宋賓、郭琛、宋貞、宋澄，尚座僧善興、紹訥，院主僧法郎、山主僧崇達。大宋咸平二年歲次己亥九月庚辰朔二十八日丁未。光緒《長子縣志》卷七，光緒八年刻本。

〔一〕題下原署：『僧惠顒述并書。』

釋宗美

宗美，晋江僧，大中祥符間在世。有詩六百篇，曰《晋江集》。見《歷代吟譜》。

佛頂尊勝陀羅尼幢記　大中祥符元年三月

□□□□□勝陀羅□者，□□入殑，□沙俱胝，百千諸佛，同宣秘旨，乃惡道□□□□□□□善住。天子優游淫樂，忽聞空中聲云：七日命盡，生贍部洲。七□□□□□□□□□□□□地。天帝哀愍，爲告于金聖人，□垂拯□□是先燭毫光，次宣神咒，展轉相授，當得解脱。若人書寫是咒，致之幢上，壽命□延，罪障消滅。至于蠢動物類，寄于幢影之中，是業報身後，不復受非惡道津□□，或□神咒一歷耳根，薫無漏種，由薫起信，從信階道，越煩惱海，到于彼岸，□□□船筏耶！今紹公上人利物有心，見義思勇，勉導檀信，同捨貲金，伏爲當今皇帝及州縣官僚、三界有情，同霑□樂，□樹佛頂尊勝陀羅尼□一座。弟子陳僧捨所居之地爲基址，召郢匠，累貞珉，鎮壓華邪，□□空界。□鐸丁璫，仿佛鈞天之樂；層檐高下，依稀善法之堂。是地比接屠肆，□□鱗介□類于茲致命，稻麻竹葦，數不足多。矧乎在昔分野灾興，民心悖亂，觸□網者□□□是孤魂冤識，非妙幢神咒之力，何以拔其幽滯？信矣，斯幢樹焉，厥利博哉！□□□茲值遇，敢叙盛績，願與同會，英信將來，不歷惡道，速證菩提。大中祥符元年，歲次戊申，三月丙辰朔，五日丙寅建。

雍正《福建通志》卷二六。

閻仲卿

閻仲卿，太宗末爲開封府司録參軍。真宗景德中知華州；四年冬，以尚書都官員外郎改知隴州。仁宗朝，以職方員外郎遷屯田郎中、知耀州。見夏竦《職方員外郎閻仲卿可屯田郎中知耀州制》（《文莊集》卷一），《宋史》卷三〇七《王陟傳》，《金石萃編》卷一二九。

汧陽縣龍泉山普濟禪院碑銘　并序　大中祥符三年〔一〕

偉哉，大雄氏之設教也！始自周昭，降乎西土，絳傳漢度，乃遍中華。群生得悟于三乘，萬化爰歸于一印。超騰聖果，變金地而有因；指救迷塗，周沙界于無際。于是人寰之内，梵刹傾依；塵網之間，法輪常轉。上以助皇王之异政，下以鼓洪海之長瀾。歷代承宗，空門相望，并蓍龜而取鑒，酌善惡以歧分。□無古以無今，知有名而有統。栖禪聚學，莊嚴須輯于祇園；行道司時，翕習勤瞻于佛相。普天之下，真風總持；率土之濱，清浄求本。探龍宫而何極，窮花藏以尤深，齊日月以争輝，共乾坤而可久。縱陵谷遷易，難摇于四洲；而風雨晦明，常登于五位。闡揚解脱之理，尋除煩惱之根，億萬斯年，人天作會。圓通了義，瑞應彌彰。噫！非上士勤行之者，其孰能與于此乎！今汧陽縣龍泉山普濟禪院，起自唐武德中創建。邇後因時而毁，鞠爲茂草，形勝基構，宛爾在焉。直至開平四年，豐德山僧鑒幽届此參游，企慕靈迹，曰：『栖足之地，賢聖擇之，化俗之方，資緣可已。』負畚荷插，就岩谷之平□；是板是築，架臺殿以浮光。修竹叢林，乍迎春景，緇流梵唱，豈异仙居。同光二年，完葺未周，有天蓋山宏表禪師惠然而來，移住于此，于廣順元年奄化，付門人進明，僅四十餘載。值顯德中廢置，建隆内存留。洎開寶元年，賜紫僧進詞又繼明以居之，經營度財，弗遑寧息，重疊興替，益增感□。太平興國三年，方降敕改爲普濟禪院。今之院主僧定莊，克嗣其裔，懇志虔恪，續世五代，聯綿永昌，逾時百年，光景如昨。觀其峻宇高下，飛泉淺深，據汧隴之東陲，面寶鷄之南極。古木轉虬龍之狀，秋霞張綺繡之輝。金磬初聞，似傳聲于碧落；朱樓半出，疑接影于清凉。非凡喜喻于王城，安衆靡殊于鷲嶺。晨昏動止，俱生十智之心；歲月香燈，對守八關之禁。前走長安之道，高連吴岳之雲。其□异也，可以攀七葉岩；其虚廣也，可以召千羅漢。凋楹刻桷，妙用神機，曲檻迴廊，丹青絶筆。比往之制度，十倍其功；當今之規模，獨處其上。若夫太華之陟屺，樊川之花岩，天台之國清，中條之萬固，皆幽奇貫絶，車蓋罕到之處，而或列于兹境者，亦未許同日而論耳。曾何必瓊瑶瑪瑙，凝□于階除；琉璃旃檀，累成于龕室。然後以言其真净福利也，惟達識而能議之，于以見主斯院者，夙夜而不怠其事焉。其定莊早厭煩籠，堅持法□，紹分流之派，滋連葉之榮，□披糞掃之衣，式報真如之願。察其舉措，諒足多焉。至于蔬圃新畦，松蘿舊塢，彩繪塑像，金碧盈堂。道俗咸欽，檀施餘積，率從心匠，匪曰天成。是使戒聚之徒，尋訪以如織，吉祥之譽，歡愜而動人。仲卿景德四載冬，罷守于鄭，來牧隴右。涉汧陽路次之北，賞其山之鬱秀，或對曰：『龍泉山院。』明年秋，奉上旨給假西都遷祔，乃紆以登于是焉，其塽塏雅致，則精微萬態，目不能捨，任鋪舒而罔及也。忽有定昭、定暉率群僧進言，謂院之得額，而實無碑，情激再三，不敢固請。仲卿以其脱洒拔塵，事狀可録，式因公餘，含毫盡瀓。理而摭實，復爲銘曰：

惟此南洲，尊崇佛事。傳由西土，森羅漢寺。現白毫相，布黄金地。代歷幾千，法稱不二。其一。

天地覆載，聖教攸先。日月臨照，梵刹相連。禪宗有覺，沙界無邊。清净之化，聲色之緣。其二。

高懸慧日，下燭重昏。塵勞解網，方便開門。修持之道，布施之源。體若夫子，記諸善言。其三。

莊嚴多般，種種供養。珍寶窮奢，重重瞻仰。其神自通，其文彌廣。鑒戒足徵，報應寧爽？其四。

汧陽指東，龍泉居北。院宇隆盛，嵐烟登陟。園林蔽空，雲霞隱色。基構□旋，嘉名永得。其五。

峨眉西顧，彩鳳東鄰。門臨四達，勢接三秦。風清銷暑〔二〕，地暖涵春。顯兹勝概，貽之後人。其六。

殿閣孤標，工巧增飾。中座朊朊，飛檐翼翼。樹老飄紅，潭腥涌黑。安樂道場，何往弗克。其七。

端齊鶴樹，儼若蓮宫。諸漏已盡，空王大宗。美哉靈迹，厥揚真風。一垂貞範，將播無窮。其八。

武威安文璨刻字。大中祥符三年歲次庚戌十一月丙子朔九日甲申建。《金石萃編》卷一二九。又見《汧陽述古編》，道光重修《汧陽縣志》卷一〇，《金石苑》。

〔一〕題下原署云：『宣德郎、守尚書都官員外郎、知隴州軍州兼管内勸農事、上騎都尉、賜緋魚袋、借紫閻仲卿撰。京兆府廣慈禪院文學沙門善俊習晋右將軍王羲之書并篆額。』

〔二〕暑：原誤『署』，據文意改。

王懷信

王懷信，真宗時濟州任城縣諫議鄉魯翟村維那頭。

造心經幢記　大中祥符元年正月

維大宋國濟州任城縣諫議鄉魯翟村維那頭王懷信、副維那王文顯，發心建造威雄將軍堂殿，兼裝塑一位神儀，并署立香幢一座，合村永充供養。伏願皇帝萬歲，郡主千秋，宰官恒居禄位。□□主王懷信、母翟氏、新婦李氏，弟榮、妻姜氏，弟巒、妻翟氏，□弟憲、妻□氏，弟潤、妻劉氏，弟選、妻黄氏，男峻、新婦劉氏，姪文玉，功德主王文顯、妻趙氏，男興新、婦李氏，外甥史乂、妻崔氏，弟王哥。四面村□翁趙珣，外婆王氏，男德匀、男守文、男守英。施主王皓、王真、王秀、鹿玄、鹿文、嚴煦、吕平、吕恕、趙矩、劉美、施主吕琛、吕福、吕弘、吕習、吕均、嚴遠、翟懿、翟元、吴則、李勍、施主翟寬、吴遂、吴乂、路惠、扈進、翟緒、吴恕。郗城村李霸。大中祥符元年歲次戊申正月癸亥朔，二十九日辛卯建。匠人吴倫鎸。《安徽通志稿》金石古物考一五，民國二十三年石印本。

王懷信

石待問

石待問（？——一〇五一），字則善，眉州（治今四川眉山）人。咸平三年進士，應直言極諫科，六試皆第一，授殿中丞，通判明州。大中祥符三年，上《時務策》十數條，忤真宗意，責授滁州團練副使。仁宗即位，通判太平州，遂家焉。官終太常丞、知階州。皇祐三年卒。著有《諫史》一百卷。參見《續資治通鑑長編》卷六四、七三，《宋會要輯稿》職官六四之二一、選舉一〇之二一，《宋史》卷二〇七《藝文志》六，《宋詩紀事補遺》卷四。

皇宋明州新修保恩院記[一]　大中祥符二年四月六日

若夫有生之生，肇自無始之始。因緣妄想，汩没真如，往來于地水火風，合散于夢幻泡影。愛河浩浩，貫三界以周流；塵網恢恢，彌大千而洪覆。厥或漸修祇劫，頓悟刹那，杰出此塗，徑到彼岸。變三十二具足相，化千百億妙色身。普爲一切心，廣陳一切法。蔭慈雲于火宅，盡遣炎凉，揭慧日于昏衢，咸令夜曉者，其唯大雄氏而已乎。在昔周、魯二莊之時，我教已顯；爰逮漢、晋兩明之後，吾道彌尊。莫不法法相傳，心心相繼。世無慚德，代有能仁。由是觀之，則像教之興，其來久矣，梵宇之設，庸可闕乎！明州保恩院者，即沙門知禮座主捨舊謀新之所作也。座主俗姓金氏，世居鄞江，七歲出家于州之興國寺。洎進具，從寶雲通法師受天台智者教。是教也，廣大悉被，微妙甚深，全兼六度之功，盡得五時之味，義無幽而不顯，理無隱而不彰。修之，止而念，念不差，斯之謂定力成矣，然後煩惱可斷也。習之，觀而空，空不滯，斯之謂慧解發矣，然後菩提可證。是以勤而行之，應墮惡道者，罪業即爲消滅；守而勿失，種諸善根者，功德不可思量。座主二紀之餘，一志于此，探賾索隱，窮理盡性，可不謂勇猛精進者歟？用能博極三乘，周知四諦，六塵不染，五蘊皆空。甫乃吹大法螺，以警群迷；繫大法鼓，而袪衆惑。故得緇流蟻慕，信士駿奔，有若鱗宗龍而羽宗鳳也。先是，此院締構年深，頽毁日甚，思得能者從而興之。衆議所歸，得請爲幸。粤以至道三祀，乃與餘杭素所同志息心异聞，乘召而至，勠力而居。一之二之歲，姑務經營，供其乏困；三之四之歲，肇興法會，要結檀那；五之六之歲，親製疏文，訓釋精義。加以靡晝靡夜，或講或懺，是以必葺之事，未暇矢謀。以日繫時，方議改作。適值丹丘壽昌隸業苾芻覺圓，亦欲發心願，言陳力，座主乃口傳方略，指授規模。談樹提伽，以過去之因；説伊蒲塞，以未來之果。卒使慳貪易慮，結良緣而盡欲居前；喜捨勵精，施净財而唯恐在後。一方響應，千里悦隨。玉帛珠金，無脛而能至；楩楠杞梓，不召而自來。公輸之削墨靡停，匠石之運斤弗輟，如是焉者三載，工乃訖役。觀其基宇宏邈，土木環麗，金碧交映，玉毫增輝。先佛殿而後僧堂，昭其序也；右藏教而左方丈，便于事焉。節棁并施，楹角咸刻，梁蝃蝀而雙亘，瓦鴛鴦而并飛。複道連甍，洪分蔽日，長廊廣廡，窗寮來風。游之者誤在于化城，住之者疑居于幻館。輪奂之盛，莫之與京，而又此邦，异乎他群。列千峰于城上，止在檐前；走一水于鄽中，纔流檻外。地居形勝，天助幽奇，門開而紫陌相連，路僻而紅塵不到。庭除冉冉，坐對閑雲；苔榭時時，卧聞幽鳥。夫如是，亦何必乘杯訪道，振錫游方，登涉于耆闍崛山，揭厲于阿耨達水者哉！待問通守竹符，函親松柄。會兹勝概，告厥成功，承列疏以見貽，遂抽毫而爲識。非敢廣徵釋部，沾取文聲，第庶幾他日爲蓮社張本焉耳。時大中祥符二年，歲在己酉四月六日立。《四明尊者教行録》卷六。又見雍正《浙江通志》卷二三〇。

〔一〕題下原署：『將仕郎、守太常博士、通判軍州兼同監市舶管内勸農事、騎都尉、借緋石待問撰。』

釋澄净

澄净，大中祥符間天台宗僧人。

佛頂尊勝陀羅尼經幢記〔一〕 大中祥符二年十月

夫生者氣之聚也，死者氣之散也。復謂死生聚散，乃人之常。其如生有至德，歿有至靈，吾謂百無有一也。天水司空趙君諱正實，累世猗□之士。其三代之貴，非略而不紀，屬在墓志存焉。令德芳聲，夙傳聞于遠近；行仁布惠，早騰□于鄉原。享年七十有五，疾歿于仙墅，時大中祥符元年十月四日，咸謂趙君生作善事，其福應有如此也。血屬□□□□尸而號泣者，百有餘□。素車白馬，造門而吊問者，亦不啻數百人。皆是君平昔有好賢禮賓之儀使之然也，可謂後難繼矣。君有子四人。長子左班殿直懷□，立朝無佞，事君盡忠。履行存誠，得爲人之大體；推仁讓美，可作世之元規。次子懷□，舉學究，窮經奥義，干禄明時，恭儉修身。折桂即登于蟾窟，温柔取事于探珠，須到于龍宫。其諸二子，各守一藝，俱在少年。非詞屈而不明，取盡言而爲當，其誨誘義方之道有如此也。命予紀事，直述其辭。銘曰：

卜其宅兆，宜葬兹地。洛水清聲，嵩峰積翠。鶴舞稱祥，鸞銜表瑞。崗勢畢全，子孫獲利。伏冀神魂，永寧方位。佳城皇兮動悲哀，立黄埃而有淚。

長男見任左班殿直、監西京南山彩造務、兼巡檢懷□，次男見應鄉貢學究懷□，次男懷□，次男懷操。長男與寇氏爲婚，次男與張氏爲婚，次男與傅氏爲婚。次男未婚。長孫吏部流内詮書令史世永，先娶元氏，見與孫氏爲婚。次孫世□，先娶邊氏，見未婚。次孫世貞，見與張氏爲親，未婚。次孫見三班院守職世安，見與章氏爲婚。次孫習進士世寧，未婚。次孫世卿，未婚。次孫世倫。業經論誦《法華經》沙門澄浄述并書。民國《鞏縣志》卷一八，民國二十六年涇川圖書館刊本。

〔一〕題後有記云：『大宋國洛京河南府永安縣南訾鄉□□□孤子中闕鷹亡過考妣，造尊勝陀羅尼幢。大宋祥符二年，歲次己酉，十月十五日建立。』

曾會

曾會，字宗元，泉州晋江（今福建晋江）人，曾公亮之父。端拱二年進士，授光禄丞、直史館。出爲兩浙轉運使，官至集賢殿修撰，知明州卒。見《東都事略》卷六九《曾公亮傳》，《宋會要輯稿》選舉二之二，《續資治通鑑長編》卷三〇。

梅山崇明院碑〔一〕

太極生而融結炳靈，則有形勝之宅；至人出而道德化俗，則有宴息之方。蓋由運無緣之慈，示不住之相。感地祇而無隱，致財力而自充，檀施翕歸，鬱興精舍者，其梅山崇明院歟！冠池陽之城，控建德之邑。岡巒連絡，遠自于乾奔；溪澗沿洄，直由于震導。左則九江屬縣，右則五柳遺墟。草樹秀而香，泉石靈而潔。顯德丙辰，即僞唐保大十四載，有釋師記者，圓機無滯，猶獨鶴之乘風；真性普明，若寒蟾之瑩水。得雲門之密契，旅秋浦以化緣。杖錫遲留，荆榛披構。草衣木食，期獨善于一身；海衆香厨，遽自豐于四事。檀那既廣，參徒益臻。遂以寶林爲名，旌其教也。

太平興國己卯秋，報緣告盡，覺性無隳，二十四年，動無逾矩。法身非壞，蓋順俗以推遷；聖教難汙，必擇人而嗣續。有釋全通者，本技東海，因土斷以係家；研味南宗，造寶林而隸業。雖其木叉之品，終懷石室之籌。高謝建康，獨居神足。專心師禮，不愧于曾、顔；密印禪那，莫知于能、秀。含章不耀，大巧無文。及夫道果自馨，理命幽付。綱條允緝，遐邇著聞。雖物力未張，而心謀已遠。越明年夏，敕改今號焉。天章焕乎山門，佛日光乎法裔。紹隆三寶，光闡一乘。克荷遺風，善持真教。真心净業，有不可思議力焉。既而歲月貿移，棟宇摧圮。風雨有窘，香燈無嚴。信士成翰者夙植道因，信歸梵行。捨净財如脱屣，構大殿以矗雲。乃謂歷氏族以外營，不若泯心機而玄運。匪出門徑，漸自修崇。工傭屢豐，材力隨備。起于淳化甲午，環就八十餘間。伐木于靈丘，鑿石乎幽壑。陶寫□以疊翠，跨虹梁而聳空。藻井含章，金鏞布彩。屹若神造，端如化成。箅縉二千，課功三萬。因高就下，必順于天。然穴處巢居，不傷于□性；克叶幽贊，無愆素期。既而法堂、僧堂、厨庫、浴室、地藏殿、外三門、茶焙橋亭、迴廊從屋，審形面勢，含陰曜陽。窗户敞而虛徐，室寢重而窈窱。登降四合，高庫一新。聖相睟形，曲成于至妙；雲容山態，迸出于曾輝。每松風處之，如在兜率，得大安樂，良有以焉。先營莊産，雖勒碑文，遽此嗣興，復大增置，乃有吴衝、義橋、檀村凡三所，莫不土厚而水涵，力省而功倍。香厨薦入，率由巾鉢之餘；歲計無窮，但見京坻之積。則知秉持質直，自契于神明；運用圓通，遂臻于周□。□□無相，斯之謂乎！邑尹公孫公簡蘊蓄吏才，發揮像教。紅蓮幕府，遥□石笋之涯；緑茗得權，留委銅章之任。民謡載路，□□通方。援紀豐功，垂之不朽。銘曰：

大覺非覺，真空不空。太虚無外，諸相其中。威容既設，棟宇斯隆。江郡池陽，民封建德。澗蘊泉靈，山迴地力。禪刹肇川，參徒□塞。□□導師，密印雲門。光啓精舍，傳持後昆。宇量風遠，莊嚴日新。肅肅靈儀，躭躭廣厦。香象時來，直□不夜。率自道主，靡由緣化。我田增置，以備齋羞。我堂閑敞，以奉優游。施相無住、虚心自周。十室檀那，善根中□。一同宰官，貞方□護。□石崇明，永資潛度。

泉州觀察推官、承奉郎、試大理評事、知池州建德縣事兼監買茶公□□，大宋大中祥符三年七月一日建，院主僧全泰、監院僧全秀、焚修住持僧全通、廬岳藍用和壬〔二〕。《安徽通志稿·金石古物考》卷三。

〔一〕題下原署：『宣德郎、守尚書屯田員外郎、監舒州酒税、上騎都尉、賜緋魚袋曾會撰，昭文館習柳書孟得一書并篆額。』

〔二〕原注：下缺。

劉筠

劉筠（九七一——一〇三一），字子儀，大名（今河北大名）人。咸平元年進士及第，爲館陶縣尉。還，會詔楊億試選人校太清樓書，擢筠第一，爲秘閣校理。真宗北巡，命知大名府觀察判官事。預修《册府元龜》。遷左司諫、知制誥，加史館修撰，出知鄧州，徙陳州。還，糾察在京刑獄。進翰林學士，知廬州。仁宗即位，復召爲翰林學士，拜御史中丞。出知潁州，召爲翰林學士承旨，判尚書都省。再知廬州，卒。筠文辭善對偶，與楊億齊名，時號『楊劉』。著有《册府應言》《榮遇》等七集，《宋史》卷三〇五有傳。

敕延慶院放生池碑銘　并序〔一〕　天聖三年七月

粤若庖犧氏之王天下也，始作罔罟，以佃以漁。取之有時，用之有節，蓋所以順殺伐而育人民也。是故四靈爲畜，禽魚亡獝淰之悲；萬物由庚，草樹遂抽零之性。及乎大道既隱，淳風不還，人欲無厭，天物斯暴。蚳蝝盡取，潛蟄咸傷，聖人所嗟，君子用憫。歷代而下，申禁非一，所貴乎卒天下以仁，而登夫壽域者也。聖宋奄有萬國，真宗嗣致太平，既縱雉以升中，復育鷇而報本，然猶儲精垂思，修墜起廢。天禧紀元之初，詔淮南、江浙、荆湖之地，有放生池者，俾繕完而增新之。惟四明之奧區，乃揚州之舊域，水居者衆，鱗族甚繁。蚩蚩之氓，惟利是視；蠢蠢之類，曾不聊生。濫彼洿池，陳諸數罟，鯤鮞亦及，鰌鱓難逃。幸增無藝之貪，孰救可欺之失？有法智大師知禮者，道風孤峻，行業純慤，傳天台止觀之宗，修普賢懺滌之法。申旦不寐，三歲是期。每念是身，可惡如賊，志當捨離，樂在寂滅，固以比行厠之極厭，垂將效焚軀之真供。而大善知識，懇勸住世，官曹府檄，督責保全，實徇衆之攸依，思利佗之爲廣。矧遘聖神之運，宜恢方便之慈，式警群迷，聿形悲濟。顧此净刹，旁有積流，窅若神淵，達于巨浸，極願力以爰度，獲俞命之亟下。公私率協，終始罔愆，矗然巨防，環兹注注。繇是普化廛里之俗，博市鱗介之品。脱豫且之網，朝有千計；返西江之使，春盈萬數。又每歲以佛生之旦，衆大和會，浮泛彩鷁，演暢竺墳。寤流水之勝緣，識銜珠之善報，莫不競持詭類，咸造碕潯。縱之于波，快哉共嘆。赬尾者戲荷而逝，呴沫者依蒲而游，固以樂甚濠梁，望逾斗水。敝笱以之咸屏，枯肆謂之一空。至有斷罟折竿、悔過而易業者矣。嗚呼！淳古之俗，前志有云：『雜人獸之居，靡相爲害；食草木之實，各遂所養。』聖哲繼作，播種是教，以前民用，蔑聞餒者。是故二儀訢合，百嘉茂暢，龜龍在宫沼，胎卵不殰殈，雖火化浸變，而血祀有經。故曰：『獺祭魚，然後虞人入澤梁。』又曰：『釣而不網，田則不漁。』皆所以昭上之德而塞下之違也。自古致治之君，皆以好生爲本，每嚴戒令，務抑末流。其如利，人之所誘，蕩而忘返。害既爲甚，法不勝奸。繼以天灾，遂廢嗇事，家乏兼晨之爨，野無遺秉之利。乃至旱乾水溢，山童澤涸，昆蟲爲孽，道殣相望。强暴之徒，萑蒲是聚，椎牛屠狗，鬻鹽盜醞。豈唯弃失本業，率多抵冒刑戮。得非斂飫腥味，夭殘物性，犯道家之明忌，事必好還，背《春秋》之美談，政之所敗者乎？不有慈悲之士，孰臻覺寤之本？且曰：凡有血氣，同一觸體，盡諸沙界，共一真性，庸詎恣口腹之欲，結輪迴之業？其理不昧，緣心可觀，則《金光明經》論之詳矣。況復吴越之區，膏腴兼倍，漠漠粳稻，油油麻苎。陸則有苞笋、蕈彙，水則有海苔、菰苜，固足以旅踐嘉珍，豐溢兼豆，亦何必剖豢豹之胎，嚼魚子之鬧，滋味煎其府藏，香芳腐其骨髓？食氣既勝，腊毒增厚，而殀病短折者，亦未必不由兹也。夫先聖立法，本以馭衆，大小貴賤，不相逾越。惟辟玉食，順時以視膳；惟郊特牲，因禮以貴臭。豈料後世，有冒于寵利，罔知紀極。管氏設鏤簋，季氏旅泰山，乃至養食客之三千，探牛心之一割。騁嗜奔欲，窮奢極侈，豪杰胥效，風俗益訛。固雖罄川陸之毛，殫漁獵之力，驅以就役，莫充其求。是知其源至深，其來有漸。機權不足以爲禦，鈇鉞不足以用威，故曰：善人爲邦百年，然後可以勝殘去殺。洪惟我朝，在宥而治，以聖繼聖，垂六十年。率上仁而綏群品，用柔道而懷獷俗，尊老氏之三寶，爲大雄之外護。大師所以顧逢盛旦，集此妙果，介其秘祉，仰佑慈宸。表洪施之無疆，實含靈之允賴，謂是于益，宜有鋪昭。予病夫也，曩在禁林，尋隳職業，旋承官乏，待罪中司。自時辱書，猥托叙事，而不知中乾已甚，軋思無堪。避讓有初，阻修罔訴。今遂偃藩之適，方存喉息之微，而又廣印大師智環，疊寓訊函。誓兹銘述，强攀逸駕，僅成累句。繹顔公之妙作，嗤鄙自彰；諷周沼之靈篇，揄揚曷既？辭不迨意，取愧群英。

其銘曰：

天地之大，仁聖是則。巍巍居尊，生生爲德。順考古道，祇受民時。兆人允殖，萬物由儀。《易》有《中孚》，《書》稱《咸若》。恩信所加，飛潛自樂。末俗浸巧，暴殄滋多。麟鳳去椒，鯨鯢駭波。惟天聰明，聿求元聖。邦家大同，幅員底靖。皇哉有宋，疊雉重明。澤均敦葦，惠及跂行。乃眷南服，鮮食爲盛。繕治舊防，昭蘇物命。爰有開士，化兹一方，就其實刹，疏厥金塘。壁立大堤，練澄百丈。灔灔風光，昭昭景象。日募檀施，歲舉懺儀。魚鳥聲取，刷蕩瀾漪。憯怛忠利，國教胥洎。怵惕隱惻，人端斯至。自古及今，惟善可欽。慚非吉頌，聊代虞箴。

天聖三年歲次乙丑，七月十五日，霅溪僧仁岳書。朝奉大夫、尚書刑部郎中、充集賢修撰、知明州軍州，兼市□管内勸農事、柱國、賜紫金魚袋曾會立。《四明尊者教行録》卷一。又見《敬止録》卷二六。

〔一〕題下原署：『樞密直學士、中大夫、尚書禮部侍郎、知潁州軍州兼管内勸農事、護軍、彭城郡開國侯、食邑一千七百户、食實封二百户、賜紫金魚袋劉筠撰。』

釋曇義

曇義，大中祥符間僧人。

應天禪院記略　大中祥符四年

唐大中七年歲癸酉，里民沈揆捨莊第營之，迄乾符二年乙未歲，刺郡者始以狀聞，詔下賜今額。周顯德二年歲在乙卯，始建殿宇，始立貌像，香炬鐘梵，蔚爲道場。年祀綿涉〔一〕，名存實亡。大宋咸平五年壬寅歲，超師進道之外，慨然繕葺。市木召匠，運斤畚土，不歷數稔，壯麗寶坊。大中祥符四年辛亥歲，重建正殿，巍巍大壯，屹若山立，金碧丹雘，焕赫顯敞云。《吴都法乘》卷一〇下之上。民國影印舊抄本。又見《吴都文粹》卷九，《吴郡志》卷三六。

〔一〕涉：《吴都文粹》作『渺』，較勝。

釋行來

行來，大中祥符中爲青州皇化寺瑞像院主僧。

本師和尚灰骨龕葬座記　大中祥符六年三月

和尚名諱咸肇，本是萊州液□。天福六年來到青州直□禪院出家。和中闕足戒。至天福八年出外，往諸方雲游。聽學中闕生經。自開寶五年，于揚州雕梅檀渾金中闕寺住持浴室院，開講設浴三十餘年，恃遍中闕閣子及厨室等于中□□住持。至淳化三年中闕佛五十三尊、供床八條，添《藏經》八百餘卷及中闕壹□□□。置地宫葬定光佛舍利。事畢，先中闕大聖一尊及堂宇碑碣等。全中闕之地，堂壽年八十三歲。和尚中闕今于大中祥符六年三月十八日中厥□□記□矣。和尚所度小師十餘人，今在六中闕小師行光、小師行□。和尚育法孫四人，文□、文雅、文悟、中闕小師也，中闕界住人，和尚往前，許令度。十三出家，中闕歲念《法華經》六部，念《四□律比丘戒》一卷，中闕大教一本。于大中祥符五年五月四日卯時在院中闕和尚之右下同葬之。故記耳。青州皇化寺瑞像院主僧行來建立記。國家圖書館藏拓片・墓志三七二三。

單和

單和，天聖中海州懷仁縣（今江蘇贛榆西）人。

海清寺塔記　天聖十年正月

南瞻部州大宋國海州懷仁縣東南保新興村清信弟子單和并合家眷屬等，共發宏心，捨錢壹百千□□□貫足，同修東海舍利塔弟一給[一]。今合家有名者：單和亡妻許氏六娘，妻趙氏一娘，男文習、男文政、男文志、男文瞻，婦陸氏八娘、趙氏三娘、林氏四娘、楊氏二娘，孫男仁美、仁貴、仁安、仁順、仁福、□□鄭留狗屎、謝婆孫男、鄭氏三娘、管氏四娘、臧氏一娘、張氏四娘、蔣氏二娘、孫男五公、巧哥。驢年天聖十年正月□日記。道光《雲臺新志》卷一四，道光十六年刻本。

〔一〕弟一給：疑當作『第一級』。

王隨

王隨（九七三——一〇三九），字子正，河南（今河南洛陽）人。真宗朝登進士甲科，爲將作監丞、通判同州。遷京西轉運副使，淮南、河東轉運使，三遷刑部員外郎兼侍御史知雜事，擢知制誥。改知應天府、揚州，權開封府。明道二年自翰林學士拜户部侍郎，除參知政事。景祐二年加吏部侍郎、知樞密院事，四年，拜門下侍郎、同中書門下平章事、昭文館大學士、監修國史。明年罷相，以彰信軍節度使判河陽。寶元二年卒，贈中書令，謚章惠，後改謚文惠。見《宋會要輯稿》禮四一之五，《東都事略》卷五六。《宋史》卷三一一有傳。

虎丘雲岩寺記　天聖二年六月

夫玄黄判質，肇自乎太極；融結辨位，式分于方域。凡鍾靈秀之氣，悉爲勝异之壤，圖志具載，言不可已。姑蘇乃吴會劇部，茂苑名封，川塗當閩越之衝，分次應斗牛之宿。膏田多稼，歲儲以之流衍；雲屋比居，風俗于焉富庶。俯重湖之縹緲，烟景何窮；睇百城之紆餘，金刹相望。虎丘山者，按《吴地記》云，本名海涌山，去吴縣西九里二百步，高一百三十尺，周二百一十丈。《越絶書》曰：吴王闔閭冢在吴縣閶門外，名曰虎丘。下池廣六十步，水深一丈五尺，銅槨三重，澒池六尺，玉凫之流，扁諸之劍魚腸三千在焉。發卒六十萬人治之。葬三日，白虎居其上，故有兹號。又《世説》云：秦皇帝因游海右，自滬瀆經此山，欲發墳取寶。忽有白虎出而拒之，始皇挺劍刺虎，虎奔而隱，因改爲虎丘焉。故上有劍池，或曰秦皇試劍池，亦謂之磨劍池。今則長十有三丈，闊餘三尋，其深莫可測矣。古詩云『劍池無底浸雲根』，又云『沉沉劍池水，直上連滄溟』。後以唐祖廟諱，更爲武丘云。其山又有響師虎泉、陸羽茶井、真娘墓、生公臺。石壁見其鬼詩，林徑回其仙馭，詭异之迹，莫可悉述。雲岩寺即晋王氏伯仲珣、珉捨别業以創焉。始于一山中分兩寺，故顔魯公詩云：『不到東西寺，于今五十春』，今則合而爲一。先是，至道中岳牧貳卿魏公庠改爲禪刹，延清順尊者演法主之。彼美招提，實爲絶境。粉垣回繚，外莫睹其崇巒；松門鬱深，中迥藏于嘉致。故前賢詩云：『老僧秖怕山移去，日莫先教鎖寺門。』又云：『宿雲侵曉去，不待寺門開。』若乃層軒翼飛，上出雲霓；華殿山屹，旁礙星日。景物清輝，寮宇岑寂。千年之鶴多集，四照之花競拆。垂組縹纓之彦，靡不登臨；達心了義之人，終焉宴息。允所謂浙右之壯觀、天下之靈迹者矣。其有古高僧之行樂，諸名公之咏題，編録盡存，羌難備叙。禪師用慈，道行明潔，智懷淵廓，自招提宗唱，克奉神君，屢飛翰于雲鸞，祈鏤文于金石。愧先聖之嘆，輒成章于狂斐；斅《頭陁》之碑，聊寓言于仿佛云爾。時天聖二年歲次甲子六月念八日，翰林侍讀學士、中散大夫、守尚書禮部侍郎、同知通進銀臺司門下封駁事、護軍、琅琊郡開國侯、食邑一千九百户、食實封二百户、賜紫金魚袋王隨記。嘉靖《滸墅關志》卷一六，嘉靖十六年刊本。又見《吴都文粹》卷八，《姑蘇志》卷二九，《吴郡志》卷三二，《吴都法乘》卷一〇上之下，道光《蘇州府志》卷四二，道光《重修虎邱山志》卷二二，民國《吴縣志》卷三八。

楊億

楊億（九七四——一〇二〇），字大年，建州浦城（今福建浦城）人。幼穎异，雍熙元年，年十一，詔試闕下，授秘書省正字。淳化中，命試翰林，賜進士第，直集賢院。真宗即位，超拜左正言，預修《太宗實録》。知處州，召拜左司諫、知制誥。景德初，知通進、銀臺司兼門下封駁事，俄判史館，與王欽若同修《册府元龜》。三年，召爲翰林學士，又同修國史。大中祥符七年，知處州，代還，以爲參詳儀制副使，知禮儀院，判秘閣、太常寺。天禧二年，拜工部侍郎。四年，復爲翰林學士，兼史館修撰、判館事。十二月，卒，年四十七。仁宗時追謚『文』。億才思敏捷，工文章，詩學李商隱，詞彩華麗，號『西昆體』。著作甚富，有《括蒼》《武夷》《潁陰》《韓城》《退居》《汝陽》《蓬山》《冠鰲》《辭榮》等集，及《内外制》《刀筆》共一百九十四卷，今僅存《武夷新集》二十卷。《宋史》卷三〇五有傳。

處州龍泉縣金沙塔院記

金仙氏之教，有自來矣。天毒之國，實紀于《山經》；竺乾之師，嘗聞于柱史。西京名將，得休屠天祭之人；東漢諸王，爲蒲塞桑門之饌。道之行也，源遠乎哉！三吴奥區，控帶閩粤，魚鹽所出，生齒實繁。昔仲雍之翦髪文身，參以殊俗；劉濞之即山煮海，放于末游。加以勾踐之好兵，民性獷悍；益之東甌之事鬼，土風妖訛。自像法西來，漸被諸夏，此方士庶，佞佛尤謹。毁形變服，競爲苾芻之飾；傾財破産，争修浮屠之舍。含福畏禍，革音遷善。水火或蹈，徽纆罔懼，而怵報應之説，堅信向之心。奸軌用衰，民德歸厚。《易》所云『神道設教』者，其是之謂乎！縉雲西鄙之邑曰龍泉，實甌冶子淬劍之地。土田膏腴，居人雜錯，山谷環合，習俗豪舉。版圖所載，提封萬井；舟楫僅通，懸流千仞。縣之南有精舍曰金沙，林嶺襟束，烟霞虧蔽，地形四塞，靡通鳥道。石門中豁，迥非人境，香火不絶，鐘唄相聞。聿爲道場，多歷年所，徒衆彌盛，堂構益隆。求之東隅，蓋有隙地，邑人李文進施財百萬，造塔七層。貨泉之費已殫，土木之功未畢。桑門延通，與其徒鴻顯，暨大姓李仁禄，共倡其事，薄斂于人。經斯營斯，載樸載斫，基扃環回而固護，堂陛崛起以穹崇。斫材也必取山木之良，礱之以密石；購匠也必擇雲梯之巧，賞之以兼金。極剞劂之工，加丹雘之飾。築室斯廣，蓋百堵之有餘；爲臺甚高，非三休而能詣。鳥鼠攸去，燕雀是依。名翬軒而欲飛，巨鰲兀以方抃。由余謂之使鬼，士茁疑其勝人。殆歲星之周天，始祇園之訖役。凡堂以陳賓主之次，室以備晏息之所，高門洞啓，回廊翼舒，庖厨載嚴，井榭攸設，舉其成數，凡四十間。涌塔屹于中庭，反宇聳于天半。泛朝日以增麗，蒙夕靄而如失。作鎮茲壤，垂厥方來。且以岳陽王感應舍利，李長者《華嚴合論》，匱而藏之，目之曰華嚴寶塔。舉其一而稱焉，亦取夫百寶莊嚴之義也。夫誠不果者物不應，志不篤者事不集。故霜隕燕地，風擊齊臺，誠之謂也；精衛填海，愚公移山，志之謂也。若通師者，奮空拳，創曾構。秉心固，必昇石席之卷轉；致功微，漸同水索之鑽鋸。于是名豪居士，捐千金而不疑；織婦販夫，拔一毫而無惜。聚財致用，積日累勞。物力告窮，形勢總萃。非夫挺雞鳴不已之操，用蚍蜉時術之功，磨涅靡渝，顛沛于是，固將九年治水，厥功弗成，一簣爲山，中道而止。迹其所自，夫豈偶然！予乃知夫西方之言，有益于化，大雄之教，不虛其傳。矧于海隅，崇尚尤篤。以通師之善誘，以邑人之悦隨，譬諸靈臺，既克成于不日，將比棠樹，永見愛于斯民，豈只軒丘之獨神，孔堂之不壞而已！汝南周啓明者，郡之造秀，占數是邦，致書于予，懇請爲記。聊叙始末，以附諸地志焉。嘉慶十六年梁章巨、祝昌泰校刊本（即浦城遺書本）《武夷新集》卷六。又見光緒《龍泉縣志》卷一二。

連州開元寺重修三門行廊記

夫荆南之分，上當翼軫，實領于天官；長沙之壤，析爲連山，具載乎地志。桂水千里，詩什之所徵；乳穴十九，方物之攸産。民俗忠厚，土田膏沃。力稼務本，不呰窳以偷生；復性遷善，多齋戒以奉佛。憂深思遠，雅有《離騷》之風；儆福乞靈，靡事淫昏之鬼。殆一變而至道，何必齊魯；豈九州之异宜，見殊楚越者已？開元寺者，兹郡之招提也。俯臨康莊，介于闤闠，崇墉岳峙，飛觀神行。像素載嚴，焚修彌潔，允爲精舍，居然化城。而苾芻之徒，頗有開士，香積之供，多出都人。梵唄相續于六時，依止克安于四衆。然締構之始，爰自唐朝。厥初窮樸斫之工，殫匠石之巧。百堵皆作，殆土木之勝人；大厦聿成，幾燕雀之相賀。歲祀浸遠，繕完或虧。高門洞呀，瓦斯解而屋漏；回廊矢棘，棟既折而榱崩。河南丘君穎適典是邦，布政多暇，行春之隙，税駕于兹。顧慕徘徊，精神奮發，乃欲易其隤陊，高其閈閎。遂得常住之餘資，且募邑人之獻力。經始勿亟，庶民子來；出言有章，同聲響應。繇是備物而致用，即舊以謀新。梓人揮蠅翼而無傷，役夫如魚鱗之雜集。修檐重負，狀名翬之斯飛；净土尊嚴，見黄金之側布。庀徒未幾，厥功告成。前敞三扉，下臨萬井。東西二廡，爰畢于概塗；崇期八達，亦甃以磚甓。丹楣銅沓，可以方軌并入〔一〕；砥平繩界，可以結駟而馳足。以攝族姓之歸依，標郡城之壯麗，又何必净名丈室，紛委四畔，帝釋天宫，莊嚴七寶而已。烏臺御史邵君曄，實生樂國，夙奉仁祠。由委質策名，乃離邦去里，致恭于桑梓，邁德于親鄰，且清識造微，懿文稽古。故兹郡牧，宰彼方人，凡作事謀始，必遺介諮諏；底績僝功，即置郵赴告。予與君接武臺閣，交歡旦暮，且述紺園之役，見徵翠琰之文，垂示將來，用圖不朽。靡及牢讓，聊此直書云耳。《武夷新集》卷六。

〔一〕「方軌」下疑脱「而」字。

故河中府開元寺壇長賜紫僧重宣塔記

師姓趙氏，中條虞鄉人也。由河沙劫來，殖衆德本，未斷後有，復生人中。積習聞薰，童幼穎异，宿機冥契，割愛捨家。十五禮文徹師爲沙彌，二十一依澄暉師受具戒。亦既持乞士鉢，披水田衣，深念善財，遍參知識。尤慕慶喜，具足多聞，振錫游方，刳心求法。其始以比邱持律，纔許五年，諸佛度生，是爲初教，且從本師，受四分律。又以如來出世，蓋一事之因緣；衆生無邊，有萬殊之根器。爰自降神兜率，視滅鶴林，宣説十二部經，震動大千世界。其間具偏圓半滿之義，開權實頓漸之門，雖文字性空，語言相離，然而標指見月，乃理事之兼通；得魚忘筌，始覺照之都泯。師是以從歸一和尚傳《無量壽經》，依行滿法師闡《因明論》，盡達宗旨，咸有師承。終身受持，爲人演説。蓋四句之偈，福利居多；一音所宣，悟解斯衆。又復專持《首楞》秘密之咒，遍閲毗盧方廣之文。八郡歸依，天宫辦香積之供；四衆圍繞，空界雨曼殊之花。凡讀《大藏經》一萬餘通，誦《佛頂真言》三十萬過。鎬京蒲坂，實有緣化。前後登甘露法壇，宣尸羅浄戒，得度者僅千餘人。破塵出經，多蒙利益；傳燈分照，豈有窮盡。馬祖門下，皆一時之利根；龍華會中，實當來之眷屬。人天主伴，夫豈偶然？秋官貳卿、上谷寇公，早在先朝，參預大政，重師之行，薦于帝庭。詔賜紫方袍，以旌其德。處六和之衆而天子知名，介三法之微而王臣外護，非蘊空漏盡，神足知圓，爲彼岸之舟航，作釋天之日月者，疇能致是哉！師以咸平四年四月庚戌，示身有疾。迨至彌留，盡召其徒，授之治命。薪盡火滅，神往形留，相好儼然，道俗傾慕。報齡七十有九，僧臘五十有八。甲子，奉金身闍維于南郭之外，得舍利三十餘粒。以某年某月某日遷靈骨，于其原建浮屠焉。上足弟子、賜紫令操，入室推賢，傳衣善繼，思欲奉揚遺懿，昭示將來，戾止上都，以塔記爲請。予素服能仁之教，尤欽開士之風，且與上谷公道契無生，心專趣大。樂天綺語，固願贊于佛乘；執戟蟲文，豈能宣于真諦？聊摭梗概，幸免枝游云耳。《武夷新集》卷六。又見雍正《山西通志》卷九四。

婺州開元寺新建大藏經樓記　景德二年十二月

昔如來登菩提坐，爲天人師，萬德莊嚴，十號其足，大千世界，以願力而攝受；十二部經，自悲心而流出。所以宣暢了義，提拯群迷，開方便門，示真實相。有條不紊，譬以綫而貫花；得象忘言，如標指之見月。自鶴林示滅，大教方行，并龍宮秘藏，所傳無幾。爰暨像法之運，乃流震旦之區。大士繼生，廣繹五天之語；精廬錯峙，并緘三藏之文。于是大雄之法音，雷震于兹土矣。勾吴之域，介于海隅；東陽之墟，上直婺女。蒙太伯至德之化，俗敦廉讓之風；漸初平好道之餘，人禀清真之氣。有耻且格，見善乃遷。邑居相望，悉奉竺乾之教；弦誦之隙，必閲貝多之言。繇是弃塵勞而爲苾芻者，實繁有徒；闢净土而崇塔廟者，比比而是。開元寺者，兹郡之大招提也。前臨九逵，旁接萬井。金碧絢彩，上擬天宫。鐘梵交音，居然福地。土木壯且麗矣，歲祀浸以遠矣。龍象六和之衆，禪律交修；香燈四事之供，檀施總萃。而琅函寶揭，有所缺然。乃有本寺僧文靖，與本州都知兵馬使曹維旭，同發志誠，共營勝利。爰以淳化中，相率詣闕，擊登聞鼓，求借方版，摹印真文。奏牘上聞，帝俞其請。逮至道初，維旭等始共輦置楮墨之直，聿來京都。詔免關市之征，授以要券。繕造既畢，護持而歸。特給上計之迴舟，俾達金華之本郡。維旭等又相與刻軸以文木，織縧以色絲。香芸染籤，丹漆塗匣，崇飾既以備矣，誓願既已圓矣。而經臺舊基，圮毁滋久，軒廡摧撓，墁繪蹐駮。維旭等遂請于郡閣，躬詣屬城，遍募有情，共成衆善。鳩工度費，即舊謀新，建重樓，開法藏。其上級置盧舍那、文殊、普賢及十六大阿羅漢之像；中級設虎座，作八神王箕踞捧持；其下象七金山，法四大海。寶地平布，祥雲周繞。締構雕鏤，殫匠石之精能；像設焚修，見天龍之護衛。固使黑白之衆有所歸依，利鈍之根因而起發。皮紙骨筆，學道者靡涉于艱辛；寶藏金言，開卷者并諧于悟入。廣大利益，豈勝言哉！維旭又嘗于雍熙中，募衆緣累甓爲浮屠，凡七級，直經樓之南十數步。訖役之日，白光燭天，晴空泬寥，久之始滅。行路瞻睹，道俗嗟嘆。斯亦樹善之冥感，殖福之昭報也。予咸平中罷守縉雲，道出兹郡，維旭者捧持事狀，拜于道周，求得片文，以刻貞石。會予入掌書命，不遑官次，而勤請彌篤，踐言是冀。予固從事于空宗者也，隨喜稱贊，豈有吝焉？削簡含毫，兹用無愧云耳。時景德二年〔一〕，歲次乙巳，十二月朔日記。《武夷新集》卷六。

〔一〕二：原作『三』，據明弘治陳璋刊本之翻刻本（簡稱『明本』）、影印文淵閣四庫全書本（簡稱『庫本』）改。

潞州新敕賜承天禪院記　景德二年四月八日

景德元年冬，天子巡狩澶淵，駐蹕河上，始議和戎之利，慎柬使乎之才。乃詔西京左藏庫使、蔣州刺史、隴西李公繼昌，奉將信幣，克成盟好。復命行在，不逾浹旬。奏事宸居，沃心稱旨。時黄屋值流虹之慶，帷宫舉稱觴之典。執玉萬國，塗山無後至之刑；舞羽兩階，靈臺有偃兵之議。純嘏之錫，上帝是賚；富壽之祝，率土攸同。公因頓首上言，以上黨舊邦，卜居累世，有環堵之室，乃先人之廬，而自參表著于朝内，占名數于京邑，喬木猶在，高臺未傾，願爲仁祠，以施開士。增飾輪奐，肅奉焚修，庶以衆善之因，仰助無疆之筭。上覽奏嘉嘆，即命俞之。申錫璽書，旌以懿號，曰『承天禪院』，從其志也。夫箕裘善繼，前典攸稱；桑梓敬恭，先民所重。雖知樂之至，不忘所生；而似續之賢，由于肯構。矧壺關之壤，上應昴畢；羊頭之阸，北當燕趙。國俗尚武，人氣多豪。控山東列郡之衝，乃天下勁兵之處。悲歌慷慨，浸以成風，土厚水深，居之不疾，而公之先正，兹焉挺生。蘊翁歸文武之才，茂荀息忠貞之力。始事周室，迨于皇朝。功濟生民，道合明主。歷計相之劇任，處宣猷之上列，乃至正位機密，允輔大政。當太祖皇帝夙興夜寐，經營四方，料敵伐謀，指縱千里。前席借箸，允集大勛；持節建牙，出臨巨屏。功成身退，高朗令終。惟公經德體仁，象賢濟美，職在清禁，爵爲通侯。門戟鼎銘，昭閥閲之盛；朱幡佩玉，顯車服之貴。誓師邊徼，威肅巴賨；作牧藩垣，政成海岱。單介使虜，通玉帛之驩；三接承恩，居心膂之任。萬乘親倚，群公傾慕，蓋所謂人倫之佳士，帝右之信臣者也。先是，公之載誕，亦在舊居，指樹尚存，藏環可驗。忝嘗奉祀，履霜露而長懷；井臼思歸，顧枌榆而永感。然而高扉納駟，奕葉珥貂，爽塏不遷，親鄰素擇。褒成徙籍，蓋出主恩；楊僕移關，敢罹特議？且深信内典，勤修白業。念昊天之罔極，報德無階；繄覺海之大雄，歸心有素。恭承明詔，肇開净土。棟宇之制，侔七寶之莊嚴；苾芻之徒，極四事之供養。匠石殫巧，天龍薦祥，金碧炫彩于晨曦，鐘梵交音于空界。問安之寢，聿爲道場；學禮之庭，更張法席。足以滋殖德本，發揮善利。香象負重，廣集彌天之流；水鳥談空，更同極樂之國。福祉之盛，豈可量哉？昔者南朝諸公，多割宅而爲寺；西域長者，競捨財以供僧。簡策相傳，風流未遠，具多所記，報應非虛。訂公之爲，斯一致耳。曩者，太尉先生居顯位，受厚禄，寵錫蕃庶，私帑充牣，奉身甚約，事佛尤謹。生平飯僧七十萬，造千佛像。修紺殿以嚴寶刹，飾琅函以秘金文。又以方牘，摹印《金剛》《上生》等經〔一〕，施于四衆。山門禪苑，多所繕完；什器道具，率用營置。深達實相，不滯根塵。盡此報身，當得解脱。君子謂李公詒謀錫羨，源深流長。福履所綏，凡情叵測。何只積善餘慶，啓八世之莫京；定須當來下生，首三會而授記。父作子述，不其韙歟？予職在右曹，心師西竺。辱公之請，至于再三。僶俛揮毫，以謹歲月而已。時景德二年，歲次乙巳，四月八日記。《武夷新集》卷六。

〔一〕摹：原作『奉』，據庫本改。

童蒙亨

童蒙亨，大中祥符間爲成德軍節度推官、徵事郎、試大理評事、監行唐縣酒稅。見《常山貞石志》卷一一。

敕賜封崇寺爲額記〔一〕 大中祥符九年八月

夫《易》象載有否有泰，《君陳》明有廢有興。其否泰廢興，良有以也。愚雖不佼，敢試明之。昔周寧王事商紂，如日入地中，拘羑里之患，豈非否哉？暨乎否終則傾，乃交于泰，爾後子孫逢吉，卜世三十，享祀七百，豈非泰也！非商罪之貫盈，商祚其何以廢；非□主之至德，周祚孰能以興！斯則視之于彼而譬之于此，如響之應聲，言不虚爾。兹寺也，非逢衰世而不有廢也，非遇盛時而不能興也。嗟呼！興廢萬端，不可殫言而已，故略舉一隅也。封崇者，乃古道濟寺也。久而廢之。自齊天保七年爲建置之始也。隋開皇十一年重興像閣，層構樓臺，鳳翅颺烟，龍鱗焞翠，乃壯麗于中也。晋開運二年，犬戎犯邊，是時君臣微弱，力不能制，以致趙魏之境，千里之地，狼烟門昏，掬爲茂草矣。于時此寺遭蕩爇之罄焉，殿閣嚴像，一而靡存，緇流俘虜，一而無返。《書》曰

『火炎昆岡，玉石俱焚』，斯之謂也。迄于今，以長曆推之，經七十有二載矣。我大宋雍熙中，有五臺僧懷興因巡禮□錫届此，觀其舊址存焉，有必葺之志。乃呵狡魏，叱貙狸，翦搴蕭蒿，析除荆棘，而安卓庵之所，□聚徒衆。僧廷義、德浚、智神、智從、智岩、知解各相次住持，共誘居民，旋化功庸之費。以日繫時，歷二十餘年，院宇斯備，尚以古寺爲名。祥符初，聖上封泰山，禪梁甫，升中告成之際，乃有當寺僧惠慶欲契明朝之美，彌堅改額之願。我心匪石焉，而匹夫不可奪其志也。一旦謂同褐法潤曰：『大丈夫偶千年之運而不能革去其故，鼎取其新，胡顔爲釋氏之徒與？』潤曰：『俞哉！』誓同其志也。乃率潤拂衣奮迹，揆日登塗。潤乃説而隨之。慶非利有攸往，未浹辰間，而南渡河，共設焚舟之計。暨親行闕觀大禮，大禮畢，鑾輿還京，至韋城，乃上書于駕前。至祥符二年秋七月十有一日，降敕賜封崇寺爲額。時也，空門既耀，梵宇生光。顧皇恩而赫赫，俄臨榮觀電落；荷鴻休而兢兢，失次乍聽雷奔。誓將塵芥之心，用報乾坤之惠。伏慮春秋寖遠，墜失綸言，乃勒貞珉，永彰不朽。蒙亨文虧富贍，學昧該通，既請命以堅承，在固辭而靡敢，是乃直書荒斐，聊紀歲時。敢初筮于童蒙，但包羞于作者。時大中祥符九年歲次丙辰八月二十五日記。《常山貞石志》卷一一。

〔一〕題後原署：『成德軍節度推官、徵事郎、試大理評事、監行唐縣酒税童蒙亨撰。男貽孫書并篆額。』

謝用

謝用，資州（治今四川資中）人，大中祥符間爲將仕郎、守資州助教。

重修資州法華院記　大中祥符九年十月

若夫圓寂理證，乃超無學之真，方便教門，可度有漏之苦，斯則我古佛能仁之道也。虚無盡致，用通缺五字。□隨□，立感自天之祐，斯則我老子善濟之道也。移忠嚮國，爰彰繼世之功；行孝處家，可著揚名之德。斯則我缺六字。之道也。是故遺爲愚聵，達是賢良，識三教之可宗千萬之一也。有本郡裴氏之子曰愈，徵其始，系出于顓頊之後。缺五字。河東聞喜人，貞元五年進士，擢第宏詞科，應制舉賢良方正，有唐德宗朝開府儀同三司、守司徒、兼中書令、上柱國、晋國公、食缺三字。户、實封三百户度之遠裔也。晋公生五男，皆因官分寓他郡。長曰議，通議大夫、御史中丞、檢校户部尚書、忠武軍節度使、諫缺三字。等使、上柱國，襲晋國公、食邑三千户、實封一百五十户，賜紫金魚袋，寓昭應。兄弟并列方鎮。次曰撰，寓西京。次曰讓，寓鄭州。次曰諗，寓寶鷄。少曰識，子孫分寓褒閬也。閬之所出，有見任皇朝大鴻臚卿、守西京留臺莊其人也。莊生奐，進士及第，直館閣。識生吉，任資州資陽縣令，因家于當州。吉生載，任當州銀山縣令。載生居仁，不仕。居仁生二男，長曰良，次曰弁，皆不仕。良生二男。長曰廣，亦不仕。次曰瞻，遇孟氏羈蜀，以武功靖列郡之寇，至昌州刺史、檢校司徒而薨。虎韜入智，猬玭呈祥，寧唯射戟之能，況負止戈之術。昇閉閤而責過，可播通明；笑露冕以宣威，誠非人恕。瞻生四子。長曰審遇，任彭門軍倅。學以潤己，文能發身，陟郭槐麗水之臺，輔孟嘗還珠之化。仍傳孝悌，咏《白華》以融融；別著風流，折紅蓮而灼灼。次曰審述，歸皇朝補内員密直、檢校國子祭酒。力能扛鼎，箭可穿楊，既沾公禄之勞，兼頒庭臣之列。次曰審建，充殿直，因患退閑。方榮束帶，俄屬拖紳。慮成曳杖之虞，翻有歸田之興。少曰審通，身惟散逸，心不回邪。惡事人以折腰，乃放情而曲臂。審遇生二子。長曰恕，皇朝三班奉職，累監擢而卒。本修儒道，將欲雄飛。蓋逢亂浸之時，遂展見機之作。策勛有典，身已被于天光；制分無期，命難□于國爵。次曰愈，字損之，今之重修斯院之士也。執謙是德，視履有程。但循恬惔之徵，深得幽閑之趣。因其舊址，別構新規；奥捨萬緡，式資三寶。昔者彭門倅以先考昌牧有功及人，慮名積久而不彰，乃于承慶寺門興一院，題曰法華之號，建堂塑三教之像，僧廊房室具焉。至皇宋大中祥符六年，損之曰：『今上方恢張三教，斯院湫隘，不足稱乎聖化信奉之道。』尋聚材命匠，崇基度模，別建大殿三間，行廊、客廳、僧房、厨屋，都共三十餘間。及創砌階，基石約三千餘□。昔爲濫觴，今成宏壯。住持有僧二房：長曰志能，道分二諦，術究三醫，廣度迷途，皆成釋子。次曰志升，慈悲是行，崇熾爲心，效一力于善因，運群材于他郡。登山臨水，不辭辛苦之勞，以月繫時，尋極始終之事。其院也，高凌碧漢，旁引青風，登來而一道崎嶇，觀去而萬山重疊。下觀飛鴻之背，平流湍魄之輪。可豁勞生，宜澄世慮。下臨廣壑，東注長江。客帆之片片朝飛，漁火之星星夜鬥。賢不在野，莫觀垂釣之人；運偶昌時，寧有濯纓之士。于是高築台座，聳起三聖之像，蓋尊其儀也。鏝飾四壁，許繪人諸功德，延衆善也。夫事不可旌而旌者，僭也；物不可紀而紀者，昧也。如用者耻聞錢癖，勤入書淫。耕耘則冒雨破雲，歌咏則挨松坐訶。豈虞皇澤，來燭幽深。執簡而鑾竹俄捐，政服而村童共駭。今也，或承□命，許贊异功。雖人有庶幾之言，慮石出狂鑴之怨。時皇宋大中祥符九年歲在丙辰十月十二日記。《金石苑》。又見《宋代蜀文輯存》卷四。

釋智圓

智圓（九七六——一〇二二），字無外，自號中庸子，或稱潛夫，錢唐（今浙江杭州）人，俗姓徐氏。八歲受具于杭州龍興寺。二十一歲，從奉先寺源清法師學天台三觀。凡三年而師卒，遂孜孜研探經論，撰著講訓，爲天台宗『山外』派義學名僧。大中祥符末，卜居西湖孤山瑪瑙院，世稱孤山法師。乾興元年二月卒，年四十七。徽宗崇寧三年賜謚法惠大師。智圓兼宗儒教，旁涉《莊》《老》，喜爲詩文。平生著述宏富，其經論疏鈔科注等洎諸外學凡一百七十卷，今尚存《般若心經疏》《請觀音經疏闡義鈔》等七八種；又集景德三年至天禧五年間雜著詩文爲《閑居編》。事迹見自撰《中庸子傳》，吴遵路《閑居編序》，《釋氏稽古略》卷四，《佛祖歷代通載》卷一八等。

法濟院結界記

吾學佛外，讀仲尼書，知禮樂者，其安上治民、移風易俗之本與。而禮主其減，樂主其盈，由禮檢而人所倦，樂和而人所歡。故曰：禮減而進，以進爲文；樂盈而反，以反爲文。亦猶佛氏之訓人也，有禪慧、有戒律焉。由是禪慧修則物我亡，戒律行則好惡辨。然則禪慧虚通，人亦歡于所進；戒律檢制，人亦倦于所行。其有于人所歡而能反，于人所倦而能進者，是賢乎！法濟院在錢唐郡之西北隅，瀕湖負郭，杳若方外。昔錢氏霸吴越，其陪臣衢州刺史曰翁某者構之，以爲大長老慶祥師栖禪之境，即皇朝太平興國某年也。長老去世，弟子齊政師承襲之，伐鼓同食，擁毳論道，實曰禪居，故結界之事貫因循而未舉也。政師患其不稟于吾佛之訓，則自詒其不稱其服之誚，嘗謂徒衆曰：『我聞之律藏云，自然之地或作大法地，弱不勝我欲。請知律人結其大界，率其佛制，息其幽呵，汝輩以爲如何哉？』徒衆稽首咸若。遂請律師曰擇梧者旅席集僧，作法而結之。於戲！律範之倦行久矣，政師知進之以爲文，不亦賢乎！虚白上人屢款吾關，道政之事，冀吾有述焉，因爲記之。《續藏經》本《閑居編》卷一三。

大宋高僧慈光闍梨塔記

闍梨事迹，載在僧史，卒于雍熙間，壽七十五，臘五十五。晤恩，諱也；修己，字也；路氏，姓也；姑蘇，維桑之地也；天台三觀，所學法門也；志因，所承師也；錢唐慈光院，傳道之處也；高尚廉簡，所理之行也；我師諱源清，受道之資也。吁！滅後三十一年，有法孫智圓者，得遺骨于它舍，乃鬻衣僦工，刻石爲塔，葬之于孤山瑪瑙坡。越三年，懼後世不知，乃于塔之左勒崖以識之。是時天禧二年冬十月既望，越三日乙巳記。《閑居編》卷一五。

故梵天寺昭闍梨行業記

古君子有德善可稱者，子孫必銘之金石，而明著于後世焉。於戲！有梵天闍梨者，釋氏中有德善可稱者與。滅後四年，門人曰從政，大懼師之徽猷堙没，走孤山之下，亟謁潛夫，以論撰爲請者半載于兹矣。吾嘉其忠，乃爲述之曰：闍梨諱慶昭，字子文，姓胡氏，錢唐人也。妙齡厭俗，遁入空門，事師于開化院。年十三歲，受具品于會稽開元寺。善由夙殖，行無緇磷。及年二十一，嘗誦《法華經》。一日，恥乎口道其言而心晦其旨，倏然有學焉之志。而聞天台教法會同一性，主盟群宗。是時，有大法師諱源清者，傳此道于同郡奉先寺，遂北面事之，服勤左右者凡十七年。茂名峻業，穎拔儕輩，奉先捐代，而闍梨嗣之，講道誨人，有父師之風，故後進歸之者衆矣。未幾，徙居石壁山陶然林下，有終焉之圖。粤郡城之南有梵天寺，寺有上方，即故禪師岩公栖真之所也。却倚青嶂，下瞰澄江，雖密邇區中，而超然事外〔一〕。寺主沙門曰遇明者，心欣頓宗，且慕高義，遂以上方爲講院，虔請居之，以傳授來學。既辭不得命，乃由石壁而戾止梵天焉，即景德元年四月也。真風既揚，遠邇從化，化緣斯既，我報亦終。既而遘疾彌留，以天禧元年四月二十六日歸寂于所居，世壽五十五，僧臘四十一。門人孺慕奉全身葬于大慈山崇教院之右，禮也。秘丞張公君房爲錢唐日，重其道因，命工琢石爲塔以識之。闍梨所講《法華止觀》及諸部經論共百餘周，傳業弟子自咸潤而下凡九十七人。初，闍梨之居梵天也，嘗夢异人語之曰：『住此十三載矣。』至終而驗。噫！雖夢寐偶然，豈不或信？闍梨性厚重，不尚夸耀，講誦之外，端居静室，宴如也。不結托以譽，而名亦傳于後；無財食以聚衆，而徒亦僅千百；不誑誕以駭世，世或歸其仁。君子謂絶此三病，得此三利，求之叔世，爲難能乎，雖欲勿稱，識者其舍諸？吾執野史筆，江湖間纖善微惡，往往迹諸簡牘，以勸以懲，况闍梨之行業偉异者邪？既答門人之請，而亦假之以爲訓焉。時天禧四年，龍集庚申，夏五月五日記。《閑居編》卷一五。

〔一〕事：疑當作『世』。

湖州德清覺華寺净土懺院記〔一〕

吴興郡之屬縣曰德清，縣之别墅曰新塘。墅有仁祠焉號覺華者，實天民祈福之地，乃釋子栖真之所。先是，寺僧智隆導信士孫希岳募衆造聖像三焉：曰無量壽，曰觀世音，曰大勢至。厥後孫氏兄弟曰仁晏、曰仁晟、曰利言者，構厦三十餘楹，以處其像焉，復請僧之廉謹者智隆以尸之。于是香火日修，承事日嚴，而信佛之徒有所依歸，乃署之曰净土懺堂焉。客有至自霅溪者，以其事告于吾，亟以記爲請，因爲述之曰：仲尼曰：『吾未見能見其過而内自訟者也。』噫，能自訟而改過，庶乎爲善人君子者難矣哉！不然，何聖師感嘆激勵如是之甚也？且吾釋氏之勉懺悔者，其實自訟之深者，改過之大者。何哉？夫能仁闡一乘寂滅之理，張三世報應之事，俾乎達其理者則反其妄，信其事者則遷其善。蚩蚩元元既不能寡其過，于是乎使觀其心而知罪無相，不曰自訟之深者邪？對其像而誓不造新，不曰改過之大者邪？然後指净土以高會，顧娑婆猶逆旅。使一人能行是道，以訓于家，家導鄉，鄉以達于邦，以至于無窮，吾知天下之人涵道泳德，唯日不足，尚可以融神實相，高步無何而極佛境界，豈止爲善人君子而已哉！夫如是，則又何患乎忠孝不修，而禮讓不著歟！以此觀之，非仲尼之教與能仁之教共爲表裏以訓于民邪？其有忘本執末以相眦睚者，豈不大誤乎？今斯數善人，立是像，建是院，蓋有意乎誒來者以懺悔焉。故吾訂懺悔之道，爲之作記，以塞其請。則一沙門、衆信士運懷之大，爲利之廣，其可也；若乃紀録財用，奢夸輪奂，則吾不佞辭質少文，不能爲也，當從能者請爲之。時皇宋天禧三年己未九月十四日記。《閑居編》卷二三。

〔一〕『寺』字據原集目録補。

錢唐孤山智果院結大界序

大雄氏制苾芻之居，而必結其大界者，所以章佛剎之提封，爲集僧之分限歟。既無奔馳損道之咎，而辨生善滅惡之事。其制也如彼，其列也如此。智果院者，西湖鑒映，孤山屏倚，澄波渺渺而秋淡，喬木蒼蒼而夏寒，實釋子修真息心之地焉。建創之歲，即後唐同光三年也。自是師終資及住持者五世矣，然皆勤于完葺，而怠于結界。今尸其院者曰有祥，能懼其未遵佛制也，而不遑寧居，乃請善毗尼者作法而結焉，即天禧四年五月十日也。既結焉，復從吾乞言以序其由，凡二年矣。吾嘉其樂善，一日興來，遂爲書其事，即五年蒼龍辛酉夏五月八日也。《閑居編》卷三一。

天台國清寺重結大界序

天台也長于衆山，國清也甲于諸剎。岩穴窈窕，則仙靈之所宅；樓臺輪奂，則佛事之攸歸。先是陳隋間有聖人焉，曰智者大師，演道于兹山，而遺囑建此寺也，是故寺有聖人之遺風焉。苾芻之徒能禀佛化，静則服其禪悦，動則遵乎律範，由是海内净衆咸稱國清之威儀焉。然則律範之大者，其在乎説、受、安、恣歟。行斯四者，非作法之地不可也。以是觀之，則知結界之事復大于説、受、安、恣矣，真毗尼之權輿，伽藍之先容也。吾君建皇極而居大寶，用真宗而毗大政，夷狄輯睦，黎元樂康，乃眷斯山，用葺斯寺，堂廡革故，壇場鼎新。由是四方之界，洎乎戒場之界，而標準俱易矣。故律師某勇于爲法，遂集衆旅席，而解舊結新焉，即某年某月某日也。自是，戒律彝章，用之靡間，住持規矩，婉而可觀，嚮所謂有聖人之遺風者，豈誣哉！錫紫沙門曰光迴，綱領來學，爲律宗主，忽振錫浙右，款關林下，且謂蒙學天台之道，以知其山，由山以知其寺，重法尊祖，必無吝于辭也，乃以序引爲請。蒙因諾焉。適值蒙有幽憂之疾，方且治之，而于操染未暇，三載于兹矣。今客有告游天台者，遂撰其辭以寄之，塞迴公之請也。是時天禧五年，蒼龍辛酉，春正月十三日，于瑪瑙坡叠翠亭序。《閑居編》卷三一。

杭州法慧院結大界記

結大界者何？所以指其封域，俾同遵于律範也。律範者何？所以防過非而齊身口也。大界苟不結，則律範無以行；律範不行，則身口無以齊；身口不齊，則定慧無由著；定慧不著，則聖道無以成。以此計之，成聖道者不權輿于結界乎？法慧院者，舊名大中興慶，即唐天祐四年青龍乙卯武肅王錢氏建之也。是時，吴越開國，武肅修小白、重耳之事，奉正朔于王室，以令諸侯。而天資英靈，頗崇釋氏，既生于宣宗大中年間，及斯院之落成也，因以大中興慶爲名焉。今聖受天符于上帝，天下仁祠仙館皆易其名以新之，故有今法慧之賜也。兹刹之興既多歷年所，舊雖結界矣，而其榜不存，僧之耆艾者亦不知涯畔焉，而况于後進乎。是以説戒自恣，毗尼彝章皆寢而不行。慈化大師曰仁永者嗟嘆久之，遂請知律人集衆旅席，解舊而結新焉。乃榜其標相，懸之顯處，使後來者既識其封域，則律範得以行，身口得以齊，定慧得以著，聖道得以成。美矣哉，爲一事而數善從之者，不在兹乎！寶印大師曰法明，扣關林下，乞言于我，且曰以圖不朽。吾乃筆其事，以塞其請焉。皇宋天禧四年庚申夏六月上日記。《閑居編》卷三二。

故錢唐白蓮社主碑文 有序

聖宋天禧四年春正月十二日，白蓮社主圓净大師常公歸寂于錢唐西湖昭慶本寺之上方草堂，壽六十二，臘四十四。越二月三日，弟子輩號咽奉全身，瘞于靈隱山鳥巢禪師墳之右，建塔以識之，禮也。其年冬，門人之上首曰虚白者克荷師道，自狀其事，再款吾廬，請吾之辭，傳師之美，以勒豐碑，且言先人之遺旨也。吾辭不得命，乃文而序之。粤西聖之爲教也，清净而無爲，仁慈而不殺，抗辭幽説，閎意眇指，大備諸夏。稟化之徒，得其小者近者，則遷善而遠惡；得其大者遠者，則歸元而復性。噫，廬山遠公其得乎大者遠者與！考槃居貞，修辭立誠，識足以表微，行足以作程。是故時賢仰其高，企其明，自是有結社之事焉。人到于今稱之，而莫能嗣之。惟公理行謹嚴，修心貞素，聞廬山之風而悦之，且曰：『晞驥之馬，亦驥之乘。吾雖無似，敢忘思齊之誠邪！』于是乎乃飾其躬，乃刳其心，乃矢結社之謀云。夫率其道必依乎地，尊其神必假乎像，行其化必憑乎言。以爲西湖者，天下之勝游，乃樂幽閑而示嘉遁焉。無量壽佛者，群生之仰止，乃刻旃檀而爲其形容焉。《華嚴净行品》者，成聖之機要，乃刺身血而書其章句焉。其地既得，其像既成，其言既行，朝賢高其誼，海内藉其名。繇是宰衡名卿、邦伯牧長，又聞公之風而悦之，或尋幽而問道，或睹相而知真，或考經而得意。三十餘年，爲莫逆之交，預白蓮之侶者，凡一百二十三人。其化成也如此，有以見西湖之社嗣于廬山者無慚德矣。嘗試論之，遠也，上地之聖也，公也，初心之賢也，實階位不同，名聲异號。然而遠出衰晋，公生聖朝，彼招者悉隱淪之賢，此來者皆顯達之士。絶長益短，古今相埒，不曰盛與美與！公每顧門人曰：『國初以來，薦紳先生宗古爲文，大率學退之之爲人，以擠排釋氏爲意。故我假遠公之迹，訹以結社事，往往從我化。而叢碑委頌，稱道佛法，以爲歸嚮之盟辭，適足以枳棘异塗、墻塹吾教矣。世不我知，或以我爲設奇沽譽者，吾非斯人之徒也。』君子曰：『昔藥山惟儼能迴李翺之心，俾知佛，而僧傳善之。今兹衆賢庶幾實相，欽崇大覺，朝宗于性海，共極于義天，非公之力而誰與！』其護法之功，代爲不侔矣。公諱省常，字造微，姓顔氏，世爲錢唐人。七歲厭俗，十七具戒。若乃托胎之祥瑞，受業之師保，傳講習禪之美，砥名礪節之事，則有社客群賢碑序及門人所録行狀在焉，此不復云，直書其結社之道已。其文曰：

西聖之大，維遠得之。廬山之高，維公悦之。西湖之社，群賢慕之。有始有卒，不磷不緇。我緣既終，我滅于兹。神游無何，名揚聖時。欲知我道兮，視此豐碑。《閑居編》卷三三。

又見《樂邦文類》卷三。

釋法勝

法勝，天禧間僧人，爲京兆府小師，安衆禪院主持。

爲先師建塔記　天禧元年二月

京兆府小師、安衆禪院主、賜紫法勝，奉爲先師和尚建立此卯塔。報師資之厚德，答法乳之深慈，樹斯妙幢，永嚴覺本。更願塵霑影拂，皆消罪累之□；□喜見聞，盡趨菩提之果。時大宋天禧元年二月十五日記。國家圖書館藏拓片·各地三七二四。

鄭向文

鄭向文，天禧中任温州通判。

雁蕩山靈岩禪寺碑　天禧二年

按釋氏書，有大阿羅漢與八百眷屬居南瞻部洲。自西教東流，歷數百載，人莫有知所者。皇宋太平興國之四載，有僧行亮、神昭，因挈瓶荷錫，共訪幽奇，至温州樂清縣之山鄉，見西有巨山，穹崇巉崒，敻异他等，瞻仰愕眙，不能捨去。即相與因溪水之源，尋山足而入，披榛冒灌，行經七日，遍覽周視，疑入异域然。古樹老藤，蔽虧天日，林巔葉隙，時見异峰。貪奇極勝，舊徑屢迷。如是者浹辰，得一岩穴，稍可憩息。乃旁詢耆老，至博咨鄉墅，則曰：『是爲雁蕩山，山頂有蕩，不知其大小，秋多鴻雁，飛集于上。餘波泄注，流爲飛泉，高自雲倪，懸瀉數道，以是名也。傳聞古老，中有龍湫，亦莫窮其餘也。』亮、昭二僧因卜栖止，乃芟蘿導徑，誅薾剪薄，丐米近村，鳩工刊木，闢塞發翳，殫極勞苦。逾年之後，山無遁形。岩穴之前也，平如砥，員幅千步，天設穹基，穎峰秀巒，環匝周列。但見白猿金雀，飛栖雲樹，藻氣圓光，冠映林嶺。時即有新市居人樂安蔣光贊者，資産豐懋，樂爲勝事，睹茲靈境，發助誠心，遂捐家財，首構梵刹。曰亮與昭，住持伊始。後于廣藏中得古禪月大師貫休嘗著《羅漢贊文》，至第五諾詎羅尊者篇中有『雁蕩經行雲漠漠，龍湫宴坐雨濛濛』之句。則是山也，既名雁山，而龍湫在焉，然後知南贍部洲羅漢所居，即此山也。至道中，太宗至仁應道神功聖德文武睿烈大明廣孝皇帝命中貴人裴愈采風吴會，親訪靈迹，届此山中，嘆异如等，而以御書五十二軸賜之而去。自是四方緇侣，聞知稍集。至今上咸平中，有僧正因具狀其事，抗表上聞，以名爲請。翊日降敕，賜額靈岩禪寺。自太平興國己卯歲，行亮、神昭經始之，厥後光贊、正因修飾之。中間神昭既逝，行亮力募檀信，增嚴佛乘，塑像範鐘，廓堂安衆，門宇宏敞，厨庫精至。而光贊之子曰文睿，嗣成先志，又捨錢百萬，鼎新堂構，益加輪奂。至是凡四十年，爲屋百餘間，費錢五百萬，繇是靈岩之能事大備，東南之山寺石尤絶者，必首推焉。

永樂《樂清縣志》卷五，明永樂刻本。又見《廣雁蕩山志》卷九。

穆修

穆修（九七九——一〇三二），字伯長，鄆州（治今山東東平）人，徙居蔡州（治今河南汝南）。大中祥符二年進士，任泰州司理參軍，性剛介寡合，削籍池州。遇赦，調爲潁州文學參軍，又徙蔡州。明道元年卒，年五十四。穆修繼柳開之後，力主恢復韓、柳古文傳統，嘗刊韓、柳集行于世。有集三卷。見《東都事略》卷一一三，《宋史》卷四四二本傳。

蔡州開元寺佛塔記

西佛氏法唱中夏，爲寺宇于中夏。先王之遺民，樂聞其法尊雄，一旦從而和之，弃世守常義弗顧，而爲其徒者，靡然傾天下。西人之業，胡其如是之盛耶？豈佛氏之法，爲能本生人惡欲之情而導之耶？不然，何以能鼓動群俗之心如趨號令之齊一也？夫生民之情大矣，聖人知其不可充也〔一〕，爲之著禮明義以節養之，使不流不窘。安其分、盡其常以生死焉，而不及他道者，三代之民也。今佛氏之法，後三代而作，極其説于聖人之外，因斯民所惡欲而喻以死生禍福之事，謂人享有于其身者，皆由死生往復而取之。方于植物者，根夫善，善以之而生于今；種夫惡，惡以之而出于後。其爲貴、爲富、爲壽、爲康寧，皆根夫善者也，而統謂之福；爲賤、爲貧、爲疾、爲夭，皆種夫惡者也，而統謂之禍。福禍之報不移也。世聞其説甚懼，謂死且復生，則孰不欲其富貴康壽而惡其賤貧疾夭？雖君子小人，一其情也。然何如即可以違所惡而獲所欲？曰：非去而爲佛之徒，讀佛之書，則不可。人所以悦其法而歸其門者，爲能得己欲惡之心乎，佛亦安能强使人附之哉！如死生禍福之説，使禹、湯、文、武、周公、孔子亦嘗言之，則人亦必從此六聖人而求之。如其聖人所不及，惟佛氏明言之，則人焉得不從佛氏而求之也？予謂世有佛氏以來，人不待聞禮義而後入于善者，亦多矣，佛氏其亦善導于人者矣。嗚呼！禮義則不競，宜吾民之皆奉于佛也，宜其佛之獨盛于時也。佛日益盛，徒日益繁，則當有异行之士奮臂而出〔二〕，力樹塔廟，以廣弼其法之興。就其實而言之，則隆塔廟〔三〕，誠佛事之末；苟以時觀之，能恢赫顯灼，使人見之，起恭生信，則無如塔廟助佛之大。故雖窮遠僻阻、川塗所在，必有佛之塔廟以瞻嚮于俗也，矧中州近壤之衝會乎！然而佛塔與廟抑有其説。中藏像事而旁栖徒衆者，實爲廟，惟佛塔之設〔四〕，當必親得佛所遺爪髮齒骨一種〔五〕，或積精力所成如珠璣類者，釋氏皆所謂舍利是也，然後函以金石，窾地而藏焉，因起浮圖于上以表識之，是曰佛塔耳。諸所立者靡不然。蔡州開元佛寺，其踊甓成七級浮屠者，是謂葬佛項骨舍利焉。其始自雍熙四年，故相太子太師吕公爲郡日，其佛骨自京師降。吕公尋而去郡，以屬僧志者，俾後興塔于寺以葬奉之。後志方肇心，會卒，曰僧榮者復上承之。自是迄大中祥符初，榮始再議所舉，得喬、張二豪吏歸入資用，僅獲就事，于時浮屠纔基一級而已。榮終度力難以竟，即又罷去，于是州耆釋叟衆惜其迹已植而止，相與謀其可以終事于塔者，復得寺僧海微而請之。微起應請，實堪其任，今塔之所以獲立，自海微力。塔既立，未致備飾而微殁，時天禧二年也，付其事于門人永昌纂之。永昌紹成師志，罔有暫懈，悉心募力，未幾而闕飾云具。其範鐵塗銀、穎然而擢立其端者，是曰相輪；其棟石甍瓦、翼然而周蔽其址者，是曰散水。計二事役費，于浮屠亦三之一焉，皆永之爲也。永其可謂善繼師之勤矣。較三四釋之功，是則肇于志而基于榮，克成于微而大備于永，雖經始營爲，殊先後巨細，其因作之迹，則皆有力于塔者，其所謂异行之士歟！塔始于大中祥符初，訖于天聖之六年，出入二十年之際，厥有成績，其糜用財力積劇亦至矣。永師列其本末來請，得以著成于記。文淵閣四庫全書本《穆參軍集》卷下。

〔一〕充：原作『先』，據上海涵芬樓影印覆宋抄本《河南穆公集》（簡稱『四部叢刊本』）改。

〔二〕有：原作『其』，據右引改。

〔三〕『以廣弼』至『隆塔廟』：原無，據右引補。

〔四〕設：原作『説』，據右引改。

〔五〕親得：原作『得親』，據四部叢刊本原校乙。

亳州法相禪院鐘記

古之爲鐘，其用大矣，《樂記》稱黄鐘、大吕，又《春秋傳》稱『師有鐘鼓曰伐』，則是鐘爲禮樂之備，又爲征伐之具。其用之大樂，可以調陰陽，感人神，導天地之和；用之軍旅，可以讋不軌，懼不庭，振邦國之威〔一〕。考是二者，則鐘爲禮樂之器久矣。三代之際以及秦漢，皆不變其用。今是鐘也，專爲釋氏之器，亦從可知也。東漢之運將季，西域之法聿來，流晋、宋而益崇，涉齊、梁而大盛。率天下而從其教，擬王者而闢其居。無王公，無士民，無高卑貴賤，豈不從而信奉之，不從而依皈之，以求其福報乎？如是則盛矣大矣。佛之爲法也，既與中國聖人之道并行于時，則所謂禮樂征伐之器，安得不入于佛之宫哉！佛之宫，其徒群栖而旅集，多者數百人而居之，其朋既繁，不常厥處，將齊彼衆，非言得通〔二〕，則必聲物以齊之。求物聲宏達而及遠者，莫逾于鐘。是知鐘爲佛宫之用，其在兹乎！亳州法相禪院有主院僧海宣者，謹行之僧，乃勤以募衆，崇揭土木門堂殿廡總百餘間，多宣師所及也。聚徒侁侁，資膳悉備，警旦暮者，其闕惟鐘。州人時氏豐財，好佛之士也，一日詣宣而謀曰：『一鐘之費，其用幾何？願輸其貲，獨營斯善。』師即計其用度告之，遂以銅若干斤。師復謂曰：『鐘之成也，匪高弗居，則并請爲居鐘之樓。』以此土不産美材，因命僧海真南抵于舒，鞭其材木〔三〕，匠爲成器而離之。自舒及譙，使以舟力，雖皆出時氏，然能減費便事者，蓋二師心計運度之謀也。天聖元年春，始召鐘人興其鼓鑄，液彼金錫，一治而成。鐘事既立，樓材亦至，建于殿南東偏，居鐘于上。層甍翬飛，雙欒鯨震，嶷嶷崇構，上凌烟空，琅琅洪音，遠落霄外。于以壯觀精宇，于以號令群緇。且叩焉使知所以息〔四〕，晦明風雨，不迷厥時。據釋氏言，鐘之聲，扣之可以上極天界，下洞幽泉，導死者冥昧之魂，出地獄沈淪之苦，故死者之家，嘗賂金帛衣物求擊其響。若如其説，則非獨用之節昏曉、戒食寢而已，又復能售極苦之資，助釋氏之費焉。鐘不可闕于佛，亦明矣。《穆參軍集》卷下。又見《皇朝文鑒》卷七七。

〔一〕威：原作『和』，據傅增湘校清抄本（簡稱『傅校本』）改。

〔二〕通：原作『道』，據四部叢刊本改。

〔三〕鞭：《皇朝文鑒》作『便』。

〔四〕知：原作『思』，據傅校本改。

明因院羅漢像新殿記

去縣治之東南越三十里〔一〕，有浮屠居曰『明因』，本淳化中之錫名也。浮屠師業者紹居之，能勤飭其軀靡懈，以裒力于民之里，召塑工爲五百像，釋謂之羅漢者，加新其殿構而納之。辛亥歲夏五月告畢工師，求記之以文。予儒者，稱浮屠之法懼非所能，請以目所嘗睹浮屠者，并緣土木佛事終依之爲奸，以幸其身而敗汙其類者言之，亦足以昭師之善矣。予行天下，往見山墟林野間有級磚以爲佛塔者，其址之豐，若將爲百尋之高，或不數尋而罷；有植木以爲佛廟者，其基之博，若將爲百楹之廣，或不數楹而止。其委甓餘材，猶弃積于下，訪之其側，則曰：『始，佛之徒也將欲有爲于是，張其勢甚盛，苦其行甚篤，至能黜衣退食盡用于佛。初，人大爲傾信而悦助之。貲斯萃，欲斯至。自是每十其獲不一入于佛，常私其九以自取。人復覺之，信遂以衰，以故卒無有立而亡去之。』予謂此無他也，由始信而終欺也，宜其無成效焉。凡倡事之道，己必先信，猶懼人之莫應，矧己爲不信而欲人之應，世未之聞，又獨釋氏哉！今師營是像、作是殿，必有得于信之術矣，不然，何能遽有就之如是也！嘗聞東南人尤嗜于佛，至有傾貲舉産以爲奉而無愛者。師向後能益謹其術而待之，庸知里人之有力者不盡爲師之奉也！《穆參軍集》卷下。

〔一〕四部叢刊本『縣治』前有『常熟』二字。

冉曾

冉曾，天禧中鄉貢進士。

京兆府興平縣保寧寺浴室院新建鐘樓碑文〔一〕　天禧二年六月

粤自鶴林入滅，大雲之教方行；金字垂文，甘露之源攸邈。是以廣大千之世界，闡不二之法門，用道群迷，俾登正覺。故得朱星紫氣，炳焕于禎祥；銀樹金花，精虔于供養。所謂神道設教于不滅，民德歸厚于無邊。爰從魏晋已來，降及齊梁之際，竺乾之法，漸暨于西方；貝多之言，盛傳于中夏。蘭若櫛比，固非五里以鳴牛；浩劫輪迴，曷睹三年而拂石。前則達摩、惠可，更珍七聖之財；後則羅什、圖澄，愈大三乘之本。蓋有裨于王化，實無紊于國經。遂俾當宁之尊，益堅于信尚；而變可封之俗，盡溺于修持。矧乃削髮毁形者實繁有徒，貪福畏禍者無遠弗届。是故捨圭田之利，以飾白蓮之宫；殫圓府之財，用嚴紫金之像。刹宇之勢，相望于康莊；鐘唄之音，交逸于雲漢。欲以圓如來萬字之印，開菩提七寶之房者矣。興平縣居龍渭之陽，隸鶉都之右，周稱槐里，唐號金城。乃石星殞昇之鄉，實浪井發祥之地。咽喉甸服，襟帶神皋。田疇上腴，民物豐富。故車航之混混，信往來之憧憧。驗以版圖，提封幾乎萬井；觀其地志，列樹廣乎三條。顧象雷之居方，乃劇驂之要害。保寧寺，兹邑之大招提也。面正離方，位當乾鄙。三扉顯敞，上規閶闔之形；百雉紆餘，俯臨闤闠之隘。焕乎净土，昭然化城。惟此邦之居民，多專心而佞佛。香燈之供，幾乎重賦；木石之功，殆乎勝人。故此寺鐘樓者，乃浴室沙門知遵所修也。知遵紹諸祖之基，禀先師之訓，深成密行，克持净名。更精福地之因，謹守小乘之戒。而心實無相，身尚有爲。乃觀寶地之廷，攸闕豐山之器，則何以聲乎晝夜，節于邇遐？歸依之間，莫安于四衆；參請之際，或失于六時。師乃堅匪石之純誠，鳩潤屋之餘利。十方之所景附，千室之所悦隨，總萃豐財，克成能事。師于咸平中，遂詣坊州大冶，鑄斯洪鐘。重三千斤。從革既成，尚秘秋分之韵；在懸攸擊，漸揚霜降之音。其鑄也同夏鼎之功，其名也類景鍾之大。伊薄厚而得所，在侈奄以居中。豈可同樂府以編形，并靈臺而振響？師乃成兹重器，載以大車，不逾期旬，便臻攸館，艱危薦歷，功庸克全。于是乃擇良辰，遂營層構，當乎蒼震之位，居于定星之中。蕆事彌精，庀徒胥悦，運斤者成風之妙，荷鍤者如雲之繁。既豐撲斫之形，復焕丹青之飾。陰虬增絢，陽馬騰光。名暈飛以神行，紺獸蹲而峰峙。睹壯麗之象，極般、爾之全能；聽輪奂之詞，叶趙、文之善頌。信可侔井幹之制度，擬麗譙之規模。雖一匱以從微，俄三休而崇峻。形勝斯萃，物力告殫。簨簴攸張，舉萬鈞而在上；鯨魚用刻，扣九耳以居旁。象在其中，盡睹有緣之相；聲聞于外，咸臻極樂之方。足以通法界之威靈，感神龍之護衛。西霞非擊，乃天風之自鳴；大海初聞，故劫輪而不下。方袍之士，允發于至誠；比屋之家，愈遵于善道。師以懿勤式備，勝利斯周，忽夢兩楹之間，示寂雙林之下。蓋以歸三空之勝境，正七覺之妙花。俾白鶴以哀鳴，動青牛之悲感。師之善果，夫豈偶然？上足弟子，共以門人，克隆堂構，堅挺鷄鳴之操，不忘蟻術之勞。每于梵修之餘，恪奉莊嚴之事。復乃净心蓮而不撓，傳法印于無窮。曾寓迹公齋，游心道素。忽因暇日，多訪仁祠，與其嗣師，常相往復。故聞其鐘，則切于待扣；登其檻，則何止銷憂？是以先師之令名，已垂于僧史；先師之營事，尚闕于文言。曾輒以謏才，恭承重請，察勤拳而彌固，在牢讓以靡遑。不然，何以啓迪鴻猷，形容盛事？睹此干雲之狀，還疑變化以云爲；聽斯雝雉之音，豈徒鏗鏘而已矣？但罄空疏之識，聊書崇制之因，僶俛成文，祇副來命。

天禧二年歲在戊午，六月壬辰朔，十八日己酉立。小師前院主僧善明、院主僧善海建。供養主僧善林，典座僧善通、善江，師孫曉成，三綱僧永進、本真、法智，官表白僧□□。將仕郎、守武功縣主簿、權簿尉郝□，承奉郎、守大理寺丞、知縣事兼兵馬監押冉宗元，將仕郎、守縣尉陸□。刊字安文晟。《金石萃編》卷一三〇。又見《吉金貞石録》卷一，乾隆《興平縣志》卷八。

〔一〕題下原署：『前鄉貢進士冉曾撰并書。弟三班借職、監商税商篆額。』

張儀鳳

張儀鳳，潞州上黨（今山西長治）人，大中祥符間官將仕郎、試秘書省校書郎、代州軍事推官，後去官居家。

上黨縣潛龍山寶雲寺碑〔一〕　天禧三年四月八日

上闕初形，玄黄肇啓，盤古身分于世界，燧人火化于生靈。庖羲畫卦于八方，滋章文物，大禹疏通于四瀆，粒食蒸民。商周當□□之期，孔老踐聖明之域。常星不現，蘇由誠對于昭王；金齒方陳，法顯逆推于晋代。列子表化人之説，穆滿王謂之佛神；仲尼宣黄帝之談，太宰嚭名之大聖。釋利房之東下，雖未信于秦始皇；劉校尉之西遷，乃見書于天禄閣。于是漢明帝金人入夢，傅毅昭宣；康僧會鼎國來思，孫權鄭重。邇後南□北律，西被東漸。白馬鴻臚，始爲寺院；名山會府，方置禪林。即有□潞府上黨縣潛龍山寶雲寺，是其一也。其寺本名華嚴□□，自隋唐至我皇宋，其間僅五七百年，或以兵革交馳，封疆割據，緇黄避難，因而廢焉。先是，乾符中渌水山寺僧明惠大師，法諱文舉，當時有府公李玭尚書，乃空門之大雄者也，聞師有高行，備法駕，盛威儀，請居止于延慶□□。所有師之功德基業，尋刊于所請之院，迄今存焉。洎師遷化之後，有弟子玄鏡，將靈骨妝舍利，起塔于本山後。有門人如惲，于天祐十四祀，蒙上黨縣令堅請，住此山也，度得小師藏休等七人，亦祖師之法孫也。宰官王鋋與僚屬嘆茲山之秀峙，復舊有寺基。斯地也，東祭仙師之靈泉，以南北溝瀆爲限約；南潮淘源之清水，用東西澗溪作津涯；西接嘗五穀之神祠，憑分水嶺爲界道；北靠龍山炎帝之廟貌，準横崗而作奥區。其宰官王鋋等乃就延慶禪院特請之，令撥土住持。俄而兩縣之民，千人習，萬人和，不日而成其法宇。于太平興國三年，敕賜『寶雲寺』之額，僧藏顗紹爲寺主，度到門人徒弟守澄等一十九人。藏顗下世，又以守僎主持院務，亦度到弟子智潤等六人。守僎告灺，又以守通繼之。至于□□誦齋戒，雖風雨如晦，造次顛沛之間，亦不改其節操，甚得住下信心，檀越之所欽偉。凡所建置，遠近悦隨，固無間言者也，又度到弟子惠日等三人。昨于景德二年，有邑首郭善緒、王善魭等百餘人，詣闕乞納紙墨價，贖四大部尊經歸山，皇上尋許之。又各出家財，去正殿别造經藏以貯之。又于祥符七年，有邑衆建造僧堂一座，□□麗下闕曾有也。寺主與綱維、邑首等，并以植福爲心，夙因是務，若無善護，何堅確如是耶？乃下闕進德修業。苟無紀述，何足觀焉。遂乃詢訪當仁，磨礱礎碣，惠然告托，以記時年。儀鳳下闕昌朝，閉關故里，辭不獲命，聊以直書，將摽遠世。□未釋守通，伏承門徒見命，難阻其情，下闕乃成于後序。□夫金人降瑞，玉偈遐臨，接人天上達于菩提，度苦源咸登于彼岸。檀那祝祐，保下闕者悟入真空，修殿宇者親招梵福。恭心佛刹，行入化城，止息耶良久時深，進道耶前登寶所。徑安正殿，若慈氏之内宫也；僧處雲堂，已離于火宅也。俗親善業，同火出于蓮華；狀彼高源，穿鑿久而必見其水。因兹刊石，輒下闕大學英仁，希不笑于寡拙。時大宋天禧三年，歲次己未，四月戊子朔，八日乙未記。寺主守通，供養主僧守文，典座僧守下闕僧堂功德主智信，小師惠日、惠月、惠江、法乳，姪普贍，尚座僧惠定，童行惠靄、惠實、馬兒、善喜。鎸字人鄭守顒、守璘。《山右石刻叢編》卷一二。

〔一〕碑題「上」字原闕，據碑文補。又題後原署：「前代州軍事推官、將仕郎、試秘書省校書郎張儀鳳撰，寺主沙門守通書。」

釋重顯

重顯（九八〇——一〇五二），俗姓李，字隱之，遂州（治今四川遂寧）人。幼出家，受具足戒。游方至隨州，參雲門宗大師智門光祚，居五年，盡得其道。曾至池州景德寺爲首座，講僧肇《般若無知論》。後爲蘇州洞庭山翠峰寺住持。受曾會請，住持明州雪竇山賢聖寺三十一年，朝廷賜號明覺大師。重顯工翰墨，曾舉古代公案百則，以韵語頌其奥旨，此即《雪竇頌古》，于禪宗影響至深，雲門宗風由是大振，世稱『雲門中興』。皇祐四年卒，年七十三。著作除《頌古集》一卷外，尚有《祖英集》二卷、《瀑泉集》一卷、《拈古集》一卷等，門人集其著述及語録，後合編爲《明覺禪師語録》六卷（存）。事迹詳見吕夏卿《明覺大師塔銘》（大正藏卷四七《明覺禪師語録》卷六附）。

真州資福禪院新鑄鐘銘 并序

國朝紫微舍人趙公，丙戌年出鎮姑蘇，裁情示空岩之客，所恨不能效善財，展轉南方，以求先覺。如别幅叙：『雲岳長老令僧惠敏造鐘，既成，創重樓以處之。欲爲銘記，且言當使學者有所警悟。概也縱能道其歸，禪人惡肯信；惟師爲善知識行，重名當代。願爲此銘，因機垂化，不亦美乎！』然重顯固陋，荷大君子外獎，敢不從命，輒復引寄。

夫形聲未先，曠默奚准，器用之後，幽靈絶常，故聖人以鐘爲大。惟聖人則之，襲兮忘兮，求以深矣。其能具諸種智，對飛雄辨，但未兼極有生，權化之來，未易窮也。《感通傳》稱，昔拘留孫于乾竺，造青石鐘，如青玉色，可容十斛。頂類諸天，腹陷衆寶，八角四面，花光互分。有化如來，與日偕出。明宣秘演，或聞不聞。王舍城中，大千界内，匪同錚錚者乎。今岳禪老于淮甸造青銅鐘，如青珠色，過百鈞之用。上旋旁植，繞獸蹲熊。其或層城晝閑，祇園夜永，寥寥霜月，射寒影以争輝；殷殷地雷，發虚音而交振。師之唱險，資之繼難，寅夕鏗鏗，主伴索索。足使一鱗半甲，無違真化之方；二聽五觀，有寄神游之域。善存殊應，扣惟良哉！謹爲銘曰：

淮之要衝，真之會府。中列梵摩，居我禪祖。參徒駢羅，慧敏千櫓。爰構鯨音，息彼輪苦。峻横崇臺，金飛碧回。斯門屢掩，向人或開。希兮微兮，乍延乍催。先聞未及，後時不來。增悲遐宣，無困天理。帶識萬端，警悟齊起。遵晦陟明，其母得子。塵塵訪誰，刹刹問己。大緣斯成，大功不宰。君奉禹湯，臣仰元凱。碑勒紺園，銘寡文彩。庶期妙峰，永聳滄海。

《祖英集》卷下，四部叢刊續編本。

釋法惠

法惠，天禧間爲澤州晋城縣資聖寺寺主。

資聖寺牒碑　天禧四年四月

中書門下牒資聖寺：澤州晋城縣古永建寺，牒奉敕宜賜「資聖寺」爲額。牒至，准敕，故牒。天禧四年正月六日牒。禮部侍郎、參知政事李，右僕射兼中書侍郎、平章事，左僕射兼門下侍郎、平章事。

澤州帖資聖寺：准敕右具如前。事須連録敕黄帖資聖寺，准敕命指揮，賜「資聖寺」爲額者。天禧四年正月日牒。司户參軍范世隆，録事參軍楊從善，推官王賁，判官苑孚，朝請大夫、行尚書虞部員外郎、知軍州兼管内勸農事、護軍、賜緋魚袋、借紫孔式。

大陽村古永建寺者，累代修崇，未諧名額。昨去天禧四載正月六日，伏蒙皇恩特賜牌額，號「資聖寺」爲額者。慮山谷之改轉，星河而遷移，故刊壁銘，用記歲華。時大宋天禧四載歲次庚申，四月壬午朔，二十八日工畢記。寺主、講《法華經》僧法惠，講《上生經》僧法海，書字僧普信，堂内尚座僧法爽，僧惠光，僧遇江、雲先、雲堅、雲聰、雲□、雲清，行者七兒、應兒。鐫字人劉顥。《山右石刻叢編》卷一二。

張氏

張氏，真宗時清河（今山東臨清境）人，寄居青州（治今山東益都）。

造陀羅尼幢記　天禧四年

武昌郡吴氏，貫屬滄州固安鎮人也。適從□順軍清河張君，壽年八十八歲，身殁鄉〔一〕。有女清河張氏，寄迹當州，乃令長男□□□□□□到石佛禪院特建尊□尼幢子一座。時大宋天禧四年歲次庚□□□□□□辰朔，三日壬午安葬訖者。女清河郡張氏。外男甥男賀，外男甥男，外男甥男。

光緒《益都縣圖志》卷二七。

〔一〕此句疑脱一字。

釋本如

本如（九八二——一〇五一），明州（治今浙江寧波）人。師事釋知禮。祥符四年住東山承天寺，歷三十年，賜號神照法師。皇祐三年示寂，年七十。著有《仁王懺儀》《普賢行法經疏》。見《補續高僧傳》卷二。

臨海縣資瑞院記〔一〕　皇祐二年五月

上缺東南隅，不遠百里，鄉曰于公，里名纂化，資瑞院在焉。面離背坎，主阜按溪，霞下缺于清世，是宜蘭若，實號羅摩。唐元和六年歲次辛卯，沙門重濟矢謀大壯，僅庇下缺德改元甲辰歲，其徒繼者乃營大厦，爲先崇釋尊殿焉。大中祥符九年塑像，下缺庫鐘臺，甲戌造浴室，乙亥立懺堂，戊子造僧堂，三門地藏羅漢各宅位矣。始元下缺立舍七十間，用財百餘萬，尸者靡常，年月浸闊，有徒子良奉興文監嗣而居，下缺受菩薩戒者郭文，同出己財，仍勵鄉黨，宣力畢葺，汲汲于是，無間寒暑。備下缺育也。聲金奏警，迷蟄也。樵兒牧童猶革視聽，况愷悌君子乎？一旦落成，稽首下缺示來者。予曰：『汝曹施則施矣，勤則勤矣，所志何哉？』對曰：『霸也。』愚懵缺二字嘗下缺詳焉。知所但慶，爲太平之民，發于衷誠，所志者三。偃風化，戴上缺從佛囑也。三奉家訓，嗣父道也。雖居塵濁，常讀大乘，仍期安養，作終歸下缺拜聆善導。予應曰：『夫人者處三才之中，協五行之秀，异飛走遠，夷狄下缺知矣。』毋惑所志，不可弭忘。噫，天池印容，梵鑒詳業，秋毫必狀。□□不下缺即贊明備之。運者果如鄭氏之用心，亦足通物，漸聖賢之化，何患餘慶弗下缺附于碑陰。時大宋皇祐二年五月十一日記。丹丘楊鴻舉書。上缺備庫使、資州刺史、同管句會靈觀公事李端愨立[二]。下缺　《兩浙金石志》卷五，光緒刻本。

〔一〕題下原署：『尚書都官員外郎王舉善篆。天台東掖山沙門釋本如撰。』

〔二〕李端愨：原作『李瑞愨』，據《宋史》卷四六四本傳改。

朱戒寶

朱戒寶，真宗時台州臨海（今浙江臨海）人。

宋阿育王石像寶塔題記　乾興元年五月〔一〕

右戒寶于天禧五年八月十一日同闔家等發志心，許亡妻姚氏二娘造阿育王石像寶塔一所〔二〕。今□□函建造周圓，奉爲亡氏姚二娘，解千生之冤結，懺百世之業因，上報四恩，下資三有。六道四生，含識有情，近往先亡，孤魂滯鬼，十方賢聖，三界神祇，亡氏二娘願承普恩，同生净土，永充供養。時皇宋乾興元年上元壬戌歲五月十六日題記。男善悟、善集、道勝、保□、保元、道新、□□，女弟子慧澄，净修、曾二娘、戒□、戒□、道慕、胡二娘、□升。同隨喜僧祥魯，住持沙門□□，□□□□□文聰。《台州金石録》卷二。又見《兩浙金石志》卷五。

〔一〕題後原署：「□□□台州臨海縣承恩鄉嶺外保菩薩□□戒弟子朱戒寶。」

〔二〕一：原闕，據《兩浙金石志》補。

柳巒

柳巒，天聖中海州（治今江蘇連雲港西南）人。

海清寺塔記碣

維天聖元年歲次癸亥，十月辛酉朔，八日戊辰，建塔都維那柳巒糾化同會弟子史玩、劉仁製、郭忻、宋晸、許志、牛智、孫璨、徐景、王肅正、韓緒、王進、劉岳、劉巨滔、劉翱，新人林澤、柳祐，已上各備小麥一石、米五斗、油三觔、錢乙百文足；潘靖、柳遇、柳惠、柳逸、□□□、徐景、徐□、相餘慶、相興等，兩家共備小麥一石、油三觔、米五斗、錢乙百文足，修設感聖恩起塔大齋一十三會，再會轉化千名。赴齋施主每名錢乙百文足，添興釋迦真身舍利阿育王靈牙寶塔。竊以此塔鎮在海城靈基山東南角，大唐第二之尊。上觀似從天降下，迥徹清霄；下看似從地涌成，寶堂連海。求相而千花繚繞，告佛而萬瑞分明。宿果等今代遭逢，同會者劫末近佛。感得皇王萬歲，四塞安寧，郡宰千秋，庶民康泰。積記標鎸，永爲不朽者。書記，俗士牛景。寫碑，俗士牛道寧。同建塔助緣僧：海清、宗□、德長、宗玠、文忠、宗詵、道圓、懷珪。功德主僧宗傳。造塔都料。泗水成守元鎸。《雲臺金石記》，古學彙刊本。又見嘉慶《海州直隸州志》卷二八，道光《雲臺新志》卷一四。

海清寺塔糾會記碣〔一〕

南贍部州大宋國海州東海縣造塔維那柳巒，伏爲建造阿育王真身舍利寶塔，將發願心，糾會縣界〔二〕。《雲臺金石記》，古學彙刊本。

〔一〕原案：『右碣似募榜，嵌塔内。……未載年月。案建塔在天聖元年，則此榜必落成時同勒石者。』

〔二〕以下似有闕文。

呂諤

呂諤，秀州嘉興（今浙江嘉興）人。天禧三年登進士第。曾知滁州。見《至元嘉禾志》卷一五、二〇。

福善院鑄鐘記　天聖三年二月

昔黄帝命伶倫氏鑄十二器，蓋鐘之始也。名從律之氣，揚治世之音，上同和于天地，下協贊于神人。暨西域聖人化浸中國，海貯真教，星羅梵宫，方袍之士，佛肆之間，亦建鐘焉。大者數萬斤，小者數千斤，或謂振豐隆之響，鼓鏗鍧之聲，警六和之衆，息三塗之苦。天下之人信服斯語，悉務蠲施，曾無間然矣。福善院屬秀州華亭縣之西北隅内熏浦之陽，僞吴貞明六年之所建，舊曰尊勝，皇宋大中祥符元年肇錫新額。斯院也，臺殿輪奂，廊廡完備，象設孔嚴，緇徒櫛比，惟鐘闕如。院主沙門遇來大師，幼脱塵網，素演竺書，内行醇明，外貌芳潤。忽一日喟然笑曰：『凡燕居蘭若，式遠郛郭，苟無鐘梵之音，曷爲我晨昏之號命邪？』遂命門弟子緇譁與耆宿僧德成，歷冒雲霜，遍誘檀信。隴西童仁厚欣然樂善，首施净財三十萬，繇是近者遠者靡不悦隨。天禧四年冬十月，諲乃抵郡薦狀，乞聞天庭。尋詔下，許輸錢易銅以鑄斯器。明年值洪水方割，下民昏墊，亟就茲緣，時不我與。洎天聖二年，歲之豐和，俗稍蘇息。諲復率衆聚財〔一〕，載聞郡政，乃命青龍鎮巡檢、侍禁太原王公繼贇莅而鑄之。公芳猷蘭秘，峻節霜明，幹局有聞，從事無曠，十二月己巳，鳧氏設良冶而鍛鍊焉，境邑士女觀者如堵。銅既山積，火亦烟熾。洪爐啓而祝融奮怒，巨橐扇而飛廉借力。凝煎沸渭，翕赫霄壤。俄而烟飛焰歇，豁然中度，華鐘告成，厥功斯就。揭修臺而彌奂，發鯨作而大鳴。激起人天，聲聞遐邇。不祚不鬱，不摦不窕。匪獨導我之真侶，抑亦聰彼之群聾。縱使漢宮千石，感崩山而發秀；豐岫萬鈞，應嚴霜而振響，豈得同日而語乎？謂下制滁陽，退居江左，承命叙事，牢讓弗遑，謹直書其實云耳。時皇宋天聖三年二月十五日呂謂記。《嘉禾金石志》卷二〇，臺灣新文豐出版公司石刻史料新編本。又見紹熙《雲間志》卷下，《至元嘉禾志》卷二〇，康熙《松江府志》卷二七。

〔一〕諲復：原作「復諲」，據紹熙《雲間志》乙。

釋清穆

清穆，浦江（今浙江浦江）人，贈大理寺丞隱士于昺之子，尚書屯田員外郎于房之弟。咸平三年，始爲雙溪禪院比丘。乾興初，繼紹筠爲住持。後雙溪禪院改名普安，清穆祖孫數代，相繼興造。見清穆所撰《普安禪院記》。

普安禪院記　慶曆七年八月

左溪，浦陽之佳山水也。初，元朗大師道成行尊，思所以休息其身者，得左溪而庵焉。唐開元時，吾五世祖平〔一〕，始與大師治屋室。天寶十三載，大師既就滅，左溪無嗣，居人惟于氏，中閑或衰，故左溪廢壞，浸不得復。國朝開寶中，吾祖伯昭傷先人之所爲，念大師之道場也，遂躬負畚築，斬茅除榛，搜材發石，而漸復其屋室。上狀錢氏，請其名曰『雙溪』，又上狀請十方説法住持，願得杭州大比丘寶初者主之。皆從事未既，而吾祖亡，實太平興國八年也。吾父贈大理寺丞昺，乃竭其力而就其功。始于佛殿範如來諸大菩薩像，一切完備矣，粟蔬鹽醯，獨供給者四十餘年。嗚呼，古所謂善繼人之志、善述人之事者也！咸平二年，竇初師卒，以處州大比丘紹筠嗣之，且以吾爲比丘。乾興初，紹筠以疾去，衆以吾嗣之。祥符初，詔賜今額。天聖三年，始建三門，東西廡十五楹。七年，建大藏十六楹。九年，鑄大銅鐘四千觔。慶曆三年，建方丈六十楹，造檀香瑞像四身，紵漆天竺像一身，彌陀、勢至、觀音像三身。至于所謂方丈者，皆吾盡其心，而吾兄尚書屯田員外郎房相與成焉。噫！由開元到今六百年矣〔二〕，吾院事始惟吾祖、吾父、吾兄與吾之所經營，不亦艱乎哉！自今以往，迨吾身之後，當擇諸方具德行知識者爲吾嗣。凡吾門内之子弟，其德行知識有若諸方者亦聽。其或不然，構朋樹黨，徼倖以求繼續，欲亂吾規矩者，在檀越大衆公之，可也公進之，不可也公退之。自初而下，可知也；自吾而下，雖百世可知也。金石有敝，此無廢已。大師之終始，有唐相李公華之碑存，來者足以觀焉。慶曆七年歲次丁亥八月望記。光緒《浦江縣志》卷一五，光緒二十二年刻本。

〔一〕五世祖平：按開元至慶曆，歷時三百餘載，不應僅五世，疑有誤。

〔二〕六百年矣：按開元至慶曆僅三百餘年，『六』疑爲『三』之誤。

彭乘

彭乘（九八五——一〇四九），字利建，一字和建，華陽（今四川成都）人。少以好學稱州里，第進士。授漢陽軍判官，得請以歸侍養。天禧初，以寇準薦，爲館閣校勘，改太平軍節度推官，秘書省著作郎，遷本省丞、集賢校理。懇求便親，得知普州，蜀人得守鄉郡自乘始。後知荆門軍，改太常博士。召還，同判尚書刑部，出知安州，徙提點京西刑獄，改夔州路轉運使。仁宗召修起居注，擢知制誥，累遷工部郎中，入爲翰林學士，領吏部流内銓、三班院，爲群牧使。皇祐元年卒，年六十五。乘聚書萬餘卷，皆手自刊校，蜀中傳書，多出于乘。《宋史》卷二九八有傳。

重修大中永安禪院記　天聖四年

成都郡有宗西竺教者曰德元，真性圓明，幼齡解悟，精練行業，能濟衆緣，勤至一心，逮越四紀。咸平辛丑歲，得今永安禪院居之。湫屋壞墉，尤極荒闃。于是率募化誘，冀克興崇土木，集工漸增棟宇。環二十載，凡創立百餘間。由是延敞殿堂，刻繪佛像，香積豐潔，器用悉具。天禧中悉籍其有請，令欽禪師住持，俾揚漸法，與衆共也。且誓其徒曰：『隆兹寶刹，實假衆財。靡替至誠，致集勝事。宜乎來者，緣合即居。矧以成壞迭臻，泡幻易滅，有爲皆妄，浮生幾何，假物强名，詎定常主。兹後法屬，當泯异心，無徇私，無差别，但以義聚，勿爲争侵。有渝是盟，必罹陰殛。』作是語已，懇予志之。夫真如寂無，謂其無，則泯之也；諸相具有，執其有，則系之也。是以離有無際，超圓寂中，非言説可知，豈名迹能繫？然而不有言説，詎覺其昏迷；不循名迹，曷彰于化道？所以塔廟像設之制，蓋率人歸向而俾之趣善也，非夫超悟精進、勵肅至誠、力奉覺雄、功拯迷俗者，疇能與于此乎？斯院倚郡之隅，列艮之上，載祀浸遠，珉琰銷刓，締構之初，茫昧莫究。會昌中例屬除毀，基迹僅存。大中初，相國白公敏中，輟岩廊之崇，膺藩翰之寄。眷兹遐俗，思洽于純禧；緬彼真風，實裨于理化。慨斯頹圮，遽議增修，軫慮且深，僝工繼務。巨厦壞而重集，崇構屹乎復新。不有异人，曷居靈境，乃請無漏和尚居之，尊道行也。厥後盈虚委運隆替，蜀人嗣襲遞更，不復詳悉。皇帝之御宇也，天開鴻緒，神贊珍圖。法輪廣運于無垠，慧矩潛昭于有赫。舟輿所至，祠宇畢新。雖薝蔔飛香，盛傳于中土；而萑蒲聚盗，薦起于西陲。回禄延灾，招提半燼。邈此蓮花之界，闃于麥秀之墟。鯨音曉絶于舂容，麋迹時分于町疃。元公朅來遺址，感慨經營，以爲成物者，功當利他而泯己；應機者，教必由相而歸真。所以躬剪榛蕪，力排瓴甋。檀施願集，梓人規呈，斤風交運于瑰材，繩道宛分于金界。于是丹刻楹桷，飛矯翬虹，相儼玉毫，儀標珠髻，先像設而崇教本也。而又堂厨虚寂，軒廡縈迴，梵繞香園，經開寶藏，篤禪誦而廣法惠也。至若茂林嘉樹，所以延結社之賓；曲沼方池，所以育含生之類。實經行之净界，而率化之妙門，傍睨闉闍，倬爲勝致。師以緣力既就，齒齡漸高，深懷永圖，弗處成績，懇求開士，闢捨精藍。事與欲諧，應猶響答，故兹耆德，亟副乃誠。禪師一錫周游，半偈明解。鑒忘拂拭，幡在颺飄。踐鹿苑之康莊，出虎溪之軌躅。道存先覺，依歸者裔雲其臻；言會大乘，參訪者甘露攸飫。向匪行業積著，名德溢聞，則曷以當于此乎？予性尚求真，心殊遺悟，未離文字，猶滯筌蹄，止書興立之因，勉徇傾勤之請。能事貳紀，愧無美詞。時天聖四年記。《成都文類》卷三六。又見《宋代蜀文輯存》卷四，民國《新繁縣志》文徵補。

夏竦

夏竦（九八五——一〇五一），字子喬，江州德安（今江西德安）人。父承皓，與契丹力戰死，録竦爲潤州丹陽縣主簿。景德四年舉賢良方正科，累遷知制誥，出知諸州。天聖三年復知制誥，充翰林學士兼侍讀、龍圖閣學士，遷樞密副使。七年拜參知政事。與吕夷簡不合，尋罷爲樞副，復出知州府。寶元初，入爲三司使，趙元昊反，出知永興軍，徙涇州，還判永興軍兼陝西經略安撫招討使。自請解兵柄，改判河中府，徙蔡州，改知亳州，復拜河陽三城節度使、判并州。慶曆七年，拜同平章事、判大名府，改樞密使，封英國公。罷知河南府，加兼侍中，進鄭國公。皇祐三年卒，年六十七，謚文莊。竦資性明敏，好學，經史百家，外至佛老，無不通曉。文章典雅藻麗，朝廷典策多以屬之。有集一百卷，策論十三卷，又著《古文四聲韵》五卷（存）。見《華陽集》卷三五《夏文莊公神道碑》及《宋史》卷二八三本傳。

賜杭州靈隱山景德靈隱寺常住田記

會稽之西部，吴郡之東境，山之美者，武林在焉。晋咸和初，常有梵僧嘆其峻極，以爲鷲峰別嶺飛至茲地，由是依山起刹，名曰靈隱，蓋言靈山之隱于此也。奇迹既彰，歷世增葺，繚垣危磴，叢楹鈎檻，樓觀之華，勢勝之美，首于餘杭。善巧啓導之師，若燈炬以相續；精勤憤悱之士，譬雲霧而畢臻。世有人焉，其來尚矣。國家同文區夏，洎聲葱雪，五天飛錫，四海浮杯，訪道而來，解裝相繼。天聖之間，有衆七百，每結趺聚飯，應器如雲。俱羅之施難充，維摩之化靡及。爰有上首，始議墾田。乃獻像于東闕，請播種于南畝。我尊號皇太后恩深外護，心等大慈。授諸佛之記言，布群生之勝利。威光所照，物成金色；慧力之感，地見寶嚴。若夫平决萬幾，將明百志，動遵法度，慎守典彝。以爲道釋名田，禁于創置；國之舊制，豈敢廢焉！然吾保育嗣皇，紹隆景業，素依佛寶，孚祐帝躬。冀其萬壽無疆，百祥申錫。在諸服玩，予何愛焉？乃賜直百萬，市田二十五畝以施之。歲輪舊賦，天下之爲公也；永充净供，福田之無極也。彼給孤施園，非續命之要；妙意設食，無宿飽之資。若此因緣，則爲殊勝。乘天時以稼穡，絶水火之虞；治防庸以蓄泄，靡旱潦之患。地種盡墨而可窮，此功德無窮；恒沙皆寶而可盡，此布施無盡。諸菩薩僧觀是田者，應合釋迦如來以信心爲種，以精進耘鉏，因田以悟法；諸大比丘受是食者，應念香積如來以甘露爲味，以大悲普熏，因食而證道。然而悟無所悟者正悟也，證無所證者真證也。無離塵垢以染于净，無求寂默以住于空。三界不見于身心，萬法本忘于封境。舉足所之，皆是道場；適意而居，莫非宴坐。夫如是者，始可以享斯田施，消此飯香，報兩宮之慈恩，續諸佛之慧命也哉！臣幸預譯場，叨觀秘藏，遐推往記，切考兹山。能仁出世千載而神僧建寺，七百載而聖人施田。由是知山川龍象抑有冥數，以待聖神乎！奉命昭紀，刻彼靈區。皇太后右序嗣君，崇修妙果，施夫疆畎，教天下之至慈也；皇帝尊事母儀，布宣聖愛，勒于金石，教天下之至孝也。率土之濱，含生之品，一切見聞，得不踴躍于兹辰哉！時天聖四年歲次析木仲夏望日謹記。四庫全書珍本初集本《文莊集》卷二一。

御書慈孝寺碑額記

慈孝寺成，朝廷命史官頌故實，將昭銘于金石，永垂耀于文象。聖上穆清之暇，熏袚以觀，且曰：『先帝大猷，太后聖德，備在兹矣！非天下之妙翰，孰爲奇麗之觀？非朕躬之親筆，罔罄寅威之禮。』由是上自題額，命翰林學士綬書文。百工相趨，萬區載躍，以爲極帝王之能事，敦恭愛之大本，英華聖域，焜耀國經，巍巍乎亘千古而不朽者也。皇太后嘆嘉睿志，浚發慈旨，申命史氏，識諸碑陰。臣聞聖人因親嚴以教民，故能感天地；本文治以化下，故能緯風俗。然則召至和之應，成惟幾之務，垂世烈而潤皇業者，必繇斯道。洪惟上聖，天縱多能。厥初啓朱邸，踐震邸，典學時敏，博志大成；及乎集丕統，迪詒謀，益復研精書林，垂思藝圃。探七經之奧賾，鑒百王之治亂。非仁義不圖于政，非禮樂不訪于朝。而又師臣勸講之餘，碩儒進讀之暇，寶跗在御，晝漏移刻。秦峰之篆，頡篇之楷，倒薤之妙，拂素之工，出自生知，動超神品。嘗以爲開元以降，御題碑榜，標桐柏以尊道，揭麗正以崇儒，未足以移雅俗之風，恢至要之體。故是寺之建也，飛白崇真之額，所以奉先猷，攄永慕，昭定陵之遺烈，以繼文而教天下也；玉篆慈銘之首，所以宣懿鑠，闡慈訓，尊長樂之美業，以愛親而訓四海也。昔羲畫八卦，以啓人文；禹錫九疇，以贊皇極。參之聖功，偕爲盛矣！若乃翔翬結宇，液金填畫。騰虬龍于螭首，潤雲露于翠珉。映調御之相光，陰詞臣之妙墨。奎躔婉其鈎曲，珠斗煥乎闌干。固將太一下觀，百靈潛衛，爲億祀君臣之法，昭兩宫孝愛之德也哉！臣忝貳近樞，荐拜嘉詔，仰欽累盛之懿，彌負重陳之怯。唯頌次典則，勒諸左右云。天聖六年八月朔日謹記。《文莊集》卷二一。

青州龍興寺重修中佛殿記

左海瀕，右岱畎，沂蒙亘其南，河濟徑其北，厥壤廣衍，惟青州焉。唐以盧水平地，置平盧軍，其城縈帶山岳，控引川瀆，氣候高爽，風物楙盛，雅俗雜處，修塗四達，富焉庶焉，東夏之都會也。中有佛圖，實曰龍興寺。舊以爲田文之第。地勢斗絶，堀殁洋水之陰；樓觀飛注，翺翔重闉之表。東踐絶澗，徑度于闤闠；西瞰群峰，旁屬乎原野。十二之勝，盡于兹焉。寺中有殿，宋元嘉二年建。甲子十周，楝宇隳圮。常坐比丘晝樞，化青人，得鏹三百萬以新之。又錮以石階，繚以髹檻。後增二亭，左以薩銘識，右以藏鼓格。世傳孟嘗飯客，以鼓爲節，其格存焉。載祀浸久，木石刓脱，但上晝飛仙，殆非當時器，而寺僧寶之，以傳疑焉。或曰：『佛何爲者邪？』夫太始既分，皇衢既遠，舜禹揖遜，湯武干戈，自樸而雕，自淳而漓，奸宄鋒起，智詐火馳。是以天生聖人于叔世，分三教以救之。九州之載，人性淑均，道德可以化焉，禮樂可以教焉。故商武丁時生老聃于瀨鄉，周靈王時生仲尼于昌平。流沙之外，西戎即叙。非威神攝受，權實開遮，莫能變獷悍，勝殘虐，故昭王時生佛于毗嵐。然今古之論，罔不折衷于仲尼。昔夫子自謂則曰：『文王既没，文不在兹乎！』于老氏則曰：『其猶龍邪！』于佛則曰：『西方之人，有聖者焉！』以是論之，則釋老皆聖人之救世者也，夫子不之譏焉。或曰：『樞之新是殿，有功德邪？』夫天地者，煩惱之毁宅也；世界者，生死之業流也。人之生也，與愛俱生，忸忕乎名利，蓋纏者嗜欲。鳥鶩獸駭，馳走乎烈焰；鼀沉魚躍，出没乎鶩波。翳元明而不知，甘衆苦而不恨。忮忌而得者謂之能，放肆而前者謂之達。其生也與夢寐等，其死也與糞壤俱。聖人哀之，故爲之御三乘之輪，艤六度之航，以接痴冥，以拯昏溺。後之登是殿者，若睹相好以攝心，嘆寶嚴而起信，固可以遠謝塵垢，坐空妄幻。若瞻白毫之光，悟見精之不動；聽寶鐸之音，覺聞性之常寂。固可以返照真際，旋復本初，證菩提心，成無上道。由是觀之，則樞之于兹殿，有無量功德矣。予嘗守兹境，目樞之勤，聊紀勝因以刊石。時景祐四年八月朔日記。《文莊集》卷二一。

傳法院碑銘

太宗至仁應道神功聖德文武睿烈大明廣孝皇帝，以太平興國七年六月建傳法院于太平興國寺。今上體天法道仁明孝德皇帝〔一〕，以景祐二年六月特詔史官追頌先烈。史臣某拜手颺言曰：唐氏中微，五代多故。三辰昏祲，九服煨燼。虎争龍戰，糜沸雲擾。我國家題五精之期，起千歲之統。祛天地之否隔，拯夷夏之塗炭。翦寇劇以靖摇亂，誅僭劇以遏横鶩。太宗皇帝張天弧，順斗極，驅除鄰敵，駕馭髦杰。制禮樂于已壞，振文武于將墜。奉藝祖以造大業，由太弟以纂鴻緒。歸馬論道，投干講藝。覆露所及，轍迹所到，罔不闢皇衢，剗霸軌，一文軫，齊量衡者焉。洎乎六幕謐寧，中宸閑晏，披蠹簡，訪幽經，觀天人之交，探神明之奥，補綴漏遺，講求希闊。朝夕之議必稽于典册，小大之政咸本乎根柢。嘗謂佛法之至也，百王不易，歷世彌盛。中原之區宇，絶域之種落，户諷其書，家圖其像，一睇窣堵，一嗅薝蔔。或因受以悟法，或睹相以趣善。感照以應群動，廣大以攝萬有。裨德教，省威戮，其來尚矣。先朝乾德中監遣僧行勤等一百五十有七人，各賜裝錢訪經西域，今繼有還者。嗟其翻譯之廢，載祀二百。非國家削平多壘，奄宅四海，通道夷貉，暨聲葱雪，大事因緣，疇能復之？會鄜時守吏王龜從上中天竺印度僧法天、梵學比邱法進所譯經。又北天竺三藏天息灾與其受具母弟施護，各持梵夾來獻，符帝雅意，天實啓之。乃遣内侍鄭守鈞肇營兹館，賜息灾、法天等宣譯，命光禄卿湯悦等潤文，法進等筆受、綴文，義學苾芻慧達等證義，高品王文壽等監譯。由是憲前軌，稽秘藏，依金剛界，扢種子壇，書字源，布聖位，三成藻飾，四事莊嚴。三藏主譯于壇北；梵僧證梵義、證梵文，義學僧證義，刊定華字于左右；潤文東南，以資筆削；監譯西南，以肅儀律。新經既成，制蹕臨幸，賚物有品，詔賜金額，歲給飧錢一億六十萬，度僧十有一人。翻譯之制，大備于兹。御製《三藏聖教序》以冠經首，息灾賜名法賢。又詔擇京寺童子得惟净等五十人，令肄梵學。每大電紀辰，貝多啓譯，經成奏御，召對賜坐，進見甚寵，觀者榮之。真廟紹文，鴻徽累盛。舞羽而清河右，再駕而羈幕北。鑾旗駐于兹館，篚幣班于法席。洎乎勤圜，封禪梁址，上儀交舉，盛節咸備。擁九清之嘉祐，訪三空之真諦。祗適先訓，布昭睿藻，作《聖教序》以賜之。又詔參知政事趙安仁等，并所降制詔，賜名《大中祥符法寶録》。復以宰臣丁謂、王欽若充使，以寵重焉。聖上慎徽祖服，光啓宗範。長養容覆，極兩儀之大德；睿哲廣運，總列辟之能事。盡美乎萬幾，宣精乎三教。悟然燈之授記，當彌勒之囑累。以無上之知覺，建大中之教化。述《三寶贊》，以冠藏録。衆聖歡蹈，群生依怙。雨花芬都，金光照爛。恩深歸救之本，理極名言之表。無量功德，非思議之可及也。自興國壬午距今乙亥五十四載，寵靈積累，妙因殊勝。有若今右僕射、同中書門下平章事呂夷簡以師臣上衮，博達空理，奉制兼使。今參知政事、尚書吏部侍郎宋綬以宏材碩德，了悟真際，被詔潤文。有若故樞密使、同中書門下平章事王曙、參知政事張洎、趙安仁、樞密副使楊礪、翰林學士承旨晁迥、李維、翰林學士朱昂、梁周翰、楊億，皆以學通儒釋，繼司譯潤。上哲清流，盡在兹矣。翻宣表率，則有三藏五人，皆賜朝散階，累遷試光禄卿。始法賢，次法天，次施護，并刹帝利氏，深窮秘密，博通華竺，功成順化，恤禮尤异。又次法護，北天竺憍尸迦氏，始隸毗尼，聿修禪誦，先朝以其至自西遐，該明法要，令嗣譯度。次曰惟净，故吴王李煜之猶子，七歲依師，選習梵業。真皇以其不游西度，精曉貝文，特命主譯。天聖中法護請還身毒，惟净求往闕塞，累表不允。今皆際會昌期，宣隆教典者焉。其監譯内侍則自文壽至今内藏庫内常侍陳文一、御藥院入主供奉官閻士良、印經院入内高品朱若水，十有七人，皆簡擢恭恪，以幹院事。其筆受、綴文、證義等僧，則自法進至今文一、法凝、鑒深、慧濤、潛政、清漏、善初、義崇、慧素、存行，及梵學僧文涉、道隆、慧燈，七十有九人，皆妙擇行業，以塞朝選。其貢經，五印度僧則自法軍至法稱八十人，取經還華僧，則自辭潮至栖秘一百三十有八人，皆克遂至願，贊此大緣。寵賚之數，咸有差次。其貢獻并内出梵經無慮一千四百二十八夾，秘之院閣，譯成經論凡五百六十四卷。續于藏室娑婆之界，以語言文字作佛事，原本缺。體貌丞相，寵數尊异。其誕辰翻譯，瑞場啓罷，并命兩府衡弼傳香賜會，著爲永式。夷簡等進詩稱謝，有詔刊石。譯館之榮，于斯爲盛。説者云：譯者釋也，交釋華梵，對傳句讀，辨佉樓之筆，簡韋陀之辭，本政因以建之，糅雜句以文之。廣陰入之津梁，續痴冥之燈炬。宣我象教，功孰大焉！然而擬于法者空，幾于真者静。染空尚垢，知静猶障。若夫遺照覺，度禪定，應現無方，圓明具足者，豈有仿佛于其間也哉？但以千覺度人，始自言語；八藏垂教，必假文翰。雙林示寂，鷲嶺罷談，五百年中，皆稱正法。三十四字，廣衍右行，充溢諸天，靡迤東土。非傳釋無以達華夏，捨潤色無以足言志。鑿五藴之牖，破三毒之網。塞顛倒之塗，决苦惱之海。俾衆生竭愛流，灌毀宅，味甘露。以清凉大士悟始覺證，法身護神，通而游戲，其六度之本源乎，萬行之因地乎！宜固諦方言，練横字，審緣起，正思惟。貫穿宗極，以了密義；涉獵蒼雅，以定華文。備而不繁，直而不略。訶四病之微細，拂二見之邪執。灑之海墨，則諸佛下觀；咏以潮音，則百靈潛聽。使廣劫之下，知朝家崇建之美，嘆聖上尊嚮之仁，不其偉歟！臣早游史閣，嘗預譯場；終以鈍根，求補外職。地如亭歷，有生之累猶多；筆若須彌，衆妙之門難盡。上勤哀舊物，俾圖懿鑠。謹奉宸旨，靡敢固辭。議者以爲聖上之建斯銘也，昭貽厥之謀，周文之追孝也；尚記事之美，陶唐之有文也；光大度門，能仁之悲心也；守護正法，有帝之鴻誓也。宣是四美，垂厥無窮乎！龍天降格，神祇嘆譽，永錫百禄，大庇中區，皇哉焕乎！謹爲銘曰：

西方聖人，萬化幽贊。兆啓于周，法至于漢。森沉天禄，古經肇焕。窈窱甘泉，金人聳觀。機緣合應，夢寤通靈。騰蘭東入，愔景西迎。氈像可傳，繪事初形。具偈難解，譯法肇興。魏晉洎唐，正閏十九。變梵成華，翻傳代有。篆隸兼該，典墳旁究。八備咸精，三難盡剖。貞元以降，國步多艱。戎笳沸路，盜戟横關。悉曇罔學，雷嶺誰攀？法器幾墮，慧命將殫。明明上穹，啓我有宋。盡殛殘暴，并蘇愁痛。神武拓迹，聖人垂統。四貉同文，五天厎貢。皇靈有赫，法寶增光。精廬再考，譯席重張。半滿交顯，疑僞兼詳。六義垂範，萬頌裁章。竺典歲臻，華經日續。液金賁字，雕瓊麗軸。思文祖禰，尊善導俗。克昌厥後，介爾景福。皇帝孝思，對越無極。碑頌休烈，載刊金石。鋪昭上乘，博濟含識。惟皇壽考，時萬時億。《文莊集》卷二六。

〔一〕法道：原作『道法』，據《宋史》卷一〇《仁宗紀》二改。

慈孝寺銘 并序

維天聖四載冬十二月，洛苑副使、入内内侍省押班江德明被旨，治故燕國英惠長公主第爲佛寺，資福于真宗文明武定章聖元孝皇帝。始聖上以皇太后浚發鴻誓，祇迪净因，圖創美名，永昭慈訓。三事之臣相與進曰：『陛下以聰哲廣運承燕翼之謀，太后以寬仁勤儉膺顧托之重，垂簾訪對，齋居聽政。雨露均澤，榮悴畢霑，日月并明，忠邪洞判。陽郊再卜，歲歷五頒，六幕晏清，百嘉楙育。此太后至慈以佑嗣聖，景貺博臨；陛下至孝以事母儀，黎苗歡服。在昔名寺，方册具焉。或以紀年，或以盛德。今願以慈孝爲名，庶稱道于無窮，暉映于前代。』有制可之，仍命近臣銘于樂石。臣聞東漢已還，有天下者繼體承基，尊祖親禰。黄流玉瓚，觀盥之享嚴；高燎清壇，外宥之容備。屬象餘烈，顧慕遺恩。奉先之典有終，欲報之哀無極。或以佛國追福，或以釋像薦靈，旁行不流，厥惟舊矣。唐氏中微，五代短祚。寇劇摇亂，群雄紛擾。載祀逾于二百，歷世幾乎三十。文輝昏祲，山川圮裂。空廬生荆棘，郛郭成煨塵。大塊之載欲空，下民之命垂盡。我國家天人合應，祖宗重光。并翦鯨鯢，再造畿夏。勝殘去殺，解百王之弊紐；題期立象，擁五精之王氣。憲洪範，順乾則，置國以建永圖；剗霸軌，拓皇衢，納民以遵大道。功有震叠燀耀，格天光表，而太山之高未增；德有旁魄曼羨，蒸雲潤海，而梁父之基未附。上帝儲蓄祉而有待，先聖膺寶命而惟新。其宅藩房，踐儲邸，則三鷄問寢，四時省膳，周文之孝德也；尹正京轂，寵綏都畿，有虞之歷試也；其步天階，御神器，則攸縱多能，宣精道藝，陶唐之文思也；躬案六師，外攘夷狄，成湯之聖武也。大哉，以日躋之美，承天贊之業，仁經之，義緯之，根本于道德，粉飾乎禮樂。信以來遠，忿鷙之兵寢；虚以受人，鯁亮之臣進。萬景以之昭晰，元化以之絪緼。包舉大寧，參伴遂始。故能延飆駕，席蘿圖，萃坤珍，輯天瑞。紀官立制，克稱乎神物；升中降禪，不顯于上儀。郯丘頌祇，曲里尊道。秩無文以拜貺，纂名山而紀迹。均大賚，賜明宥，復太素，宣至和。子黎庶之恩豐，賓萬靈之禮洽。方將祓靖館，齋大庭，而思帝所以甚歡，厭天下之爲累。徹琴瑟而弗懌，倦輿馬而罷游。聖人入侍興居，冠帶不褫；太后親嘗藥石，夙夜必躬。靡愛牲牷，遍走群望。載罄圭璧，并植三壇。屑瓊蕊而無功，誶玉靈而罔效。于是祈竺乾之秘教，捨沁水之名園。行冀有瘳，即程庶役。靡獲夢齡之感，終稽彤日之報。弓遺髯斷，荆山之鼎空成；鐘晞酒清，鈞天之游不返。宇宙慘怛，人神震動，六宫攀號，萬國縞素。皇帝起初載，臨宸極，章明百度，履德包元，以儀形乎風烈；皇太后恭遺制，保重熙，平决萬樞，博照兼覽，以對越乎威神。以爲能類帝者聖人，善饗親者孝子。乃緣先朝之意，浸講昭事之文。以真皇之受元符，膺秘記，層宙之顧懷也，始嚴安聖之殿于玉清之廷；奉諄誨，迪璇源，六羽之監觀也，繼作奉真之殿于靈景之館。又以洛師吉壤，藝祖降靈，有應天之院；睢陽奥區，王業資始，有鴻慶之宫。四範睟容，并安寶宇。盡漢祖龍顔之妙，增開元玉石之華。皆衣冠是游，旒扆如在。薦櫻獻鮪，馳傳相望。濡露履霜，因時增愴。又以爲禴祀極乎禮，异幽贊之宜；哀戚竭乎情，無名助之禮。乃復疇近職，命有司申述緒言，繼成曩志，即鳳臺之餘址，建鹿苑之精廬。因舊垣而不廣，慮民居也；鳩庶工而惟簡，形人力也。□□□祇植之園，設像兼顧成之廟。岩洞隱飾，疑堂邑之山林；贊唄傳聞，變平陽之歌舞。回廊四注，飛觀相臨。落《斯干》之雅章，成《春秋》之遂事。以五年冬十月詔擇練僧三十以奉重修，置净人二十有五以給灑掃。

設官守之局，俾德明以董之；議尊奉之制，命太常以參之。先置禁中，肖像文考。是月壬申乃率邇臣，戒宗室，導自天章之閣，至于會慶之殿。紫幄奏香，空歌達旦。翌日群后晨謁，百靈備從。申命上公，奉安于寺之崇真殿。緇黄先道，儀衛清路。幡華旗旆，左右相見；鍾磬笙簧，前後間作。帷帟設次，簪紱在廷。太史候辰，攸司錯事。言瞻殿榜，出于宸翰，飛毫舉鳳，拂素騰龍。孝德聖能，并焕兹日。甲戌，上運法駕，率公卿，以奉馨薦。越翌日，太后御雕輿，總嬪侍，以獻令芳。都人隘塗，軒車擊轂。或鼓舞蹈德，或感泣懷恩。望帝卿之雲，慘凄共色；聽魚山之梵，贊嘆相趨。先帝付受之道光矣，後聖恭事之禮至矣。《書》所云『克篤前烈』，《詩》所云『聿追來孝』者也。史官奉詔，謹爲銘曰：

有宋赫赫，兩宫明明。慈昭神育，孝總天經。思文真皇，悲哀罔極。魯館方虚，給園斯闢。斗城北望，廣路東披。采楹叢倚，紺瓦翬飛。寶網羅空，金繩表道。滿月光明，青蓮相好。有殿中峙，實奉先朝。雕雲麗幄，綺棟陵歊。隆準如生，清輝若在。祇薦馨香，疑聞謦欬。供帳咸具，服御畢陳。履綦雖遠，手澤猶新。閑館旁連，藻扃相屬。庭有寓龍，山多壘玉。嚴衛岑寂，靈游往來。雨華紛馥，飆馭徘徊。日監孝思，永錫純嘏。時萬斯年，在宥天下。

《文莊集》卷二六。又見《永樂大典》卷一三八二二。

大安塔碑銘　奉敕撰

有宋封禪後十祀，建大安塔于左街護國禪院，從尼廣慧大師妙善之請也。今上寶元體天法道欽明聰武聖神孝德皇帝在宥之十有七載，詔史臣書其事，從尼慈懿福慧大師道堅之請也。妙善，長沙人，姓胡，字希聖。母既孕，不茹葷。妙善勝衣，志求事佛。馬氏之亂，略爲姬侍。嘗被毀逢怒，憂在叵測，默誦普門名稱，舍利見于額中，馬氏异而禮之。國初，宣徽使兼樞密副使李處耘南定湘川，得之郡邸。嘗以素誓未伸，斷穀謝病。夢异人曰：『我文殊也，汝第食，勝緣近矣。』明年處耘捐館，遂依洛陽天女寺，剃髮受具。往來兩京，高行著聞。太宗皇帝以椒塗之舊，錫以懿名，被之華服。大姓袁溥捨第起刹，賜額妙覺禪院，令妙善主之。自是肅禪儀，練律學，給瑜珈之會，演《華嚴》之説，五陟岱山，一泛泗水，皆中貴護送，傅舍供擬。皇帝巡狩河朔，刺血上疏，璽書褒嘆。是時萬年中參，恩愛异衆，宸闈進見，禮數逾等。贈中書令忠武公李繼隆每以保阿，尊事尤謹。洎元符降格，法御上封，妙善即朝日之郊，卜布金之地，諷甘露法品，祈東禪靈祐，帝意嘉之，賜名護國。天禧元年，湘東邃谷有巨石，重累數十百丈，屹若浮圖，昔隱今見，詔遣使案視，建寺度僧以旌其异。妙善志往瞻禮，有大弟子道堅以師臘既高，衡陽云遠，懇留不已，先事以聞。翌日，妙善請告南游，真宗曰：『汝老矣，何遽遠適？如來性海，隨處現前，儻有至誠，皆可供養。』妙善遂求建今塔，特詔許之。會江寧府長千塔成，繪圖來上，促召妙善于護國，將賜之。道堅在妙覺，地近先至，訪對稱旨，受圖以歸。首事創規，實始于此。由是涓日置臬，肇基寶甃，冶金礱石，作于地宫，將秘莊獻明肅太后所賜馱都，逮妙善囊得佛骨。會妙善示滅，盡以塔事囑累道堅。妙善享年七十有六，尼夏五十有五。宫闈震嗟，賻贈加品，建坊立刹，賜額寶勝，以道堅兼主之。道堅盡禮蒼皴，入謝扃禁，且陳妙善遺誓云：『此塔今世不成，來生願就。』先帝惻然，賜以潛邸珍玩三千萬直，仍命内侍分董其役。明年春，法堅製金襯寶函，納前舍利等入奉于内道場。贊唄三夕，兩街威儀導自滋福殿，帝薦香以送之。季商協吉，藏于石室。五年，繼賜乘輿副物貨鏹萬緡，以供餘費。乾興初，又以塔心殿棟須合抱修幹，既選未獲，貰于皇帝。上方以天下爲公，且重違其請，莊太后時爲皇太妃，乃以奩金五百萬輸于内府，市材以施之。天聖改元，内出明德太后寶器價二百六十萬，洎莊獻服用千餘萬付之公帑，易金銅，鑄輪蓋以施之。美哉！四門九級，岌嶪天中，十盤八繩，晃曜雲際。道堅又以圬墁雖畢丹采，剖劂未完，遍募檀信，獲緡一萬八百。洎法堅稟給餘貲三百二十萬以償其工。上繼志有嚴，奉先惟孝，宅心凝覺，追福太官。由二級而上，命奉安禰廟至宣祖皇帝四室神御，并列環衛，拱侍左右。自餘緣塔功德未具者，皆省服御成之。由是賢劫之象，薩埵之容，五佐星緯，八部人天，分次峻層，罔不咸備。七年功畢，詔賜兹額金榜，始嚴闕軿。臨視談贊五尼，賚紫方袍，并賜近院官舍九十區，僦直充供。明道二載，上給白金五十鎰，俾營獻殿。先有陳元虔捨僧伽像，張延澤施羅漢像，頗極精巧，精堅復建二殿夾峙于塔以奉之。又營諷《法華》《孔雀經》二殿以次之。景祐中，上賜錢千萬，創二樓于塔前，右安特旨所賜龍藏作香輪以轉千函，左挂莊惠所捨鐘樹雕格以維九乳。其斜廊壁繪羅漢迦文像，亦莊惠之施。粤自營創，逮夫圓成，則有宗藩施三門洎無量壽像，鄧國貴主施報身像，尚宫武氏施法身像，朱氏施藥師像，何氏施下生像，晋國夫人張氏施工繪獻殿壁，潁川郡君韓氏捨圃于西，戈水杜航捨地于東，及其季尚繼獻金録，壽春王文獻緡錢，義學比丘端琛指教相文字，比丘惟儼著塔録，吴門應德興爲匠石，皆道堅願力所召，共周能事者也。厥初妙善嘗夢塔相止于雙足，談者以爲上足善繼之祥也。塔成，忽一日遠望如失，靈祇環繞之异也。道堅，故通事舍人杜志儒之女。母，明德從父姨，再適故殿前指揮使、武成軍節度楊信，封隴西郡夫人。道堅生九歲即齋素，十有一求捨家，興國八年剃度得戒，明年賜紫伽梨，十有六授慈懿師名，嗣掌妙覺，月給俸料，三時賜衣，歲度僧薦紫各二。隴西夫人隨子剃染，期月歸寂。道堅天機警悟，資性嚴整，有大丈夫風概。嘗誦《法華》千卷，《華嚴》《首楞》《净名》《圓覺》皆數百過，記憶教藏，該通大義。塔之規模，盡出智匠。總三院之務，安數百之衆，以慈悲攝嗔恚，以精通攝懈怠。故能念舉而物應，身動而衆隨。群蜂表异，纖鱗示應。作大因緣，終始圓就。明道中，詔加福慧之名。嘗談經于觀文殿，有旨賜尼衆食料。道堅以爲出家分行，折伏驕慢，赴請之飯，猶起諸漏。彷徨移晷，切辭仰給，每院但受月廪作糜米十斛。聞者與之，謂其知分。夫以柔弱之賦，婉嫕之姿，其間具明淑之德，習師傅之訓，不過佩服詩禮，蹈履謙祇，體蘋蘩之柔潔，法山河之容潤而已。其能斷弃愛染，脱離塵垢，以堅固爲佛事，以勇猛趨實際，浚發心華，坐空藴樹者，何其偉歟！古之后族出入宫掖，憑藉聲勢，狃忕恩澤，外交王侯，旁出姻援，不期驕而自速，靡羨侈而極懷，載之前聞，爲鑒來轍者有矣。其能委遠光寵，杜絶徼望，辭榮于宗屬，等志于貧賤，以喜捨化俗，以高潔自持者，抑爲難哉！宜乎萬乘待遇，六宫景慕，成支提之上緣，到無生之彼岸者也。於戲！是塔庀功二十年，規平三百尺，高二引有六丈，經用一億，旁廡佗舍，無慮五百楹。自非景祚和平，累朝信奉，設有大願，烏可成邪？是知諸佛慧命，其待時而興也。夫議者皆以爲聖上于是塔大美者四：中出寶幣，形民力也；日就勝因，暢先謨也；敦勸于下，使趨善也；命書厥勞，庸展親也。所宜鬼神潛衛，海域延仰，永集純嘏，施及懷生者焉。臣早預翻經，嘗更約史，仰被臺札，靡敢固辭。謹按塔者，梵云窣堵坡，此云靈廟。在乎諸天，則藏佛爪髮衣鉢；在于西度，則記佛降生經行演説圓寂之所。一以表人勝，次以生地信，三以報重恩。四果之位，能超三界，故有初級至四級者。如來出十二因緣，故極于十有二級焉。迦葉滅後，婆羅奈王起七寶塔爲作銘記，豈非刻石之識抑有初邪！或問古今哲王之導黎庶，不專講六藝，而參用三乘，豈其大抵同歸于善乎？臣嘗試論之：『夫有生之源本始清净，寂則絶待于一物，感則資始于萬緣。至靈無方，至虚善應。覺者則圓通罔礙，湛寂自然。内不立于寸心，外無累于群境。

不爲世界之所流轉，不爲幻妄之所變移。迷者則奔馳萬有，昏翳五欲。習動而不能靜，入業而不能捨。失本明而不知，沉諸趣而不恨。所以能仁愍之，出現于世。法不廣大，不能包種性；喻不善巧，不能破根蘊。窮理而至命，《象》《繫》之旨也；率性而達道，《中庸》之意也。好生惡殺，仁義之均也；防非致和，禮樂之則也。聖人以爲外可以扶世訓，佑生民；内可以澡心源，還妙本。所以崇其塔廟，尊其教戒。』自東漢以來，歷世多矣。其間執分别之論，起歸嚮之疑，廢之而逾盛，毁之而逾信，豈非言底乎不誣，理冥乎至當者哉！昔有人云：『百家之鄉，一人持戒，則十人淳謹，百人和睦。』夫能行一善，則去一惡而息一刑。一刑息于家，則百刑措于國。以此觀之，則斯法之來，裨我之治，蓋亦多矣！上具大智慧，有大威德。神道以設教，文明以化人。晏坐黼帷，鋪觀貝牒。信解出于天縱，悟入自于生知。指曹溪頓門，則言高達摩；覽竺乾半字，則義中悉曇。實玉毫之化身，托金輪而救物。未階鋪砌，孰望清光？而況投筆端闈，屬鞬遠戍。據案受簡，摩盾操觚。但緣外護之仁，少叙重熙之德。謹裁二十有四頌，以勒銘云：

于鑠帝宋氏，睿明繼臨照。百度恢大功，三歸崇正法。辰居憲紫微，東郊配蒼震。有大除饉女，肇營晏坐場。九級締層楹，兩朝施寶玩。八觚回日月，百尋切雲霓。七佛儼金容，四聖崇睟表。瑑刻具千覺，圖繪周萬靈。鈎檻蔭璇題，高檐幕珠網。龍天乍來去，烟霞時蔽虧。我聞上帝宮，昔在莊嚴殿。八萬窗牖柱，衆寶極雕飾。曷若佛滅後，隨緣崇廟貌。設利羅如芥，蘇偷婆如果。有盤若棗葉，有像若蘱麥。其福已勝彼，無量千百億。况惟此聚相，密邇于國城。樓觀相飛注，康莊四通達。宰官引鐃吹，公侯聯旆旍。都人集袂帷，王姬傳車水。流景啟清旦，行月麗中宵。幡影鋪九衢，鈴風聞百里。我願瞻仰者，應起大乘解，悟此見聞性，充滿于十方。我願供養者，應發菩提心，覺此煩惱焰，本是清涼源。我願掃除者，應生精進力，反此塵勞身，徑度禪定業。我願旋繞者，應作三昧觀。轉此顛倒想，頓入清涼慧。寂念以爲地，般若以爲基。正受爲花鬘，解脱爲寶篋。藏此無價珍，非空亦非色。遠謝修證垢，并怯照覺蔭。水澄滓乃去，火盡灰亦飛。法縛既解除，神通自游戲。若于權實際，猶有一微塵。欲求見如來，尚隔須彌聚。佛祖秘密印，華梵微妙言。語默及思維，不越于此義。後之登塔者，應知建塔因。蓋表調御德，起發净信心。掩日不爲多，聚沙不爲少。但能復本覺，即成無上道。朝家光四葉，尊重于寶乘。真祖創妙緣，鴻禧昌厥後。吾皇授曩記，成此殊勝果。壽考億萬年，永庇大千界。《文莊集》卷二七。

孫規

孫規，真宗、仁宗時人。

寶華寺新記

寶華山智顯禪院，面震澤之洪瀾，背長洲之故苑，左控洞庭之峻，右挹靈岩之巔。刻蟠之閾相望，游麋之墟密邇。真三吴之佳地，一方之上游。先是，梁天監中，有僧號憨憨者，至自梵天，營立香界。植錫杖之故所，化靈源之尚存。年祀滋深，締架幾圮。國朝祥符乙卯歲，故府崇儀秦公義當巋然之未墜，思勉矣而可興，其疇尸之，必有能者，即以今心印師居焉。增庫爲齋堂、禪室、梵殿之類，岌起金碧，垂一紀間，精廬克備云。《吴都法乘》卷一〇上之下，民國二十五年據舊抄本過録影印本。又見《吴郡志》卷三三，民國《吴縣志》卷三六上。

廖偁

廖偁，潭州衡山（今湖南衡山）人，天禧進士。其家世以能詩知名，而偁尤好古，能文章。其德行聞于鄉里，一時賢士皆與之游。卒，有遺文百餘篇，號《朱陵編》。其《洪範論》爲歐陽修所稱。見《歐陽文忠公集》卷四二《廖氏文集序》。

白佛院寶殿記　景祐二年十月

昔浮圖之市，乃西方聖人以明萬緣，警三界。循環之化，聿來東土。闌蘭若之殊勝，崇天下之法輪。有□佛之嗣興，蒙壹雨之雱注。輥芥投鋒之記，戲沙成塔之因，悉爲下生，妙推勝果，潛開覺路，救諸苦惱。十方敦信，無不皈依。洵衆德之本，果無上之福田者哉！東南英俊之域，牛婺交度之躔，雲屋比溢于萬家，纖篚可資乎九貢。人物之所熙盛，賦稅之所實繁。山擎空碧，颼飀仙穴之風；水汎長川，漂渺月泉之派。推衆流之會，曰浦江焉。岡巒迴秀，竹箭稱美。寒松混生，歲無改操。盤據廛肆，面浚渚之浦灣；地側南金，儼人寰之净界。塵游罔雜，宛若化城。伽藍之盛，曰白佛焉。在昔唐代，居然德鎮。招提葢葢，屡止彌崇。邑民之所趨向，海衆之所叢倚。歲月云邁，陵谷推遷，殿宇嚮欹，致金仙之像浸至濡首者也。前住持普清上人厭俗事佛，受具爲僧。識穩智明，早達解空之理；性淳行苦，得諸方便之門。攻角立之妙場，踵蟬聯之法裔。夙懷營構，遽啓精衷，將謀革故，欲取鼎新。慈心既發，固一縣以皆聞；善語俄宣，越千里之胥應。會首胡文暠、金超、徐君聚、張歡、高和、陳亨、韓集、高迴、夏承遇、劉逸、吴寵、魏寵、石凌、倪德明等，欽其道化，仰以志勤，喜捨雲趨，贊成競至。得錢數百萬，于天禧二年歲在戊午，月建季秋，涓日撰時，命工壘土，崇基壁立，坦若平地。召呼良匠，運斤揮斧。巧取他山之石，妙薦合抱之材，仰規大壯之文，肯構雕甍之麗。將新佛殿，華而有實。繡栭鏤檻以互映，丹塗粉壁而相輝。瓦縹薄而若翔，勢倚空而軒敞。施金映碧，敷文彩以耕羅；畫棟翬檐，與雲霞而共貫。佛舍既備，功德未圓。再興僉議，遽有種福者何萬、徐詡、倪寵、王估等，同行勸募，以集衆緣。檀施山積，營繕日廣。工徒雲聚，聖像驟成，莊嚴絶出，塵垢不生。孜孜數年，其工云僝。瞻仰可以資民福，焚修可以報國恩。方雲雷之嗣響，俄薪火以告終。上足咸澤，實承法胄，代居祖位，繼掌院事，率遵舊式。金仙之像，龍天繞護，衆香之供，至今是賴。此之勝利，可遽陳哉！偁遇天子罷貢舉之明年秋，挈家東歸，假道于斯。屬宰君王公負出倫之器業，振字人之化風；邑佐外弟楊侯，乃三代將家之令嗣，受四朝文武之殊恩。雅契來緣，實爲民長。德惟善政，頗著弦歌之聲；獄無繫囚，足務宴游之樂。

賞心不倦，同届梵居。極目清涼，驚在塵外。協群情之蒙利，悦雅士之裁謀，原始創規，遽承爲請。愧非麗藻之辭，聊紀勤修之實。筆不停綴，勉與書之。時皇宋景祐二年歲次乙刻十月記。光緒《浦江縣志》卷一五，光緒二十二年刻本。

盛延德

盛延德，天聖中海州朐山（今江蘇連雲港市西南）人。

海清寺塔記　天聖三年十一月

朐山縣西山東保上林村施主盛延德與闔家眷屬等謹捨净財壹百貫文，□于東海縣海清寺舍利塔上，同添修建，同付勝刊。上祝皇帝、皇太后萬歲，重臣千秋，文武官寮保安禄位；次願延德闔家眷屬等朝納百祥，常逢善友。謹録眷屬題名如後：盛延德男忠信，次男忠恕，亡過妻解氏三娘，妻劉氏一娘，男婦魏氏三娘、井氏八娘，次男婦張氏一娘，女二姑、三姑，孫女不采。右件眷屬等謹具題録如前，□石爲紀，以陳不朽之道。更望先亡久遠不□□塗苦，早登菩提之彼岸。時皇宋天聖三年十一月十八日記，沛國子朱湘書，長安鄧文吉鎸。嘉慶《海州直隸州志》卷二八，嘉慶十六年刻本。

又見道光《雲臺新志》卷一四。

馮遂

馮遂，相州林慮（今河南林縣）人，天聖間在世。

慈雲寺石香幢記　天聖五年九月

惟大宋國相州彰德軍林慮縣仙岩鄉趙村管東曲山村幢，于天聖五年歲次丁卯九月戊戌朔二十五日壬戌，鎸造香鑪一所，供養諸佛。匠人申晋，維那頭馮遂、梁均。《林縣志》卷一四，石刻史料新編本。

李遵勖

李遵勖（九八八——一〇三八），字公武，潞州上黨（今山西長治）人，繼昌子。舉進士，大中祥符中尚太宗女萬壽長公主，初名勖，帝益『遵』字。授左龍武將軍、駙馬都尉，歷諸州團、防、察、節，官至鎮國軍節度使，知許州，于時政多所補助。寶元元年卒，年五十一。遵勖好文詞，師楊億，通釋氏學。有《問宴集》二十卷、《外管芳題》七卷。《宋史》卷四六四有傳。

先慈照禪師塔銘 并序

天聖十號歲壬申暮春三月八日，國東神岡資國寺涅槃先師示疾，酬子問：『四大如何？』『黑豆堪合醬，蘆菔好和齏。』作偈曰：『故疾發動不多時，寅夜賓主且相依。六十八歲看雲水，雲散青天月滿池。』午映趣寂〔一〕。後三日荼毗，趺坐如生，既就薪火，卒無烟，五色成焰。觀者如市，隨光所照，各得祖見。舍利大如豆，小如秫，宋雜不可計，白色如珠末者與燼相錯，又盈斗。闕地丈袤，舉鍤復出，土亦香。黑白競抔取踏踞，彌月，未易强塞。何靈應之如是，得不爲震旦昇人乎！蓋聖化之攸感，近代之罕倫也。自嬰疴瘵，罔倦提撕。問疾誰勘，多自病而不詣；剋亡預定，知神會之必同。始悟于决汝州首山念，念爲馬祖九世嫡，襄陽虎溪、鳳凰兩山聚千徒，歷二紀，天下仰之，予表賜紫方袍。再號慈照，名藴聰，南海人也，姓清河氏〔二〕。幼不雜戲，終日習坐，里人异之。自落髪，不執愛行書，而自義了。未三十，達實所，有奇相。洪鍾袵虡，小扣小聞；明鑒當臺，胡來胡見。識是草是藥者，體病皆平；樂無佛無人者，覺塵復擾。予承世善慶，素慕禪悦，故翰林楊文公億、中山劉公筠不我遐弃，爲方外之交，未曾嘗不切劘盡規，獨惟投然。雖心曰證而凡機會，口莫能言，譬自謂良馬一日千里，不見奔蹄。予早欽風，而虎溪，世之頌福地也，會師退位，以素緣熟，乃走胥命駕，百會重趼，道將迎意，遂有王城之入，創兹寺居之。獲陪中層之侍，諦求眉髓之論。師嘗諭房孺問徑山：『禪可學乎？』曰：『此大丈夫事，非將相之所爲。』一旦聞舉一喝三日耳聾之話，如處蔀室，爗爾而頓明；如對靈山，聽然而微笑。自此叙弟子禮，或外館開供，妙談偈聞，旋請入都，留閤旬浹；或命駕香刹，時問輕安，服勤左右，六周歲籥。于是確求歸隱者數四，咸緩以他語，貴乎延居。亦嘗微露風指，謂吾償汝宿緣，祖禰有記，事著傳録，令不可汝後自言者。臘高之後，倦談而已。師與首山洎數同嗣，咸以令甲子化，事具《天聖廣燈録》。居常祇接間燕堂會僧，圖盡見之。駐神罔後，捨諸方名山大寺，肯來禮足，願枉錫者，又無央數。惟杜門不報，如有復我者，善爲辭焉。所謂可得聞而不可見矣。兩宮以副馬吴元扆故館爲慈孝寺，上以奉累世之隆法，下以厚近姻而濟。思恢曩制，肇立叢禪，麗極宏規，冀延大士。以師稱諸貴議，上具禮涓，且欲强致之。天子察其懷道匿曜，先潜使詗，審之不詘。又復挑欲與詣，遂領之，二聖但德之，而如聖諭，以安其志。有謂國家興寶，勸其將護，答曰：『人自差殊，法非增減，仰受付托，匪一朝夕，不在乎一老比丘耳。』既化之後，規中慨嘆緣差，然有故事。梁帝將禮于少林，遂已面壁；劉主躬謁于靈樹，遽乃順世。詳因所自，諒非偶爾。存游殊迹，遠通彰聞，予竟無所止。前二道場争求靈骨歸葬，予以名山勝地，欽崇悠永，較夫優論，從如鳳皇。但奉珍寶，留舍利塔于資國，同予侍立真圖，爲終身之供。吁，鸞皇瑞世，非爲于久留；水月觀容，是宜乎常住。重念契感，胡可酬報；自寫翠刻，聊爾叢林。若夫出黄檗之門，略同于裴相；作金粟之士，絶企于龐公。贊述不文，而係之銘：

離四句，絶百非。《天聖廣燈録》卷一七，續藏經第二編乙第八套第四册。

〔一〕午映趣寂：疑有誤。下文亦多誤字，不可校。

〔二〕姓清河氏：據《補續高僧傳》卷六，藴聰俗姓張氏。

湯維

湯維，天聖間人。

重修泗州大聖殿記〔一〕　天聖六年三月

蓋聞如來膺聖，爰演化于西方；雄釋闡揚，乃傳流于東土。□夢而遐臨帝室，振錫而遠格摩騰。悟彼正真，始究三乘之旨；達斯妙理，是成六譯之文。中有助佛宣教，其惟大聖者哉！觀乎應變難窮，行惠無量，秘真軀于勝地，供儀相于諸方。今有河南府偃師縣泗州尼院，舊塑真容，莊嚴宛若，然香花之將虧，顧堂殿之非□。芝田鄉南柏谷村天水趙繼升，端謹自立，□節不逾，尤藝術之素高，實純和之稱譽。言之海量，處泉蕴寬厚之情；念彼塵勞，悟性得逍遥之趣。嘗因瞻□，發願興修，乃以羨餘，將謀基構。首俾斤斧之匠，施成杞梓之材。豈期繼升，俄浮世以告□，靡逾于籌算；嘗慕聖而恭志，克盡于前緣。嗣子□□□□遺體，承家奉先。思孝義方之訓，咸自于庭闈；風木興悲□□，徒傷于罔極。是以仰遵先志，式副夙誠，誘化鄉人，同助建立。以日繼月，革故從新。法宇既成，彩繪俱畢。香燈□施，善□識隨喜有歸；瓶錫臻嚴，比邱尼焚修罔怠。增□則慈雲布□，昭顯則惠日□光。愧乏時才，褒揚盛事，□乎□□，因志永年。大宋天聖六年，歲次戊辰，三月二十日立。《偃師金石遺文補録》卷九，清抄本。

〔一〕題後原署『湯維撰』。

蘇可久

蘇可久，仁宗天聖間人，官朝散大夫、行東海縣令。

海清寺塔東海知縣碑記　天聖六年六月一日

朝散大夫、行東海縣令蘇可久捨鈴一□、磚七百三十三□資薦亡妣亡父。妻蔡氏捨磚一百五十□追薦亡妣亡父，捨鈴一□追薦亡男二郎；長女蘇氏三娘捨鈴二□保扶父母。將仕郎、守東海縣尉兼主簿事王淳并妻劉氏，共捨鈴二□、大磚三百□。天聖六載歲次壬辰六月一日題記。手分倪文忠書。嘉慶《海州直隸州志》卷二八。又見道光《雲臺新志》卷一四。

范仲淹

范仲淹（九八九——一〇五二），字希文，蘇州吴縣（今江蘇蘇州）人。生二歲而孤，母更適長山朱氏，從其姓，名説。舉大中祥符八年進士，爲廣德軍司理參軍，改亳州節度推官，始還姓更名。歷秘閣校理、右司諫、知睦州、蘇州、權知開封府。直言立朝，屢遭貶黜。歷知饒、潤、越州，進龍圖閣直學士，爲陝西經略安撫副使兼知延州，降知耀州，改慶州，遷環慶路經略安撫使，改陝西安撫經略招討使，與韓琦、文彦博等俱爲陝西名帥。慶曆三年，除樞密副使，尋拜參知政事。針對北宋建立以來形成的積弊，主持進行了歷史上著名的『慶曆新政』。五年，罷政，以資政殿學士知邠州，兼陝西四路安撫使，改知鄧、杭、青、潁諸州。皇祐四年卒，謚文正。著有文集二十卷、别集四卷、奏議十七卷、政府論事二卷、尺牘五卷。《宋史》卷三一四有傳。

天竺山日觀大師塔記

師，錢塘人也，姓仲氏，名善升。十歲出家，十五通誦《法華經》，十七落髮受具戒。客京師三十年，與儒者游，好爲唐律詩，且有佛學。天禧中，詔下僧禄簡長等注釋御製《法音集》，師預選中。書畢，詔賜師名。遂還故里，公卿有詩送行。師深于琴，余嘗聽之，愛其神端氣平，安坐如石，指不纖失，徽不少差，遲速重輕，一一而當。故其音清而弗哀，和而弗淫，自不知其所以然，精之至也。予嘗聞故諭德崔公之琴，雅遠清静，當代無比，如師則近之矣。康定中，入天竺山，日觀庵，曰：『吾其止乎。』不下山者十餘年，誦《蓮經》一萬過。皇祐元年，余至錢塘，就山中見之。康强精明，話言如舊。一日，遣侍者持書謝余曰：『吾願足矣，將去人世，必藏于浮圖之下，願公記焉。』又一日，侍者來告曰：『師化矣。』其門人中靄等葬師于塔，復以師之言求爲之銘。銘曰：

山月亭亭兮師之心，山泉泠泠兮師之琴。真性存兮，孰爲古今。聊志之兮，天竺之岑。

宣統二年重雕康熙歲寒堂本《范文正公集》卷七。又見《咸淳臨安志》卷八〇，康熙《錢唐縣志》卷三四，雍正《西湖志》卷二六。

遠祖師塔銘

嗚呼遠公，釋子之雄。禪林百澤，法海真龍。壽齡有限，慧命無窮。寒岩瘞骨，千載清風。

《浮山志》卷四，同治刻本。

聞人建

聞人建，秀州嘉興（今浙江嘉興）人，天禧三年登進士甲科，監秀州都監倉，轉秘書丞。以子安壽貴，贈工部尚書。見《至元嘉禾志》卷一五，雍正《浙江通志》卷一三六。

新鑄鐘銘

須女之墟，東陽劇邑，物被仁風之扇，境連化石之羊。去思著頌，紀次公之能政；涵碧流吟，存夢得之雅言。翠巘倚天，澄源注壑。有華嚴院者，自吳越有國，乾德始年，肇興締造之功，宏闊精嚴之舍。盡檐鑠目，維宇來風，密邇康莊，旁俯闤闠。大中祥符元年，誕膺宸旨，始錫今名。惟六時之中，絶萬鈞之響。奉佛之儀斯闕，頌教之範何觀？主寺僧慶賚、管當僧慶珍，志誠彌篤，宣力愈堅，誓結信人，共成能事。乃有即今銓主正諫安定胡公則先任都大制置發運使，日逼向善，因蔚爲謀始。公佐時令器，超世絶材。顧惟父母之邦，精藍或備；欲創雷霆之象，卧護益隆。勸導斯行，附從尤衆。邑人吴紹等悉以善道畢力，方物有成，人皆胥懌。鳩乃衆施，植厥巨刹。列狀郡府，飛章闕廷。許貨蜀山之珍，得闡梟氏之法。即以祥符之歲七月三日，工徒磬集，制度畢陳，熾炭於洪爐，號風於巨橐，書行之子，流液而從。革秋風之樂，禀質以維新。鼓鑄彰能，規模盡得。後建層樓，植猛虡。鯨杵屢發，春容之韵遐振；劍輪遽止，噞喁之性咸若。濟鼻獄之衆苦，爲佛廟之偉觀。般若空相，彼雖亦以聲求；觀音妙門，此實由乎耳入。有作之盛，豐報可期。懇求片辭，昭示來者。文不華婉，宜其悚。銘曰：

金刹之中，鴻鐘新鑄。層樓宏撞，猛虡合度。扣擊此者，罪苦傾措。耳根一入，圓頓斯悟。道光《東陽縣志》卷二七，道光十二年刻本。

釋志陸

志陸，仁宗時僧人。

大宋京兆府鄠縣逍遥栖禪寺新修水磨記　天聖八年八月

夫關市農田之賦，邦國所以備於年儲；疏流變磨之功，人事所以資於日用。矧兹匠妙，俾自輪行，實濟物之殊功，乃厨須之要務。長安鄠邑，有逍遥精舍焉，即後秦三藏法師什公譯經之地也。此寺名標勝概，面對終南，况草木以靈奇，常高僧而間出，秦自隋唐皆高僧譯經之地。境稱絶异，具載豐碑，此不復序。寺之東南隅三里以來，按圖經曰高冠之谷。其谷口有隙地，先是尚行温之地，乃前寺主崇恩端拱年中以金帛易之，從始迄今，皆以荒墟，曾未田種。今寺主法普始一日與同志曰：『此處地堧澗口，水會濠流，欲樹建於磨亭，似不煩於巨力。』既陳厥議，咸心悦隨。乃剪伐榛蕪，鑿開峻岸。方興功力，會乏資財，有信士張彦實施青蚨百緡，助充營建。是以掄材聚墨，選匠鳩工，徘徊盡合於規模，巧拙皆依於制度。於是危樓崛起，疑蜃吐而雲成；駭浪奔輪，若虬蟠而轉影。且觀其源也，危峰巇岫，狀怪形奇；下之流也，瑩碧澄潭，深沉無底，人而過者，莫敢而窺。故九夏絶於炎殃，則可滋於稼穡；一方溉於畦壟，則挹之弗窮。其磨亭正座五間，都成七架。西開客館，東敞僧房，俾來者洗以塵襟，醒乎耳目。望遼天而空闊，夜月良多；睹雨霽於秋光，屏觀疊嶂。闃然世外，杜絶喧繁，豈止獨利於禪林，抑亦務資於閭里。約費羡鏹三百餘緡，歲月未周，土木功畢。是知地之興也，故有其時；物之盛衰，良因其主。今寺主法普與供養主法明，并以精勤無怠，道行有聞，皆繼踵於真宗，爲鄉閭之所仰也。苟非積於勤儉，安以樹於勝因者哉？乃以庠事既周，慮遷陵谷，志陸陨承見托，固讓弗遑，輒述蕪辭，志於翠琰。時天聖八年八月二十五日記。民國《重修鄠縣志》卷七，民國二十二年西安酉山書局鉛印本。

晏殊

晏殊（九九一——一〇五五），字同叔，撫州臨川（今江西撫州）人。七歲能屬文，景德初以神童薦，擢秘書省正字。歷任集賢校理、翰林學士、禮部侍郎、樞密副使、樞密使。慶曆三年加同中書門下平章事、充集賢殿大學士兼樞密使。曾先後知宋州、潁州、陳州、許州、永興軍、河南府兼西京留守。至和二年卒，贈司空兼侍中，謚元獻。見歐陽修《晏公神道碑》，《宋史》卷三一一本傳。

因果禪院佛殿記

南紀名區，臨川古郡。接豫章之都會，界麻源之福鄉。精舍仙壇，華姑從兹飆駕；銅陵碧澗，康樂之所勝游。三灾不興，既王化之攸洽；一變至道，在民風而甚醇。由是崇飾善因緣，歸依大法像。犀渠鶴滕，靡習吴都之强；寶刹蓮宫，益盛耆山之教。因果禪院者，控臨闤闠，左右邑居。碧瓦虬檐，上鄰霄漢。清軒浚閾，迥隔游氛。驗圖籍之所傳，歷年序而滋久。苾芻净衆，游方者其至如歸；象馬都人，集福者有來斯應。矧乃運鍾上聖，道闡能仁。温詔誕頒，嘉名是錫。重門有伉，載揭於華題；下土式瞻，增隆於净信。郡人陳廷昭者，聲塵不染，結念四禪；戒施具修，留心二梵。瞻言紺殿，鎮此名邦。獨創宏規，不假衆力。策於膺尹，歲月其良。陟彼景山，楩楠畢集。節杵有睢陽之曲，執材無澤門之謳。於垣而百堵皆興，不日而千櫨競立。雕楹爛其照地，雲屋森其造天。瑩冰級於丹墀，爍霞光於洞户。文楣走獸，憑刳劂以生姿；藻井圓荷，映銀黄而絢色。榆檀未改，輪奂聿成。然後灼楚焞以揆吉辰，節蘭盆而修净會。中巖黼帳，金資寶相以問安；四敞華臺，衆聖威神而列侍。鴻鐘九吼，旦發清音；列炬千輪，宵凝紫焰。天龍之所攝護，緇素之所瞻祈。昭大事之莊嚴，導一方之善利。戒香智果，漸廣聞薰；惠日光雲，遍蘇蒙翳。亦必毗耶之室，方丈增嚴，祇樹之園，黄金側布而已。主院僧善修夙承佛記，久住禪叢，攝伽黎之衣，登獅子之座。護我正法，成兹妙因。聊用直言，以祇勤請云爾。光緒《撫州府志》卷二〇，光緒二年刻本。

王逵

王逵（九九一——一〇七二），字仲達，濮陽（今河南濮陽）人。天禧三年進士及第，爲廣濟軍司理參軍。以秘書省校書郎知萬年縣事。後入爲開封府推官，歷知處州、池州、福州、揚州、洪州、徐州，遷尚書工部郎中、淮南轉運使。賑濟飢民，多所全活，遷尚書刑部郎中、判刑部，加直龍圖閣，出知兖州、金州。以尚書兵部郎中致仕，熙寧五年四月卒於鄆州，年八十二。有文集五十卷。見曾鞏《元豐類稿》卷四二《刑部郎中致仕王公墓志銘》。

齊州靈岩寺千佛殿記〔一〕 嘉祐五年三月

釋典謂昔有金人生西方，同名號者逾乎□百萬億，則瞭然悟空以成道者，非不廣矣。自白馬來□土，建□□者幾乎百千萬所，則示形出相以化人者，非不多矣。其間烜赫中夏，輝映諸藍，得四絶之偉者，則有荆之□□，潤之栖霞，台之國清，暨兹靈岩是也。按地志，後魏正光中有僧法定者，唱首撥土以興焉。炎宋景德歲，始賜此額。噫！絶之夥有四種，義不越乎高倚青山，俯臨寒泉，茂林修竹厭癒□□，奇花异石羅列庭檻。或景趣果如是，則爲地望之絶也，豈忝矣？至若黄金塗像，碧瓦凌空，迴廊大殿瑩然□□，層樓峻塔倬彼霄際。儻締構果如是，則爲莊嚴之絶也，不誣矣。又若千里輻凑，群類子來，珍貨希寶□□，香頂艾臂，男女日至。耐誘掖果如是，則爲供施之絶也，誠韙矣。設若割慈父母，脱躧□孥，貌漸心頓，□本□□，表動内寂，洞徹正覺。篤行願果如是，則爲精進之絶也，真奇矣。矧其左有泰山峋峋，與天爲鄰。生物□洒□□之雨，告瑞則吐封中之雲。持陽和啓蟄之柄，膺覆燾司命之神。如先帝泥金檢玉者，七□二□□。右則有洪河渾渾，厚地偕奔。葱嶺馬頰，雷驚電翻。迴貫銀漢之浪，險經禹鑿之門。遇本朝□季□□□有上中下源。其前則有鄒魯大國，洙泗巨防。闡君臣父子之教，闢仁義禮樂之鄉。循之者昌，悖之者亡。□□□燕趙二禦，山川四馳，限爾夷狄，壯斯藩籬。自甲胄干戈之息，俾士庶羊馬之肥，歡好爰結，恩威永□。□其雄重也則既如此，談其封略也復如彼，則千佛中處，膺大雄氏，不其宜矣？加之野有良田可以封萬户；□□華屋可以蔭萬夫，斧有羨資可以蘇萬民，僧有方便可以化萬心，不其盛歟！神宗皇帝、章聖皇帝悉以御書爲錫命焉，皇帝陛下降以御篆飛白以嗣之。厥後有僧瓊環者，次第以輪奂焉。其如土木之華，繪塑之美，泉□□麗，草木之秀，森森然棋布前後。遠者咸以耳聞之，近者咸以目擊之，於千佛之旨，何啻乎形影之外？譬喻□□邈也，善相萬萬明矣，故略而不述也。僕被詔司泰甯軍宫觀。下車伊邇，有住持賜紫僧□净貽□□識，因用直書，以塞其顒也。時庚子年春王三月望日記。嘉祐六年辛丑歲六月望日，景德靈岩寺住持、講經、賜紫沙門重淨建立。真定府郭慶、郭庠鐫字。《八瓊室金石補正》卷一〇一。又見道光《濟南府志》卷六八。

〔一〕題後原署：『朝散大夫、尚書工部郎中、提舉管勾兖州仙源縣景靈宫太極觀公事、護軍、賜紫金魚袋王逵撰。京兆府普淨禪院賜紫沙門神俊書并題額。』

葉　交

葉交，仁宗時人，建州（治建安，今福建建甌）進士。

台州臨海縣敕延豐院記[一]　景祐元年十一月十五日

昔者西域布教，中國圖形，專清净而悟群生，修善慈而通萬物。謂□相則不生不滅，况視聽而若存若亡。是以摩竭□心，□言之津洞啓，毗邪杜口，得意之路旁通。沙□勿照而鑒窮，塵劫亡機而功濟。自白馬流教，鴻臚分庭，比官寺以署□，榮梵則列第。道文間出，寶刹相望。若夫秀□靈場，甲于大地，惟丹兵之劇郡，有延豐之精廬，即光啓三年沙門□俸之所建也。本額曰『朝遷』，至乾祐二祀復改曰□□。厥初俸師持菩薩行，參如來家，起勇猛之心緣，嘗精進於佛事，夙成締構，首暮焚修。爰參□以裁基，遂斤林而運棟。□容是設，競集苾芻之流；華宇方新，盛立招提之□。聿告成功之□，俄傷歸寂之悲，蓋太平興國之六年也。有小師紹□者，抱道求仁，持節操行，嗣肯堂之名不墜，繼爲箕之業無虧。而幸國家偃□四夷，宅心三教。謂《戴禮》昔嫌於沿襲，比□易自尚乎輝光，祥符之初，始改賜今額。而□師能共億於僧坊，□莊嚴於佛土。□崇妙果，人嚮信□。欽承上善之緣，特起中興之道。况迫頹年之邁，忽爲异物□遷，乃□禧之元年也。□道歡上人即於是歲繼續□□住持凡三代矣。上人即俸之孫、暉之嗣也，嘗嘆斯院年祀已遠，棟宇將摧。歷日月迴□之□，傷風雨燥濕之患，豈惟壇静蕪密，抑亦像設烟沉。道隱可明，木壞斯葺。天聖四年，乃與徒弟道宗、道昌、寶誠曰：『物盡終而必復，事有廢以宜興。不謀經始之功，曷嗣紹隆之願？將令革故，俾克鼎新。』遂命工度材，庀徒揆日，重修建佛殿及法堂、懺堂、方丈，房廊屋宇凡六□餘間。懿夫！雕栱乘虛，彤檐用壯。飛甍之壓喬木，□彼奔星；反井之開夏□，制其流火。烘璇題於旭日，磨鉛砌於佗□。□捐比室之千金，靡傾中人之十産。輪奂中度，無僭上逼下之譏；本末從宜，□傷□害民之義。能事畢矣，善莫大焉。上人欣勝概有成，嘆芳猷未紀，願寫之琬琰，有補將來，覬傳之子孫，以貽後代。交□□無用，莊樗不才，雖厠儒家之流，昧達聖人之教。受辛無取，蓋醬何辭？幸肆薄夫之談，聊塞開士之請。時景祐元年祀仲秋望日記。住持沙門道歡，尊宿道臻，徒弟寶章、寶元、寶希、寶隨、簡賢、寶贇、寶隆、寶全、簡□、簡榮、簡□同立石。給事郎、行臨海縣尉、同權縣事錢振，儒林郎、試秘書□校書郎、行臨海縣主簿、權知縣事吴。《兩浙金石志》卷五。

〔一〕題下原署：『建安郡進士葉交撰，鄉貢進士吕育書并篆。』

李咸宜

李咸宜，澤州陵川（今山西陵川）人。天聖中鄉貢進士。見雍正《山西通志》卷六五。

南吉祥寺碑記

原夫元亨坼洪荒之瞑，分五太以宏文；式微動消息之機，列三才以宏道。發蒙仿佛，大塊甄形，决躁蕭騷，洪爐孕象。我佛即微妙元通之性内其心，而心乃靈；虚寂守静之真後其身，而身乃聖。相含恍惚，扣之戀而究之淵；迹混希夷，進之寸而退之尺。利涉鐵鉛之子，光啓濫觴；修煉金口之人，徽由朴略。繇是天池浴日照，五藴空而不空；漢水濤星明，諸漏盡而不盡。脱略塵境，廣闢沙門，宿悟三空，早超十地。處摩尼於不增不減之内，扃鐍百骸；詮般若於無望無等之中，緘縢六至。時則牛刀不迫，權衡萬國之咸寧；民柄不愆，匡弼九德之咸事。孳化堅冰之彩色，赫奕昏衢；扶疏湛露之晶熒，暉華率土。開四禪於末俗，則在涅而不緇；釋三昧於廣寒，則處磨而不磷。以法帨恢陋，入翠微而利於省方；以惠控括囊，闢窈冥而煦於觀國。執四宏之念，起方便於娑婆；

立三世之緣，備受記於兜率。乃可以陶鈞百品，起覺露之緘縢；趣寂一真，誘迷途之解脱。以散絲之雨，瀟洒六塵；以浴日之波，滌除五濁。恢宏象教，化金人而漢夢飛空；動静法輪，度芻狗而周朝啓聖。我佛即超劫無量，相滿三千；化度無邊，身分百億。常持戒律，守黑人戰慄履冰；且具威儀，抱赤子莊嚴立雪。教化菩薩，苦行食針；嚴式比丘，洗腹咒水。移風易俗之世，護明珠而精降聖空王；安上治民之時，執惠炬而種善根法侣。于無垢之界，雨甘露而滴芭蕉之形；于有漏之方，布慈雲而覆苾蒭之體。詔囑王臣之十日，經緯諸天；接引大夫之六鰲，挈維初地。澡身浴德，啓無無明之景方；馴致發揮，誨修修利之世界。曾緣不滅，積壽長春，身光曉過去之光，毫相表未來之相。于何不有而有，昇降虚空；于何非無而無，盈縮大道。窮通可大可久之體，誕敏生生；舒展永戴永覆之方，苦申念念。舉甲乙樞機之典，旋掛麟心；啓筌蹄經緯之文，多開鳳口。時則馬在歸而當和玉燭，刁斗蔽聲；龍得定而不吐銅丸，蟾蜍禁口。無聲之樂，少女移來；有象之文，老人化出。巨靈神擘山之歲，我使飛龍；交趾濱阿水之辰，予嗔暴虎。石鵲石燕，遺風雨合而乃踴乃飛；冰鼠冰蠶，俾霜雪覆而乃毛乃繭。於是吉祥院者葺修彼岸，瞻仰十方，清净法門，齋莊三寶。而以給孤之代遥遠，文物凋殘；須達之歲彌深，祇園蕭索。今逢帝道垂拱而治，草澤空而匡鼎徐來；蠻貊襁負而朝，鈞岸閑而操舟續進。即有當縣三官，清廉伏虎，善政安民，絃歌百里之才，賦調一同之化。於是工子乃度忠信之木，梓人乃治莊敬之材。五静之宫，以禮樂爲拱辰之棟；二梵之室，以仁義爲稽首之梁。修德行以爲蕭墻，持雅頌以爲户牖。則聖景湛然極樂兮，輕烟羃羃；真處寂然瀟洒兮，薄霧閑閑。物外顛木有孽兮，重嘯重吟；化内枯楊生華兮，再歌再咏。贊曰：

一氣混元，太極未始，二儀發暝，三才肇啓。清濁分焉，剛柔定矣。聖道綿邈，谷神不死。

其二曰：

鰲擎宇宙，日照乾坤。雷驚百蟄，雨洗兆民。慶祥丹鳳，應瑞白麟。造化啓閉，出入禪門。乾隆《陵川縣志》卷二五，乾隆四十四年刻本。

李嵩叟

李嵩叟，仁宗朝人，景祐二年，以宣德郎守崇德縣令。見《至元嘉禾志》卷二六。

修證院法堂記　景祐二年十二月

夫世尚欽奉，人攸歸嚮者，妙覺王之教也。聞諸柱史之説，謂乎竺乾之師，肇自金方，流於震旦。是故顯如來之出世，昭萬德莊嚴；度衆生之無邊，彰十號具足。拯三惡而超四諦，開方便門；空五蘊而净六根，示真實相。道斯行也，其至矣乎！檇李右邦，義和舊市，厥賦饒溢，厥民淳庬。貨殖之利興焉，生齒之數繁焉。有所福而怖禍者，則倚我法門；睹相而生善者，則翳我佛事。咸遵報應之説，悉堅信施之心，祛彼奸回，趣其正覺。《易》所云『神而化之』者，其斯之謂歟！邑之東北隅，有佛廟曰『修證』。殿宇輪奂，銘缺耆宿即云：唐咸通年之所建也。繇是徒衆迭居，堂宇斯備，香火於焉靡絶，鐘唄以之相聞，蔚爲道場，綿歷歲紀。洎國家慶纘三葉，富有萬宇，革乃舊制，條以新規，審天下精舍未善其稱者，咸易其額，惟兹院得存其古。顧兹妙域，居然净方，雖衆室四周，而法堂中闕。本院僧紹寧救衆生苦，爲大醫王，聿興慈心，蕆斯盛事。詢其徒侶，捐乃輜囊，得錢三十萬。始僉詣於緇衆，爰咨議於黨人。粤有信士徐成賓，夙締善根，素崇良願，捨所難捨，爲檀施之首焉。繇是遐邇率從，士民景附，感泉竇之畢集，致土木之荐臻。云云。物役告終，形勢俱集，欲刻珉而紀事，冀歷祀之垂休。見托摛文，固難牢遜。景祐乙亥季冬十三日，宣德郎、守崇德縣令李嵩叟記。《至元嘉禾志》卷二六。又見萬曆《崇德縣志》卷八，嘉慶《石門縣志》卷九。

宋庠

宋庠（九九六——一〇六六），字公序，初名郊，字伯庠，安州安陸（今湖北安陸）人，後徙開封雍丘（今河南杞縣）。天聖二年進士第一，擢大理評事、同判襄州。累遷左正言、知制誥，判吏部流内銓，入翰林爲學士。寶元二年以右諫議大夫參知政事，因與宰相吕夷簡不和，出知揚州，徙鄆州。慶曆五年復除參知政事，八年除尚書工部侍郎，充樞密使。皇祐元年拜兵部侍郎、同中書門下平章事。三年，以刑部尚書、觀文殿大學士出知河南府，徙河陽，再充樞密使，封莒國公，出判鄭州、相州。英宗即位，改封鄭國公，判亳州。治平三年卒，謚元憲。與弟祁以文學名擅天下，著《國語補音》（存）、《紀年通譜》《掖垣叢志》《談苑》等，有集四十卷。

台州嘉祐院記〔一〕

建塔廟，散香華，奉經典，攝受妄迷，而爲功德，有爲者爲之。雖然，佛滅度二千年，世與法交相喪，濁劫下根，訹爲愚冥，非廣示像法，無以震動而傾駭之，使趨善良。神道化時，叵得而已。沙門長吉，當兹世爲功德者也。初，師以釋子之秀來上都，會譯場高選義學僧敷演祖教，名在籍右。始與龍象爲徒，而覺華餘光，注射物境，頗作歌詩雜擬，輒自翼其宗，由是益爲人聞。俄詔賜紫方袍，號梵才大師。勝流欽風，多所延供。久之，厭著謝去，復山林之游。歲在降婁，始還台州。州守悦其風，虚浄名庵以舍之。惟師行嚴而身修，寓曠而氣安，能示方便，悦可大衆。居三年，道益光明，台人异焉，捐金抵璧，踵往瞻事。四方來者，與麻葦俱。乃闢精廬而肆之，刊林衡，鏤岩椒，棘如而堂，猬如而庭者，且數百筵。朝薰夜祓，供擬尤具。九年，復作一成臺，置《大般若經》三百篇，及刻千劫佛像。彼貨與力，不募自至，弗可貲紀。師復砭膚取血，書《維摩經》，質神爲要。又欲推慧命而廣之，乃謀於公卿大人。於是龍圖閣直學士南陽葉君倡始籲謀，分繕寶典。凡臺閣方面知名士數十族，叢喜迭捨，參訖寫庸。閲三年，臺成，約金奉像，庋而安之。黑白相趨，距躍圍繞，以爲去聖滋遠，有能駕其説，植德於人，令夫威神巍巍現前，如親炙面命，不在是經乎？因是經讀誦悟入，掊五緼，泯空色，攬萬异爲一真，其爲福又可稱量耶？僕頃與師游，樂其誓願之就，且枉錫顧我，丐辭以永傳。因宣是義而偈之曰：『臺屹而崇，摧我慢而恭兮。經華而精，竦我怠而誠兮。像嚴而顯，破吾魔而善兮。報我四恩，常不滅而存兮。』師聞之，謂余言爲信。若其營綜之烈，投施之衆，日月之謹，大概具之。至夫筆不可文，言不能宣者，僕與師均寄一嘆而已。時慶曆二年八月中旬記。至五年，臺成，刻石〔二〕。文淵閣四庫全書本《宋元憲集》卷三六。又見《赤城志》卷二七，《永樂大典》卷二六〇三，嘉靖《延平府志》卷一九，民國《臨海縣志》卷三五。

〔一〕此篇《永樂大典》卷二六〇三引作宋祁集中文，題爲《台州白雲山北净名庵般若臺記》。按他書皆作宋庠文，疑《大典》誤。

〔二〕『時慶曆』以下二句：原無，據《永樂大典》補。

胡宿

胡宿（九九六——一〇六七），字武平，常州晋陵（今江蘇常州）人。登天聖二年進士第，爲揚子尉。進集賢校理，通判宣州，知湖州。久之，爲兩浙轉運使，召修起居注、知制誥，遷翰林學士。嘉祐六年拜樞密副使。治平三年，罷爲觀文殿學士、知杭州。明年，以太子少師致仕，未拜而薨，年七十二，贈太子太傅，謚文恭。所著有《文恭集》七十卷。《宋史》卷三一八有傳。

題湖州西余山寧化寺弄雲亭記　慶曆三年三月

西余山，東出吴興城十八里。初，二山介溪兩傍，俱名曰『余』。土人以東西别其稱，而西余特著，單見於地志焉。支水北引，注於山下，有廢寺十餘楝，律徒不寧其宇。景祐中，沙門寶實聿來尸之，崇治僧坊，安集禪侣。慶曆壬午，予假守在霅，客有詫兹山之勝者，始欲一往。仲冬，乘雪初霽，晏温少寒，因與治中諸僚，洎一二禪老，刺舟而造焉。履莓苔、捫蘿蔦，凡三休，甫達於上方。蔭長松、坐盤石，躊躇四顧，有翛然遐舉之想。然猶恨登覽之差晦，攀躋之良勞，有亟其還，未盡所適。他日再往，則天風自戢，水波沸揚。嚮之荆榛，翦而爲徑途；昔之土石，累而爲磴道。安行百級，遂至於高頂。復又瞰山西面，結宇十楹，通清遐閑曠之觀。坐已，實師前請曰：『山去湖十許里。陵谷何常之有，庸詎知千百年後，此山不在湖之中耶？盍與之名，且志其事，以遺來者，使知創寺之始。』因以『弄雲』名其亭。亭之妙處，予能言之。卞山當其西，如蒼龍蟠據，勢欲奮挺。太湖在其北，若元氣磅礴，浩無津涯。洞庭、林屋，緑毛縹緲，諸峰了了在目。遠帆参差，飛鳥凌亂，溪雲往還，野艇出入，百色映見，如在鑒中，此北眺之勝最也。夫真妄在心，喧静依觀。上智之用，不泥於物；中人之習，乃牽於境。吾知夫暫登兹山，憩兹亭，可以無喧無妄，惟真惟静，境與心俱冥，神與氣俱生。又况長栖岩阿而玩永年者，其真粹之樂可涯也哉？慶曆癸未三月十八日記。文淵閣四庫全書本《文恭集》卷三五。又見同治《湖州府志》卷四八。

常州太平興國寺彌陀閣記　至和三年三月

昔迦文於舍衛國宣説妙法，稱贊四方之佛，曰『阿彌陀』，過十萬億刹，居上品勝上。其名曰『極樂』，其壽曰『無量』，以莊嚴爲世界，以慈悲爲道場。六時雨於异花，八木涵於奇寶，大光普照，靈風回翔。樹木之聲，皆演真諦；禽鳥之慧，悉談苦空。含衆妙而叵量，狀群經而莫盡。

斯境也，從萬行而報；彼國也，無三惡之趣。婆娑土穢，衆生根雜，放逸不返，苦惱無安，有生老病死之悲，有丘陵坑坎之污，備造衆惡，牽蹈諸趣。夫境勝則欣跂，情苦則疲厭，故彌陀如來，深愍迷子，爲現净土，持四十八願，拔濟群品，令厭濁惡而欣妙嚴也。雖大慈平等，饒益一切，而於閻浮提之人機緣最熟〔一〕。雖復陵遲末劫，具縛凡夫，決能精誠稱誦名號，修三十六妙觀，臨終之際，真相締定，乘大悲之接引，隨喜品而往生。境界難思，動念即至，真實佛語，四衆具聞，廣長舌相，諸聖同表。神者不疾而速，豈謂是哉！及捨畏塗，得依樂國，普董妙行，進登聖果。安不退之智地，證無生之法忍。還入三界，營救群迷，同嚮菩提，成等正覺。則知迦文之現穢，彌陀之現净，調柔折伏，同示大權，延促依正，并歸真智。輔以觀音之慈悲，勢至之勇猛〔二〕，悲願參運，象力總持，幽贊咸通，其應不一。常州太平興國寺，蕭齊舊刹，吴土名藍。大江東流，夙擅佳麗；香海右轉，地稱吉祥。大比丘可尊，闡繹圓宗，循持梵行，神栖安養之境，志皈度脱之門。開慕信根，崇修净業，同結生方之社，以爲即實之基。上首信士傅廣、門人子蘭，與其邑中之良，夙殖善本，勇結勝因，樂聞言音，歸趣信誓。室多忠信之舊，户興禪頌之風。而又率籲檀那，裒合財施，飭豫章之峻幹，礱他山之密礎。選良剖劂，究奇塑範，營閣於本寺正殿之西偏，造阿彌陀佛丈六金像，居寶蓮華之坐，威德殊勝，相好端嚴，鐘梵落成，金碧宣照，緇素和會，幼艾咸集。大治純陀之具，廣施上妙之珍，咸苦乃心，冀履其域。有通净名之説者，相與嘆言。良匠之依空地，乃成宫室；菩薩之取衆生，以浄利土。觀殖因於即世，知圓果於未來，又若祖師，何二之有？兹閣也，始事於慶曆甲子，成於戊子。衆緣所集，最凡計泉刀五百萬。尊師以宿早參道照，托序緣興。綴文匪工，涉教殊淺，寶嚴所載，聖妙難模。雖殫無量之聲，莫贊甚深之典，矧輕毫燥吻，所能庶幾哉？儻助宣流，默祈回向。至和丙申三月十三日。《文恭集》卷三五。又見《常郡八邑藝文志》卷二。

〔一〕熟：原作『熱』，據武英殿聚珍本（簡稱『聚珍本』）改。

〔二〕勇：原作『寶』，據右引改。

下天竺靈山教寺記

粤若能仁出現，圓教流通，觀音機緣密契於中土，善財參禮遍歷於南方。曹溪傳於一心，天台宗於三觀，度門迭啓，叢林相望。异香旃檀居多於此岸，大乘氣象兼茂於他邦。豈非《離》之明、《巽》之聰，性爲般若，尤鍾於東南者虖？天竺寺者，餘杭之勝刹也；飛來峰者，武林之奇巘也。晋有梵僧慧理，指此山乃靈鷲之一小嶺耳，不知何年，飛來至此，挂錫置院，初曰『翻經』。隋開皇中，法師 真觀增廣之，改爲天竺寺。其後大比丘曇超、道標，領徒唱教，名在僧史。唐末盜起，寺焚略盡，吴越王錢因即舊址，建五百羅漢院。大宋之興，名山精舍，申易嘉號，錫名曰

『靈山』。祥符中，州人聯牒，業叩府下，請大士遵式領其衆，演天台教觀。式公辯博明解，遠近嚮慕，智者之學，自是益振。天禧初，文穆王冀公臨州，一見加禮，爲奏復『天竺』舊額。遄承可報，冀公親題其榜，筆力殊勁。且有敕旨，許作十方講院主持。還朝，又表其高行，賜號『慈雲』。仍施錢萬緡，爲營佛殿。雄盱赫敞，岌然翬飛。未幾，侍郎胡公繼典是郡，又捐己俸，助作三門，分施峻廊，翼其左右。檀施風偃，莫不喜捨。於是裒合衆施，環構衆宇。殿之後曰法堂，其右曰僧堂、曰金光三昧堂、曰老宿堂，其左曰厨、曰庫、曰浴院、曰延壽堂，及東西繚廊六十楹，井匽舂磑之所，最凡百二十餘區。皆匪亟而成，觀感以化。至於金像模肖，莫不奇特。又造旃檀觀音像置三昧堂中，慈相穆如，智者之遺法也。初，寺有檜樹枯死，至是柯葉復茂，衆目之曰『重榮檜』，乃蘭若中興之兆。慈雲告老，庵於東嶺，傳寺事於明智大師祖韶。韶公亦宿植德本，密資覺力，延栖海衆，宴坐道場，二紀有餘，百事無曠。天聖中，兩宫外護，三寶焉依。清净之風，大流率土；吉祥之地，首眷兹山。乃詔乾元、長寧二節度僧各一。明道至皇祐間，二遣近璫黄元吉，捨施檀香縷金佛、菩薩、羅漢等像五十二身，釋迦、文殊、普賢、阿難、迦葉琥珀像五身，又施西天靈塔、佛骨、舍利、白氎等。仍賜飛白御書六軸、飛白御書扇子等。且有中旨，每歲增度行者一人。韶公欽承聖施，寅奉墨寶，於法堂後建御書閣三棟，以虔香火。閣之東西，建方丈二十區。北敞虛檻，正面鷲石，名勝游士，多至其下。又於殿之前建鐘、經二臺，東西對峙。三門之左，構五百羅漢院，右建天台教藏院，後曰看經堂。北曰泗洲菩薩殿，後曰茶堂，亭軒房牖之類，亦百有二十餘區，茲又明智籲諸檀而續之也。前後輪奐，表裏華潔，鐘梵通於霄漢，金碧照於岩谷。新澗春夏，衆聲睁然；靈峰蚤暮，雲氣馥若。疑神物之有護，信靈仙之所隱。大哉！佛以無生之心，體無邊之行，願應現三界，拔濟衆生。殫土木之莊嚴，未有以稱其德；盛金石之篆刻，不足以究其功。居之者當感被王靈，念承法蔭，思耕鑿之苦，省肯構之勞，開發大心，紹續慧命，以三摩奢爲净體，以六波羅密爲妙用。渡河沙之衆，圖報佛恩；宣海潮之音，答揚帝力，緒餘妙利，延被有情。則此寺之崛興，與茲山之共敝。韶公以某雅塵禁職，緬慕宗乘，見托以文，且記其事。至於龍潭猿澗，一丘一壑之勝，則有陸鴻漸《山記》在焉，今但記其置寺之本末云。《咸淳臨安志》卷八〇，又見《佛法金湯篇》卷一二，《西湖志》卷一三。

故右街副僧録普印大師賜紫昕公塔銘

有宋大士，賜號曰『普印』，居景德蘭若，以至和丙申四月甲戌，宴坐示滅，容采若生，壽七十有四，臘五十有九。都城緇俗，燎香膜拜者，日盈其室。越仲夏甲申，弟子文顯等，奉其全身，立塔於都門之外，寶慈寺之别園也。師諱昕，姓曹氏，世占數於丹徒。六歲出家，奉金山沙彌幼仁爲師。十五染法衣，明年受具戒。挺然節尚，拔於時類。未幾，臺恩以例賜紫方袍。年二十餘，通《華嚴》《起信》等經論。雅好《易》學，長誦説山中。晨起講經，午後説《易》，如此累年，未始有懈。已而，聞五祖山戒禪師有佛知見，往求印可，咨決心疑，法要瞥聞，空門豁解。自爾按趾莫非於海印，舉足皆是於道場。一錫隨緣，僑止輦寺。行願純備，名稱普聞。王公大人，傾向其風，以謂挹之彌衝，淵然而粹，莫不服其清遠去疵吝，咸願叩繫表之益，申方外之款。龍潭潯陽之勝刹也，遣徒迎致，求轉法輪。師承請歡然，業已決矣。會兩街上首與名勝百數，詣京府薦留，願縻以僧職。乃署左街，守闕鑒義。稍遷右街副僧録。雖居大衆之地，不异寂默之境。定鑒有來而則照，洪鐘隨叩而斯鳴。素琴寶書，蓋泊如也。晚邃於《易》，參京氏著論三篇，造至韞。常曰：『「三聖極摯，本無言説。净名不二法門，乃至無有言語文字。仲尼亦云「予欲無言」，又曰「天何言哉」。老子西出關，尹喜曰「子將隱矣，强爲我著書」，於是述《道德》上下二篇。由此觀之，默指可見。然不離文字而説般若，於是有三教會同之論焉。』未圓寂前一月，手疏履迹，見托狀其净行。緒言猶在而哲人已萎，豈非靈知，逆照其來乎！追踐前言，姑銘其塔云：

有皇庖羲，思索其極。觀化至神，畫而爲《易》。有師少林，妙解甚深。逗機諸祖，印之以心。三極精微，一乘圓頓。孰會其宗，導師普印。覺門耆俊，智地妙明。昔來江域，留舍都城。緇素欽風，王公挹德。定慧參持，威儀孔力。毗耶示疾，趺坐云亡。感深兹土，迹應他方。神明曷之，話言已矣。塔閟全身，狀携隻履。背宜春兮下苑，即逝迹兮外園。噫！大士兮普印，寧委蜕兮兹原。《文恭集》卷三九。

許欽

許欽，景祐元年知南海縣。三年秋罷，以宣奉郎、秘書丞改知吉州太和縣。見所撰《重修地藏院記》，雍正《廣東通志》卷二六。

大宋廣州新會縣仙涌山重修地藏院記〔一〕　景祐五年正月

□法熾於中土，由來久矣，□□□□□不俟言而可知。然又閲其經旨，以見性爲根本，以死生輪迴爲報應，亡他也，止欲勸人之從善耳。後之□奉佛者，□不然矣。□以崇壯塔廟，廣峻棟宇，金碧像貌，彩繪廊廡，以求其福利，斯得謂之□耶？地□□□國□□□□□上自天子，下及庶人，□□□□□有□□□□□奢□侈，罔有定式。故披緇之徒，汲汲乎勸誘。中下之人，有割親愛以修奉，竭資産以布施。□父母□□□之養，兄弟有斗尺之刺。浩浩佛刹，建之得中，不其韙歟！仙涌山地藏院者，去縣西南隅五十里，□老□□。其山因風雨晦暝，一夕之間，由海中涌出，爲神仙所居之地，未之詳也。唐咸通十二年，建□是院。厥後世□□□□衆蕩□精舍□□遺址宛在。皇朝天聖紀號之元祀，鄉老容士迎等供伸舊額，議請今住持和尚法迎，重□□□嗣□□□。迎師俗姓龍氏，始興人也。幼而穎達，擺去氛垢，於大源山廣福院落髮出家。自得空理，雲游海□□□□不□□□□□瓶錫。一日因召鄉老而謂曰：『我釋迦遺教，欲世人之無惡也。寺院之制，非以□□□□□丹刻楹桷爲□□□之□果至□茆茨儉陋，但庇風雨，不爲不足。』未數年間，衆施金寶，市材傭工，建造正□殿三間，羅漢十王堂各五間，法堂僧堂共十間，官廳又十間，觀音樓暨鐘樓二座三間，迴廊共九間。土木鼎新，不奢不僭，足以爲檀那皈依之所，十方□□之地也。予景祐三年秋，罷官南海，艤舟江滸。迎師見訪，求文以志歲月，□遽之際，不克奉記。今冬由□□□□丁母氏憂，守制在鄉，師又洊發緘題，懇托言記。加其勤厚〔二〕，聊紀事實。□大雄氏以□□爲念，清凈爲宗，□□□以濟物，不□利以損人。今天下廣化末俗，大起伽藍。伐木空山，不足以充樑棟；運石□路，不足以充墻□。□古□今，逾章越制，百寮鉗口，孰捄其弊？由此而觀，又非慈悲清凈之本旨也。予嘉迎師了悟佛意，棟宇之制，不以□壯□念，簡約從宜，良用贊美，故爲銘曰：

□□□□，化涌仙山。古建佛廟，蕪没其間。世有興廢，道有汙隆。崛起衆□，□得之□。嗣興基構，揆材僝工。不奢不侈，制度酌中。□處緇徒，欽奉無窮。

時景祐五年正月一日，開山住持沙門法迎置文。慶曆七年丁亥十月十二日，住持小師沙門契秦、□□僧□□、□□僧雲□。院主僧海鄂、監院僧法□、都監僧法馨、開山小師前院主僧□□。

進士張□書并篆□刻。攝新會縣簿尉徐建中，宣德郎、守廣州新會縣令趙讓，朝奉郎、尚書水部員外郎、通判廣州軍州兼勾當市舶司管內勸農事、輕車都尉、賜緋魚袋李□，朝請大夫、尚書屯田郎中、通判廣州軍州兼勾當市舶司管內勸農事、上柱國龔紀，朝奉郎、守太常少卿、直昭文館、知廣州軍州管內市舶勸農使兼東路諸州軍駐泊兵馬鈐轄諸軍、陳留縣開國男、食邑□百户、賜紫金魚袋任□□。道光《新會縣志》卷一二，道光二十一年刻本。

〔一〕題下原署。『前監院僧惠元，小師僧契新、契賓。前知吉州太和縣事、宣奉郎中（按。「中」字衍，《宋史·職官志》九：文散官宣奉郎，從七品）、秘書丞許欽撰。』

〔二〕加：疑『嘉』之誤。

虞僚

虞僚，景祐中居明州慈溪縣，見所撰《重建蘆山寺碑記》。

重建蘆山寺碑記　景祐三年五月

如來以平等心除一切虚妄，以真實相斷一切煩惱。悟者得解脱，迷者謂之障閡。是故表上乘法，示大人相。毗耶杜口，得意之路爰闢；達摩掩室，息言之津特啓。然使布施以廣義，持戒以守信，精進以思敬，禪定以守静，忍辱以爲謙，智慧以通理，苟或宏兹六度，頓紓三灾，妙物之功自兹而識，太極之致由是而通。長者輪園，儜依歸於象教；山神環地，使崇飾於善因。大哉！明州慈溪縣西南隅，崖谷共清，風泉相涣，前林後麓，左岩右壑者，曰蘆山。昔人以地勢爽塏，山形崇秀，誅茆墾壤，命匠度材，創爲法廬，□寂居清。重軒藻井，上亘於層霄；碧瓦朱甍，下離於塵壒。逮夫端拱之始，焚修大德法諱惠蘭，安處是地，杰出於衆。孜孜而勤於道，矻矻而幹其力。良募輿人之貨，構成我佛之堂。勤劬告周〔一〕，輪奂兹在。及乎歲歷浸久，隳壞有聞。雖衆厦尚存，獨中殿其橈。以爲物不終否，否極則泰臻；事無久廢，廢極則興作。迨天聖七祀，有徒弟光教、大德惠澄，夙禀善根，都忘外慮，平心無累，舉止弗閑，有毁必修，有損必葺，同議厥殿，鎮此精藍。締構以來，葭灰屢易。雖風雨聊資以庥庇，乃榱桷并傷於腐摧。敢起菩提之心，遍干達者之□。庶令革故，用得從新。遂得檀越孫承霸、陸承綰、錢公實者，皆猗頓之徒與，宗族以孝行稱，鄉閭以仁義睦。聲塵之累不雜，慶善之根頗深。各修美世之緣，豈拒來者之請。然乃足衣足食，尚可爲也；自來多福多男，不亦宜乎。於是同抽凈財，約至百萬，命民畜衆，程土度工。班輸之藝僉陳，豫章之材間出。日之一日，天聖十年，厥工告成。畫檐由是翼舒，芝栭所以綺焕。駭多寶之涌出，善化城之屼然。□□抗中，長挹虹霓之照；金人列内，并染丹青之文。以謂萬法本空，因心而立相；六塵不染，見性以觀真。既成大事之莊嚴，修道一方，故令群有，各遂瞻新。福之基兮興隆，禍之胎兮頓滅。苟非妙果，安濟群迷。笑百和之薰，所以道忘機而濟塵劫也；揚九乳之韵，所以降天禪而極地祇也。設或八正不開，則何以庇失道；五衍不極，則無以越逝川。耀慧日而蔭法雲，振頹綱而維絶紉，使緇素秉心而護法，俾民氓睹相而生善者。夫住持沙門自懷幹日，其能共畢斯宇，豈徒然哉。欲迄來於海衆，□頓錫於兹地。捧香花而參祖，演法身而□人。誠乃良緣護我，正道息心。了義而終，焉游集矣。僚萍迹不羈，來居是邑。猥辱慈懇，請以爲記。敢叙開告，勒於貞珉。時景祐三年丙子五月甲午望日記。福川承福禪院同勾當僧行琉并立石。光緒《慈溪縣志》

卷四二，光緒二十五年刊本。

〔一〕劬：原作『敏』，據文意改。

曾孝基

曾孝基，仁宗時建安（今福建建甌）人。

廣嚴院記　寶元二年

婺州東陽縣廣嚴院者，古招提也。居然花界，卓爾寶坊。草木長春，蔚生净土；雲霞不老，鎮繞祇園。遠山屏列以排青，曲澗環流而漱緑。道林之鶴，暮宿喬松；赤城之霞，晚烘晴圃。實衆聖栖真之宅，乃群生植福之場。先有寶塔一所，并四圍巡禮裹含。歲月浸深，炎凉迭换，嚴風之所擊，暮雨之所摧，柱石不支，棟宇將撓。寶元元年春，當院住持二人同發大誓願，且曰：『誠不至，則功不立；功不立，則殿不成；殿不成，則爲佛弟子能無愧乎？』由是遍歷鄉閭，廣募檀越，拳拳善誘，懇懇勤求。日往月來，積微至著，遂度材命匠，揆日庀徒。離婁炫藝而督繩，班輸效能而揮斧。經始於戊寅季夏，告成於己卯孟秋，凡費緡一百萬，而秘殿告成。既而畫栱垂雲，文楣列綉，藻井晃晴陽之色，綺疏含夜魄之輝。危檐崛岉而翼舒，光凝宿霧；長梁偃蹇□□□，上映朝霞。加彩飾於髹彤，極制度於輪奂。中存寶塔，内儼粹容，盡人力之莊嚴，爲法門之壯觀。故使天眼慧眼者見之，悉加贊嘆；過去未來者臨之，庸薦介祉。噫！苟非賢師紹肯堂之業，文師堅事佛之志，秉心一力，善化衆緣，蚤暮忘劬，以底其績，則布金之地，或幾乎毁諸。與夫潔衣服，飫膏粱，無益於教者，可同日而語哉！誠乎二師，乃出家之雄杰者也。予流離多病，序述非工，進牘抽毫，聊志歲月。所有檀越姓名，列在碑陰，此不復書。道光《東陽縣志》卷二四，道光十二年刻本。

釋惟白

惟白，仁宗時鄞縣月山沙門，修習律宗。

明州桃源保安院大界相碑　并序〔一〕　景祐五年十月

僧之居曰寺、曰招提、曰道場、曰精舍，義加院、廟、林焉，皆有以而名也。西竺正曰僧伽藍摩，秦言衆園，蓋取佛弟子由中治行生藝，道芽聖果，如世園圃。緇其服者皆聞之，可謂盡知之乎？必也將謀始焉耳。始者，《易》曰『日月麗乎天，草木麗乎地』，與夫僧依乎界類也。象非乎天，無以顯照明之大；形非乎地，無以著孳發之廣；人非乎界，無以昭成濟之美。處有界，衆法行矣；受具焉，僧種盛矣；說恣焉，聖法隆矣。而僧知禁身□罔慝，惟思無邪，定生慧作，佛道由茲矣。三寶大位，何患於喪乎？成濟之美，于以觀也。如今之世，知崇佛祠之益者愈繁其人，啓誠既壯，而基構之廣，曷止夫屋？盤取奕世，惟厥千祀，極甍棟之壯，肆般爾之妙，盡金碧之飾，奂縣艧之彩，竭十室之施，纔一間之費，劬劬然未有朞而成者，將比于紀世。殆工告成，既壯且麗，衆詫喧沸，亦自曰能事畢矣。有以結界爲語者，艴然疾視之，曰：『斯將闡某法，將安某徒，何結界爲？』於乎！觀斯之爲意，乃求福之下者，未知亦有利之深者。是能奮終身之志，立爾許之事，反不能行一席之法，圖百世之益。孟子所謂『吾力足以舉百鈞，而不足以舉一羽。』然一羽之不舉，以不用力焉。余常欲一見于果能振斯法者。迨今年秋八月，廣德湖之陰保安院永豐上人泛舟來吾居，禮容且愿，乃曰：『其始學南山教者，而其居即顯德中錢氏億爲州日始建，逮今幾乎百祀，而地猶自然，中間律法允無聞矣。某安然其間，非南山之徒與？故常有意乎結界事，且未果行，將謀之，必需于資耳，遂累載躬丐焉，今略足矣。抑知公解毗尼者，不亦終濟之象乎？不及圖之，後將噬臍，固請行可乎？』余曰：『周、孔二聖人，作爲禮樂，删贊《詩》《易》，非攝政返魯，誰奉而行與？是知建言立事，在乎位也。况釋氏子復爲衆人，斯焉舉斯？』公曰：『聖人適時，無必也。且商夏二后縱言，而誰行者？矧今世取人固以難矣，位不位，未可也。何謂乎？果能行聖人之道者，余悉取焉。公行道者，請無以是辭。』愚曰：『公之用舍，果是焉，予雖不敏，且敢然之。』公遂异日設筵，命知法者若干人，以律準各作其法，共結成之。法同界焉，説恣可知也；食同界焉，宿煮可知也。况標相無濫，宣秉有儀，要期無□，功流漢世。錢氏益福，來者受賜，何可量也！猗，真綱既紐，法輪載脂，安然于其間，公何愧矣！斯院焉，平湖列岫，奇游者多之，曷俟吾言也。既而準律，榜示顯受，□圖諸永，因勒石焉。白濫可篤命，又俾爲序，用示來者，抑止識標相而已乎？亦知斯利之厚矣。而才識黖昧，且敢依律直叙云。聖祖景祐五年，龍集戊寅，冬十月初一日記。

大界相：從此院外東南角石標外竹籬内角，旁籬，隨屈曲西下，至院外門東步柱。巡柱内轉，旁門東壁地伏裹楞北入，至門東中柱。巡柱内轉，旁門伏裹楞西下〔二〕，至門西中柱。巡柱内轉，旁門西壁地伏裹楞南出，至門西步柱。巡柱内轉，旁籬西下，至石標外竹籬内角。從此旁籬北入，至水滄門南柱。巡柱内轉〔三〕，旁横木裹棱北行，至水門北柱。巡柱内轉，旁籬北入，穿竹壍南籬過，至石標南邊。從此旁籬西下，至西南角石標外竹籬内角。從此旁籬，隨屈曲北入，至石標外竹籬内角〔四〕。旁籬東上，至石標外竹籬内角。從此旁籬北入，至西北角石標外竹籬内角。從此旁籬東上，至東北角石標外竹籬内角。從此旁籬南出，至石標外竹籬内角〔五〕旁籬，隨屈曲東上，至石標外竹籬内角。從此旁籬南出，還至院外東南角石標外竹籬内角。此是大界相。

净地處所：此伽藍内東厨屋二間，齋堂三間，并諸僧房、小厨屋、蔬園果樹下，并作净地。

住持僧義圓，耆宿僧鑒恩，勾當僧永豐，同勾當僧義先。徒弟表章、表珍、表詮、芳賛、義端、普隨、普言、普興、表華。

管内副依止傳教德偕闍梨秉大界羯磨。開元寺臨壇首座傳律有倫闍梨秉净地羯磨兼答法。祥符寺臨壇傳教則忠闍梨唱净地處所。國寧寺臨壇傳律智圓闍梨昌大界相。習南山教沙門惟白□□界羯磨。

管内都僧正兼監壇選練、講經論賜紫慎矜，管内副僧正、長講天台經論法雲大師賜紫在中，管内僧判官、知壇場功德事廣教大師賜紫道來。檀越承澤立石，潁川陳説刻字。《兩浙金石志》卷五。又見乾隆《鄞縣志》卷二三，同治《鄞縣志》卷五九，民國《鄞縣通志·文獻志》。

〔一〕題下原署：『月山沙門惟白撰。鄞水講僧如顯書。會稽講僧知白篆額。』

〔二〕『伏』字原缺，據上下文例補。

〔三〕『内轉』二字原缺，據上下文例補。

〔四〕標：原缺，據上下文例補。

〔五〕至石標外竹籬：原作『至□□行籬』，據上下文例補改。

宋祁

宋祁（九九八——一〇六一），字子京，安州安陸（今湖北安陸）人，後遷開封雍丘（今河南杞縣），宋庠弟。天聖二年與兄同時舉進士，禮部奏祁第一。章獻太后不欲以弟先兄，乃擢庠第一，置祁第十，時稱大小宋，釋褐爲復州軍事推官。以孫奭薦，改大理寺丞、國子監直講。慶曆三年，累遷至知制誥，歷爲龍圖閣直學士者一，翰林、端明殿者各再，侍讀者三，龍圖閣者四，先後出知壽、陳、亳、定、益、鄭等州。奉詔修《新唐書》，撰列傳。書成，遷尚書左丞，進工部尚書、翰林承旨。嘉祐六年卒，年六十四，謚景文。著有《筆記》三卷（存）、集一百五十卷。《宋史》卷二八四有傳。

安州景福寺重修鐘樓記

聞夫世雄撫運，親列衆德之本，故員實之相形焉；能仁示滅，載昭夜景之鑒，故像末之教興焉。若乃大事之緣，由應感而出現；無邊之衆，習蒙薰而歸向。宅實坊之勢勝，當導師之提唱。撤舊以更始，惟新而是圖。堂堂厥謀，鮮哉希矣。是郡也，踞申、息之孔道，掩荆、漢之奧殖。祀無淫昏之鬼，俗躋仁壽之域。漢網疏而不犯，堯民比而可封。欽奉珍祠，樂聞真諦。赤髭之侶，若稻竹而沓臻；堅材之施，譬輪軺而繼作。聰神由是來舍，紺宇於焉纚屬。即景福寺，今爲郡之大招提也。面通莊之四達，壓城闉之一面。綿寶勢以盤踞，抗飛棻而静深。烟霓上迴，龍天拱衛。且近西偏以建静塔，直東位以創層基。引千鈞之洪鐘，締百尋之雕閣。營繕雖廣，制度未隆。祥符末祀，洪霖繼臻，客土彌惡。屋瓦斯墜，瞥誤昆陽之飛；隆棟既顛，幾同《大過》之橈。子産懷將仆之懼，叔孫乖必葺之謀。誰其興之，則智元法師其人也。惟師雅志勇猛，深衷懇到。顧層構之將壞，懼清衆之闕警。聿興旦旦之誓，前諭兟兟之徒。大願躋格，至誠充洽。於是遍詣豪舉，旁詢耆德。周求畝首之富，下逮賈區之微。浚發一言，胥應千里〔一〕。群心率籲，譬取懷而不疵；喜捨相先，同在陰而皆和。涓日既吉，選工既良。瑰材四湊，逾千章之多；密石載礱，盡一拳之介。郢斤投地，巧無蠅翼之傷；睢杵節音，雜若魚鱗之襲。晉臣之甓皆運，漢帝之陶在兹。因其曩基，焕以新構。鳩僝不已，妙勤咸盡。起敦牂之始歲，逮涒灘之有秋。功惟告成，事不愆素。爾其層檐錯綉，飛宇凌虚。逸倒景而上干，負陰虬而叢倚。行月納題而徐邁，流星奔闥而下視。鏤文木以裁檻，鏘裛金而綴鈴。朝暾麗乎髹彤，晴烟生乎縹碧。黑白仰止，塵三休而後至；殿閣交映，恍諸天而一同。輪焉奐焉，不可殫述者已。先是，樓之改造也，遷鐘於別所。至是，撫萬楹之高宇，陳兩欒之茂器。峭格挺立，猛虡肅施。員鼏之形，虚中而達逾速；春容之韵，居高而聽彌遠。叩大叩小，警晨暮於六時；不㼐不窳，助聲聞於三昧。固以輝映神壤，覺悟含靈。雜霜乳之相鳴，應洛銅而顯發。惡魔屏去，寂默而成道場；檀施雄成，音聲以爲佛事。由兹利益，其可誣哉！若夫靡初克終，《詩》之所貴也；樂成慮始，史之甚憚也。有若元師挺精一之志，當體大之業，指白水以示信，注黄金而不昏。百舍載馳，靡辭於重研；一簣斯進，乃至於成山。輥纖芥以相投，斬絏絲而靡續。可謂有初而慮始矣。日月之所遷引，毫厘之所裒合。斯干之百堵皆作，靈臺之不日告成。儼名翬而若翔，屹華鯨而斯叩。由積累以成大，俾勝利之現前。可謂克終而樂成矣。不如是者，弃井九仞，難免孟軻之譏；作舍三年，或抵漢人之誚。宜乎圖不朽之績，續無量之壽。宣六種以震動，爲三有之歸投。使夫登是樓者，知化城之所，及之非遥，衍法之輪，轉而不廢；聞是鐘者，知金之出礦〔二〕，無復重爲，聲之度垣，何可有礙。靈心發於佽助，諸方極其贊嘆。故當刻鏤螭琰，焜耀鷄園。珍地側金，配曾靈而長在；大音震物，與仙石以同澌。而予潤事靡工，落新無取。抉澗流而甫爾〔三〕，恐綺語以自貽。非敢傳之方來，聊用謹其歲月云爾。湖北先正遺書本《宋景文集》卷四六。

〔一〕應：原作『應』，據文淵閣四庫全書本（簡稱『四庫本』）改。

〔二〕礦：原作『纊』，據右引改。

〔三〕抉：原作『扶』，據右引改。

衡山福嚴禪院二泉記

陳有大士曰慧思，得佛法要，始倡而南，乃舍岣嶁之墟，圖揆厥居。黑白其徒，褰裳景從。山阿土厚，汲以勤苦。師曰：『吾當食此，神必我相。』引仗刺地，靈液仰流。浡潏滲漉，更斠競注。憔焉熱惱，盪爲清凉。久之，大比丘衆陰計曰：『有生濯浣，庸可以已。』俄有猛獸，導師逾嶺。攫崖哮闞，檻泉隨之。由是華清交蟠，内周外給，禪和便安，道風流行，乃宇爲大蘭若。師已寂滅，其徒神之，因名二泉，曰卓錫，曰虎跑，所以震顯冥符、收攝信源者。惟卓錫距堂下，深之十扶，其廣八之五，渟而不流，凡瀹者烹者飪者茗者取焉〔一〕，香以甘故也。虎跑直寺西，廣之五咫，其深四之三。浚而爲沱，刳木函溜，行二千尺，股分脉散。環像館，歷齋房，經厨軒，并中園，繚浴廡，逗厮舍，然後淙而出之，注乎下田，凡湔者漱者浸者取焉，寒以潔故也。若乃溯陽弗泮，值陰弗涸，旱焉益深，潦焉益澄。十缶繘之不加餘，千罍挹之不加耗。瀹淪澹淡，蓋源而不委者耶。嗚呼！斯人斯泉，寧蠲煩流惡而止矣，亦將昭含天解，覺寤斯人歟！若聞法有譬喻，請借泉爲喻。夫不鑿而浪似頓，澄焉自如似定，受垢弗辭似廣，兼利不言似慈。接物以廣，畜衆以定，息照以頓。即心推而衍之，使自求之，彼挈然而來者，洒然而反，則師之志庶乎幾矣。今大長老省賢，後師四百載，又嗣其位。荷擔惠命，光照前人。周案顯迹，欽如神對。丐文紀實，與此泉偕。

余不敏，姑捃前載，以竄今事，款之兹山。時慶曆紀元之初年月日記。《宋景文集》卷四六。又見光緒《湖南通志》卷一六。

〔一〕淪：原作作『淪』，據四庫本改。

復州乾明禪院記

或稱離一切相，是之謂法；依十方佛，是之謂宗。予曰，不也。夫舍妄求真，必有二體；擯外修内，則立中間。是擾擾之群生，執種種之差别。弃大海之水，誤認一漚；舍如意之珠，更求至寶。乃有三僧祇之辛苦，五濁惡之流浪。無縛求解，捏目取華。由是能仁憫憐，正眼提唱。法無可得而名説法，言雖終日而未嘗言。不自階升，徑躋補處。自迦文滅度後二十八祖而兹土傳教，達磨滅度後二百餘年而信衣不傳。雲雷普聞，子孫繁盛，法集禪叢之窟遍天下矣。復州者，揵江漢之北望，古曰景陵郡。乾明院者，直譙門之東趣，唐爲開元寺。會昌之難，翦焉荆棘。劫火沈燼，山靈見鞭。像法中興，改題院額。祀不失物，益作四事之嚴；天定勝人，復會六合之衆。然或外請尊者，以號住持；或即付上首，以爲傳襲。教失厥序，人有其私。金注益殙，但取小乘之愛；井飲相捽，浸隳大事之緣。運之少還，物乃傾否。天禧中，比部員外郎邢若思來領州事，因目勝地，久爲人廢，乃率郡之大檀越及比丘衆，奉公檄詣鄂州靈竹院，請今長老契隱以尸之。惟師逗西竺之上機，紹法眼之昆裔，純熟衆德，摧伏群魔，應以有情。既詣寶所，至上之日，黑白和會。露味灌洒，象王蹴踏。曾未期月，學徒至者蓋百餘人。猶草之得陽春，如子之和鳴鶴。修復頹範，大興層構。乃有五臺僧澄岸造僧堂，攝州司馬李遠向禮建三門行廡，長沙僧智亮作浴室，州校陳釗跨波爲橋亭。不出十年，遂臻考室。或施瓔絡，或散香花。園公布金，海人上氈。什器帷帳，罔不周給。千楹攢注，類天宫之化成；百寶莊嚴，疑地神之通現。師之功德，可思議之哉！夫有爲之謂緣，利他之謂廣，無來去之謂妙，即心佛之謂頓，圓裹四者而不見其用之謂第一義。彼上人者，其庶幾焉。宜其爲巨海之舟航，大方之墻塹者已。師以僕嘗任州幕，具知勝因，列狀載勒，刻識爲托。且欲令後付囑者不私於己，其以吾爲兹院之初祖也。矧國有著令，來者得不信受奉行之。時年月日記。《宋景文集》卷四六。

復州廣教禪院御書閣碑〔一〕

昔者上帝册書，藏群玉四徹之府；神禹秘記，著南方會稽之山。若乃上聖蔚興，含靈皆警，彌文塞天淵之表，遺章倬雲漢之象。温瑜鏤翰，崇樹規蒦，協三五六經之制；蕊函真本，頒貺方國，鎮七千神靈之封。用能蔽穹壤而相傳，存都邑而有副。鼓之而天下動，舉焉而能事畢。嗚嗚梦梦，而珍圖焜照；在在處處，而神物護持者歟！復州者，古爲景陵郡。栖地敞夷，殖物繁夥。濱帶江漢，嘗被文王之聲詩；蔽虧宿莽，流爲騷人之凄愴。神奸物厲之不作，民風國教之在柔，居然吉祥，是最殊勝。直城西出一里，有院曰廣教，乃唐禪師積公之經始，大士陸生之攸踐。巧歷之算雖往，故府之求多在。邑井不改，寒泉漱玉而仰流；岸谷相爲，洪碑生金而未泐。肇爲寶所，垂乎百祀。觀其面勢盤據，標勝呈露，却背平野，前瞰大澤。屈到嗜芰之葠産，幽流不穢；長者揮金而側布，檀施嗣臻。佛事具足以莊嚴，都人贊嘆而踴躍。真宗咸平初，遹追來孝，執競先烈，紬禁中茂陵之聚，備天下名山之藏，乃以太宗皇帝御製御書凡百軸下賜焉。照之天光，震動沙界，成鈎之文焕布，辟惡之香紛郁。霧圖蘭葉，蓋天姥之嘗窺；赤水珠胎，非象罔而誰得。乾興元年，景陵縣史譚顒内發信誓，謀就功德，捐緡錢數十萬，建爲重閣，遷賜書而藏之。木摩而匪雕，棟隆而弗撓，鳴翬斯飛以异狀，陽馬如舞而四承。巍乎覺苑之增雄，凛然天魔之潛衛。奕奕雲構，瞻咫威而如在；灝灝宸懿，賜書文之一同。推而上之，思議安及者已。先是，天禧中，長人邢公若思以寶坊雄峙，睿篇申錫，非大精進，疇克奉行。乃以僧惠嵩爲傳法住持，并幹院事。未幾嵩引去，又以今釋長老智升次補其位。一滴清净之流演，普及衆生；四事畢給而薰修，雄成内院。原乎震旦啓大千之界，皆爲净土，而積高之隩，或明神之所憑；賢劫示百億之法，待付國王，而大事之緣，有諸聖之時現。帝華撫揮，筆舌乎五教，而大墳常典，傳歸乎東序之秘寶；宸極繼志，粉澤於先業，而冰綃壺墨，分藏乎不死之福庭。蚩蚩之氓，含甘吮滋，迷帝力之所及；沈沈之宇，子來勿亟，歸天保而在兹。俾是書也，并日月而麗乎天；斯閣也，以香花而散其處。射者不敢西向，如畏共工之臺；從昔未曾得聞，更同如來之藏。祁宿官甫邇，落成斯覿，淳濯至化，頌次成功。銘曰：

寬柔以教兮南方彊，神明來舍兮壽而臧，崇建塔廟兮最吉祥。聰睿撫運兮臻太寧，雲漢章天兮奎鈎明，名山大都兮閟文經。瑶函珠笈兮敞層構，弇勒湯盤兮垂不朽，當來下生兮齊佛壽。《宋景文集》卷五七。

〔一〕題下原注：『按復州，漢竟陵地，五代晋時改爲景陵。祁本傳：釋褐爲復州推官。當在天聖三年。碑云乾興元年，意建閣在前，碑文在後耳。』

余　靖

余靖（一〇〇〇——一〇六四），本名希古，字安道，韶州曲江（今廣東韶關）人。天聖二年進士，起家爲贛縣尉，累遷秘書丞、集賢校理。因上疏諫罷范仲淹事被貶，後稍復原官。慶曆三年爲右正言，以使契丹不辱使命，還任知制誥、史館修撰。再使契丹還，以習契丹語被責，遂弃官返鄉里。皇祐四年起知桂州、經制廣南東路盗賊。次年助狄青破儂智高亂，留廣西處置善後，後加集賢院學士，徙知潭州、青州。嘉祐五年交趾進擾，出任廣西體量安撫使，旋以尚書左丞知廣州。英宗即位，拜工部尚書。治平元年代還，道病卒，年六十五，謚曰襄。著有《慶曆正日國信語録》一卷、《武溪集》二十卷、《諫草》三卷。見歐陽修《余襄公神道碑銘》（《歐陽文忠公集》卷二三）、《宋史》卷三二〇本傳。

韶州翁源縣浄源山耽石院記　皇祐元年八月

古之學佛者，内樂空寂以照自性，外作饒益以濟群動，故行修於己而功施於物，雖岩居穴處，草衣木食，委去浮累，超然獨往。而萬家之城、十室之聚，率有信嚮，仰爲開導。由是攀蘿躡𩅰，棧險梁深，异人所居，必立精舍。耽石院者，翁川之列刹也，山川葱鬱，杳絶紛囂，泉石幽奇，足以耽玩。唐大中三年，有僧法光，爰此剪茅，衆爲築室，去華摭實，遂以耽石爲名。劉氏瓜剖，亂離斯瘼，鍾唄之聲，幾乎息矣。開寶初，因其故號，遷於上潭，香火僅在，風幡無托。不有廢也，其何以興？天聖中，今住持慧周同檀越巢迪等相與謀曰：『佛之示權也大矣，人之起信也久矣。察榮悴者知其果，視禍福者存乎應。崇善者有精進以篤其修，畏罪者有懺悔以寡其過，多藏者有布施以破其惑，念往者有追奉以廣其孝。是知民之閭井，不可一日而違塔廟也。』既而同焉者募，异焉者勸，富焉者資，巧焉者力。其相土也，則叠岫賓挹，澄溪帶附；其度材也，則百堵雲構，四阿翬飛；其設像也，則金璧睟容，天龍善衛；其據境也，則珍木彌望，佳氣襲人。真崇福之秘宇，絶塵之幽致也。苟非智者創謀，善人協規，孰能與於此哉？巨石如屏，泉淙於下，可以爽情靈，可以滌塵慮，命名之始，其在兹乎。就崖礱琢，傳之不朽。皇祐元年八月日記。明成化九年蘇韡刊本《武溪集》卷七。又見嘉慶《翁源縣志》卷九。

廬山承天歸宗禪寺重修寺記　嘉祐八年十月

佛氏之權大矣，三乘十二分之教，雖所説不同，同歸於化人爲善，人天龍鬼無不歸仰。故一一城邑、一一聚落、一一川原、一一岩岫，未嘗無刹也。俗無華裔，土無沃墝，十室之居，萬里之遠，鍾梵之聲相聞，世人不厭其多。夫惟群動外誘，則其智昏；一念内息，則其心寂。習浮圖者，定慧發光，以戒爲本，故居城廓之憒吏，不若山林之閑曠也。天下溪山之秀，江國爲最；塔廟之嚴，廬阜爲勝。近不接於塵坌，遠弗托於岩嶮，曉參夕問，無非佛事。歸宗田焉，本晉右將軍王逸少之宅也，壇宇雖改，墨池猶存。天竺耶舍尊者，振錫來居，遂作布金之所。江左六代至於隋、唐，總以律儀，莫窮譜系。貞元中，江州刺史李勃與智常禪師爲雲霞之交，兼師友之契，爰開法席，革以禪規。常禪師，馬祖之嗣，風韵殊特。初，有日者言師相有异表，師聞之曰：『吾學佛者，异欲何求？』遂以沙眯其目，輒有流星之應。時人因其瞼赤，呼爲赤眼道人。四方來學，不下千衆，自是燈燈相繼，於今二十三世矣。皇朝景德三年，以誕聖節名承天賜爲寺額，仍冠歸宗之號。叢林之盛，少能比擬；棟幹之隆，幾及千間。皇祐初，出饎之灾，鬱爲煨燼，長老慧南既痛己身逢此壞相，又思成性莊嚴，當由我興，於是精勤再造，同於經始。未終厥志，奄先歸寂。妙圓禪師自寶，昔嘗衆請在十八世矣，諸方道目推爲禪伯，第以雲居，久隳綱領，徙猊座而振之。及是緇黄共議，還師故處。人之求舊，群情胥悦，智者獻謀，匠者獻藝，富者獻財，壯者獻力。土毛所入，日用所資，衆竭其誠，簪毫無隱。遠者伐山，近者陶土，而紺宇巍然；巧思鋪金，寓形設色，而寶像儼然。惜其能事未終，倏亦避去；道宜紹之，亦才數稔。今長老慧通嗣總清衆，極力興修，凡陂而未平，基而未構，器之未具，像之未完，月綴歲葺，工無暫捨，期於大備，又加飭焉。素不至樸，嚴不及麗。香火所庋，賓主所止，經行作務，群居獨息，各爲區域，莫非僧儀。愚嘗謂臣庶之家，雖五世相韓，七貂仕漢，子孫能保故居者鮮矣！至於禪宗佛宇，或時遷代易，而鍾唄巾蓋不絶者，何哉？選於衆，擇其能而授之，乃克起弊補廢，而永厥世也。必因夫大患難、大災害然後見哲匠之才謀、菩提之願力，古今已然之勢也。故十三年之間，繼擇開士而見寺制周焉。監寺僧松思，賓師之門人也，遣价馳書數千里，丐詞爲記，不獲讓而志之。嘉祐八年十月日記。《武溪集》卷七。

廣州南海縣羅漢院記　康定二年

孔子曰：『可與適道，未可與權。』則知道者，聖人之中正也，守常而不可變；權者，聖人之輕重也，應變而鄰於譎。權之時用大矣哉！佛氏生於西域，與諸華土壤斷絶，殆將萬里。其滅度後且千歲，摩騰、竺法蘭始持其書逾葱嶺，東土當時未之識也。乃繹漢明秘夢以肖其像，復築鴻臚外館以居其徒，紬其梵音以通華言，諷誦講説，日漸月清，自是迄今又且千歲。天下之俗，雲蒸波委。秀眉之老，毁齒之童，服役其事，惟恐在後；百户之邑，十家之鄉，鐃鼓梵唄，未嘗可闕。其故何哉？蓋佛以大權寵萬化歸於至理而已。其爲教也，禁殺伐，斷淫妄，崇布施，重懺悔。性命之説，付之通博之士；因果之論，精入鬼神之域。使賢者務修，愚者生怖，同歸於善也。且夫蠉飛蠕動，含生之倫，莫不畏苦而趨樂；圓手方足，最靈之品，莫不跂高而好勝。而况血氣充於内，嗜欲誘於外，不足而後争，有餘而後肆，欺誣巧僞，皆欲勿爲而不能已也，非權曷以誘之哉？嗚呼！人羊相啖，生死循環，一念作惡，流入胎卵，有知之所同懼也；高貲厚産，逐利不休，暫持所愛，則獲福報，常情之所樂爲也；欺天罔上，造惡者衆，攝心自悔，罪即消滅，衆人之所願聞也；死喪之哀，五情潰亂，聞有遺教，俾其熏修，能餉亡者，往生善處，則雖損軀破産，無所靳吝，孝子之不忘其親也。乃知浮屠塔廟相望於野，不爲過矣。南海，諸越之冠邑也，番禺大府，節制五嶺，秦漢已來，號爲都會。邑即郡治，俗雜五方，史諜志之，此無預焉。邑之南有里曰豐衍，村曰平洲，山曰莠羅，院曰蘿漢。自劉氏歸命，里落荒榛，院之餘基，鬱爲茂草，然而名在郡圖，未削也。至天禧中，聖化翔洽，逾五十載，國無横賦，民有常業。生聚既衆，倉廪既實，亡者必有悼也，而不知其所之；存者必有修也，而不知其所嚮。耋艾同議，香火爲歸。爾時檀越麥延紹等五十餘人，列名請今住持僧法宗建刹奠居，以奉西方之教。繇是相山林，視原隰，基爽塏，宅閑曠，令元龜而協謀，仰定星而考室。罄己所有，惟力是視，募衆所得，一簪不私。飾土以寄虔，故斫礱繰碧以極尊崇之數；倚席以待衆，故節棁輪奐以開討論之地。一飯之約，擊鍾而示嚴；四方之來，折床而勿拒。茂松嘉樹，莫非手植，締構繕完，其亦勤矣。却視城闕，塵囂不來，前瞻海潮，法音如在，真物外之幽絶也，人地相高，衆所推擇，遂選爲縣僧首。凡僧之董領教門者，國曰統、曰録，郡曰正，縣曰首，苟非才出輩類，孰能得之？法宗師本郡人，姓陳氏，幼以經業自進，長以戒行自守，遂能闡揚佛事，化其聚落，咸使信嚮，稱爲一邑之首。噫！彼上人者，僻居海嶼，不求聞達，至於志有所立、行有可取，人則戴之，以爲領袖。自修者可以勸人，其信矣乎！康定辛巳歲，予以縞冠南來，得其狀而書之。既志佛之權，且警夫怠者云耳。《武溪集》卷七。又見《方輿勝覽》卷三四，《廣東文徵》卷五五，同治《南海縣志》卷二四。

韶州樂昌縣寶林禪院記　康定二年九月

上士冥心而履道，其次崇善以濟物。道充於内而迹彰於外，物應於邇而名聞於遠，所以諳事而察其言，尋聲而索其實。一家之譽，必用之於鄉；一鄉之秀，必升之於國。蓋善惡起諸己，毀譽成諸衆〔二〕，擇賢采异，用此術也。今夫推自稠人之中，升於高座之上，巍然當室之白，以師道自處，使同袍濟濟，北面就列，拜起趨揖，如事君父，若非深識懸解，領悟性相，春容一音，發矇去惑者，衆多之心，豈易伏哉？越人右鬼，而劉氏尤佞於佛，故曲江名山秀水、膏田沃野，率歸於浮屠氏。郡之屬邑曰樂昌，去縣郛四十里，有院曰寶林，地靈境勝，一邑之冠，遠郊近落，率來瞻仰，故常登延開士，主其熏修。於戲！栖山林以遂其高，遁江海以安其閑，幽人奇士，所以擊節而争往也。又况有棟宇以資其偃息，有菑畬以奉其饘粥，果能擇得聞人以付之，俾其發揚佛事，開導氓俗，奉行諸善，共避衆惡，此乃因高閑之適，成兼濟之利者也。今長老圓祐師，福州懷德人，姓陳氏，學頓放於黄梅山顯宗禪師，服勤二十年，晝問夕參，遂探幽楗。乃曰：『未脱自縛，安能度人？』即謀南歸，以卜終焉之計。惟兹寶林之衆，屢易師長，而莫能興葺以延四方，於是計使鄒公覃遠聽博采，得師於虔之慈雲，遂迎以來，俾尸其衆，時景祐三年也。先是，院制度狹小，不克稱於其名，殿陛庳下，堂奥淺仄，居才數畝。面臨迴照，影過亭午，則暑氣鬱勃，坐者揮汗，至於末光。師以日廩之餘，悉付營造，易其堂殿，負陰向陽，增築厥基，始逾百堵。伐山、陶土、刓劂、圬墁之工，百役自具，不假外徇。居者執畚而同力，來者掛錫而如歸，夏開南榮，冬塞墐户，無復往時之陋也。乃知擇得其人，爲利自博，但無意侵漁，能守厥舊，已足佳矣，矧能指無修之要以悟自性，精有爲之勤以勵後學？此而不記，將孰記哉？康定二年九月日記。《武溪集》卷七。又見《廣東文徵》卷五五。

〔一〕『成諸衆』原作『成請衆』，據四庫本改。

韶州開元寺新建浴室記　慶曆六年六月

釋氏之爲道也，兼濟於人不待乎達，獨善之樂不專於窮，以悲智爲修者也。悲之爲言，仁之端也。能與衆多作大饒益、去大患難、獲大安穩，視物之累，如身之憂，建功而不祈賞，益善而不祈報，此悲者之爲也。智之爲言，介之徒也。守静默，捨欣厭，居市朝而非顯，宅山林而非晦，身同夢幻，性等空虚，離五蘊，超三有，此智者之爲也。韶於嶺外爲望州，盧祖印心之域，故寺最衆，僧最多。然郛郭之居，初無衆浴。開元寺者，精藍之甲也，比蒭延吉，以頭陁苦行勸募依信，量力出貨，聿圖勝果。乃於寺東南之外壝相善地，市媺材，購梓人，售陶工，積勤營構，用成温室。八桂僧道夔勾稽其簿，矢謨於康定，落成於慶曆之某年。五日爲期，一具湯沐，熏修者得以涓潔，塵垢者得以滌蕩，至者欣欣，真兼濟之事也。先是，州跨二江，通以浮梁，夏潦暴怒，歲苦漂泆，人用艱涉，户煩科督。吉師居河之湄，極力糾率，伐材以横大航，冶鐵以絡連鏁，新而維之，衆獲其便，方輈并轡，如履康莊，積霖漲波，不能衝嚙。非悲智所樂，何以及此？月華琳禪師，叢林之宗工也，以書來抵廬陵，謁詞爲志。吉師曹溪人，姓侯氏，十六受具，遍游名山，禪學通悟，琳師稱之，今受衆請爲住持主云。慶曆六年六月日記。《武溪集》卷七。

韶州重建東平山正覺寺記　皇祐元年四月

詩人之咏曰：『鳶飛戾天，魚躍於淵。』蓋言上下至也。翔極於高，潛極於深，則性之適矣。山林之士，豈不樂夫曠遠哉？湘之南、峽之北，山莽連屬，而韶居其交，東平爲其望山，富乎高深者也。剪荆構宇，靡詳厥初，舊傳《韋宙大夫碑》云：劉總尚書出家於此，賜號大覺，較其年名地域，乃與本傳不同。會昌之世，例蒙擯毁。咸通中，知宗大師慧寂再肅僧儀，恢復兹地，四方來學，緇褐千人。寂師前往仰山，時號小釋迦者是也。門人道圓，扣閽奏牘，以東平勝地、知宗名流，興復靈境，願頒敕額。乾符二年，錫名弘祖禪院，改賜澄虚大師并紫方袍以寵之。及其委蜕，謚曰智通，塔曰妙光。劉主因之，嘗割曲江之豐樂、乳源、龍歸三鄉民租以贍堂衆。國家題期五緯，敷佑四海，出日入月，罔不率服，野無屯師，里無暴征，吏良政清，人用休息，故攝心奉佛者，沛然有餘力矣。然而作大饒益、興大功利，建造崇立，顯揚佛事，苟非戒行涓潔，衆所欽矚者，其成之固亦難矣。開寶中，刺史潘公懷裕嘗擇名德，而績用弗成。至道中，火禁弗嚴，鬱攸爲患，尺椽寸瓦，煨燼無餘，本寺徒弟，徙厥基而新之。咸平元年敕賜正覺寺額，然綱領不振，膏腴之土侵牟者殆半矣。天聖初，州命禮僧紹登恢隆祖席，緝復未完而順寂焉。提點刑獄林公升酷好禪學，遂請今禪師得彬開堂續燈，景祐五年也。彬師化州石龍人，兒童戲玩，即好經梵之聲，少年游方，遍參尊宿，得法要於廬山羅漢院祖印大師，侍執巾瓶，十有八載。屢賫山儀，中闈進貢，朝士稱其機捷。既受衆請居山也，到山食訖，即召田客具畚插尋知宗故基，斷茆結庵，以聞於州，符報從之。明年，盡復嚚人侵地，籍所餘以募梓人、瓬人，伐材埏埴，不煩而備。噫！佛氏之制閎矣，像有鴟屋，堂有猊座，人不以爲忲；畫楹而居，擊鍾而食，人不以爲侈；天爲兜率，山爲補陀，人不以爲誕。施者惟恐不得豐其用，匠者惟恐不能肆其巧，金仙之權，何其盛哉！先是，山去民居三十里，指四峰以爲境，東名靈隱，南曰大雄，西號月輪，北爲獅子。且知宗嘗聚學徒千餘，故其制度得以閎肆，窮毫溢楮，所不能既。若乃禪機祖學，緇素所推，名木奇樹，方俗所异，非關興構，闕而不録，第志歲月而已。皇祐元年四月日記。《武溪集》卷七。

廣州烏龍山覺性禪院草堂記　嘉祐八年正月

伽藍之制，寢室曰方丈，十方皆然也。番禺之東，去郡郛十里而近，有山曰烏龍，院曰覺性。長老僧曰法持，剪髮爲頭陀，題其寢曰草堂，視其迹似好异者，察其所爲，則禪心而戒行，衲中之隽也。不游聚落將十稔矣，語必誠願，人多信向，不祈甘美而鼎飪常豐，不尚華侈而丹素無廢。夫道充諸己，伏之必衆；行敦於内，聞之必遠。曰緇曰素，未有不始於修者也。或者謂無修無證，乃欲屏去因果，混同善惡，則與夫愚暗貪恚者，何以异哉？殊不知無散亂心是無思也，無染著心是無爲也，故雖智空境寂而不捨方便，嚴飾佛刹，納人於善，兹所以爲衆所歸也，迹之同异可略矣。嘉祐八年正月丙寅，行春至此，既歸而筆之。《武溪集》卷七。

江州廬山重修崇勝禪院記　慶曆五年

夫萬寓之大、群動之衆，佛以溥博之教、淵泉之語，廣譬善導，無不入。其言含生有知之類，人人物物，皆藴佛性，猶木中有火，本來無睹，方便鑽鑿，乃見光華，離暗得明，不從外至。故無生之説，以去纏縛；有爲之法，以勸因果。二者并施於世，隨所悟解，歸之等覺。佛去世後〔一〕，持其説而化於一方者，信向遠近，視其緣之厚薄云耳。大江之南，號爲山水奇勝，廬阜又稱諸方之最，自東晋已來，高人開士，嬋聯不絶。山形磅礴三百里，寶刹之有名於天下者以十數，四方學心之人多歸焉。學人之至，必又能以圓頓一音之教，舉其機而驚於衆者，以登法席，苟得其人，則一言頓解，出生死海刹那頃耳。崇勝禪院，江南李氏乾德二年所建也。遠公蓮社，絶頂相望；淵明栗里，高風接秀。左泉漱玉，可以滌昏煩〔二〕；前林蔽空，可以樂閑曠。真遺世觀空者宴息之地也。景祐初，久虚禪席，於是州將而下，僉謀列刹，廣詢法王之器，授之猊座，遂得今禪祖珂師焉。寺之故居庫陋，不足容四方之來。一日，珂師言於衆曰：『吾以諸法一味，離去世間染浄，忻厭一切差別境界〔三〕，無有少法可説，乃能入於如來難思智地。然而一切諸善，皆由信起，不有莊嚴，何能起信？若寂然無營，則陷於因任止滅之病矣。』衆聞是語，翕然從風，其堂皇殿闥、廡序管庫之不如制者，一皆新之。築基而飭材，陶土而甓石。肖像設色，衆工攸聚，棟宇輪奐，見者起恭。師以善教而流其法，以信而募其貨，以智而役其工。自丙子經營，至甲申落成，軒檻迴合，凡三百餘楹，雕琢金碧，皆極研麗。無有遠邇，賓到如歸。其徒之至者，寢於斯，食於斯，聞於斯，思於斯，覺於斯，夫見宗祊而起孝，睹墟墓而生哀，視塔廟而增信，其理一也。某故史官，且師之同郡人，故得其實而書之。珂師通學敏識，少厭榮進，壞衣削髮而居叢林，不露頭角。游廬阜若干年，提唱宗乘，集《軸禪録》七卷，盛行於世，時人服其該洽。噫！自祖法之東流，六世而居曲江，今珂師生曲江，復以心法名於山，古言孔子之後，鄒魯多儒，信矣哉！慶曆五年某月某日記。《武溪集》卷八。又見《輿地紀勝》卷三〇。

〔一〕『去世』原作『夫世』，據文淵閣四庫全書本（簡稱『四庫本』）改。

〔二〕昏：四庫本作『紛』，疑是。

〔三〕忻：四庫本作『所』，疑是。

潮州開元寺重修大殿記

金仙氏立空有二教，彌綸人天之際，以三乘四果，開陳漸路。其説曰：一切諸善，皆由信起，不造業故；種種諸法，皆由戒起，能攝心故；六波羅蜜，由布施起，斷貪愛故；百福之報，由莊嚴起，無惰慢故。所以群生歸向，如流濕就燥，不可禦者，其有最勝之理乎。潮於嶺表爲富州，開元於浮圖爲冠寺，暢師於僧官爲極選，又以金仙氏福報性學之説，開導於人，故其答者如響之應。先是，寺有羅漢殿者，歲時浸深，基傾棟圮〔一〕，壓焉是懼，風雨何庇？乃唱是事，鼎而新之。其募資也，毋喜腆，毋羞薄，同焉者懷，异焉者勸，歸於信而後已。繇是伐材於山，埏土於陶，購工於市，而布規矩焉。金碧之飾，雕繪之巧，美梓密石，厥製備焉。自釋迦金人部從至於五百羅漢之容，率飭化而像之，歸於莊嚴而已矣。又爲二樓：一儲本朝累賜太宗睿烈皇帝御書、真宗章聖皇帝及今皇帝御製；一縣洪鍾而對峙之。康定庚辰乃始基之，慶曆癸未而告厥成。凡寺之制，完者飾之，缺者補之，隳者革之，凡五百楹，爲一郡之表，三者贍焉。既落成，逾嶺渡江，絶淮走輦下七千里，以其狀來請識歲月，乃書之云。《武溪集》卷八。又見《永樂大典》卷五三四五。

〔一〕圮：原作『橈』，據四庫本改。

韶州白雲山延壽禪院傳法記

余　靖

昔者金人見夢，經像始東，而圖繪締構、奉遺教者遍於天下。既而漢之宗祀，廢於當塗，魏之血食，絶於典午，西方塔廟，巋然無改，大雄之德，何其盛哉！迄今千祀，寅恭益衆，由是王而侯國，商闤農井，苟有生聚，必爲浮圖。大抵南方富於山水，號爲千岩競秀、萬壑争流，所以浮圖之居，必獲奇勝之域也。實性大師，始來居之。絶澗高峰，恍出物外，陰谷夏雪，陽崖冬葩，故非區區林麓之所比也。古者謂穹山浚澤，必能興雲致雨，以濟民望，故以白雲名之。觀夫高士，遠迹當世，非獨玩雲霞之容，同禽魚之樂而已，蓋將脱去聲利，深入杳靄，目絶塵累，耳忘俗囂，而後真性湛然，如太虛月，旁無壅障，乃克通照耳。所居高深，所樂曠遠者，以此也。禪那之學，其來尚矣。自南北分宗，思讓异派，雖達空照理，共歸懸解，而臨機接應〔一〕，各禀師模，言有體用，義有縱奪，互相祖習，曰爲門風。然而無善可求，無惡可去，直指宗門〔二〕，令其悟入，雲門之教，最號真淳。實性即雲門之嫡也。實性者，劉主所賜師號也，名志庠，封州人，姓陳氏。廣主延入府中，親問法要，有名《傳燈録》。庠既即世，志文開堂嗣之。次曰契本禪師達正，次曰達真禪師雲端，次曰妙光大師雲福，皆承師嗣法，世賜師名。厥後有惠龍者，鳳翔人，姓趙氏；今長老常簡，永嘉人，姓徐氏，皆什方名德之選也。自實性至今七世矣，棟宇加飭焉，田疇加闢焉，倉廪加入焉，器用加給焉，徒衆加進焉，遠近加信焉。嗚呼！今夫公侯將相之家，不過一傳再傳，或當世而絶者，豈非道家所忌、陳平所識陰謀而害人者耶？至於浮圖氏，托大義以承嗣，而能世廣基構，至於不朽，賢於陰謀者遠矣！其可書也，遂志其世云。《武溪集》卷八。

〔一〕應：原缺，據四庫本補。
〔二〕門：原缺，據四庫本補。

南岳雲峰山景德寺記　至和二年六月

雲峰者，南岳五峰之一也。昔大禹登祭此山，得金簡玉字治水之要，故有禹之行宫，科斗古碑，時有見者，遂名其溪曰禹溪。梁天監二年，即其行宫創寺，仍錫近田以資僧食。以岩栖谷隱之士，世所以推而重之者，謂其輕去軒冕，疏外聲利，以全其高者也。矧以釋氏之諦，離藴去著，出生死海，以全其性，豈獨脱囂埃、易去就而已哉？自梁已降，代有奇人。簡文帝大寶中有法政禪師，身長八尺，布衣一食，獨宿樹下，虎兕圍繞，每一入定，輒經累月。忽一日，風雷震樹，見神人具衣冠，端笏而前曰：『此宜立壇度人。』師諾之。遂奏置甘露戒壇，度僧五萬，基址存焉。陳有高僧惠勇，修心於此六十餘年，群虎旦夕侍衛。隋有高僧善伏，習禪智三昧，通宿命，亦能入定，一月乃起，常念幽途多苦飢渴，乃咒食冥飼焉。太宗朝有高僧義本，博通經律，子史百家，無不覽者，内外學徒，順風庭謁，至則開納，深得人望。無疾坐亡，葬於南嶺，有雙鶴悲鳴，繞塔三年而去。至廣順中，寺主僧啓仁，被訴陷法，籍没莊土。皇朝建隆元年，楚文昭王馬氏請而復之，爾後甲乙承襲。殆景德中，改爲禪刹，命僧智吉演法領衆，其事上白，遂以年名賜今額焉。自智吉之後曰希順、智宣、懷荀，三世相承矣。慶曆末，僉議請今長老純正紹隆法席。正師，成都人，俗姓李，天聖中遍參知識，深達心要，荐居岳麓之法潤，寧鄉之善果，及今居雲峰，凡三遷法筵，皆當世名公，今相國劉公、資政孫公、致仕貳卿劉公而下十餘公署疏而請之。所至緇徒雲集。且夫無生之説，用達於根本；有爲之果，蓋勖於精進。故悲智异途，而同歸濟度；福慧殊報，而俱出薰修。所以學心之徒聞言而得要，慕教之士覩相而生恭，隨其機緣，示以開入。繇是提唱之餘，極力營葺，塔廟之制，華梵相參。扶土而爲像，度材而構厦，壹用常均，不侈不陋。七年中，爲屋三百餘間，至於縣廨莊舍〔一〕，又五十餘間。皆率減歲儲，不外干於檀施，此又人之難能也。以孫公與某嘗同南征之役，又都官黄君稟岳之秀，而聯郡之務，故致書求記。因不克讓，而記其世次云。至和二年六月日記。《武溪集》卷八。

〔一〕『至於縣廨』句，原作『至於縣廨莊有舍所至歸又五十餘間』，今據四庫本改。

南岳山雲峰景德禪寺重修佛殿記〔一〕　嘉祐二年十二月

佛者號爲天人師，故像飾以金，屋爲之殿，極尊崇也。天子五岳，維南曰衡，邦之巨鎮，地多勝境，藝林構室，梵刹相望。據五峰之正勢，而旁羅禹迹、密通洞天者，有雲峰焉。晋宋之間，名僧繼起；隋唐而下，世有其人；迨於先朝，始啓禪席。相國劉公之守長沙也，以莫徭之梗，當全才之選，旌麾所指，巢穴皆空，仁翔封畛，威軼聚落，武功既成，民斯安堵。於是禮名士，延高僧，外修禮法之要，中談空性之本，長老純正，嘗前席者。既而從莅方鎮，尹正神都，入參朝政，遂服公衮，直亮嘉謀，弼諧元化，天下蒙福，固爲多矣。第以湘衡舊治，古先靈迹，岳山之下，景德爲最，乃奏紫方袍以錫正師，復捐俸金以崇像殿。初，正師之居是寺也，量歲之入，約其用而蓄其餘，募良工，伐偉材，相厥棟宇，隳者完之，故者新之。越十稔，其堂皇廡序、庫樓寮閣，鼎盛者幾五百楹。惟兹殿制，締構猶缺，得相君之教而備焉。以恭謝改元之秋而圖厥始，迨明年冬乃克成之。相君之志，匪以施財而徼福，蓋崇乎外濩也；苾芻之説，蓋欲瞻像而起信，匪徇乎繁飾也。某幸守兹土，且辱相君之舊，及殿成，純正以狀來白，遂志其歲月云。嘉祐二年十二月日記。《武溪集》卷八。

〔一〕南岳山雲峰：四庫本作『南岳雲峰山』。

廬山栖賢寶覺禪院石浴室記

大雄氏之爲教也，即空無著之謂性，攝心自持之謂修。植因成果之説，所以道迷也；施財獲福之論，所以破貪也。兹道坦明，各隨所證。自像法東被，諸華嚮風，塔廟莊嚴，遍我國土。凡所經始，人皆樂成者，非它也，彼既未悟於心，姑欲弛貪而出迷，當有導師掖而趨善使其然也。栖賢寺新成石浴室，募衆而植因也。浴室在寺之西南隅，寺在廬山之陽，山在潯陽郡之左，郡在大江之陰。山川佳麗，棟宇輪奂，梵刹廢興，則寺記存焉。寺之始創於齊，盛於唐，賜名於皇朝。居之者不以昭穆伯仲相繼，自智常至澄諟，皆海内有名高僧統其衆。故建刹啓基，布金流銀，日月天宫，琉璃地界，霞鮮翼張，翕赩相照。唯兹温浴，屋老不支。一之日，澄諟言於衆曰：『六時贊唱，當務潔齋，若塵垢未除，則七福何聚？欲求精進比丘，備其七物，不亦善乎？』時則有浙僧希昱、能湛，行爲上首，願集其事。用因緣相，一唱而就，募得緡錢二百萬，鑿山築基，礱石構堂，仍市美材，續成外室，凡十一楹。其浣濯之所、蘇膏之器，罔不具焉。自天禧庚申歲矢謀，至乾興改元之初，用浮圖舊法飯僧以贊其成。壬申歲，昱師會某於豫章，求文而志之。噫！佛之性也，開示悟人，各有所因，則知昱、湛二開士，當於水因悟最上乘、入三摩地，豈獨使洗滌前塵、除去七病而已哉？按《十誦律》云：『昔舍利弗隆暑行化，執惱所著，有灌園者溉餘之水，請以爲浴，此人獲報，生忉利天。』由是觀之，同捐貨財，成此浴具，功又勝彼，如佛所説，其獲福報，可思量哉！其靡麗宏壯，則簡而不書，聊記歲時而已。《武溪集》卷八。

韶州曹溪寶林山南華禪寺重修法堂記　康定二年十二月

孟子曰：『聖人者，百世之師也。』蓋至聖之道，高深廣博，百世而下，遺烈猶存，賢者襲其規模，學者窺其户牖，此其所以日鑽歲仰，歸之無窮者也。然而道之大者，必久而後隆；事之美者，不一而能具。昔者六祖大鑒禪師初傳信器，歸隱海嶠，混迹弋獵，艱難備嘗；及其建梵宫，登師座，敷陳真覺，開導人天，其亦勤矣。滅度以來，四百餘載，雖千燈繼照，光遍河沙，而布金遺址，筌蹄寂寞，向非睿哲當天，英材接迹，講求世務，餘力佛乘，曷能恢復宗風以續先軌者哉？天禧四年，前轉運使、起居舍人陳絳上言：『曹溪演法之地，四方瞻仰，歲入至豐，僧徒至衆，主者不能均濟，率多侵牟。乞於名山僉選宿德，俾其舉揚宗旨，招來學徒。』制詔曰可。於是南陽賜紫僧普遂首膺是命，莊獻皇太后、今皇帝親遣中貴人詣山，迎致信衣，禁闈瞻禮，遂師得於便座召對移刻。陛辭之日，賜號智度禪師，錫以藏經、供器、金帛等，當時恩顧，莫與爲比。歸作衣樓藏殿，以示光寵，餘亦未遑開緝也。遂師即示，中旨付荆湖南路博訪高僧。今長老緣師自南岳雲臺山再當是選，紹光正念，宣揚了義，居者蒙潤，來者如歸。乃擊鍾而謀曰：『嗣其業者爲之子也，誨於人者爲之師也。子之克劭，然後起家；師之不嚴，何以尊道？此世教之所以壯堂構也。日明月暗，墻壅户通，因分别以見塵緣，視頑虚而識空性，此梵刹之所以崇堂宇也。』由是蓄羡餘，廣購募，窮山跨谷，以求棟幹，殫能極藝，以召匠碩。協定星之期，觀大壯之象，材得以呈其美，工得以肆其巧。計廣以席，度深以筵，外像祇陀之居，中施師子之座。尋聲至者，圜立於前；如渴飲河，滿腹而去。嗟乎！聖不世出，故微言易絶。昔仲尼生於鄒魯，去世未久，而楊、墨、申、韓，各就其術，爲异同之論，以戕賊教化，所賴荀、孟大儒，開陳仁義，然後君臣上下，大倫以篤，夫子之道，不絶如綫，况其遠者乎？如來生於西域萬里之外，寂滅千歲，教乃東被。而語皆重譯，書不同文，故翻經着論，得以紛綸其説，昏遇迷妄，貪着福報，淪家耗國，弃實趨權。亦賴諸祖以實際理地密相付囑，然後知佛不外求，見於自性，造惡修善，俱同妄作，所以遣空破有，不陷邪觀者，宗乘維持之力也。不然者，天下嗷嗷奔走，有爲之果，何能已乎？初，大鑒以諸佛大法眼藏傳清源思，思傳石頭遷，如是展轉相傳，至今長老緣師，爲十世矣。佛教之來中國也，達摩最後，諸祖出世，各分宗派，而曹溪之胄最衆，乃知道在乎要，不在乎先後矣。緣師，興元南鄭人，本府出家受具，得大乘之要於漢東祚師，遂振錫至於南岳，郡將邦伯，悉飲其名，乃於唐興、南臺、雲蓋三啓禪師，稱爲岳中之冠。及被朝旨，乃克歸紹本統而肯其基構，六祖之道由是中興矣。前所謂必久而隆、不壹而具者，有待而然也。緣師狀其事，請辭鏨石，以圖不朽，且予里閈所托，故於辭爲備云。康定二年十二月日記。《武溪集》卷八。又見光緒《曲江縣志》卷一六。

潭州興化禪寺新鑄鐘記　嘉祐二年

金鼓所以警衆也。衆之攸居，非夫疾譟大呼，安能齊一？必以聲宏碩而遠聞者，爲其節焉。京洛之制，睥睨置鐘，節昏曉也；舍衛之法，衆集撞鐘，節進退也。則知鐘之爲用尚矣。興化禪寺，唐景福中所建，其營造之因，景物之美，則寺記存焉。國家承天立極，四聖繼統，日月所照，罔不丕冒，民去兵火之厄，將百年矣。由是僧徒之博識雄辯者，得以佛事率導其間。故其金璧莊嚴之像，梗楠輪奂之室，日完月構，時興歲廣，不得不益壯而增華也。凡百供器，還視初制，豈不狹小哉？鐘之當易宜矣。本朝銅禁尤嚴，私無銖蓄，僧坊道具，宮爲製而給之，惟鐘之巨，則許入金而賦銅焉。長老僧紹銑以易鐘事聞州，内閣劉公爲之上白，朝旨從之。乃募信士，得豫章朱氏捨錢二百萬，爲檀施之首，衆遂響從。購良冶於餘杭，積勞數千工，用鳧氏之劑，事皆素練。以恭謝改元之明年正月三日，鼓鑄於寺之東隅。群僧贊唄，以俟其成；鄉坊士女，捐金錢以助其緣。自寅訖巳，一鼓而就。越三月，陞之重屋，會闔郡僧俗食而擊之，聲聞數十百里，真招提之壯觀也。自鎔範及考擊之始，予與群官偕往視之，既嘉其工之巧而賞之，仍鐫名於鉦銑之間；紹銑又伐石乞詞，以志歲時。嘉祐二年四月日。《武溪集》卷八。

東京左街永興華嚴禪院記　嘉祐四年十二月

上都華嚴禪院者，故崇儀使、文州刺史岑君所創也。岑君諱守忠，早侍兩宮，屢使於外，欣慕禪學，遂發洪願。天聖五年，布金易地，於國城之東，始建精舍，以待什方緇旅。明年，上賜錢俾之構堂，以安清衆，而後架具焉。章獻皇太后崇其閈閎，而鍾梵全焉；后以資福院燒香鍾賜之。章惠皇太后益其庋閣，而厨庫備焉。越明年，賜額爲永興華嚴禪院，隸於左街，歲度僧二人，仍令長老住持。年逾一紀，三易其人，而缾盂弗駐，棟宇弗完。康定元年，乃請今明悟禪師主其禪席，師名道隆，潮州海陽人，俗姓黃氏。得心印於汝州璉禪師，衆推通悟，乃膺僉請，輦轂之下，領袖攸屬。道眼既具，衆心悦從，來者如歸，户外之屨滿矣。購募檀信，日加營緝，演法有堂，安像有殿，紺宇宏壯，寺制恢焉。接物利人，開益既廣，藹然德譽，升聞帝聰。慶曆二年，上始賜《重陽頌》，師即箋注進呈，上覽之大悦，特賜紫方袍以寵之。繇是御書偈頌，提綱語句，動盈卷軸，師悉箋而酬之，聖睠益厚。後三年，復賜《大乘頌》，師亦箋釋和進，上愈嘉之，賜號圓明大師。

初，岑君於錢塘雕造盧舍那佛、文殊、普賢等像，布而漆之，工未半而不禄，匠氏淪廢者六年。師乃親詣餘杭，用錢三百萬，命工畢其裝繪，舟挽而歸。師既還闕，上撫問錫賚，頗復優厚，累賜御頌、御書、金帛、香藥等，頻詔入化城殿升座説法，咫尺天顔，激揚宗要，并賜筆硯，令進禪頌，仍賜御饍、衣物、飛帛書等，就大相國寺西廡賜廨院一區，以爲朝宿之地。尋以聖藻宸翰，溢於居室，因構閣以藏焉，示不敢褻近也，因賜琉璃瓦覆之，并賜御飛白書，額曰龍奎之閣。歲别度僧一名，恩禮加异，緇素榮之。凡募緣成者，由兩序而鍾臺、經閣峙焉。方丈之室，謹宴申也；看經之堂，勵勤修也。异其庫司，慎揀請也；儼其温浴，尚涓潔也。僧坊供具，罔不輯焉。其外則敞車院、列僦舍，資之給衆，咸有規畫。至和元年，内出水陸畫像五百餘軸賜之，乃即西北隅創造堂，爲供設之所，再蒙御飛白書，賜名洪濟之殿。宣中使押左右街僧道威儀、教坊鈞容班樂，輦卒衛兵，奉迎至院。嘉祐二年，特敕加賜明悟禪師之號，恩無出其右者。師以爲信之所起，必始於莊嚴，故不憚於有爲也；理之所通，必去其攀緣，當遺照而無著也。乃具表辭免，不入城闕，於今一紀矣。叢林之衆，至者不下數百，所度弟子百餘人，賜命服總禪衆者三十餘人。於戲！非岑君之崇尚佛事，無以創其基；非禪師之恢宏宗旨，無以廣其制。自國朝已來，以田衣見上者，趨皇闈、瞻黼扆則有之矣，至若對萬乘，升高坐，談性相之實，指佛祖之心，無如禪師之比者。其箋解聖作、酬繼宸章，間發言機，直趨覺路，宜乎眷賚之頻煩也。而又高謝紛華，超出名相，冥心息迹，歸於無事，真佛法之總持、禪門之體用也，可記也哉。嘉祐四年十二月日記。《武溪集》卷九。

韶州善化院記　康定元年九月

仲尼居魯，而儒學之風隆於洙泗；秦皇好兵，而將帥之材出於山西；六祖開化曹溪，而塔廟之興布於曲江。蓋聖賢特出，熏而炙之，故跂高慕遠者與習俱盛也。韶州生齒登黄籍也三萬一千户，削髮隸祠曹者三千七百名，建刹爲精舍者四百餘區，豈非祖風宏扇，人心偃順而欽崇者夥乎？鄉曰豐樂，里曰長容，北出州治三十里而遥，有院曰善化，唐朝舊額也，五代兵火之後，其名僅存。雍熙二年，始有草茅之室，檀越列名請袁州僧皓隆主其熏修。迄至道中，隆師示寂，上足紹緣尸承厥位。緣師袁姓，亦分宜人，弱歲隨隆來，及其卒而嗣焉。初，院在山椒，垣壝隘陋，自景德初年，緣師乃經始寬平，而徙其基，揭舊名而署之，募資購材，斧斤不絶。至天禧之末而考室，凡十八年間，乃得環合。立鴟而名殿，以安其像；度筵而築堂，以崇其法。重樓而擊鍾，以庶乎息苦；連牀而會食，以示其容衆。至於庋閣之司，舂炊之所，折衷豐約，罔不具焉。清溪如帶，繚繞前左，長梁下亘，虚亭上覆，徙倚軒檻，可以優游，真塵外之嘉致也。又嘗於雍熙、至道間，悉委瓶盂羡餘，市東皋之田，以具饘粥。於戲！能創其基者，父之事也；能繼其志者，子之力也。文王無憂於其國，以王季爲之父也；臧孫有後於其家，以哀伯爲之子也。浮屠氏托大義於父子，而本非骨肉之愛，乃能恢崇堂構，以昭前人之光；又能捐其蓄積，市易田産，以貽後世之利，此其可書以垂勸也〔一〕。彼滔滔然趨走權貴之門，窺伺常住，以圖割削，用實私橐者，視師之績，得無愧乎？以某嘗帖職於修書之殿，俾詞其實，以示亡窮。既嘉之，因不復讓。康定元年九月日記。《武溪集》卷九。又見《廣東文徵》卷五五，光緒《曲江縣志》卷一六。

〔一〕以：原無，據四庫本補。

惠州開元寺記　康定二年六月

自漢迄今僅千祀，天下郡國之勝游、雲泉之絶境，精廬居之，迨且遍矣。蓋名僧高士，無世無之，或潛光丘壑，洗心閑曠，山林所以栖息；或應現度人，隨機示化，國邑之所歸仰。日聯歲續，人去迹存，此乃鍾梵相聞，不爲多矣。有唐開元，天子號令，翔於四海，每爲新制，以自張大。乃命祠曹，州擇一最勝寺，易以年名冠之，俾後世知聲教之廣被也。故天下寺以開元名者，必基爽塏、據形便，祠宇最壯，像設最嚴，綱維最親而不苟，制度最古而有序。惠州治城之南二里，則所謂最勝之寺也。古者邑而未郡，山猶林莽，虎狼宅之，肆害民里。東漢之末，有僧曰文簡，掛錫栖此，猛獸馴伏，因爲伏虎臺云。郡本百越之地，漢隸南海，晉爲東管郡〔一〕，晉武帝咸寧元年，太社青氣屬天，占者云東管有帝王之祥，於是以東管王伷徙封瑯琊〔二〕。是歲，元帝始生〔三〕，伷即其祖，中興纂紹，實啓祥應，於此建刹，錫名龍興。隋文帝削平江左，南北一統，因得西域舍利，遍置名山，俾築塔而藏之，又改曰舍利道場。至開元二十八年，乃賜今號，奉安睿宗皇帝御容，至今存焉。兹寺重崗複阜，隱映岩谷，長溪帶盤，湖光相照，探幽賞异，一郡之絶，故累朝詔擇名藍，錫以嘉號，而常在其選；郡廷精揀經論名德，署爲僧職，以總領緇衣，亦多其人，乃知其名實不相浮矣。咸平三年，以鬱攸之灾，悉爲煨燼。不有廢也，其何以興？於是即其舊基，沿同革异，或出自私楮，或募於檀信，凡爲棟宇若干間，堂殿若干所。扶土設色，肖像而爭勤；捐金弛具，不謀而同力。禪徒律學，各有攸居。初，寺之名舍利道場也，有石刻以志其本末，昆崗之焚，字無完點。及其再造，四十餘年矣，遺緇故老，存亡相半，陵谷之變，將無紀焉。以某嘗登東壁之府，倦游而歸，僉來乞詞，以爲後觀。由是詢邦志，采耆言，筆之於石，以備遺逸。康定二年龍集辛巳六月日記。《武溪集》卷九。

〔一〕東管：原作『東營』。按：據《晉書·地理志》《宋書·州郡志》，東晉成帝時曾分南海郡置東官郡（『官』一作『莞』），治所在寶安，即今廣東深圳市舊寶安，宋代屬惠州地。余靖誤將此東官郡與山東的東莞郡混爲一談。東莞郡，漢末置，後廢，晉初復置，治所在今山東沂水，司馬懿之子司馬伷即曾封東莞郡王，改封琅邪王。又『莞』字，原文蓋寫作『管』（莞與管音同），後世訛作『萻』，今改。下同。

〔二〕東：原作『惠』，據《晉書》卷三八《琅邪王伷傳》改。

〔三〕元帝：原作『明帝』。按晉元帝司馬睿爲琅邪王司馬伷之孫、司馬覲之子，晉明帝則爲元帝之子、司馬伷之曾孫，見《晉書》，此誤。司馬睿生于晉武帝咸寧二年。

韶州月華山花界寺傳法住持記

人之大倫，在乎三本：父者生之，君者治之，師者教之。父子天性至親而不易，君臣同體至一而不可擇，惟師則不然，去就之分，視德之輕重，故無位而尊、無賞而歸者，道之所在云耳。子夏之居西河，康成之處北海，傳經著録，不异洙泗，豈有督之者哉？金仙之教，被於中國，自漢至梁，逾五百祀，但以崇塔廟、勤香火爲事耳。及心法西來，百年之間，傳至大鑒而法斯溥矣。月華山者，招提惠朗禪師演法之地也。招提視大鑒猶曾祖父也，大鑒門人高第者，廬陵思、衡岳讓。讓傳大寂，居江西，世呼馬祖是也。思傳希遷，居南岳之石頭，建中、貞元間，方袍之學心者，江衡千里，道路如織，亦西河、北海之風也。石頭之入室者，有大小朗，招提爲大朗，以其不出招提三十年，故號招提朗焉。其門人劉軻爲之碑甚詳云。朗，曲江人，俗姓歐陽氏。年十三於州鄧林寺出家，二十於岳寺受戒。既而曰：『戒豈律我哉！』乃往龔公謁大寂，得佛無知見之説，遂歸於岳。晝探井臼之役，夜與其徒發坼幽鍵。石頭即世，終喪乃去。貞元十一年，將游羅浮，途次曲江之都渚，乃曰：『茲地清氣盤鬱，亦足以栖神矣。』遂駐錫居之。四方學者，尋聲而至，無虚日矣。招提既没，衆散而寺亦榛廢，其後百餘歲，當劉氏稱漢於南海也，有實智禪僧清裔者，自範金銅羅漢像十八軀進獻劉主中宗，因得延見，引問之際，器識高遠。劉主乃於碧玉殿備浮圖氏威儀，俾裔升正座説法，其主自處西嚮聽之。仍俾奉羅漢像，自銓勝地，以圖熏修。乃即招提故基置寺，以國命賜名，龕其像，至今存焉。實以癸亥年來，至壬申爲亂兵所害，其徒光政繼主其院三十年。真宗皇帝即位改元之歲，賜寺額曰花界。四年，光政因衆命以院讓道尋，再爲什方居。傳八世，至今長老琳公，景祐元年以州命而尸之。自貞元十一年至是歲，凡二百四十三年，自招提至琳公，凡十二代，以其屬自相傳、不敢處師座者五，餘則以國命、州命、衆命，凡有所宗者七世焉。然而學徒或來或不來，所謂去就之分，視德之輕重也。琳生曲江都渚，鄧姓。祥符初，寺爲外火所延，一瓦無完。琳公時在徒弟中，與知事輩戮力營竪，既而嘆曰：『識心達本，是謂沙門，何泥於有爲耶？』乃優游江淮，遍參師席。初，博通内外典，攻詩屬文，所至推爲文章僧。尋復悔曰：『多聞亦病耳。』遂諱作詞章。洞山自寶禪師見之，曰：『此大乘器也。』既印其心，又欲以院讓之。再讓皆不受，還曲江，於方山結庵而居，今所謂白蓮庵也。漕使鄭公載疏名以請之，再辭，不免，升座而學人四至。完舊創新，無物不具，植茶樹果，給衆皆餘，此又餘力於有爲也。因書其始末云，年月日記。《武溪集》卷九。又見光緒《曲江縣志》卷一六。

筠州洞山普利禪院傳法記　景祐五年正月

近世分禪、律爲二學，其所居之長，禪以德、律以親而授之。以德者選於衆，而歸之者亦衆。夫言德者，非世所謂德也，以其等空妄、超漸次、出死生，可以爲天人師者耳。故祖祖孫孫，稱佛嗣焉。筠之望山曰新豐，洞有佛刹曰普利禪院，唐咸通中，悟本大師始翦荆而居之。悟本得心印於藥山儼，儼得於雲岩晟，晟得於石頭遷，遷得於青原思，思得於曹溪能，是爲六祖。自釋迦如來二十九世而至達摩傳中國，五世而至曹溪，又五世而至悟本，凡三十九世矣。及悟本之即世也，得法而去者，道全居中山，道虔居青林，相繼來嗣之。悟本又傳曹山寂，寂傳道延，居鹿頭。及道虔卒，鹿頭又續之。鹿頭延卒，其門人惠敏襲之。惠敏卒，嗣和尚自凈業來繼之。李氏之稱國主也，覺海國尊師啓大道場於金陵之報恩，其嫡曰文坦，被黄紙詔書，賜號大沙門，來統之。雲門真禪師之上足曰清禀，亦奉主命來後之。禀卒，而豫章彦聞因之。及彦聞而衰矣，輒以院付其徒，檀越不可，乃疏請九峰守詮紹之。九峰亦本境之名藍也，移法席至是山。五年，復爲廬山栖賢所請而去〔一〕。詮傳曲江曉聰，聰傳合淝自寶，寶又傳曲江鑒遷，繩繩興之。寶師得法於黄梅聰，與遷皆雲門之嗣孫，自悟本主遷，或絶或承，凡十三代。詮徙栖賢，寶徙黄蘗，自聰已上，皆終焉。悟本諱佷价，越州諸暨人，姓俞氏，年十二，師事五洩；二十一，受具於嵩山睿律師。慕南宗之學，南游江湘，得雲岩而事之終其身，畢喪而後去。遇武宗之詔，遂民服隱於箕州。及宣皇御宇，乃復僧儀，南至高安之所豐洞，邑豪雷衡之山也，見其泉石幽奇，乃曰：『此大乘所居之地。』言於雷氏，雷氏施之。初，山多蛇虎，師庵居一宿，蛇虎盡去，至今山無虎焉。留居十八年，名聲四傳，來學者五百餘衆。坐談立悟，虚來實去者，不可勝數。名聞京師，天子賜咸通廣福寺額并一鍾焉。尋以咸通十年三月順世。先期其日，期至而去，徒衆環泣，師瞑而復覺曰：『心無所依，是真修行，何有悲喜？勿驚吾也。』復令爲齋七日，乃具師食訖，沐浴安坐，斂容而化。葬於山之陽，敕謚悟本大師，塔曰惠覺之塔。師能攻苦率衆，衣無彩，卧無褥，爐無炭，室無燭，故後世以簡約相承焉。集《大乘經要》一卷，行於世。中山全姓宣氏，常州人，以其嘗居雋水之中山，故號中山和尚。中和二年，鎮南節度使鍾傳實召以來。景福二年，避寇於分寧，制置戴尚書迎居龍安院，明年坐亡於龍安，歸葬寺之東。青林虔姓陳氏，杭州餘杭人，初謁悟本，悟本曰：『此子向後走殺天下人。』廣明初抵南鄭〔二〕，遇賊巢之亂，駕幸梁、洋，時有中貴人姓第五者，見師，瞻視良久，曰：『此是法王，非同龍象也。』自漢東之青林，亦鍾鎮南召之。天祐元年滅度，門人録其語三百節，爲《玄機示誨集》。鹿頭延姓劉氏，福州長樂人，江南武義二年，自鹿頭至，凡三年而示寂，全身瘞於寺南，賜謚洪果大師，塔曰惠光之塔。敏姓李氏，蜀之華陽人，從洪果來，及其終而代焉，保大六年，遷化。嗣姓周氏，同郡高安人，金陵召見，深加信重，乾德二年順寂，塔於惠光之北。坦姓吴氏，建州建陽人，李主以其國命命之，凡四年而終。稟姓李氏，泉州仙游人，李主召入澄心堂，集諸方語要，凡十年，又俾來繼坦焉。彦聞以疾而間其位，故衰，凡三年而卒。詮，金陵人，自九峰來居，五年，大壯其棟宇而新之。既赴栖賢之請，以首座聰囑檀那及其衆，衆從之，請於州，州從之。聰姓杜氏，大中祥符三年，實應是命，於山之東北，手植松可萬株，凡植一株，坐誦《金剛經》一卷。常自稱栽松比丘，今號其地爲金剛嶺云。聰臨終而讓寶，如聰之始。聰之終也，遺誡於其衆，無服衰絰，哭泣吊慰，一切絶之。其寺之再興也，詮始緝之，聰又能經緯，至寶而紀綱大備焉。寶姓吴氏，開堂十六年，未嘗出院門，自江湖之南及嶺之南，二十餘州聞其名者，歲奉錢共數十萬以供其堂，其爲人信向如此。亦種杉萬株，皆手自培斸。同郡有黄蘗山某院，唐裴丞相休之功德院也，歲入豐而主者侵牟之，衆食不足，思有德者爲之長。景祐四年，自太守而下，列名請其行，又俾其自擇人而付之，得遷焉。居黄蘗未十日，四方至者僅百人，蓋其道可師者邪。遷姓某氏，亦能守寶之規而不敢加焉。某上書失職，來是郡，得其傳法之次叙而記之。景祐五年龍集戊寅正月日記。《武溪集》卷九。

〔一〕栖：原作『捷』，據四庫本改。

〔二〕廣明：原無『明』字。按下句言『賊巢之亂，駕幸梁洋』。唐僖宗避黄巢義軍，經南鄭流亡成都正在廣明元年，此脱『明』字無疑。

惠州羅浮山延祥寺記　康定二年六月

名山大川，方域之鎮，必藉异人以光其圖諜；達才通識，稠衆之表，必托有爲以播其績用。二美胥副今爲難。羅浮山者，越之望也。蓬萊一峰，堯波所蕩，附麗於此，《水經》之怪録也；良常諸洞，吴郊之秀，岫穴相通，真喽之秘談也。曰浮屠西來，蔓延中國，塔廟嚴飾，遍宅形勝。兹山精藍十餘，而延祥之基最古。梁朝有頭陀僧景泰，不知何許人，薙草屋之號焉，朝游南海，暮宿羅浮。大同中始建寺額，以其峰頂二石，望之如樓布金，所居適在南峰之下，故以南樓命之。唐開元二十六年，西域僧乾末多羅以鐵肖釋迦真像，浮海而去番禺。天寶二年，中貴人何行成以祠事將命，遂迎其像置山。歸，以珍柑入貢，因得御署其門曰延祥之寺，仍開明月戒壇於寺之右。凡嶺之南，落髮壞衣者，悉受具於此。武宗朝例削其籍，咸通恢復，而地歸中閣，别揭南樓之名於山之西。延祥再造苦晚，故久不競，然亦不敢父子私自相傳，必擇什方名德尸之，以俟來學。初，鐵像之來也，扶土以具其四體，及祥符初，住持僧彥課乃購金雇工易之以鐵，而像始完。彥課卒，州以輿議請今長老雲達紹隆禪席。達師桂州陽朔人，幼聰悟，師事同郡虢禪師，既削髮，即游方至筠州洞山，竇禪師付以大乘之要。既而曰：『生本無物，何有本鄉；悟在於心，豈須戲論？』遂優游南行，至於海上。有黃龍洞者，山靈絶境，人迹罕到，可以逃聲名，去思慮，於是結茅而居，期於自得而已。俄而學徒推戴以登師座。既尸其徒，則專其憂。括囊而來者，居於我乎安；持盂而求者，食於我乎仰。於是募信心以施其財，召匠指以利其器。審高卑，面平曠，鑿户牖，陶瓴甓，取於堅完，不務華麗，日廩歲資，悉得其度。康定元年，達公自袖其狀至於曲江，俾予書之，歸爲福地之識。明年，予因經途詣山，於其南得張鷟之碑，而知其名之始；於其側見明月之壇，而知其制之古；於其堂聞達師之問答，而知其言之當。乃曰：『道如是，書之無愧詞。』康定二年六月日記。

《武溪集》卷九。又見康熙《羅浮山志全編》卷一一，乾隆《博羅縣志》卷一三。

循州新修白雲山普安寺記　慶曆六年七月

大雄氏之教也，國無中邊，俗無同异，人無耆幼，士無愚智，聞其名氏，率用信向，非役而隨，非威而濟，苟有唱導，亡不響答。萬家之都，十室之鄙，必立塔廟以寄瞻仰。誰其尸之？選在賢者，稽其類，拔其萃，推之於衆，無虚授焉。龍川郡者，漢之名部，越之沃野，地近魚鹽之饒，士多江海之樂，故其資奉易足，而慫恿易勸。且浮圖之道也，俾人出貪網，斷愛縛，守净默，慎熏染，廣方便，重懺悔，俗所以聞聲而樂從者，以捨惡徑而趣善途也。古有蘭若曰普安，居子城之西隅，州人之所崇植也。天禧中，遇鬱攸之灾，煨燼無餘，惟老釋曰智珣，相土於閑曠之野，得白雲山焉。掘地數尺，有古石像七十餘軀，亦精廬之故墓也。始鳩工，而珣即世，州將籲衆，以今住持僧德廣承其基焉。瞗其屋以藏像，猊其座以存法，列鬲而烹以示均，擊鍾而食以來衆，皆古之制也。尺椽片瓦，力所收焉；茂材修幹，手所植焉。嗚呼！今夫士庶百族，以天性之篤，血食之重，鮮克數世恢隆丕烈者，亡他術焉，暱於親耳。浮圖氏則不然，邑擇於邑，鄉擇於鄉，超登其良，以紹耿光，綿世而益昌者，此其所長也。廣師本郡人，張姓，受業於聖壽寺，受具於南海之祖壇，出繼珣師於白雲山，擇其良也。歲在閹茂，抨圖逾嶺謁志，攬其實而書之云爾。慶曆六年七月八日記。《武溪集》卷九。又見《輿地紀勝》卷九一，《方輿勝覽》卷三七，光緒《惠州府志》卷三。

潭州太平興國寺新建戒壇記

儒之所先曰行，釋之所守曰戒。行不修則五常無以立，戒不持則萬法無所依。故曰：行與戒，皆所以制惡趨善，防非止過之本也。西方之教，尤爲精嚴，佛住世時，祇樹園中既有立壇結界之制。摩騰東至，儀軌尚簡，出俗之初，三歸而已。魏正元中，始有律師上言戒法。宋元嘉已後，揚都乃盛甘露之名、方等之義，隨處建立，流布漸廣。嶽瀆要會，南實長沙，衡湘之旁，緇流剃染，白四羯磨，咸隸於兹，不得不壯其度也。舊有戒壇在明行寺，律衆所居，甍宇櫛比，故於肘量，微爲隘焉。城中寶刹曰太平興國者，占上勝福德之地，有山居閑寂之趣，興化長老紹銑，叢林之選，四方嚮信，所倡響臻，安撫王公俾其新之。由是商榷律儀，講求教旨，宇量既廣，壇塔皆成，得五印經始之規，有四天擁衛之相。俾夫受圓具者，登降之際，知此戒體，衆善所生，七證嚴肅，三業清淨。於戲！惟善知識，常利世間而作種種饒益，不輕末學而示以威儀，不住無爲而長於誘諭，非名譽利養之徒所能及也。既而俾蜀僧齊曶齋書丐詞，嘉其勤修行，願增長成就一切佛事，無有休息，可記也矣，故書其年月焉。《武溪集》卷九。

韶州净源山定慧禪院思長老自造壽塔銘

夫鴻鵠翔於青雲之上，魚龍潛於深泉之下，安其性也；人之處林野、樂閑曠，栖神養和，保終性命，得其適也。古之達士者，皆自爲秘器壽室，以卜返真之宅，《周官》有冢人、墓大夫掌其禁令與其位數。然世人尚以死爲諱，獨蒙莊氏昌言矯俗〔一〕，云：『富者苦身疾作，多積財而不盡用，貴者夜以繼日，思慮善否，不若死者無君於上、無臣於下，雖南面王之樂，不能過也。』莊生之言，蓋猶佛氏所云厭生死苦樂涅槃樂者歟？佛之去世，天下之國，分其齒骨爪髮舍利而藏之，爲塔於其上，奉之如其存。後之學佛而終者，皆塔而不壙，從象教也。今净源長老名邵思，姓李氏，曲江都渚人，於曹溪南華寺出家受具。既而嘆曰：『身居曹溪，漫不知其門域，當自愧其名。』遂起游方之念，天台南岳，無不之也。最後見洞山聰和尚，得悟入之要以歸焉。州以近郭名藍宜擇知宗乘者統領其衆，遂召師居之。晝登師座，夕啓虛室，以延學徒，各以其儀。寺之西數百步，有崗蜿蜒盤屈，左右峰巒擁抱，其前平敞可愛，乃即崗之南麓爲窴穴，陶甓以累其傍上，而側設隧道以入。又於其上屋之爲塔之形，曰：『吾將歸骨於此。』前構草堂數楹，署曰寶福之庵，日自策杖往來其間。又熂其西北原，樹以松柏。仍得土之可墾者數十畝墾之，取其苗子爲香火之用。屢登吾門乞詞，將伐石而鑱之以自志云。嘗與朋友私議：『今夫啖聲利、争尋常者，桑榆末光，彯撇其氣，然尚身戀珪組，手握牙籌，計生興利，不知止息；苟能解擿外累，以死爲歸而休其心者，亦足嘉矣。』孟堅書裸葬，有爲爲之也。自漢已來，文士或自志以掩幽室。今思師不攻外典，且畏予之去而固求先銘其側。某亡叔葬其西原，故嘗登是崗。乃爲銘曰：

生滅無本，是爲佛性。心境皆遣，同歸於静。不諱其死，是達真理。性同虚空，體魄歸此。《武溪集》卷七。

〔一〕氏：原作『民』，據四庫本改。

廬山歸宗禪院妙圓大師塔銘　嘉祐四年

禪師諱自寶，廬州合肥人，姓吴氏。生有奇相，幼不同俗，弱齡出家壽州普寧禪院，智柔大師授以經律。初具戒臘，已抱出群之見。躡履游方，遍參知識，蘄州五祖山戒禪師、駙馬都尉李公遵勖，素所友善。叢林匠石，禪流所宗，見師之來，則曰大乘器也，許其入室。置水投針，理存默識，得彼心要，聲問翕然。尋至筠州洞山，自唐而來謂之洞上，長老曉聰，有名江左，韙師通悟，堪囑後事，乃白於州，願以法度傳之。四方禪學，聞風遠至，户外待次，每至宵分，檀施委積，庫司常餘百萬。黄檗山者，唐相裴休所施莊田，舊贍五百餘衆，近歲僧纔數十，而饘粥弗充，移師總之，清衆日增而資用豐足，其爲人信向如此。江南號爲江山佳麗甲於天下，其岩岫峻拔，磅礴千里者，廬阜爲最。梵刹相照，其間名古佛道場者，山之陽則曰歸宗，據雲水之都要；山之西則有雲居，覽泉石之幽邃。皆學佛者之所輻湊，統領苟非其人，則去者半矣。今麗正直院祖君無擇、河東部憲程君師孟并著好賢樂善之名，繼守南康軍，祖召師臨歸宗，程徙師主雲居。咸率群官列名而邀之。所至選擇名僧自隨，爲其羽翼，故學徒加衆，厨廩加豐。提唱宗乘，言出意表，啐啄之機，不涉名相，或縱或奪，遂至無言。嗣其法而居師席、處名山者，不可勝數，其服人心如此。厥後以舟楫往來，衣冠之士至星子者，咸欲見之，故再莅歸宗，從衆願也。其在洞山時，嘗自甓壽藏，爲終焉之計矣。後二十歲，凡四徙禪席，而終於歸宗。乃知有才德者，無意於隱顯，而人自歸之，名自從之。觀師之出處，真無求於人，古之有道者也。初以駙馬李公薦其名而賜紫方袍，皇祐中，特恩賜號妙圓大師。至和元年十月二十八日示疾，十一月一日齋畢，辭衆端坐示寂。十八日全身入塔，俗壽七十七，僧臘五十一。既没六年，門人松思以狀來乞銘。乃銘曰：

彼上人者，叢林獨步。激揚宗旨，慈心廣度。言發其機，俾之自悟。人得其要，直趨覺路。横杖而來，拾筏而去。吁嗟妙圓，人天仰慕。《武溪集》卷七。

韶州月華禪師壽塔銘

月華山西堂琳禪師，曲江都渚人，姓鄧氏。少學儒，能談王霸大略，已而學佛，以誦經披剃，乃游方，猶以詩名往來江淮間，博覽廣記，推爲文章僧。參洞山自寶禪師，寶於江南爲禪宗，叢林無出其右者，見師，以大心器之，遂以心印付焉。息機南還，結庵於舊山之北，曰白蓮。學者聞其名，自遠至者無算。州以衆狀請出世，師遁於大洞纍月，衆叩不已，黽勉從之。師既鄉邦之望，遠邇信向，廩有餘糧，人有餘力，棟宇時構，樹藝日廣，江山清曠，甲於州域。由是搢紳緇素，途經江滸，無不艤舟造室，耳高論，目嘉致，人人自得而還。四方衲子奔走於路，達心要去爲人師者數十人。晚年避喧，退居西堂。衆思其道，郡以疏請復恢禪旨者三焉。寶林山者，六祖古道場也。詔擇名德，錫殊名命服以居之。漕臺以師爲舉，堅辭不行，乃即庵自甓壽藏曰：『吾當歸骨於此。』既而曰：『生平交游之厚者，安道、子元而已。』遂以書來云，願以銘志諉吾執。僕以從官鞅掌，學殖荒落，嘗評古人之言曰：『志意修則驕富貴，道義重則輕王公。』謂道義内充，志意不屈於王公之尊，富貴之勢不能動其心也。此理誠高，猶是介者之談耳。學於大雄氏者，道以性通，志非外徇，止觀無著，空有俱忘。生死不能汨其真，況富貴乎？鬼神不能窺其迹，況王公乎？師之行高乎哉，不可跂已！乃爲銘曰：

湛然性相本無爲，涉於形器有時隳。他年幻質此於歸，嘗言無佛，良遣有知。《武溪集》卷八。又見光緒《曲江縣志》卷一六。

韶州光運寺重修證真照寂大師塔銘　寶元三年

世稱佛爲浮圖氏，蓋即其塔而名之。釋迦在世説法時云：『有過去多寶佛塔，從地踴出。』則知塔之名制尚矣，所以嚴事古佛之道也。佛去世後，舍利之塔遍於大千；祖師西來，全身之塔布在中土。且夫氣聚而形全，神散而體壞，有生之同患也。佛以自在冥其心，故湛而常寂；以定力持其身，故没而不朽。此其所以示至虚無著之性，成金剛堅固之體者歟，何其千百年間，造化寒暑，不能奪而變之耶？光運寺塔者，奉安照寂大師坐亡之全身也。大師郴人，朱姓，諱道廣。真性等空，大慈利物，願力深廣，存亡以之，含識蒙其潤澤，故歸仰亡替。唐天寶二年，禪坐而終，門人瘞而舁香滿室，乃奉其全體，覆以香泥，龕而藏之，建塔於寺。歲或大旱，民往誠請，則獲嘉澍，如遠謦之應聲也。是寺以隋初建刹，故名仁壽臺，及大師居之，世呼廣和尚院。至廣明中，刺史謝公惡其斥賢者之號，遂以年名加之曰廣明院。劉氏專制南海，謚大師曰輔聖，又命其塔曰寶元，寺曰光運。每歲同六祖真容，并以龍舟迎至廣内，又益其謚曰證真照寂焉。開寶中，王師既克廣州，遂遷其卒於京師，不樂北遷者，相率爲叛，寺塔罹鬱攸之禍，而晬容獨存。厥後雖構緝遺宇，力不足而屋之。天禧初，寺僧嘗欲募衆，興復兹塔，始基之而不克締構。二十餘年，風隳雨蠹，棟幹斯壞。曲江素號山川奇秀，而復熏以南宗之風，由是占形勝、依邑落而樹刹構舍爲精廬者，差倍他境。緇衣之徒，渡江而來，不之衡廬，則之曹溪，故其挈瓶錫、動道路、探幽深者，亦差衆諸部。郡人根性好善者，復以談空樂施爲勝，其緇徒之守戒行、興佛事、了宗乘者，各以其氣相親。今天子以寶元受册之明年，郡郭耆壽等列名請晉康郡僧德誠、南康郡僧智潤，共主營造之事。誠、潤二開士，游方十餘歲，常以率導喜捨，所至開信。既允衆誠，四方聞義，樂出財貨，唯恐在後。凡爲塔三級，藻井黼帳，髹柱繪梁。層檐之上，響以金鈴；彩疏之外，周以廡序。越一歲而工畢。其告成也，乞詞書之。予觀大師石刻行狀云：『持盂所得，同之一器，先飼貧病，然始自餐，均以精粗，等其豐鮮。』又曰：『吾食於人，得不同病？』於是感通致雨，以救歲旱。集是二美，推之於仁義之途，則古之博施高行君子，何以尚之？豈獨以佛事爲侫乎？因序而銘之，不憚煩以示於後人。

施無貴賤，飯先貧病。慈悲普濟，十地齊聖。仰食於人，即同其憂。言行相副，千古揚休。性如虛空，無住無去。晬容儼然，金剛堅固。黼座照日，寶鐸鳴風。深誠感衆，開士之功。《武溪集》卷九。

韶州南華寺慈濟大師壽塔銘

天下伽藍，以夏臘繼承，自相統率者，蓋萬數焉。由郡縣之令，選於州鄉，以領其徒者，且千數。其名山福地，奉朝廷之命，擇於叢林，以闡其教者，無數十焉。菩提達磨心法東傳，以衣爲證，止於大鑒，故曹溪之比，又加少焉。今皇帝嗣統之初地，奉母儀内助之慈，尊釋氏西來之教，詔於衡廬擇人紹隆祖席，僉曰：『當今雄辯通識，無逾雲蓋禪師者。』湖南按察使即以名聞，詔賜命服師號以寵之，俾擇名僧自佐。禪師名寶緣，興元人，游方至隨州，參智門禪師祚，投針契理，得意忘言，以心印心。不煩機接，遂爲之嗣，即雲門之嫡也。尋領衆居唐興、南臺、雲蓋，皆南嶽之名藍也。黜空破有，不涉名相，臨鋒迅發，直示宗乘，諸方稱伏，謂之禪窟，故詔旨求人，無敢先者。駐錫兹山，殆將逾紀，一音演説，四方流布，衆中得法而去者，多爲人師。其機緣語句，門人各著序録，此不復記。教門崇建，規制鼎新，可謂祖堂中興矣。既而嘆曰：『嘻，止矣！佛言世間出世間法備矣，山河大地，有時而盡，况於人乎？雖性空無着，體質當有所歸，愚夫以死爲諱，小乘以涅槃爲樂，皆非中道。吾其自營壽藏，以安時處順，可乎？』旁鑿寚道，上爲窣堵，在寺之西南二里而遥。因僧惠實礱石，乞銘以志之。其銘曰：

拘士煩思，以身爲累。達人静觀，如幻之寄。花葉盛衰，根性不隳。見聞覺知，豈藏於斯？《武溪集》卷九。

袁州仰山齊長老壽塔銘

天下地有形勝，境有清曠，必建佛刹，以爲民福。蓋自漢明已來，像教東被，日崇月衍，棟宇遂繁。及乎心印密傳，宗風浸盛，通人間出，學者雲趨，所以名山奥壤，必安清衆，又常推擇人譽，以崇善繼。凡寺之興衰，衆之多寡，繫乎師德之厚薄耳。袁州仰山者，通智大師之法席也。通智諱慧寂，曹溪之裔孫、潙山之嫡嗣，陸丞相云『仰山龍縱於江西』是也。躡履來游者，不下千人，於時號爲小釋迦，學徒之盛，諸方莫比。殆今長老智齊，十五世矣。齊師安州人，俗姓某氏，遍游名岳，得法於栖賢諟禪師，於是息心居廬阜三十七歲。慶曆中，仰山虚坐，轉運使齊公廓詢於緇素，以師應選。三空四病，示人以要，啐啄之機，間不容息，或縱或奪，至者忘歸。住山凡二十年，悟而去者亦多矣。乃於集雲峰下自爲壽藏，而種松千株，且示世間之法，無所染着，皆如幻住，死生之理，無所厭苦，皆如夢覺，何必語言，然後爲學？惠陽僧智清以其書及其真來，且言師之行也如此，因其歸，以銘寄之：

聖凡一性，死生一息。悟者一言，頓超凡域。湛然常存，無喪無得。千株松下，來者之式。《武溪集》卷九。

李堯俞

李堯俞，字然明，嘉州（今四川樂山）人，一説成都（今四川成都）人。景祐元年進士及第，慶曆中官秘書丞、通判梓州。皇祐中知處州。又曾知連州、鄂州。嘗辨《春秋》三《傳》諸家得失，及采唐陳岳《春秋折衷》，總其類例五百餘目，成《春秋集議略論》三十卷上進。見雍正《四川通志》卷三三，雍正《浙江通志》卷二一，雍正《湖廣通志》卷一五，雍正《廣東通志》卷二六，馮山《安岳集》卷五，《玉海》卷四〇，《宋詩紀事補遺》卷一三。

廣福寺三岩記　皇祐元年十二月

括蒼三岩距城一里餘，據西山之垠，土人不之奇，官於是者迹罕到。皇祐初，余因治事暇，同幕僚韓伯純遍訪近郭溪山之勝，尋幽索奇，因而得之。始出左渠北，緣民田數百步，轉小山，循方塘兩岸狹徑入。茂林修竹間，有岩焉，却負疊巘，廣如十楹，景物蕭然，疑在方外，遂目之曰『清虚』。自清虚南過石徑，直上磴道十餘級，又有岩，廣闊高大，復倍於前。洞門面巨石，勢若壁立，方正山椒。有飛泉洒落石外，簾櫳水晶，掩映屏障，寒暄之氣，變於跬步，目之曰『白雲』。由白雲側轉兩石間，下有方沼，上渡横石如小梁，復有巋岩如高屋，深袤五丈，廣逾六尋，面勢向東，如城如圯，可以開飲帳，設宴豆，目之曰『朝曦』。其北有石谷如大竇，鍾成深溪，燧火而入，邃如房宇，但見積水清激，不復窮其遠近。山岩前有池，不啻數畝廣，水光山色，高下相激，奪人目睛。前記謂括蒼有成德隱元之洞天，乃仙人靈真之宫者，此其地也乎？昔謝公爲永嘉守，極山水之觀，有石門、石岩之游，至今風人流咏不已，較於是遠所不及。何數百年不能遇一人之稱道者，得非地物亦繫窮通耶？嘉平月既望，丁臘接，因率同僚，命駕而來，高會劇飲。清歌揭林籟之外，簫鼓發雲霞之端，精神超然，不復有人間思慮。盤桓夕景，躍馬而歸，乘興援毫，題於洞壁，且識一時之勝耳。《名山勝概記》卷一九，明刻本。又見《古今游名山記》卷一〇，《古今圖書集成》職方典卷一〇三〇，《宋代蜀文輯存》卷一一。

楊適

楊適，字安道，慈溪（今浙江慈溪）人。隱居大隱山，爲人醇厚介特，議論辯博。鄉人嚴憚之，尊之曰『大隱先生』。衣食纔自給，非義之餽，一介不取。躬耕養親族之貧者。善言治道，究歷代治亂之原。喜治經。退處四十年，德行益高，名聞京師。仁宗詔求遺逸，太守鮑柯以名聞，太守錢公輔又薦之，授將仕郎，試太學助教，州遣從事致詔書、袍笏、輿從迎之，辭不受，遁去。卒，年七十六。遺令冢石壙前曰『宋隱人之墓』。見王應麟《大隱楊先生傳》（《深寧文鈔摭餘編》卷一）。

重建雲溪寺記

吾觀前史，推迹廢興外，好窮山水之所自出。夫謝山，實四明東足爾。晋中興，拓土修業，冀新其化，必在乎收接豪杰機策之士，以敦其本。故樸茂醇正輩，往往而歸焉。其後王逸少援内史爲會稽。謝安石，王之友也，而未以爵禄處。慕王之舊，因携高陽許詢、沙門支遁，潛息於其間。故山之擅名，由謝太傅始也。今耆老雖籍籍稱於口，然未喻名之所傳也。雲溪者，謝山之别峰耳。

咸平四年，予與表兄饒州幕賓傅君經營其寺，岩壑重複，翠氣周延，誠可愛矣。乾寧而上，院址未立。及光化初年，邑民楊魯出己之地以爲院。是時，郡牧黄公晟尚釋氏，因命僧文懷以主之。懷既終，清俊續之。俊去世，端拱二年，台州從事洪君昭烈率其宗暨樂從者百餘人，列狀請俊之孫奉恩以嗣焉。恩乃召鄉老明信者得五人洪仁寵等，營備衆屋，恩之力也。恩死，弟子願宗復新之。宗爲人直厚而慈孝，母王氏近百歲而亡。每語其母，則泣下不能止。余謂宗浮屠氏，不習詩書者，其存心反如此，蓋其性也。院成已，凡丐予文，躬至吾門者幾百數，遂記其事。雖不足以勉諸人，庶其思以自勖。嘉祐四年七月十五日記。雍正《慈溪縣志》卷一四，雍正九年刻本。又見光緒《慈溪縣志》卷四一，《四明山志》卷二。

杜某

杜某，定州曲陽（今河北曲陽）人，仁宗時在世。幼出家爲僧。

佛頂尊勝陀羅尼石幢記〔一〕　慶曆二年七月

粤若□□之□群動□□欲報生事之儀，無越死葬之禮，欲求缺者□此地北陽村□□俗姓杜氏，宿執善連，幼慕空門，弃浮世缺進道缺水之瓶缺方學問殊常之事，乃思辰之父母缺佛頂尊勝陀羅尼之咒，成缺巍峰明秋九泉之報。今缺大宋慶曆二年歲次壬午七月辛丑朔，二十四日甲子立。光緒《重修曲陽縣志》卷一二。

〔一〕原題『（上缺）考妣□□佛頂尊勝陀羅尼石幢記』。

張　奭

張奭，仁宗慶曆間官儒林郎、守乾州司理參軍。

法門寺重修九子母記〔一〕　慶曆五年閏五月

夫九子母，學浮圖者言之在异趣矣。始則憑負怪力，突戾慈忍。洎大雄氏示現威德，攝以正道，故力殫氣沮，神弗克競，而旋能服義畏威，降志下體，栗然歸順。逮夫能仁之教流被震旦，嚴祠善刹充滿天下，故存其像貌，儼列左右，蓋録其背邪歸正之道，亦足尊尚矣。法門寺東廊下有故像一堂，以其子孫衆多，耆舊傳云，寡續之後者，苟蠲禋精禱，則身枝蕃茂，而席其福。然年祀浸久，堂宇傾圮，雖有陳形弊質，亦不可克副瞻仰者之恭畏也。景祐丙子歲，里人試匠簿巨鹿魏德宣，與同閈人清河房君有鄰、武威奉職安君召，相與建圖，再議裝緝。時屬西夏跋扈，邊鄙興師，供億頗勞，故不果早就其志，迨今年五月中方畢其事，繢塑一新。其母則慈柔婉約，且麗且淑，端然處中，視諸子如有撫育之態。其子則有裸而携者，有襁而負者，有因戲而欲啼者，有被責而含怒者，有迷藏而相失者，有羈牛牽衣而争恩者二人焉，有勝冠服膺而夾侍者二人焉。擁戀庭闈，天姿駃治，不可得而談悉。非施者之心專勤，匠氏之功精妙，亦不能允臻其極。□□君子之肇意也，以家鐘餘慶，業茂素封，惟兹有後，未□兟兟，因相爲祝，寅罄乃衷。功未及終，咸遂其應。噫！神道□昧，昭感之績，信未可誣。奭不佞，辱見請文其事，讓不獲已，因敢聊序其大略云爾。時慶曆五年閏五月一日記。進士魏戩書。塑人王澤，畫人任文德。真身塔主兼都修造主、正辯大師、賜紫法能立石。院主僧廣隨，勾管本殿僧廣嚴。張遵刻字。《金石續編》卷一四。又見《金石萃編補正》卷二，《扶風縣石刻記》下。

〔一〕題後原署：『儒林郎、守乾州司理參軍張奭撰。』

孫碩

孫碩，慶曆時人。《續資治通鑑長編》卷七六載，大中祥符四年七月，開封府進士孫碩等應服勤詞學科，坐事贖金，殿三舉，未知是否即其人。

重修鎮國寺記〔一〕　慶曆四年七月

蓋聞□氣肇聿，體相自然，揆而不可於周初，諒而不可□於宋。化其體者非修建，有乎其相者，非中□内外也。然自漢明已來，教隆天下，乃覺道之明崇也，莫不淘著四流，願免二種。是無生無滅，體化舟航；安染安塵，性爲桴筏。其寺先於景龍三年趙襄子行文臨而修之〔二〕。乃繫歲可久，藍宇殘隳，風磧催顔，雨飛卸色。彭城青、文二氏，隴西文之一人，其三人夙披墳典，窮三教之彌幽；漸悟□門，贊五常之睿禮。賊義敗德者，擇不處□鄰也。是以再□殊儒，重崇寶寮，糜麗容乎功移天境，拔善健乎矧趨龍梵，乃因三代之覆然興也。稽者稱善，得其善如響應聲；當永祉，獲其祉而若影之隨體，乃是穀罹二相之法乎！有前院主僧，不知何所人耶，擔登而至斯院，其僧瞶而達其神，乃許而□曰：『我欲焚其身。』及過歲，於正月十有八日，用昧火而炊其身，燼冷，得舍利數粒，□舍利神而何窮。霞分五彩，瑞碧千般，或一粒而化千粒，或千粒而炬，隱其形，旦多英儁，盡而言之：『聖哉！聖哉！』遂建舍利塔一座。元興大殿東西下生佛會，慈氏觀音，廊□三門既備，二八圓周。鴛飛空蔟拭四隅，獸走躍□瓊一院。其院者，前窺滮水，後枕三山，璟亡塵慮之機，茶烟射月，緇布蘭馨，天井覆其氣。妙□志績法性，寧尋不二原流，特陳刊爾。時大宋慶曆四年歲次甲申七月庚申朔丙戌日卯時建。將仕郎、試秘書省校書郎、知縣事趙同，將仕郎、守定襄縣主簿江詠，將仕郎、守定襄縣尉路迪。鐫字人邢能。《定襄金石考》卷一。又見《山右石刻叢編》卷一三。

〔一〕題後原署：『金門貢略孫碩撰并書。』按此碑文字不通，難以卒讀，今姑爲標點，義礙處不一一說明。

〔二〕行：《山右石刻叢編》作『御』。

文彦博

文彦博（一〇〇六——一〇九七），字寬夫，汾州介休（今山西介休）人。天聖五年進士。歷殿中侍御史、河東轉運副使、都轉運使，擢龍圖閣、樞密直學士，知秦州、益州，召拜樞密副使、參知政事。慶曆八年拜同平章事。皇祐三年罷，出知許、青、永興等州軍。至和二年復相。嘉祐三年出判河南、大名、太原等府，封潞國公。英宗朝入爲樞密使。熙寧中因極論新法之害，力引去。拜司空，河東節度使，尋以太師致仕。元祐初平章軍國重事，居五年，復致仕。紹聖四年卒，年九十二。逮事仁、英、神、哲四朝，任將相五十年。有《文潞公文集》四十卷（存）。《宋史》卷三一三有傳。

永福寺藏經記

彦博蒙祖禰之餘慶，被過庭之嚴訓，遭遇聖時，早登科級，驟叨進用，□□藩輔過四十年。慶曆中忝爰立□恩，得立家廟四世於西京。又高祖墳在汾州靈石、介休二縣，父母墳在西京伊闕縣，皆在。有奉墳僧院，各得賜額曰『永福』『教忠』『積慶』，得撥放童行。澤及大臣之家，至優至厚，以至子孫，敢不克荷？内介休空王西院、西京資聖院乃因舊院，已各有藏經，惟永福、教忠院近特捨俸賜金帛，各置經一大藏付逐院收掌，逐時看轉，以克資薦。本院主首、知事僧精嚴護持，不得少有損失。嘉慶《介休縣志》卷一二，嘉慶二十四年刻本。又見雍正《山西通志》卷一六八。

王素

王素（一〇〇七——一〇七三），字仲儀，開封（今河南開封）人，旦子。以父蔭賜進士出身，至屯田員外郎，知諫院。諫仁宗納王德用二女，擢天章閣待制、淮南都轉運按察使。歷知渭州、華州、汝州、開封府、成都府。治平初拜端明殿學士、知渭州。熙寧中，知通進銀臺司，轉工部尚書。熙寧六年卒，年六十七，謚敏懿。有文集二十卷、《王文正公遺事》一卷（存）。見王珪《王懿敏公墓志銘》（《華陽集》卷三七），《宋史》卷三二〇有傳。

彭州堋口鎮新修塔記　嘉祐五年十月

兩川之大府曰成都，成都之屬郡曰天彭，天彭有鎮曰堋口，堋口有寺曰鎮國。山盤九折，江析二派，乃膏腴之上地，真神靈之奥宅。净慧大師保聰，郡人也，嗣平潤法師住福昌禪院，嚴持戒行，廣興佛事，皆□□記，此不復書。净慧往來堋口，栖止鎮國，竊愛勝境，思結善緣。乃與邑人耿符等議，建無垢净光法舍利塔一座。自甲午年至庚子告成。陶甓構材，費逾巨萬。凡十三級，高二十四仞。其間復置九十□□塔，以《陀羅尼經》匣其中。屹屹寶勢，凌井絡之高；巍巍福基，壯坤維之重。岷山可摧，塔不可毁；蜀江可□，□不可壞。信乎諸天雲奔，散花而贊嘆；百神岳立，持戟而擁衛也已。夫諸佛設教，非欲崇大厦，起□□□□□以自嚴奉。蓋念衆生處世，沉没愛網，造作黑業，輪轉諸趣，莫知休息。使睹我相者，發慈悲□□；□其財者，滅慳貪之迹。其悟空性，成法身，含生之靈，根智各异，豈可同語也？今是塔有躡一階，設一□□□□施一供。慈悲之念發，則拯濟一切；慳貪之迹泯，則饒益有情。净慧之意，豈徒然哉？况□□在宥，聲教所被，窮荒極幽，草木昆蟲，率遂其性。而吾民捨僞邦，歸聖世，擊壤畎畝，不識兵革，□孫承承，安至白首。陶王澤之□潤，知帝力之何有。宜乎樹妙果，祝皇齡，樂休□□，世濟富壽之域者焉。净慧向游都下，乃予故人，懇丐鄙文，永昭樂石。乃敢直書，以諭遠俗，使嚮□釋氏，愛戴朝廷，不其美歟！嘉祐五年十月十二日，翰林侍讀學士、朝散大夫、給事中、知□都軍府事兼管内橋道勸農使、充成都府利州路屯駐駐泊本城兵馬鈐轄、上柱國、太原郡開國侯、食邑一千三百户、食實封貳百户、賜紫金魚袋王素撰。朝奉郎、守尚書虞部郎中、知彭州軍州、管轄駐泊兵馬兼管内勸農事、輕車都尉、賜緋魚袋、借紫沈純書。朝奉郎、守太常博士、通判彭州軍州兼管内勸農事、提舉渠堰、騎都尉、借緋常溥篆額。國家圖書館藏拓片□各地五三二四。又見嘉慶《彭縣志》卷九。

釋靈鑒

靈鑒，天台宗沙門，釋遵式弟子。慶曆間住杭州西湖石函寶勝蘭若，嘉祐中居華亭（今上海市松江區）。

隆平寺寶塔銘　嘉祐七年十二月

宋明天子即位，舉賢才，修文教，不禁浮屠造塔廟、興佛事。天聖初，道者若松、檀越諸葛果、顔霸與衆謀曰：『今天子與天下民植福。而此鎮西臨大江，與海相接，莽然無辨，近無標準，遠何繇知？故大舟迅風，直過海口，百無一二；而能入者因此失勢，飄入深波石礁，没舟陷人，屢有之矣。若建是塔，中安舍利，遠近知路，賈客如歸。觀者若知，心至寶塔，彼岸高出，貪愛大海，見慢魚龍，乘慈悲舟，生死苦海，一念超越，速如反掌，可不慕乎？』與人然之，遂於隆平精舍建塔七層，高矗雲霄。自杭、蘇、湖、常等州月日而至，福、建、漳、泉、明、越、温、台等州歲二三至，廣南、日本、新羅歲或一至。人樂斯土，地無空閑。衣冠名儒，禮樂揖讓，人皆習尚，以爲風流文物之地。朝廷聞之曰：『酒税之利，獄訟之清，宜在得人，不可以不慎。』自景祐至今，皆京寺清秩兼以治人。今歲大稔，遠商并來，塔成無記，歲月磨滅，將爲後人之譏。靈鑒始受縣符，來兹傳道，衆乃丐辭以紀其實。自惟空示是習，辭愧不文，乃抉鄙思，謹爲銘曰：

聖帝無爲，慈不以威。民樂太平，起塔巍巍。上入碧空，下狀鐵圍。烟雲霧靄，出入户扉。中藏舍利，四衆焉依。莊嚴國界，佛日增輝。厥初未建，市井人稀。潮漲海通，商今來歸。异貨盈衢，人無餒飢。刻石爲銘，以贊幽微。億萬斯年，永鎮江圻。

嘉祐七年十二月。嘉慶《松江府志》卷七六，嘉慶二十三年刊本。

大宋秀州華亭縣顧亭林法雲寺重修大殿記[一]

功與德故自有優劣，祀事故自有豐約。社與稷得通天下，祀其佐享□□□□□□□□□□□□□乎然皆壇而無屋，豈若缺孔子、釋迦殿設形容與弟子配坐，通天下缺孔子以王道既衰，諸侯競霸，力扶忠孝，貫乎五常，尊王黜霸。釋迦缺孝，使天下悉臣、悉子。一二聖之道，與日月長新，究論儒釋，不謂之缺寺大殿者，即安缺釋迦之形貌焉。其寺乃梁陳大儒顧君缺著書之，缺三十年始缺以置之。奉祠部牒，爲法雲寺。天福年中，大水浸損，乃遷斯地。因感缺古今巨賢，無不游覽稱美。若今缺侍讀學士唐公缺十咏以顧亭林爲卷百缺京西轉運缺爲斯邑勝景，故親題屋缺名儒高僧，歌詩留題，膾炙人口，不可悉數。端拱二年，邑人胡彦缺歲月陳久，瓦木蠹損，圖像幾滅。今主殿沙門元秀者，乃議重修，與徒弟自捨長財，重缺佛相缺陳承缺其事乃缺輿人總十萬金，重换梁桷、曲欄、雨楷，易瓦砌地，供具莊嚴，以畢其福。缺事亦廢，諸弟子尚欲隨波如。子貢欲去告朔之餼羊，仲尼曰：『子愛其羊，我愛其禮。』缺興已矣之言，今缺聖宋垂衣，崇奉儒釋，二聖殿宇，天下興祀，師嚴道缺無爲而化，缺何幸得盡忠孝，共樂於太平之時。缺鑒早入空門，無生爲缺嘉祐六年龍集辛丑臘月望日記。寺主沙門缺紹彬缺李元書缺陶缺勾當殿主沙門元秀，徒弟虚缺青用缺將仕郎、守秀州華亭縣尉兼河缺王缺世安缺朝奉郎、守太子中舍知縣事，缺管勾煎□鹽貨河塘缺公事武騎尉缺。《搜古彙編》卷五二。

〔一〕題下原署：『缺雲間傳天台教觀沙門靈鑒撰，唐缺書。』

雷簡夫

雷簡夫，字太簡，同州郃陽（今陝西合陽）人，雷有終兄有鄰之孫。初隱居不仕，康定中樞密使杜衍薦爲校書郎、簽書秦州觀察判官，遷知坊州、閬州、雅州。累薦蘇洵於當政。後以招撫辰州酋豪彭仕羲功，擢三司鹽鐵判官，以疾出知虢、同二州，累遷尚書職方員外郎，卒。《宋史》卷二七八《雷德驤傳》有附傳。

耀州妙德禪院新修明覺殿記〔一〕　嘉祐八年六月

明覺禪師，唐异僧也，葬於泗而塔祠焉，稱曰大聖。泗之南有淮水東注，涉歷夏秋，積雨入淮，其水大漲，波勢奔激，直衝泗州之城，而城不被水害，若陰神靈應庇護使然。天下談釋者皆曰大聖力也，豈其然哉？耀州城中有佛廟曰妙德禪院，僧智燈者嘗詣泗州，叩請於塔下，塑像以歸。於是設屋爲殿，置像於中而庇覆焉，目其殿曰明覺。凡計瓦木工直，已費三百餘萬，皆燈能致之。殿既成，燈自耀來同，請文於予，曰：『耀之民久畏水灾，以明覺常有功於泗。我教以平等爲心，俾又有功於耀，使耀之民事明覺也，如泗之民。又焉知明覺之功，止於泗而不及於耀也？』嗚呼！

耀州其城當漆、沮二水之間，每歲自初春後，民斂□增固捍堤〔二〕，以禦水勢，民亦勞矣；而一歲之間常恐恐乎飄溺，又其危矣。今燈者惻此而有爲，謂其應驗決不欺，可謂其靈莫測者也。嘉祐八年六月一日記。造明覺殿功德主沙門智燈立石。前□正僧□□、維□僧□□、□□□、狄道李□。

《金石萃編》卷一三五。

〔一〕原碑題下署：『朝奉郎、尚書職方員外郎、知同州軍州兼同州牧及管内勸農事、上騎都尉、賜緋魚袋、借紫雷簡夫撰。鄉貢進士劉□書。』

〔二〕堤：原誤作『提』，據文意改。

陸絳

陸絳，字伯厚，蘇州常熟（今江蘇常熟）人。寶元元年進士及第。爲吏有能聲。慶曆中除揚子縣令。擢著作佐郎。提舉江淮茶税，充淮南路制置發運司運鹽公事。終朝奉郎、尚書職方郎中。卒贈中散大夫。有《春秋新解》二十卷。見《吴郡志》卷二八，《重修秦川志》卷八，乾隆《江南通志》卷一一九，《文恭集》卷一二。

寶嚴院新建佛殿記

近代儒家流，以韓退之擠釋老，賢與不賢皆欲隨而去之，未熟思之甚矣。夫受天命者莫大於君中國，其間哲后辟王，治亂興亡之運，接迹而不可勝數。至於治而興者，則諸儒必曰：『非人事也，天之曆數，輔治世而興者也。』亂而亡者，則諸儒亦曰：『非人事也，天之曆數，厭亂德而亡者也。』夫如是，則治亂興亡之運，莫不推之於天。韓退之有唐之巨儒也，以堯、舜、禹、湯、文、武、周、孔之道不行於當世，而釋氏之教獨盛於中國，故力排而擠之。若《原道篇》《佛骨表》皆著辭深切，痛疾時君奉之太過者也。其所以然者，誠欲抑之，救其浸盛，未始不爲釋氏福。

殆弗納而黜之，彼得益其惑，遂有會昌之禍，豈非道隆則污，物盛則衰之效歟。天意若曰蠹中國、害生民，則使大中履會昌之迹，如韓文公之比者，佐而輔之，固當拔本塞源矣。豈會昌廢之未數年，而大中復之，易如走丸，疾如反掌，得非天之未厭其教哉。噫，大道喪而有仁義，仁義衰而尚權詐，故堯、舜、禹、湯、文、武、周、孔之道塞於時、雜於霸，金仙氏之説，其有不興乎？由是源於漢、流於魏、波於晋、宋、齊、梁間，與吾儒老子之教鼎峙於中國。若夫本空寂、破迷妄，以出生入死之説，爲興善滅惡之鑒，蚩蚩之氓，從而遠罪，則如來真意，深於救世者也。而時君奉之，或多立寺宇以儌福，或廣度僧尼以崇教。上焉者佞之，下焉者化之，如之何不爲後世弊哉！蓋崇之者失於其道耳。文中子曰：『齋戒修而梁國亡，非釋迦之罪。』此誠得之。我國家四聖御寓，燭知化源，寺觀沿舊而存，率禁其創置；僧道限年而入，必試以行能。故天下名山勝概，或有所旌异者，非道存乎人，孰能與於此哉。姑蘇北走有邑曰常熟，邑之西偏有佛宇曰寶嚴，即梁天監中所建也。倚山面湖，綉若屏障。嘗有希辯禪師者，心悟大乘，是焉栖處。錢氏霸國時以名聞，召歸餘杭普門寺，目爲慧智禪師。及錢氏獻土，隨召請見，賜紫方袍，號曰慧明大師。繼時厭居京國，歸隱舊刹。錢氏以師人境俱勝，復施金五百兩，建七級浮圖一所。淳化中，太宗皇帝召賜《急就章》《逍遥咏》《秘藏詮》《太平聖惠方》凡一百四十三卷，獎高風，旌善地也。院舊名延福，天禧中邑尹胡公順之飛章上請，帝可其奏，改賜今額焉。院有佛殿者，積其歲月，了無尺椽。明道中，武陵龔顯始發信心，崇修妙果。次有東京禪慧院僧清鑒浮杯至止，苦行自修。謀兹勝緣，有若符合。復有邑人諸葛頔、李仁壽、樊福僉悦所聞，贊成其事，且曰：『仁祠之興爲我福地，今紺宇不立，粹容無睹，則吾儕何所起信哉。』由是捐厚施，貿良材，庀徒僝工，審曲面勢，即其舊址，隆以新創，經始於景祐之丙子，落成於慶曆之乙酉，凡數年而能事畢矣。觀其壯而不華，嚴而不陋。巍乎中者其宇一，所以納高廣之座而宅乎毫相也；翼乎旁者其舍二，所以容儀衛之位而列乎寶供也。遠而望之，若太微之凝帝宇，聳在雲端。迫而察之，猶列漢之立仙宫，來從方外。其爲功德殊勝，可思議哉！武陵公帑無多藏，屋無餘潤，獨以興弊補廢，皇皇於佛事，人所難能矣。若夫辯師興之前，鑒公繼之後，事有冥契，豈誣也哉。絳里人也，因熟於兹山之游，目擊諸公之善，以文見托，得以直書。時聖宋慶曆六年，歲在閹茂王正月一日，將仕郎、守真州揚子縣令陸絳記。《重修琴川志》卷一三。又見《吴都文粹》卷九、續集卷三四，《吴都法乘》卷一〇下，《常昭合志》卷一六，道光《蘇州府志》卷四三，《海虞文徵》卷八，光緒《蘇州府志》卷四四。

歐陽修

歐陽修（一〇〇七——一〇七二），字永叔，號醉翁，晚號六一居士，廬陵（今江西吉安）人。幼孤力學，天聖八年第進士，任西京留守推官。景祐初召試學士院，充館閣校勘。以范仲淹謫降事致書責諫官高若訥，貶峽州夷陵令，移光化軍乾德令。康定初召還復職，慶曆間歷知諫院，同修起居注，知制誥，出爲河北都轉運使。以支持『慶曆新政』，貶知滁州，徙揚州、潁州。至和初召爲翰林學士，修《唐書》。累擢至樞密副使、參知政事。治平末，出知亳州。神宗立，徙知青州。議青苗法與王安石异，再徙蔡州。熙寧四年致仕歸潁，明年卒於汝陰，年六十六，謚文忠。嘗集三代以來金石銘刻爲一千卷，撰《新唐書》紀、志、表七十五卷，《五代史》七十四卷，《詩本義》十四卷，後人集其文爲一百五十三卷。見吴充撰行狀、韓琦撰墓志銘，《宋史》卷三一九有傳。

河南府重修净垢院記　明道元年

河南自古天子之都，王公戚里、富商大姓處其地，喜於事佛者，往往割脂田、沐邑、貨布之嬴，奉祠宇爲莊嚴。故浮圖氏之居與侯家主第之樓臺屋瓦，高下相望於洛水之南北，若奕棋然。及汴建廟社，稱京師，河南空而不都，貴人、大賈廢散，浮圖之奉養亦衰。歲壞月隳，其居多不克完，與夫游臺、釣池并爲榛蕪者，十有八九。净垢院在洛北，廢最甚，無刻石，不知誰氏之爲，獨榜其梁曰長興四年建。丞相彭城錢公來鎮洛之明年，禱雨九龍祠下，過之，嘆其空闊，且呼主藏者給緡錢二十萬，洛陽知縣李宋卿幹而輯焉。於是規其廣而小之，即其舊而新之。即舊焉，所以速於集工；損小焉，所以易於完修。易壞補闕三十六間。工既畢，宋卿願刻於石以紀夫修舊起廢由彭城公賜也，且志其復興之之歲月云。從事歐陽修遂爲記。宋慶元二年必大編刻一百五十三卷本《歐陽文忠公集》卷六三。又見乾隆《河南府志》卷八四。

明因大師塔記　景祐元年

明因大師道詮，姓衛氏，并州文水縣民家子。生於太平興國辛巳之歲，終於明道癸酉之正月，壽五十有三年。始爲童子，辭家人，入洛陽妙覺禪院，依真行大師惠璿，學浮圖法。咸平五年，始去氏，削髮入僧籍。後二十四年，賜紫衣，遂主其衆。又四年，賜號明因，兼領右街教門事。凡爲僧三十有一年。卒之明年，其徒以骨葬城南龍門山下。始道詮未死時，予過其廬，問其年幾何，曰五十有二矣。問其何許人也，曰本太原農家也。因與語曰：『《詩·唐風》言晉本唐之俗，其民被堯之德化，且詩多以儉刺，然其勤生以儉嗇，朴厚而純固，最得古之遺風。今能言其土風乎？其民俗何若？信若《詩》之所謂乎？《詩》去今餘千歲矣，猶若《詩》之時乎？其亦隨世而遷變也？』曰：『樹麻而衣，陶瓦而食，築土而室，甘辛苦，薄滋味。歲耕日積，有餘則窖而藏之，率千百年不輒發。其勤且儉誠有古之遺風，至今而不變也。』又言：『爲兒時聞長老語，晉自春秋爲盛國。至唐基并以興，世爲北京。及朱氏有中土，後唐倚并爲雄，亦卒以王，既而晉祖又以王，漢又以王。遭時之故，相次出三天子。劉崇父子又自爲國。故民熟兵鬥，餉軍死戰，勞苦幾百年不得息。既而聖人出，四方次第平，一日兵臨城門，係繼元以歸。并民然後被政教，弃兵專農，休息勞苦，爲太平之幸人。并平後二歲，我始生，幼又依浮圖，生不見干戈，長不執耒耜，衣不麻，食不瓦，室不土，力不穡而休，乃并人之又幸者也。今老矣，且病，即死無恨。』予愛其語朴而詳。他日，復過其廬，莫見也。訪之，曰死矣，爲之惻然。及其葬，其徒有求予志其始終者，因并書其常語予者，志歲月云爾。《歐陽文忠公集》卷六三。又見《續文章正宗》卷一五，《文翰類選大成》卷一一二，《文編》卷五七，《古今圖書集成》神异典卷一九八。

淅川縣興化寺廊記　明道二年

興化寺新修行廊四行，總六十四間。匠者某人，用工之力凡若干，土木圬墁陶瓦鐵石之費、匠工傭食之資凡若干。營而主其事者僧延遇。延遇自言餘杭人，少弃父母，稱出家子。之鄆州，拜浮圖人，師其説。年十九，尚書祠部給牒稱僧，遂行四方。淳化三年，止此寺，得維摩院廢基築室，自爲師，教弟子以居。居二十有三年，授弟子惠聰而老焉。又十八年，年七十有一矣，乃斂其衣盂之具所餘，示惠聰而嘆曰：『吾生乾德之癸亥，明年而甲子一復，而又將甲焉。弃杭即淅四十有三歲，去墳墓不哭其郊，聞吴歈不懷其土，吾豈無鄉閭親戚之仁與愛而樂此土耶？吾惟浮圖之説，畏且信，以忘其生，不知久乎此也。今老矣，凡吾之有衣食之餘，生無鄉閭宗族之賙，没不待歲時烝嘗之具，盍就吾之素信者而用焉？畢，吾無恨也。』於是庀工度材，營此廊。廊成，明道二年之某月也。寺始建於隋仁壽四年，號法相寺。太平興國中，改曰興化，屋垣甚壯廣。由仁壽至明道，實四百四十有四年之間，凡幾壞幾易，未嘗有志刻，雖其始造之因，亦莫詳焉。至延遇爲此役，始求志之。予因嘉延遇之能果其學也。惠聰自少師之，雖老，益堅不壞。又竭其所有，期與俱就所信而盡焉。夫世之學者知患不至，不知患不能果。此果於自信者也。年月日記。《歐陽文忠公集》卷六三。又見康熙《南陽府志》卷六下，康熙《淅川縣志》卷八。

湘潭縣修藥師院佛殿記　景祐三年

湘潭縣藥師院新修佛殿者，縣民李遷之所爲也。遷之賈江湖，歲一賈，其入數千萬。遷之謀曰：夫民，力役以生者也，用力勞者其得厚，用力偷者其得薄。以其得之豐約，必視其用力之多少而必當，然後各食其力而無慙焉。士非我匹，若工農則吾等也。夫琢磨煎煉，調筋柔革，此工之盡力也；斤劚鉏夷，畎畝樹藝，此農之盡力也，然後所食皆不過其勞。今我則不然，徒幸物之廢興而上下其價，權時輕重而操其奇贏，游嬉以浮於江湖，用力至逸以安，而得則過之，我有慙於彼焉。凡誠我契而不我欺，平我斗斛權衡而不我踰，出入關市而不我虞，我何能焉，是皆在上而爲政者以庇我也。何以報焉？聞浮屠之爲善，其法曰：『有能捨己之有以崇飾尊嚴，我則能陰相之，凡有所欲，皆如志。』乃曰：盍用我之有所得，於此施以報焉，且爲善也。於是得此寺廢殿而新之，又如其法，作釋迦佛、十六羅漢塑像皆備。凡用錢二十萬，自景祐二年十二月癸酉訖三年二月甲寅以成。其秋，會予赴夷陵，自真州假其舟行。次潯陽，見買一石，礱而載於舟，問其所欲用之，因具言其所爲，且曰欲歸而記其始造歲月也。視其色，若欲得予記而不敢言也。因善其以賈爲生，而能知夫力少而得厚以爲幸，又知在上者庇己而思有以報，顧其所爲之心又趨爲善，皆可喜也，乃爲之作記。問其寺始造之由及其歲月，皆不能道也。九月十六日記。《歐陽文忠公集》卷六三。又見《續文

歐陽修

章正宗》卷一五，《文編》卷五七，《文章辨體彙選》卷五六二，嘉慶《湖南通志》卷一九〇，嘉慶《湘潭縣志》卷三一。

釋契嵩

契嵩（一〇〇七——一〇七二），字仲靈，自號潛子，俗姓李，藤州鐔津（今廣西藤縣北）人。七歲出家，十四受具足戒，十九而游方，下江湘，陟衡廬，得法於筠州洞山曉聰禪師。慶曆間至杭州，居靈隱寺。是時，歐陽修等人排佛尊儒，嵩乃作《輔教編》等論，會通儒釋，士大夫愛其文而畏其辯。又著《傳法正宗定祖圖》《傳法正宗記》《傳法正宗論》，厘定禪宗祖系，對後世影響甚大。嘉祐六年至京師，上其《輔教》《正宗》諸書，仁宗命入大藏，并賜號明教大師。尋仍歸杭州。英宗治平中，蔡襄知杭州，延居佛日禪院；數年，復歸靈隱。熙寧五年卒。其著作曾編爲《嘉祐集》《治平集》，凡百餘卷，六十餘萬言，後有散佚。紹興中，釋懷悟輯其部分詩文，編爲《鐔津文集》二十卷傳世。又其《定祖圖》《正宗記》《正宗論》等三書别存於釋藏。事迹見陳舜俞《都官集》卷八《明教大師行業記》。

無爲軍崇壽禪院轉輪大藏記　至和三年六月

崇壽精舍轉輪藏成，乃因天竺月師遺書，故爲書之。按其書曰：崇壽院籍屬無爲軍，爲城中之塽塏也，昔沙門義懷於此説法聚徒。懷之徒既衆且盛，而經教缺然，患其無所視覽。而清河張拱感是，遽相率其邑人出財鳩工，謀寫先佛三藏之説。而懷師以他命既去，復命今沙門净因往繼之。而張拱益與其院僧曰慈願等戮力，必成其事。既而因師復使僧處仁等慕匠氏爲轉輪藏，以置其經然。藏有殿，環殿以衆屋，總若干楹，内置佛像法器，金碧照耀皆儼然可觀。其用錢凡七百萬。夫轉輪藏者，非佛之制度，乃行乎粱之异人傳翕大士者，實取乎轉法輪之義耳。其意欲人皆預於法也。法也者，生靈之大本，諸佛之妙道者也。諸佛以是而大明，群生以是而大昧。聖賢乃推己之明而正人之昧。故三藏之取諭者諭於此也，五乘之所歸者歸於此也。然其理幽微，其義廣博，殆非衆人概然而輒得，故益其藏而輪之，姑使乎扶輪而轉藏者，欲其概衆普得，漸染佛法，而預其勝緣，則於道其庶幾乎。是亦至人攝化群生之一端耳，其意遠且大矣。今因師從而效之，其所存不亦至乎！可書也。至和三年季夏十日記。四部叢刊三編影印明弘治刻本《鐔津文集》卷一四。

漳州崇福禪院千佛閣記　嘉祐四年七月

太常崔禮部發使自通走杭，遺書某曰：『崇福閣成，慕仲靈志之。』某初不敢爲，徐思崔公，名大夫也，嘗爲我以《輔教編》布之京闕，於我有高義。今益以他勝事囑我，是豈宜違之耶？遂引其事而書之。崇福在漳南爲大精舍，徒衆常五百人，聚居申申然，尊大比丘顯微爲長老。微師統此方五年，其屋廬大小，治之以完。初，其居之東有隙地，微師意其形勝，可置之佛閣，乃引其州人王文渥謀始。居無何，客有來謂曰：『今山中水大漲，盡浮其久積之材出乎江涘，是足成爾也。』微師以其感會，遂大出其寺錢百餘萬，王文渥益施二十五萬助之。其州之僧者俗者不啻三十人，因各相助，勸其閭里之樂善者出財合刻賢劫千佛與五百應真之像，并彩繪五百應真者。始至和甲午仲冬役土木工，遒遒日不稍輟。明年方秋而其閣成。巋然九間，陵空跨虚，飛橋危亭，騫涌旁出。其所造之像，繪事既竟，即迎而内之。釋迦、彌勒、藥師則位乎其中，千如來則列於前後左右也。閣之下亦以釋迦、文殊、普賢衆聖之像而位乎其中，五百應真與十六大聲聞則列其四向。嘉祐初，而龍岩人曰楊飾者，益於其閣之南爲大阿羅漢，浴室廊廡環之，備法事也。然其規模壯麗，閩人偉之，謂是閣者乃吾閩樓觀之冠也。若賢劫千如來者，蓋在此劫與吾釋迦文佛相先後而見乎人間世也，與夫天地群靈萬有而爲博大勝緣者也。然聖人垂像與於天下後世，固欲其人天者覿像以性乎無像，其次欲其睹像以發其善心，其次欲其瞻像以預其勝緣。性乎無像，近至也；發乎善心，嚮道也；預乎勝緣，漸上善也。是三者雖於其功小差，及其當世後代成德則一也。崔公書曰：微師，高行人，能與人爲勝事，人皆樂從之。蒙奇其作佛閣意，適合乎聖人垂像之謂，則崔氏之所稱驗矣。南方之人宜知其心，無謂微師徒事土木而誇邁世俗耳。彼方袍之後來者有所營爲，亦宜視法於微也。嘉祐四年己亥孟秋之晦日，靈隱之永安山舍記。《鐔津文集》卷一四。

秀州精嚴寺行道舍利述

道必有所驗，非驗，孰見乎道之至哉不邪？佛之舍利，蓋其道之驗也。夫道之大至者固貫乎人神死生而妙之。聖人以其妙，則在幽而能興，在明而能無。是故聖人方其生也，善世而無善；方其死也，潛神而用神。舍利者，亘百世而儼然效其靈，則天下莫測，豈非其神之爲乎？今夫九流百子以其道而爲之者天下紛然，謂之道則與佛未始异也，稽其驗則天下無有也。競尊其師，則謂佛不足與其聖賢校。其人之死也，不終日而形腐，不終年而骨朽，其神則漠然烏有乎忽恍。豈其道亦有所未臻於佛者乎？昔者佛法始傳於漢而漢人不詳，始傳於吴而吴人不諒，皆專儒、老而拒我。故摩騰、僧會命舍利以驗佛，世自是翕然而嚮之。夫道遠也，驗近也。觀近也者發之也，觀遠也者至之也，至之者聖人也。以驗觀道，則粗妙可審也；以道觀聖人，而大小可見也。人亦有言曰，其教有大不可思議之事，益知佛爲大聖人，不其然乎？然舍利之見乎天下者古今多矣，有盤空而翔者，無端而至者，發光而明并日月者，不可焚者，不可碎者。若此行道之舍利，晝夜振之而不息者，天下未始見也。捧其塔敬之，則金鐸益轉，若與人意而相應。异乎美哉！至神之物不必大也，至道之驗不必多也。考其始致，則曰得之於吴越故國師韶公，蓋得乎梁之岳陽王蕭詧之所傳者也。既而錢氏之先王内於金鐸，以小銅塔而緘之，置諸靈光寺今寺之舊名。殆百年矣。韶公，至人也，號其舍利，一曰行道，一曰入定。入定者秘而不可見，行道者益塔而張之。是豈不以後世僧不軌道，而俗薄寡信，將亦有所勸而發之者乎？故述其意，命吾徒以揚之。《鐔津文集》卷一六。

杭州武林天竺寺故大法師慈雲式公行業曲記　嘉祐八年九月

法師諱遵式，字知白，本姓叶氏，臨海郡寧海人也。初，其母王媪乞靈於古觀音氏求男。一夕，夢其舍灑然有美女子，以明珠授，使咽之。及生法師，方七月，已能從母稱乎觀音。稍長，不樂與其兄爲賈，遂潛往東掖，師義全出家。先一夕，義全夢有童子處其寺佛像之左者。翌日，法師至，其夢適驗。十八落髮，二十納戒於禪林寺。明年，習律於律師守初。當時台之郡校方盛，諸生以法師俊爽，屢以詩要之業儒。法師即賦而答之，其詩略曰：『真空是選場，大覺爲官位。』已而入國清普賢像前，燼其指，誓習乎天台教法。徐鼓篋趨寶雲義通大師講席。道中夢一老僧，自謂吾文殊和尚也。及見通，乃其所夢之僧也，即服膺北面受學。未幾，凡天台宗之所傳者，其微言奥旨而法師皆得智解，嶄然出其流輩。會其祖師智者入滅之日，遂自燃頂終日，誓力行其四禪三昧，因説偈以效其誠。凡其詩偈并見於文集，此皆略不書。通師既逝，而法師即還天台。以苦學，嘗感疾嘔血，自謂必死，毅然入靈墟佛室，用消伏咒法而詛曰：『若四教興行在我，則其病有瘳；不爾，願畢命於此方。』三七之夕，忽聞空中呼曰：『遵式，不及將死。』法師益不懈。至五七之日，遽見死尸盈室。法師不惑，踐之以行道，其尸即隱。七七之日，懺訖，復聞空中聲謂曰：『十方諸佛增汝福壽。』其夕殊寐，恍惚見一巨人，持金剛杵擬其口，驚且覺，而其病遂愈。後辯益發，聲貌形神美於平日。法師大感，益欲從事於此，遂著書曰《觀音禮文》。方題筆，遽有奇僧遺之書名，自意趣與己著本略同。淳化初，法師年方二十有八，衆命續居其師之寶雲講席，講四大經積年。《法華》《維摩》《涅槃》《金光明經》。一旦有施氏胎驢馳來伏其座下，若有聽意。其後以時而至者凡四十日，産而乃已。驢果有人之意，不亦异乎？至道丙申之歲，法師結乎黑白之衆信者，按經習夫净土之業，著書曰《誓生西方記》，復擬普賢益爲念佛三昧。師處寶雲更十有二載，未嘗持謁與俗人往還。自幸得觀音幽贊，命匠氏以栴檀爲大悲之像，刻己像而戴之，益撰十四大願之文。其後工有誤折像所執之楊枝者，法師敬且恐，即自以接之，不資膠膠而吻合如故。咸平三載，四明郡大旱，郡人資以其雨。法師用請觀音三昧，冥約若三日不雨，當自焚也。期果雨，其郡蘇。太守以爲异，乃即碑其事。咸平五年，法師復歸於台，欲東入屏居，而徒屬愈繁。乃即其西陽益宏精舍，據經造無量壽佛大像，相率修念佛三昧，著净土行法之説。其邑先有淫祠者，皆爲考古法正之，濫饗者徹去。其所謂白鶴廟者，民尤神之，競以牲作祀。法師則諭其人，使變血食爲之齋。及其與衆舟往白鶴，而風濤暴作，衆意謂神所爲。法師即向其廟説佛戒殺之緣，而其浪即平。尋命其神受佛之戒，此後以牲祀者遂絶。即著《野廟志》，乃與神約，而民至於今依之也。祥符四年，會章郇公適以郎官領郡，丁僧夏制，乃命僧正延法師入其郡之景德精舍講大止觀。其夏坐畢，有三沙門被衲無因而至，請與盂蘭盆講席。方揖坐而忽不見。法師嘗以勝事他適，道出黄岩，有一豕奔來繞師所乘，已而伏前，意若有所求。衆嗟咨不測其然，徐推之，乃豕避屠而來也。遂償其直，教屠者釋之，命豢於妙喜寺，名之曰遇善。夫豕之果饗德邪，人其何哉？台有赤山寺，高爽而瀕海。法師嘗謂人曰：『此宜建塔。』其衆鄉人樂聞，皆曰：『是山之巔，每有异光照耀海上。其光之間，益見七層浮圖之影。』然其所照之至處四十里，皆捕魚者檜梁周之。法師知其發光，欲有所警，益勵衆必塔之。及其事址發土，果得石函之效。塔成，亦以七級應其先兆，而斯民不復漁也。法師方百日修懺於東掖山也，會其時大旱，水不給用，乃出舍相之，俄以其錫杖卓之，石泉從而發激，今東掖所謂石眼泉是也。初，杭之人欲命法師西渡講法，雖使者往還歷七歲，而未嘗相從。及昭慶齊一者率衆更請，乃來，至是已十有二歲矣。先此，法師嘗夢在母之胎十二年，校其出台而入杭，乃其夢之效也。至杭，始止乎昭慶寺講説大揚義，學者嚮慕，沛然如水趨澤。杭之風俗習以酒餚會葬，法師特以勝緣諭之，其俗皆化率，變葷爲齋，因著文曰《誡酒肉慈慧法門》，以正其事，其人至今尚之。明年，蘇人以其州符迓法師就開元精藍，晝夜專講，法會盛集，黑白之聽者謂日萬夕千。其人不飲酒啖肉者殆傾郭邑，酒官屠肆頗不得其售也。遂謂其徒曰：『吾祖智者遺晋王之書，六根，其一適以法集動衆妨官爲之患。余今德薄，安可久當此會？』去之，乃翻然復杭，方祥符乙卯之歲也。刺史薛公顔即以靈山精廬命居。法師昔樂其勝概，已有栖遁之意，及是，適其素願也。其地乃隋高僧真觀所營之天竺寺也，歷唐而道標承之。然隋唐來逾四百載，而觀公遺迹湮没，殆不可睹。法師按舊志探於莽蒼之間，果得其兆，即賦詩作碑紀之，此始謀復乎天竺也。初，其寺之西有隋世所植之檜，枯蘖僅存，至此而復榮，蓋其寺再造之證也，因名之曰重榮檜。益以其香林洞口之石上梅、其山之本腹内竹、石面竹者，與檜爲天竺四瑞，作四詩紀其勝异。居無幾，而來學益盛。乃即其寺之東建日觀庵，撰《天竺高僧傳》，補智者三昧行法之説，以正學者。祥符之九年，天台僧正慧思至都，以其名奏之，遂賜紫服。尋復請講於壽昌寺。罷講，過舊東掖，謂其徒曰：『靈山乃吾卜終焉之所也，治行，吾當返彼。』尋援筆題壁爲長謡，以别東掖，還天竺。凡夏禁，則勵其徒共行金光明懺法，歲以七晝夜爲程。宫保馬公既老，益更奉佛，尤慕法師之言，遂爲著《净土决疑論》，馬公鏤板傳之。逮王文穆公罷相撫杭，聞其高風，因李明州夷庚要見於府舍。既見，王公奇之，不數日，率其僚屬訪法師於山中，即命之講。乃説《法華》三法妙義，其才辯清發，衣冠屬目。王公曰：『此未始聞也。』即引天台教之本末，欲其揄揚。王公唯然。尋奏復其寺，得賜天竺之名，王公書其榜，尊君命也。王公始以西湖奏爲放生之池者，亦法師以智者護生之意諷而動耳。其王公出尹應天，方微疾，夢與相見，而其疾即瘳。乃遺之書，盛道其事，以謂相遇平生有勝緣。移江寧，更迓於府舍問法，留且三月。王公始欲爲僧伽像，疑而未果，法師乃爲其推觀音應化、遍知無方者示之。先此，法師嘗夢與王公在佛塔中，有老僧者擘金鈴而分之二人，益説此以驗適論。王公曰：『實金陵之謂也。』既造像卒，持與法師，因撰《泗州大聖禮文》以尊其事。王公益與其秦國夫人施錢六百餘萬爲其寺之大殿者。法師以復寺，乃自皇家與王公也，特有所感，遂重集天台四時禮佛之文，勉其徒行之，欲以報德。會乾元節，王公以其道上聞，遂錫號慈雲。自是相與爲方外之游益親，形於詩書者多矣。若其所著《圓頓十法界觀心圖》《注南岳思師心要偈》之類，皆爲王公之所爲也。天聖中，公終以天台教部奏預大藏，天台宗北傳，蓋法師、文穆公有力焉。始，章獻太后以法師熏修精志，乾興中，特遣使齎金帛，而兩命於山中爲國修懺。遂著《護國道場之儀》上之，請與其本教入藏。天聖改元，内臣楊懷吉柬使，又賜之乳香。臨别，楊以法師善書，求其筆迹，即書詩一闋與之，楊遂奏之。明年，又賜銀一百兩飯山中千僧。然其時之卿大夫，聞其風而樂其勝緣者，若錢文僖、楊文公、章郇公，他公卿益多，恐斥名，不悉書。法師閑雅，詞筆篇章有詩人之風，其文有曰《金園集》者，《天竺别集》者，曰《靈苑集》。然修潔精苦，數自爐其指，而存者一二耳。逮其持筆，書翰精美，得鍾、王之體。靈山秋霽，嘗天雨桂子，法師乃作《桂子》

《種桂》之詩。尚書胡公見而盛賞之，乃與錢文僖公賡之。胡公領郡錢唐，益施金而爲其寺之三正門者。法師領寺既久，嘗欲罷去，史君李公諮即會郡人苦留之。又二載，當天聖九祀之孟春，方講《净名經》，未幾，顧謂其徒曰：『我昔在東掖亦講是經，嘗夢荆溪尊者室中授其經卷。及出視日，已殁矣。今者吾殆終於此講也。』一日，果與衆決曰：『我住台、杭二寺垂四十年，長用十方意，時務私傳。今付講席，宜從吾之志。』即命其高第弟子祖韶曰：『汝當紹吾道。我持此爐拂，勿爲最後斷佛種人，汝宜勉之。』遂作《謝三緣》詩，謂謝絶徒屬、賓友、筆硯也。命學者刻石示之。秋八月二十有八日，孑然入其寺之東嶺草堂，自晦也。明年十月之八日示微疾，不復用醫藥，命取嘗和晋人劉遺民《晦迹》詩，改其結句云：『翔空迹自絶，不在青青山。』使磨崖刻之。翌日之晚，復曰：『吾報緣必盡，敢忘遺訓乎爾曹耶？』益説法以勖其屬。及後日之晚，使請彌陀像以正其終。其徒尚欲有所禱，且以觀音像應命。法師即炷香瞻像而祝之曰：『我觀世音前際不來，後際不去。十方諸佛，同住實際。願住此實際，受我一炷香。』云云。或問其所歸者，猶以寂光净土對之。至其夕之三鼓，奄然坐終。先此，法師自製其櫬曰『遐榻』而銘之。學者務奉其師之前志，必卧其靈體於遐榻。更七日，其形貌完潔如平昔。其壽六十有九，臘五十。當其化之夕，山中見大星隕乎鷲峰，爀然有紅光發於其寺之前。度弟子若虚輩垂百人，授講禀法者如文昌諸上人者僅二十人，登門而學者其人不啻千數。明年仲春之四日，奉遐榻歸葬於其寺之東月桂峰下，與隋高僧真觀之塔鄰也。蒙識韶公幾三十年，晚，山中與其游益親。韶公耆年淳重，亦名德之法師也。嘗以大法師實録命余筆削，始以敝文不敢當。及蒙奏書爲法，以微效還，而韶公已物故。方感慨，今辯師益以録見托，願成就其師之意。辯師端審善繼，又明智之賢弟子也。會余避言，適去山中，囑之愈勤。顧重違其先師之命，姑按韶公實録而論次之，命曰『曲記』，蓋曲細而記其事也。然慈雲聰哲，志識堅明，故其以佛法大自植立，卓然始終不衰，雖古高名僧不過也。世以方之真觀，不其然乎！天台之風教益盛於吴越者，蓋亦資夫慈雲之德也。吾恨不及見其人。是歲，嘉祐癸卯之八年，季秋己亥朔，適在京口龍游之東圃記之也。《鐔津文集》卷一五。

秀州資聖禪院故和尚勤公塔銘 并叙

嘉祐壬寅之仲秋，秀人以故大和尚勤公骨身歸塔餘杭之安樂山，從始也。其稟法弟子省文、儒者聞人安遠乃命契嵩書且銘之。和尚諱盛勤，本姓謝氏，不書其得姓之本末，從釋氏也。象郡之壽陽人也。童真出家，北面事象之白容山惟齊禪師。祥符中，以誦經中試，遂得落髮。其年，納戒於桂管之延齡寺，還白容。會其師適滅，葬已，遂浩然西出，更訪其師宗者。和尚天資淳深懿厚，夙有道識，童之時以自發明。遍學衡湘鄢郢老禪碩師，而獨大盡玄旨於德山遠和尚。初以雲門語句請决於遠師，雖叩問勤至，垂三月，遠未嘗稍辯，盡欲其自契耳。一旦悟已，詣遠質之。遠師一見即謂之曰：『汝已徹矣。』當此，和尚頓覺身超虛空，不覺屋廬爲閡，復其立處，即遍體雨汗。其悟道靈驗如此也。先此，和尚嘗師他僧，傳習乎安般定法。始授其法，乃席地然頂於其師前，遽有异光上發，圓赫如日，光熄而元略無所損。其師曰：『汝最上乘法器也。勉之！無以此自盡焉。』其感通又若此也。其後，禪之學者乃蔚然嚮慕，來浙西，混迹於餘杭之安樂山。皇祐初，嘉禾太守聶公厚載聞其風，率郡人遂命領徒於此。更十有二年，而秀之人無賢愚男女，風德大化，法侶趨其會者日不下數百。精廬完葺，僧儲充備，而秀有禪居，自和尚興起也。以嘉祐庚子之五載仲夏壬寅，示微疾，正坐説偈而盡，世壽六十八，臘四十二。以嘉祐庚子五月己酉遵教火之，得五色舍利絢如，不可勝數。度弟子者宗益嗣其法，而領衆一方曰省文，曰有昌。和尚平昔嘗綴古之語要，目其書曰《原宗集》，而其徒方傳之。然其所得之法，實諸佛之秘要，群生之所宗，諸祖之所傳者也，非語默可到；然非語默，又不能稍發。故和尚莅衆接人，雖勤教誨，而其語嘗簡，其機緣不煩。大較其要道慈德入人最深，故其亡也，秀人傾城號慟，若喪所親。諸君以契嵩於和尚道交相知尤深，詳得其出處，乃以文見托。雖固，亦不得讓焉。銘曰：

惟骨殊圓，惟道亦然。非生非滅，無陂無偏。惟小夷石泐，而此法常傳。《鐔津文集》卷一五。

秀州資聖禪院故暹禪師影堂記

禪師疾病，予自杭往問醫藥，嘗顧謂曰：『我老且病，是必已矣。死且累子坎而掩之，爲我志其嗣法。』遂授其所以然。余還杭未幾，果溘然而化。學者不悉，即焚其喪，卒不得而塔之，故列其名迹於影堂，命今長老勤師勒石以傳之。禪師諱慶暹，其先建陽人也，姓范氏。范氏世爲士族，其父、大父皆仕，不復書也。始，禪師因父宦，生於會稽。及其父官死海鹽縣，即與母治産居秀。至是禪師方五歲，而秀氣藹然。其母异之，命從净行子昭出家於今資聖精舍。逾十歲落髮，納戒於靈光寺，習《楞嚴》《圓覺》於講師居素。又十歲，經明。明年，即廣游方外，遍參禪要，又十歲且還。初，秀郡未始有禪居，待來者亦有所缺。然禪師既歸，乃一更其院，務與衆處。諭其屬，即如十方禪規主之。院稍治，遂結廬獨處於園林，篤爲杜多之行，不出不寢，更十九年。雖惡衣惡食，自視宴如也。居無何，會故雪竇清禪師至其廬，曰：『善乎，仁者乃至是哉！』因盡示其所證之法，而清禪師大韙之，卒亦承於清師。至天聖中，郡太守張公幾聖高之，命復方丈，使舉行禪者故事。逮故翰林學士葉公道卿以中允領郡，見而益喜，遂尊爲長老，命傳其法垂二十年，竟以此物故。嗚呼！其世壽已七十六，而僧臘六十二。禪師治兹院，自壯及耄凡四十六載。於人甚莊，處己至約，飲食資用，必務素儉，與時俗不合。以故其徒稱難，而少親附。唯士大夫重其修潔，不忍以葷酒溷其室。先時，吴中僧之坐法失序，輒以勢高下，不復以戒德論。禪師慨然，嘗數以書求理於官。世人雖皆不顧其説，而禪師未始自沮。及葉公道卿轉運吴越，而禪師復致其書，而葉公然之，遂正其事於所部。既而秀衆果推禪師於高座。方再會，即謝絶，踵不入俗殆十五年，然亦天性公正，切於護法耳。昔嘗與余語曰：『吾不能以道大惠於物，德行復不足觀，以愧於先聖人矣。苟忍視其亂法，是益愧也。』予即應之曰：『不必謙也。曹溪宗門，天下之道妙也，而學者罕至；十二頭陀，出世之至行也，吾徒之所難能；爲法而奮不顧身，亦人之難能也。是三者師皆得而行之，又何愧乎？』師曰：『此吾豈敢也。雖然，予庸以是而稱之於吾人，蓋欲其有所勸也。』禪師之遷化也，至是皇祐之己亥〔一〕，實五載矣，悲夫！《鐔津文集》卷一五。

〔一〕按皇祐無己亥，『皇祐』疑『嘉祐』之誤。

故靈隱普慈大師塔銘　并序

師法諱幼旻，信陽玉山人也，本姓葉氏。童時即有出俗之志，告父母得命，遂入其邑之興教蘭若，師僧省覃出家。既納戒，乃訪道四方。來虎林，見惠明禪師，穎然有道器，即服膺，執弟子禮，盡學其法。法務無難易者備嘗之矣。久之，惠明命師監其寺事。未幾，會其寺大火蕩盡，方根其所失，其同事者危之，皆憂乃禍。師謂之曰：『我總寺事，罪盡在我，吾獨當之，爾曹不必懼也。』吏果不入寺問師弟，坐其爨者耳。此豈古所謂臨難無苟免者耶！其後，惠明告終，畢其喪，師即帥衆白本府〔一〕，請大長老惠照聰公鎮其寺，以繼惠明所統，仍以監寺輔之。戮力相與復其寺，不十年而葺屋廬嶷然千餘間，益偉於舊。慶曆中，朝廷用其薦而錫之章服，其後又賜號普慈。及惠照謝世，師方大疾，亦力病治其喪事。始，惠照垂終，遺書舉師自代，官疑其事，不與，以靈隱更命僧主之。師事其僧愈恭，無毫髮鄙吝心見於聲彩，而人益德之。當此，知府龍圖季公知之，乃以上天竺精舍，命師以長老居之。及觀文孫公初以資政大學士莅杭，特遷之主靈隱。始其演法之日，孫公大師衣冠貴游不翅百人〔二〕，預會爇香，聽其所説，而道俗老少貴賤摩肩而趨來者萬計。是日人聲馬迹溢滿山谷，法席之盛，其如此者鮮矣！師天性寬平慈恕，與人周而多容，而人亦頗美之。故居其寺方六年，寺益修，衆益靖。度弟子二十三人。嘉祐己亥仲冬〔三〕，初忽感微疾而卧。先終一日，與蒙語，將授寺與今知禪德。語氣詳正，如平昔不衰。十三日鷄鳴，起漱洗，問時辰，乃安坐而盡。世壽六十一，僧臘四十一。以是月二十九日入塔於呼猿澗之直北寺垣之内。塔已，知師以其行狀求蒙文而銘之。然在古高僧傳其法，凡吾人於其教有德有言及其有功者乃得書之。若今靈隱，最天下名寺，固吾佛法倚之弛張也。嗚呼！普慈於其寺，平生如此之效，豈不曰於法有功乎？余故不讓，乃引其事而書之也。銘曰：

矣。　惟功在法，惟德在法。法既不生，其勝緣豈有熄耶？惟師之盛善常然，不泯不墜，斷可見

〔一〕白：原作『曰』，據文意改。

〔二〕師：疑當作『帥』。

〔三〕己亥：原作『乙亥』。按嘉祐無乙亥，『乙』乃『己』之誤。己亥即嘉祐四年，至和元年孫沔知杭州，至是正六年。

《鐔津文集》卷一五。又見《武林靈隱寺志》卷六下，《增修雲林寺志》卷五。

張方平

張方平（一〇〇七——一〇九一），字安道，號樂全居士，應天宋城（今河南商丘）人。少穎悟，景祐元年舉茂材异等，寶元元年又中賢良方正。西夏叛，上《平戎十策》。歷知諫院、知制誥，進翰林學士，拜御史中丞、三司使。出知杭、益等州府，十易藩鎮。英宗召拜翰林學士承旨。神宗即位，除參知政事，尋以父憂免。服闋，以觀文殿學士留守西京，又歷數郡。極論新法之害。數請老，元豐二年以太子少師致仕，元祐六年卒，年八十五，謚文定。深識三蘇父子，故蘇軾終身敬事之。有《樂全集》四十卷（存）、《玉堂集》二十卷、《注仁宗樂書》一卷。見王鞏《張公行狀》（《樂全集》附録），《宋史》卷三一八本傳。

蜀州修建天目寺記　皇祐二年六月

浮屠氏之教流而至諸華也，迨晋之東，其法益熾。以大設權，實示方便，指因報，明利益，故自世主至於士民，莫不甘心焉。五方异禀，四夷殊類，氣俗之別，欲惡不同，法制所弗齊，禮義所弗加，甚者至有不識父，而大率輒知奉佛。百家之聚，必有一窣堵焉；兩楹之室，必有一龕像焉〔一〕。矧名都通邑，塔廟固錯落相望矣。晉原在井絡之維，處陸海之沃，玉壘、銅梁之阻，金沙、銀礫之饒，控犍、牂，通滇、僰。即山而鼓，民擁素封之資；厥篚之華，户贏玩巧之利。即安樂土，知植福田。郡有天目寺，城郭之最形勝，緇素之所萃聚。殿焚寇火，區址莽然。先是，郡之善男女合施鳩材，僝工構締，既已歷載，功緒弗就。至是尚書郎王君略領州，曲臺楊君璵爲之倅。二君敏材，利用周行之彦。獄市平簡，吏民便安，修弊起廢，出於餘力。越皇祐初年季春哉生朏，二君相造而諏曰：『按令式，前誕節祓精廬、啓梵會以祝延，而棟宇未完，像設莫備，執事者爲不虔矣，顧何以示遠方？』乃移縣大夫杜君濟勾考財簿，部護役事。於是境内四邑之耆老更相勉曰：『府君之志，上以恭邦典，下以爲吾屬也。且吾屬廢居射利，墆不知發，譬蟲食蓼而忘其苦。佛言人命在呼吸間，一息不屬，雖至親愛，莫相爲救，何嗟及矣。今此道場，近在閭閈，動步而至净土，舉首而見化城。壯者游焉，有以生善念；老者依焉，有以發後心。是府君爲之舟航，拯吾屬於溺也。』於是樂輸善捨，如趨期令。既群樸斫，且塗塈茨，役效其勤，匠究其巧，歲未云半，仁祠鼎新。爲大殿八楹，環屬四阿，廊廡回合，屹若山，燦如霞，桷雕欒文，棇花鬘藻。蓋中爲大毗盧遮那像，文殊、普賢二大士左右之，相好殊勝，彩飾妙麗，紫金光聚，極於壯嚴，兜羅綿網，依然開合。殿之四周，圖華嚴九會，顯佛國之神化，增法門之壯觀也。寺有阿育王塔，嘗見光相，亶有靈迹，凌空危聳，與殿對峙，自兹寶地，方爲具足。既慶成，邑人大和會，踴躍贊嘆，欷歔瞻禮。

以爲須彌燈座，寶華嚴飾，庵羅樹園，金色明净，昔未嘗有，乃今復現，信一方之功德海，四衆之甘露門也〔二〕。二君皆余舊，置郵以布其事，請有以示之後者。余詳二君之爲，抑可謂仁術也歟？君子之教民，驅而納諸善而已。二君之爲也，本於嚴朝章，因以導民善，是亦仁術也矣。异夫舉土木之役，而事觀游亭榭之娱者哉！斯可以記矣。會中檀越、比丘衆等，蓋著之石陰。皇祐二年六月二十八日記。四庫珍本初集《樂全集》卷三三。

〔一〕一：原脱，據宋刻本補。

〔二〕衆：原作『象』，據宋刻本、清抄本改。

范鎮

范鎮（一〇〇八——一〇八八），字景仁，成都華陽（今四川成都）人。寶元元年進士及第，調新安主簿，累擢起居舍人、知諫院，言事務引大體。仁宗無子，鎮連上十九章請立嗣。乃罷知諫院，改集賢殿修撰，同修起居注，遂知制誥，判太常寺，出知陳州。神宗即位，復爲翰林學士兼侍讀、知通進銀臺司。反對王安石變法，以户部侍郎致仕。哲宗立，拜端明殿學士，起提舉宫觀，欲以爲門下侍郎，固辭，復告老，累封蜀郡公。元祐三年閏十二月卒，年八十一，謚忠文。有文集百卷，又著《東齋記事》十卷（今有輯本）等。見韓維《范公神道碑》（《南陽集》卷三〇），蘇軾《范景仁墓志銘》（《東坡集》卷三九），《宋史》卷三三七本傳。

重修悟真塔記　天聖九年

佛教之被中國，源於漢，派於晋、魏，波潰於齊、梁，大率以慈悲定慧、空寂報應覺民於善者也。唐會昌中，始感趙歸真之言，於是毁祠焚書、簿上其田、毆歸其徒之議行。烈火炎山，礫石煨燼，然後見其玉也；凝陰殺節，林木枯槁，然後知其松也；大教中否，津梁不通，然後睹其人也。定蘭禪師，蜀之開士，其先氏族不記。聰悟敏博，精進勇猛，居然一理之密，對夫群動之擾。身者生之具，離具故即真，我則視身如虚空。心者性之實，趣實故無得，我則用心以平等。至有抉目支解，忍垢含辱，以濟夫衆生者。噫！鷹鸇之忿鷙，蚊蟻之噪聚，雖然盡師之相，烏能以給諸？蓋有爲而爲之也。其會昌之際，夫佛日再中，揮戈有自，法雲廣覆，觸石在兹。宣宗嗣位，奮獨見之明，矯前日之過，浸廣祠宇，稍嚴像設，延致轂下，召見禁中。上嗟异之，遂有紫方袍、白金瓶之賜，命翰林學士鄭處誨爲之贊，待詔張幻璋圖其儀。仍許歸里，置伽藍一區，曰聖興，特出家者百五十人。賞遇寵嘉，恩禮深渥。以大中七年二月八日，寺成，復火右臂，更不飲食，至二十三日夜中，儼然化滅。弟子有緣以其年十一月六日遷坐建塔於寺東，老少號慕，遠近悲感。吐突中尉士鄰以狀聞，敕謚曰覺性，塔曰悟真。非大丈夫之勇敢悟脱，疇至於是！夫昔紀信詐降以自焚，其大漢之興也；子胥敢諫以賜死，其勾吴之滅也。如師者，覺王之忠臣乎！服儒則當與若人游矣。後百七十有八載，沙門守班重新師塔，求請予志其詳，則鄭已贊矣，姑言教之中興，師有力焉。亦庶幾依違罔養、貪生愒日、以馳趣聲利者，聆師之風，識所休息爾。《國朝二百家名賢文粹》卷一二四。

蘇舜欽

蘇舜欽（一〇〇八——一〇四八），字子美，綿州鹽泉（今四川綿陽東南）人。舜元弟。少慷慨有大志，以父蔭補太廟齋郎，調滎陽縣尉。景祐元年舉進士中第，改光禄寺主簿，知蒙城縣。丁父憂，居喪於長安。服除，知長垣縣，遷大理評事，監在京店宅務。慶曆四年，以范仲淹薦，爲集賢校理，監進奏院。以岳父杜衍與仲淹、富弼主新政，爲人傾陷，坐用鬻故紙公錢召妓樂會賓客被劾除名。寓居蘇州，買水石作滄浪亭，益讀書，時發憤懣於詩文。八年，復官爲湖州長史，同年十二月卒，年四十一。詩文豪健，善草書。有集十六卷。見《歐陽文忠公集》卷三一《蘇君墓志銘》，《宋史》卷四四二《文苑傳》四有傳。

東京寶相禪院新建大悲殿記

京城之西南，有佛廟曰寶相院。中有層閣，杰然以庇大像，其像高數十百尺，而閣又加是，世傳隋大業中所爲，蓋亦可信矣。大業於今，年祀雖遠，閣與像甚完，是必少壞，後人隨而葺之也。國朝祥符中，有詔葺之，完矣。天聖戊辰歲，浮屠慶祥者又欲於閣之陰，以鐵範像，號大悲，而又閣焉。事暴聞上，上爲命入内押班江德明、入内供奉官、勾當御藥院德用、入内高品鄧惟素三人往司之，又詔有司給鐵及薪炭十餘萬斤。明年夏五月，慶祥卒，德淮嗣之。庚午秋，始作巨冶大橐，一鼓而就。手目千數，較無一闕，侍衛跗坐，嚴正森立，如有神物陰爲之容〔一〕，雖刻繪之工所不能及。明肅莊獻皇后崩，閣廢不作，已而又命入内供奉官趙用志、朱文用易閣以殿，景祐元年又罷之。德淮隳懈自劾去，衆以今智圓大師方益主之。三年，入内都知王惟忠列章以白，上旨可焉，以諫官言又罷之。四年，方益撾鼓以聞，乃賜禁錢四百萬，以入内供奉官、勾當御藥院張承吉。入内黄門馮正己籍用之，逾年遂就。予始聞之，疑其久而後能成也。及觀其閎豁奥大，然後嘆息焉。噫！在昔聖人因人情而制禮也，是故宫室服用必有度，上下等殺各安其分限，而無流暴之患，此三代之所以爲盛也。自漢以下無制作，幸而識其流風，監以自足乎一世，故頗亦有所放矣。佛氏之教入中國，當其無制之世，其宫室服用之作，隘者猶能上王者一等，後世奉之益熾。今民遠於三代，而但見隋唐之事，以爲古可法，奔於夸勝之境，莫知其紀。是以朝廷殺閣以室屋，而又滯留，久之而不亟爲，始於戊辰，而訖於景祐戊寅，十餘年間，三以廢格，是亦監而有意焉爾。非中寺之贊，方益之慤，而事其事，則烏能成之哉！蓋欲識其始以永於後，故求予文，琢於石云。時慶曆二年四月五日記。

四部叢刊影印清康熙中徐惇復刊本《蘇學士文集》卷一三。

〔一〕物：原作『助』，據清傅增湘過録清何焯校本《蘇學士文集》（簡稱『傅本』）、上海古籍出版社一九八一年版沈文倬校點本《蘇舜欽集》（簡稱「沈校本」）改。

蘇州洞庭山水月禪院記

予乙酉歲夏四月，來居吴門，始維舟，即登靈岩之顛，以望太湖。俯視洞庭山，嶄然特起，霞雲采翠，浮動於滄波之中。予時據闌竦首，精爽下墮，欲乘清風，跨落景，以翱翔乎其間，莫可得也，自爾平居，竦然思於一到，惑於險説而未果行，則常若有物膈塞於胸中。是歲十月，遂招徐、陳二君，浮輕舟，出横金口。觀其洪川蕩潏，萬頃一色，不知天地之大所能并容。水程泝洄，七十里而遠，初宿社下，逾日乃至。入林屋洞，陟毛公壇，宿包山精舍。又泛明月灣，南望一山，上摩蒼烟，舟人指云：『此所謂縹緲峰也。』即岸，步自松間，出數里，至峰下。有佛廟號水月者，閣殿甚古，像設嚴焕，旁有澄泉，潔清甘涼，極旱不枯，不類他水。梁大同四年始建佛寺，至隋大業六年遂廢不存。唐光化中，有浮屠志勤者，歷游四方，至此，愛而不能去，復於舊址結廬誦經，後因而屋之，至數十百楹。天祐四年，刺史曹珪以『明月』名其院。勤老且死，其徒嗣之，迄今七世不絕。國朝大中祥符初，有詔又易今名。予觀震澤受三江，吞嚙四郡之封，其中，山之名見圖志者七十有二，惟洞庭稱雄其間。地占三鄉，户率三千，環四十里。民俗真樸，歷歲未嘗有訴訟至於縣吏之庭下。皆以樹桑梔甘柚爲常産，每秋高霜餘，丹苞朱實，與長松茂樹相參差〔一〕，間於岩壑間望之，若圖繪金翠之可愛。縹緲峰又居山之西北深遠處，高聳出於衆山，爲洞庭勝絶之境。居山之民以少事〔二〕，尚其歲時織紃、樹藝、捕采之勞；浮屠氏本以清曠遠物事，已出中國禮法之外，復居湖山深遠勝絶之地，壤斷水懾〔三〕，人迹罕至。數僧宴坐，寂嘿於泉石之間，引而與語，殊無纖介世俗間氣韵。其視舒舒，其行于于，豈上世之遺民者邪！予生平病悶鬱塞，至此，喝然破散無復餘矣〔四〕。反復身世，惘然莫知，但如蜕解俗骨，傅之羽翰，飛出於八荒之外。吁，其快哉！後三年，其徒惠源造予乞文〔五〕，識其居之廢興。欣其見請，攬筆直述，且叙昔游之勝焉耳。慶曆七年十一月五日記〔六〕。

〔一〕參：原闕，據沈校本補。
〔二〕以：原作『已』，據右引改。
〔三〕懾：右引作『接』。
〔四〕喝：傅本作『曝』。
〔五〕惠：《吴郡志》《吴都文粹》作『心』。
〔六〕《蘇學士文集》卷一三。又見《方輿勝覽》卷二，《吴郡志》卷三三，《吴都文粹》卷八，《吴都法乘》卷一〇，《姑蘇志》卷二九，《名山勝概記》卷八，《震澤編》卷三，《古今游名山記》卷四，《江南通志》卷四四，道光《蘇州府志》卷四一，民國《吴縣志》卷三六。

〔六〕『慶曆』句：原闕，據傅本《方輿勝覽》《吴都法乘》《名山勝概記》《震澤編》《古今游名山記》等補。

趙抃

趙抃（一〇〇八——一〇八四），字閲道，號知非子，衢州西安（今浙江衢州）人。景祐進士，累官至殿中侍御史，彈劾不避權倖，京師目爲『鐵面御史』。請知睦州，移梓州路轉運使，改益州。召爲右司諫，因彈奏陳旭姧邪，罷知虔州。召爲侍御史知雜事，改度知副使、河北都轉運使。治平中知成都。神宗立，召知諫院，未幾擢參知政事。因與王安石政見不合，熙寧三年罷，出知杭州。歷知青州、成都府、越州，再知杭州，以太子少保致仕。元豐七年卒，謚清獻。施政寬簡，爲世稱道。纂《成都古今集記》三十卷等，著文集十六卷。見蘇軾《趙清獻公神道碑》（《東坡集》卷三八），《宗統編年》卷二一，《宋史》卷三一六有傳。

龍游縣新修舍利塔院記　慶曆五年十月

夫源已深，日加浚；根已固，月加培。彼培浚千萬人，一二人焉將堙築拔絶，畀派涸枝槁〔一〕，閉室顛踣，吾不職其爲可也。浮屠氏法，始漢明帝時入中國，熒熒乎魏、晋，煌煌乎宋、齊，烜赫熾炎乎梁、陳、周、隋之間。王公卿士，上焉而倡導；豪賈大姓，下焉而服從。父提子手，不釋不歸；兄詔弟耳，不佛不師。貨貝玉帛，懌樂弃施；膚髮支體，無所愛吝。州供里養，家擎户踞，祈利益，怖罪苦，心誠力勤，一以宗乎其教，如趨市然。有金壁丹刻，制擬王者不爲之僭；炎而涼，寒而燠，鐘鼓而食，不爲之泰。唐高祖念其如是也，用傅奕益兵蕃生術，武德中將持斷力行，會建成之變，禪代已畫於中道。明皇開元初，宰相姚崇籍其徒無狀者，髮男女二萬人。武宗聽羅浮道士議，會昌五年詔壞寺招提蘭若合四萬四千，還其人二十六萬。宣宗即位，憤道士議者，戮於市數人，遂復成樹建。巢賊兵火，五代亂離，既涸而浮，既窒而流，既槁而榮，既踣而興，其故何哉？源素深，根素固也。國朝四聖垂八十年，又日浚而月培之，今四海九州，其居其人之數，後不減於會昌前。於乎，其盛矣乎！雖所謂一二人焉，其亦如之何哉！古太末之地，有舍利塔院，年祀彌遠，棟敗梁仆，邑人江延厚遽新其廢，建釋伽殿與其像，崇崇耽耽，輪奂繁靡。因而增葺之，曰法堂，曰方丈，曰門，曰廊，曰官院，無慮用四百萬錢。起明道二年九月九日，訖慶曆四年六月十九日。院成，明年十月十二日始爲記。京兆慎東萊書。康熙中南陽趙用楝刊本《趙清獻公集》卷五。

〔一〕槁：原作『稿』，據殘宋本（簡稱『宋本』）改。下文『既槁而榮』句同。

宋故明州延慶寺法智大師行業碑〔一〕　元豐三年十月

法智大師名知禮，字約言，金姓，世爲明人。梵相奇偉，性恬而器閎。初，其父母禱佛求息，夜夢神僧携一童遺之曰：『此佛子羅睺羅也。』既生，以名焉。毁齒出家，十五落髪受具戒，二十從本郡寳雲義通法師，傳天台教觀。始三日，首座僧謂曰：『法界自有次第，若當奉持。』師曰：『何謂法界？』僧曰：『大總法相圓融無礙者是也。』師曰：『既圓融無礙矣，何得有次第耶？』是僧無語。幾一月，自講《心經》，人皆屬聽，而驚傳之，謂教法有賴矣。居三年，常代通師講，入文銷義，益闡其所學。後住承天，遂徙延慶，德望浸隆，道法大熾，所至爲學徒淵藪。日本國師嘗遣徒持二十問詢求法要，師答之，咸臻其妙。天台之教，莫盛此時。真宗皇帝知名，遣中貴人至其居〔二〕，命修懺法，厚有賜予。偶歲大旱，師與遵式、异聞二法師同修金光明懺，用以禱雨，三日雨未降。於是徹席伏地，自誓於天，曰：『兹會佛事，儻未降雨，當各然一手以供佛。』佛事未竟，雨已大浹。嘗與錢唐奉先清源、梵天慶昭、孤山智圓數人，爲書設問，往復辨析，雖數而不屈。又遣門人神照大師本如與之講論其説，卒能取勝。嘗製《指要》《妙宗》二鈔，《大悲懺儀别行疏記》暨《光明》二記之類，後悉流傳。嘗偕十僧修妙懺三年，且約以懺罷，共焚其軀，庶以激怠惰，而起精進。翰林學士楊公億、駙馬都尉李遵勖嘗薦師服號者，其心尤所愛重，知有自焚意，致書勸止，弗從。又致書天竺慈雲式師，俾自杭至明，面沮其義，亦不聽。郡守直史館李公夷庚密戒鄰社常察之〔三〕，毋容遁以焚。師願既莫遂，復集十僧，修大悲懺三年。又以光明懺中七日，爲順寂期，方五日，結跏趺坐而逝，實天聖六年正月五也，享年六十有九，爲僧五十有四期。其亡經月，發龕以視，顔膚如生，爪髮俱長。既就荼毗，舌根不壞，舍利至不可勝數。凡三主法會，唯事講懺，四十餘年，脇未始至席。當時之人，從而化者以千計，授其教而唱道於時者三十餘席，如則全、覺琮、本如、崇矩、尚賢、仁岳、慧才、梵臻之徒，皆爲時之聞人。今江浙之間，講席盛者，靡不傳師之教，其於開人之功，亦已博矣。元豐三年冬十月，余謝事經歲，自衢抵温，有法明院忠講師，其行解俱高者，頓嘗游衢，乃余未第時與之接者也。一日，斂衽而前曰：『繼忠於法智師，徒爲法孫，惜其示寂六十有三年，其所造峻特而所學爲來者，師固釋門之木鐸哉。自昔達官文士，其言可信於後世者，乃無述焉，其徒竊羞之。』既而狀其行，請余作碑，以爲無窮之傳。余乃嘆曰：『人生之初，虚一而静，本無凡聖之别。逮交戰於事物之境，而莫之能返，此諸佛不得已，而來震旦，煩其名相以化之，豈苟而已哉！設之以法而可行，示之以戒而不可犯。如目之有花，他人莫得見；如耳之有磬，他人莫得聞。欲其自降乃心，而求復初地。其後導師繼繼而興，騁智慧辯才，談真實妙義，使人不離當念，超圓頓一乘，不離文字，示解脱諸相。要其究竟，則無一法之可説，無一字以與人。法智師既達乎此，則何假於言而後傳哉！』雖然，重違勤懇，姑閲其所紀，皆衆所共聞者，因爲摭梗概而實録之，仍贊之以文曰：

大雄覺世垂微言，磅礴日月周乾坤。智者才辯窮化元，時爲演説開迷昏。八萬總結河沙塵，俱入天台止觀門。法智遠出揚清芬，游戲三昧真軼群。志堅氣直貌且温，少而敏悟老益勤。遺旨從衡深討論，消文釋義雖繽紛。辭淳理妙簡不煩，或懺或講忘晡昕。邇遐學徒日駿奔，成等正覺消波旬。俾諸佛祖道彌尊，如流已清浚其源。如葉已茂培其根，行高名重上國聞。天子遣使來中闇，賢豪勛戚固所忻。命服錫號迴天恩，知身變滅如浮雲。誓勇弃舍甘趨焚，素願莫適仍修熏。衆生嗜好隨貪瞋，三塗轉徙如膏輪。有能頓悟報施因，罪福苦樂岐以分。説本無説誰其人，師心了了所夙敦。言能破妄寧非真，身雖云亡今常存。江浙蕃蕃其子孫，詔億萬世觀斯文。《四明尊者教行録》卷七。

〔一〕題後原署：『推誠保德功臣、資政殿大學士、守太子少保致仕、上柱國、南陽郡開國公、食邑二千五百户、食實封六百户、賜紫金魚袋趙抃撰。』

〔二〕遺：原作『遺』，據文意改。

〔三〕郡：原作『群』，據文意改。李夷庚：原作『李夷庚』。按《宋史》卷九七《河渠志》七，天禧元年，明州郡守爲李夷庚，與此合。此外，《宋史》卷二七七、《續資治通鑑長編》卷四七、卷五六、卷一〇二，《宋會要輯稿》選舉三三之二等亦均作『李夷庚』，據改。

李　覯

李覯（一〇〇九——一〇五九），字泰伯，世稱盱江先生，又稱直講先生，建昌軍南城（今江西南城）人。慶曆二年舉茂才异等不中，退主郡學，以教授自資，學者常數百人。皇祐初，范仲淹薦爲試太學助教。嘉祐三年，除通州海門主簿、太學説書。四年，權管勾太學。是年八月卒，年五十一。覯能文章，通經術，獨不喜《孟子》。有集三十三卷、後集六卷，傳世本爲三十七卷、外集三卷。事迹見陳次公《盱江先生墓志銘》（《直講李先生外集》卷三），《宋史》卷四三二《儒林傳》二有傳。

太平興國禪院什方住持記　景祐三年九月

佛教初由梵僧至中國，不知其道，而務駕其説，師徒相承，積數百年。日言天宫地獄，善惡報應，使人作塔廟，禮佛飯僧而已。厥後，菩提達摩以化緣在此土，始傳佛之道以來。其道無怪譎，無刓飾，不離尋常，自有正覺。思而未嘗思，故心不滯於事；動而未嘗動，故形不礙於物。物有萬類，何物而非己？性有萬品，何性而非佛？佛非度我，而我自度；經非明我，而我自明。無緇素才拙，一言開釋，皆得成道。繇兹立大精舍，聚徒説法，以衣鉢相傳授。居無彼我，來者受之；嗣無親疏，能者當之。諸祖既没，其大弟子各以所聞分化海内，自源而瀆，一本千支。群居之儀，率從其素，故崇山廣野，通都大城，院稱禪者，往往而是。庸俾邪妄無識洗心從學，王臣好事稽首承教。蓋與夫老氏之無爲，莊周之自然，義雖或近，我其盛哉！然末俗多敝，護其法者，有非其人。或以往時叢林，私於院之子弟，閉門治産，誦經求利，堂虚不登，食以自飽，則一方之民失所信嚮矣。通人高士，疾之兹久，而未克以澄清。逮宋有天下，兵革既已息，禮樂刑政治世之器既已完備，推愛民之心，以佛法之有益也，廣祠度衆，不懈益勤。聖上莅阼，體閲釋部之缺，因詔：凡禪居爲子弟，前旅有者，與終其身，後當擇人以主之。意將補罅漏，鉏榛蕪，使宗門愈高大。則建昌軍太平興國禪院復什方住持者，奉此制也。院按舊記，唐天祐丙子制置使陳暉所創[一]，號顯源。永興始有可幽師杖錫來居，推輪法事。逮李氏僭江表，其别子景達以齊王守臨川，乃命德琳師以張大其業。琳師道行峭潔，知解雄俊。圜迴千里，瞻仰弗暇。樹稼數十頃，立屋累百楹。至太宗時，例以年號，更賜今額。衆安法行，刹此邦者，莫與爲等。琳既化去，道喪不傳，而其徒以僥倖居之，垂四紀矣。凡鄉之學釋者，雖知有真乘法印，當迷而疑，何所扣決？今年夏，主者元皓病，物故。時侍禁馮君德宣、光禄寺丞李君虞卿同權軍政，深惟天聖詔書，求可以長是院爲人師者。粤有桑門上首、耆老識達之士相與謀曰：『嘗聞建安崇儼師得法於石霜楚圓和尚，巡禮所至，學者圍繞，師避而遽行〔二〕。今在邇，抑可以致之乎。』因列名以舉。郡然其言，乃就迎於撫州景德院。讓不可得而後至。升堂之日，會者萬計。師據床安坐，有問斯答，如鐘之鳴，如谷之響，重昏宿蒙，冰解雪釋。歡喜贊嘆，洶動街陌。論者謂：國朝嚴佛事，俾擇知識〔三〕，表於禪林。太平郡之福地也，而儼師以正真道臨之，燈燈繼照，曷有窮已？然非吾儒文之，不足以謹事始而信後裔。僉來謁予曰：『文，子職也，其可以辭，重違父兄意？』故爲之一說。時則景祐三年秋九月也。四部叢刊影印明成化左贊刻本《直講李先生文集》卷二四。又見《古今圖書集成》神异典卷二五。

〔一〕丙子：按天祐無丙子，疑是丙寅之誤。

〔二〕遽：原作『處』，據中華書局一九八一年版王國軒校點本《李覯集》（簡稱『標點本』）改。

〔三〕擇：原作『釋』，據標點本、庫本《古今圖書集成》改。

太平院浴室記

釋氏東行，乘風御霆，山聞海驚。言善言惡，知死知生。天人之好，地獄之暴，有作斯報。刑淫癸、辛，力過羿、奡。維彼慈悲，如童蒙師，如膏肓醫。還愚以智，解囚於縲。伊貴伊富，或士或女，承流蹈舞。涵淹肌髓，繫絡心膂。何土敢皮？何木敢枝？以輦以歸。繩者目亂，斧者手胝。

彌國亘野，川邪谷哆，筆不可畫。雲霓出中，日月走下。冬温夏凉，爲陰爲光，食甘寢香。百事有備，一物必良。惟天之啓，惟神之契，人不得議。孰爲禮經？肯顧文吏？江之南城，風和氣靈，鐘鳴梵聲。爰有禪居，號稱太平。太平之聚，儼師是主，以訓以撫。疑者得明，饑者得哺。堂房以新，器備以陳，霞朝卉春。唯是温室，缺然將榛。大冶陳宰，儒兼佛解，法與心會。斥其餘財，成此勝概。材美石堅，重雕複鎸，圭方璧圓。下不居濕，旁無見天。吾願釋子，毋意於水，將意於理。爾身以澡，爾心以洗。洗心謂何？匪塵匪沙，匪刮匪摩。去爾羡欲，任爾平和。無可不可，所遇皆我，萬物一焉。何者爲因？孰謂之果？道不離人，吾身佛身，吾僞亦真。門前舟梁，自失要津。慶曆之歲，是維戊子，月云窮紀。野夫言焉，以振厥始。《直講李先生文集》卷二四。又見正德《建昌志》卷一八。

建昌軍景德寺重修大殿并造彌陀閣記　慶曆七年十月

儒失其守，教化墜於地。凡所以修身正心，養生送死，舉無其柄。天下之人，若饑渴之於飲食，苟得而已。當是時也，釋之徒以其道鼓行之，焉往而不利？無思無爲之義晦而心法勝，積善積惡之誡泯而因緣作。空假中則道器之云，戒定慧則明誠之别。至於虞祔練祥，春秋祭祀之儀不競，則七日三年、地獄劫化之辯亦隨而進。蕃衍光大，繄此之由。故嗣迦葉者師子達摩，流爲東山牛頭；傳龍樹者惠文、惠思，熾於天台灌頂。二家之學，并用於世。若夫律戒之盛，凡出家者，當由此塗。按白居易《撫州景雲寺律和尚碑文》，如來十弟子中，優波離善持律。波離滅，南嶽大師得之。南嶽滅，景雲大師得之。師，南城人，初隸景雲寺，徙洪州龍興，終廬山東林，度娑婆男女萬五千人。姜相國公輔、顔太師真卿、本道廉使楊憑、韋丹，皆與友善。樂天之叙如此。南城於宋爲建昌軍，景雲爲景德寺，律和尚之迹已無見。土木之堅久者，唯殿與門。殿之制不靡而其材良，乃今所無。基高而旁裸入風雨者，四面如一。將恐腐折，後難爲功，寺僧義明乃營屋若干，柱以翼之，且作彌陀閣於其前右。兼壯與麗，爲永永計。先共謀者文憲、宗正，既而憲住他院，正亦遂輟，克有終者唯明。殿之財集於衆，閣成於孀何氏，始卒凡八年。明講經論，頗憙事，以雅於予，來乞文。因論釋之所由興，亦使其徒知此寺昔嘗有僧爲律戒師，於江之南度人以萬數，當世賢者與之游，以爲寺之榮而有所慕焉。慶曆七年冬十月己未記。《直講李先生文集》卷二四。又見《皇朝文鑒》卷八〇，正德《建昌志》卷一八，《文章正宗》卷一五。

景德寺新院記

院墟於火，力弗能復者數年矣。壽安縣君黄氏以其夫故都官陳員外所服若器斥賣以濟之，其所謂殿堂及諸棟宇之切於用者罔不備具。此誠念死者之不可見，庶有益於冥冥間也。凡大精舍之焚，相望於天下，浮屠人難言其灾，乃以爲宫室之熾，天神所欲得，故取以去。且佛之説諸天之樂，非人間所可仿佛，是以其徒布因求果，願生彼界。今乃悦人之土木而奪之，則是人間之美物，諸天亦無有，尚何足慕邪？而悠悠者或信之，餘燼未寒，新宫已圖，往往是矣。玆院僧固不辯，不能飾其説以驚俗，殆廢不起。非陳氏之喜事，而壽安發之，何以及此？嘉祐三年九月庚午記。《直講李先生文集》卷二四。

迴向院記　皇祐三年秋

皇祐二年夏六月，盱江大水。龍安其東南鄉，蓋灾之所自始。視其山破壞如擊甕盎，泄所畜，百源一道，且怒且鬥。斬大樹，瀦大屋。當之者，父母妻子迴面相失，不得其屍以斂。於是有去平而就高，以避其復來者，迴向院其一也。院之墟曰兵湖，民寰而居，甚卑以喧。當水之來，則數十百家悉聚殿閣，坐薨騎桷，將顛者數，僧徒嗷嗷，乞命魚鱉。既免，院主海元即其儕爲久安計。有德文者，願易之高燥地，謂其别墅曰「升平」，相距五六里，盍經營之。文守律戒，知游藝，士君子多與之語。故列於官府而從，諗於里人而悦。貧者輸其力，而地以除；富者效其貲，而屋以徹。斂故材就新基，曾未逾年，厥功備具。足之泥塗，今爲崇高。耳之喧囂，今爲寂寥。後山如懷，前溪如蟠。晨鐘夜梵，夢寐天半。松霜竹月，繡畫秋色。自危而安，去苦得樂。昔人未知，勝事在我。噫！民之欲善，蓋天性然，顧無以道之爾。夫水潦之後，田里傷創，斗粟百錢，上農蓄家且無餘食。而文師以其情言，非能取佛説以自照耀，使人惑之，而衆莫不竭盡以受事。若夫豐富之世，而豪僧辯口先焉，雖圖天宫，何足怪也？爲人上者，常病於教化，謂不可爲，亦過矣！昔吾游其地，今聞有成，喜之，是以記。時則三年秋某月也。《直講李先生文集》卷二四。

承天院記　皇祐三年十一月

慶曆中，歸自京師，有僧來訪，曰自堯，是爲承天上首。乃言其院，吾先君子嘗至焉。今玆又新作，往往有留題者，因責吾爲詩。厥後多故，不果應。近者復來，且介秦氏甥以院記爲言。覼伏念先人舊游，不勝燕雀啁噍之情。其僧又喜事，吾甥又貧，而爲之請，義不可拒。問其所由來，則舊崇德院，爲尼媼宅，間籍没。當太平興國中，有德琳師，迹其事爲，蓋古所謂豪僧者，自閩來盱，住太平院，徹草廬成大禪居。是時，禁令疏，釋氏方騁，與民交利。琳致資甚高，得請公上，以崇德故名，遷於雲山。淳化三年，斬山木營繕，使其徒元立主之。大中祥符元年，先帝封禪，例賜今額。立死，堯繼之，於時景祐三年。瞻相闔門，鞠爲老屋。木之腐者將折，石之裂者將墮。不有改作，誰嗣前人？顧與有力者圖之。誠意一發，和者日至。曰殿、曰堂、曰僧堂、曰水陸堂、曰羅漢閣、曰厨、曰庫、曰廊、曰門，始終數年，繪素畢備。於事勤矣，而耻無聞，故徼吾言以永之。噫！浮屠人坐新宫、享備器者皆是，然而知筆墨翰林之爲貴者幾何人邪〔一〕？或蹙於威力，而後貨俗子，取陳言以辱金石者豈少邪？堯師能不憚煩以來乞詩，不獲，又屬以記，傍吾親戚間，求人爲言，唯謝絶之憂，其指何邪？安知百千萬年後，吾文將不行邪？彼蚩蚩者將有聞，而堯師泯滅耶？皇祐三年冬十有一月乙丑記。《直講李先生文集》卷二四。

〔一〕筆：原作『子』，據標點本改。

承天院羅漢閣記　皇祐五年七月

吾爲《承天院記》已二年，丘文遂來言，院之羅漢閣，身所爲也，願復得一辭刻之。始吾童子時，與令佐著作陳微之讀書湖上，丘君乃其鄰，以久游，貫人事，日與笑語，無忤。及此見之，髮色則异，而顔面益壯，問之年〔一〕，實七十矣。少爲賈人，上下百越，走兩川而歸。克有貨財，治土田，築室教子孫，終之淑慎，以從士大夫游。又能精信於釋，損其贏以補之。果若釋之云，則雖老而死，死且復生，其得意何有窮耶！噫！漢代初傳佛道，西域人得立寺都邑以奉其神，漢人皆不出家。魏亦循漢制。石季龍僭位，以其出自邊戎，應從本俗，百姓有樂事佛者，特聽之。當是時，謂之何哉？外國之神而已。及東晋、宋氏，其法乃大。蓋慧遠居廬山，名雖爲釋，實挾儒術，故宗少文就之考尋文義，周續之通五經、五緯而事之，雷次宗亦從而明三《禮》《毛詩》。儒者嘗爲弟子，其人得不尊乎？諸部佛經，華藻爛爛，豈西域之文宜有所助焉者也？今之釋樂乞言於文士者，亦將借助矣乎？文士不必有古人之才，足以埤釋；就令有之，而民耳目日异矣，庸可行哉？丘君以舊故，勉而爲之言。時則皇祐五年秋七月也。《直講李先生文集》卷二四。又見雍正《江西通志》卷一二三。

〔一〕問：原作『使』，據標點本改。

新城院記　皇祐三年十二月

出盱江門，陸行數十里，無善邸舍足容食息，求之僧家，唯章山，其庫則新城院焉。前此，予歸自信，時秋大熱，夜發金溪，日昃不到。從者請息肩，得茲院以宿。下馬據床，汲井泉飲且盥。清風在竹，不待呼召。紅塵在路，不敢隨入。坐未安定，意已順適，仰而視其梁，則毛姓續名者作焉。有頃而續至，其禮甚卑，立於堂下，若吏民見官長之爲。予既辭，因揖而進之，與之語，蓋古力田敦樸之流。及院之本末，則對曰：『殿興於開寶中，則續之王父母嘗有勞焉。堂、鐘樓、廊門成於景祐、康定間，則續與婦徐實同力焉。』予嘆曰：『民財有餘，不以備門訟，買直於圄犴，而能奉佛法，徼福於窈冥，斯世俗以爲難矣。况於卑己尊賢，此道甚大，誰宜知之？凡人衣食足者，或聞馬蹄聲在百步外，閉門唯恐不及。今吾亦布衣，姑弛擔於此，且無一介與爾相聞，爾何取於我而拳拳若是乎？吾無乃克謹名節，未始得罪於鄉黨乎？抑爾之聞見有异於衆人乎？』既嘆而去。五六年矣，而不忘於心。近者予有喪，續又使其子來賻，辭益遜，意益勤。顧無以答，遂録嚮所言者贈之，使刻石爲《新城院記》云。時則皇祐三年冬十有二月也〔一〕。《直講李先生文集》卷二四。又見正德《建昌志》卷一八。

〔一〕此下原附録朱褒題記云：『元祐辛未，轉運副使張商英天覺過新城院，題詩云：「昔讀盱川集，嘗聞泰伯賢。新城文刻在，往事野僧傳。氣格終驚俗，光芒合貫天。田翁不知價，只得十千錢。」宣和庚子，朱褒世德自國門待次還鄉，道過新城院，讀泰伯先生記、張丞相詩，欣嘆久之。恐丞相未知泰伯之志也，作絶句題於後云：「泰伯文章自昔傳，虹霓白日貫青天。先生欲作酕醄醉，斟酒何妨受十千！」』

撫州菜園院記　慶曆三年八月

浮屠師曰可栖，居建昌之交陽山，善持其佛之法而言行不妄，且長於醫，故士大夫禮之。慶曆三年秋八月，來抵予曰：『栖，臨川人，母固無恙，而异父弟亦學佛，今住菜園院曰智賓者是也。茲院之廢，數十年矣。寶元中，其鄉人請於邑大夫，願得智賓居之。賓之來，則四顧梗莽，無一瓦尺木之業。栖告之曰：「吾常患吾佛之徒將游吾州而未能進，必休於近郊之逆旅，乞錢炊食，雜於博徒倡女間，甚污吾法。今茲院與城相望，果能興之，以舍吾徒，豈不滿志？矧吾弟主之，而吾母居其旁，足以躬晨夕之養。外張吾教，内便吾家，是不資他人，吾力可爲。」由此盡散橐中，凡醫之所得者給之。説法者曰堂，事佛者曰殿，館僧有位，具饌有所，大抵墻屋器用，皆栖之爲也。工將畢矣，幸爲栖志之。』予曰：『浮屠人盡心於塔廟，固其職耳。能不以禍福誘脅、殫吾民之力者，蓋末之見。今栖以醫售，其得財，乃自奉其法而不掠於人，且厚其弟，以安乎母，不離吾孝友之道，言乎其黨，抑可尚已。』故書以授之，使揭諸石云。《直講李先生文集》卷二四。

修梓山寺殿記　康定二年九月

天下名山水域，爲佛地者什有八九〔一〕。其次一泉一石，含清吐寒，粗遠塵俗處，靡不爲桑門所蹈藉。蓋佛之威靈赫赫於世，僧之辯慧有以得之。故國不愛其土，民不愛其財，以割以裂，奉事之弗暇。建昌軍，江表之上游也。地靈源長，筆不可譜。由治城東走十餘里，峰者如引，岡者如頓，渟者影毛髮，噴者化雲霧。其間據形勝起塔廟者，往往而有，梓山院乃其一焉。道阻而僻，游從之士罕至。目不睹紛華，耳不聞勢利。惟松君竹侯，鼓舞風韵，猿悲鳥哀，將送歲月。宅於是者，苟有以存諸心，其安穩何如哉！然殿宇之作，其來積久，築者以圮，蓋者以坼，莊嚴不充，瞻禮無地。軍教練使吴臻，家故饒財，心且喜事，由景祐中始謀營建。凡立屋四楹，塑像九軀，所以奉經教、福祖考也。噫！佛以大智慧，獨見情性之本，將驅群迷，納之正覺，其道深至，固非悠悠者可了。若夫有爲之法，曰因與果，謂可變苦而樂，自人而天，誠孝子慈孫所不能免也。則斯殿之成，與吴氏之用心，亦可嘉已。見屬爲記，其何以辭？時則歲在辛巳，康定二年秋九月也。《直講李先生文集》卷二四。又見正德《建昌志》卷一八，雍正《江西通志》卷一二三。

〔一〕地：原作「墜」，據光緒刻本改。蓋原作「墬」，即「地」字，以形近譌爲「墜」。

白石暹師塔銘　并序

佛法之行於中國，豈不雄健不校矣哉！天之生民，靡不有事，賢者效志，愚者效力。以有貿亡，孳孳蚤夜，而鮮能得志。唯佛之徒，去離遠甚，安樂無算。王臣所傴覆，士女所合湊。生則得其奉，没則得其歸。而况人材有以超類者，惟其心之所之而已。噫！佛之法，豈不雄健不校矣哉！今吾見惠暹師，其人材超類者乎。師，南豐章氏子，生十三年出家。禮白石居壺長老，誦《法華經》。祥符中，以恩得度。壺既化去，其住者惠通、惠德，而師繼焉。師有計慮，能施爲，自通、德住時已主院事，殆今無曠。性潔特，耻交凡俗，積四十年不踐城市。頗喜篇籍，咏古人詩，以對賓客。吾少居山中，嘗與往來。慶曆五年，復抵其居，因告我以年老，治送終之具。院西有官隙地，且買之以歸骨焉。懼久淪滅，無以旌識，幸我之來，請文以信之。吾既善師之行，又嘆佛之徒，能優游以卒也如此，乃授之銘曰：

生也何來？死也何歸？神形一離，曷封樹爲？土石峨峨，松檟差差。惟門弟子，是瞻是依。《直講李先生文集》卷三一。又見同治《南豐縣志》卷四三。

蘇洵

蘇洵（一〇〇九——一〇六六），字明允，眉州眉山（今四川眉山）人。年二十七始發憤爲學。歲餘舉進士不中，又舉茂材异等不中，遂絶意於科舉，閉户讀書爲文辭。至和二年，知益州張方平訪知其人，嘉祐元年薦於歐陽修。修上其書於朝，召試舍人院，辭不至。五年八月命爲秘書省試校書郎，六年七月爲霸州文安縣主簿，編纂太常禮書。治平二年九月修成《太常因革禮》一百卷。三年四月卒，年五十八。著有《嘉祐集》二十卷（存）、《謚法》三卷（存）、《易傳》十卷。見歐陽修《故霸州文安縣主簿蘇君墓志銘》（載《歐陽文忠公集》卷三四），《宋史》卷四四三本傳。

彭州圓覺禪院記

人之居乎此也，其必有樂乎此也。居斯樂，不樂，不居也。居而不樂，不樂而不去，爲自欺，且爲欺天。蓋君子耻食其食而無其功，耻服其服而不知其事，故居而不樂，吾有吐食脱服以逃天下之譏而已耳。天之畀我以形，而使我以心馭也。今日欲適秦，明日欲適越，天下誰我禦？故居而不樂，不樂而不去，是其心且不能馭其形，而况能以馭他人哉？自唐以來，天下士大夫爭以排釋老爲言〔一〕，故其徒之欲求知於吾士大夫之間者，往往自叛其師以求容於吾，而吾士大夫亦喜其來而接之以禮。靈師、文暢之徒，飲酒食肉以自絕於其教。嗚呼，歸爾父子，復爾室家，而後吾許爾以叛爾師。父子之不歸，室家之不復，而師之叛，是不可以一日立於天下。傳曰：『人臣無外交。』故季布之忠於楚也，雖不如蕭、韓之先覺，而比丁公之貳則爲愈。予在京師，彭州僧保聰來求識予甚勤，及至蜀，聞其自京師歸，布衣蔬食以爲其徒先，凡若干年，而所居圓覺院大治。一日，爲予道其先師平潤事，與其院之所以得名者，請予爲記。予佳聰之不以叛其師悦予也，故爲之記曰：『彭州龍興寺僧平潤講《圓覺經》有奇，因以名院。院始弊不葺，潤之來，始得隙地以作堂宇。凡更二僧，而至於保聰，聰又合其鄰之僧屋若干於其院以成。是爲記。』明刊《蘇老泉先生全集》卷一五。

〔一〕夭：原作『夫』，據諸本改。

極樂院造六菩薩記

始予少年時，父母俱存，兄弟妻子備具，終日嬉游，不知有死生之悲。自長女之夭，不四五年而丁母夫人之憂，蓋年二十有四矣。其後五年而喪兄希白，又一年而長子死，又四年而幼姊亡，又五年而次女卒。至於丁亥之歲，先君去世，又六年而失其幼女，服未既而有長姊之喪。悲憂慘愴之氣，鬱積而未散，蓋年四十有九而喪妻焉。嗟夫，三十年之間，而骨肉之親零落無幾！逝將南去，由荆楚走大梁，然後訪吴、越，適燕、趙，徜徉於四方，以忘其老。將去，慨然顧墳墓，追念死者，恐其魂神精爽，滯於幽陰冥漠之間，而不復曠然游乎逍遥之鄉，於是造六菩薩并龕座二所。蓋釋氏所謂觀音、勢至、天藏、地藏、解冤結、引路王者，置於極樂院阿彌如來之堂。庶幾死者有知，或生於天，或生於四方上下〔一〕，所適如意，亦若余之游於四方而無繫云爾。《蘇老泉先生全集》卷一五。又見《國朝二百家名賢文粹》一二四，《文編》卷五七，《文章辨體彙選》卷五九一。

〔一〕生：原作『上』，據諸本改。

元絳

元絳（一〇〇九——一〇八四），字厚之，錢塘（今浙江杭州）人。天聖二年賜同學究出身，八年擢進士第，調江寧推官，攝上元令，知永新、海門縣、台州，有政績。入爲度支判官。儂智高叛，以直集賢院爲廣東轉運使。以功遷工部郎中。歷兩浙、河北轉運使、鹽鐵副使。擢天章閣待制，知福州，徙廣、越、荆南，爲翰林學士、知開封府，遷三司使。熙寧八年，參知政事。元豐二年罷知潁州，改青州。以資政殿學士、太子少保致仕。七年六月卒，年七十六。絳工於文辭，有文集四十卷，《讞獄集》十三卷。見蘇頌《元章簡公神道碑》（《蘇魏公文集》卷五二），王安禮《元公墓志銘》（《王魏公集》卷八），《宋史》卷三四三本傳。

鹿苑寺記

金陵王氣三百年，聲明文物與時隆替，中間惟蕭梁折節以佞佛，故佛之廟貌充斥江表。都城巽維，直淮里所〔一〕，有精舍焉，紫峰彩榦〔二〕，反宇欲翔，盤高孕虚，含吐萬景，望之輝然，如修虹亘霄，丹碧焕發。殿有聖像，即山而成，追琢之功，極其精妙。案《輿地志》，不知從昔之名，但後人以帝氏目之。黄旗運歇，勢勝故在，閏唐攘據，因其迹而增華，易榜『法光』，標爲勝概。聖朝混一書軌，以三代文教籥勺宇内，四聖累洽，浸厚福於生民。梵刹禪林，容仍舊物，而兹寺垂阤，瘁焉不支。己卯春，寺僧募大姓杜德明出楮金五十萬程工，就其地起高廣殿。水槷不移，其棼橑有嚴，光輝復還，風物异態。又粉繪釋迦文相，即山塑十六天尊者，生生之衆，稱是該備。其秋告成，乃作鐘唄蒲餐以落之。道俗和會，圜視作適，清溪之水木，鐘阜之雲物，來入軒帊，相爲澄曠。都人詑焉，有條其狀而至者〔三〕。會同閈趙郡李君從事海瀕〔四〕，謂余有一日之雅，授簡不腆，且曰『欲以新志累子』。追惟勝冠，筮仕彼都，與故濮陽吴嗣復昌卿并游其地，沾醉撫翰，刻名楹間，晦明飆馳，蓋四十八甲子。老龍死矣，靈光巋然，賫咨舊游，怳若夢覺。今之辱請，可没其微乎，月而日之，庶以傳久。康定二年三月八日記。《景定建康志》卷四六，影印文淵閣四庫全書本。

又見《至大金陵新志》卷一一下，《金陵梵刹志》卷二二。

〔一〕里：原作『上』，據《至大金陵新志》改。

〔二〕彩幹：右引作『紆餘』，疑是。

〔三〕條：原作『修』，據右引改。

〔四〕閈：原作『閑』，據右引改。

釋普莊

普莊，皇祐間江寧（今江蘇南京）長干寺僧人，號圓照大師。

聖宋江寧府江寧縣牛首山崇教寺辟支佛塔記〔一〕 皇祐二年八月

牛首雙峰高插雲漢，實金陵之巨屏，東夏之福地。林樹葱鬱，泉石相映，聖賢大士，多所栖宅。故宋明帝嘗問道林志云：『牛首有何神聖？』曰：『文殊領一萬菩薩，冬居於此，又辟支迦入定之所，即稱爲佛窟。寺上有岩洞，幽浚磅礴，中鎖真隱，世傳辟支宴坐之洞也。西竺曰辟支迦，唐云緣覺。因觀十二因緣而覺性明悟。』又云：『獨覺觀四時之凋變，知諸識之何依。無師自悟，稱之獨覺。』其或靈山隱秀，名洞栖真，因其所居，即爲化境矣。若夫道之污隆，地有興替，得其盛者，繫於人焉。當寺自天聖年中，有僧德銓，戮力自效，遍慕擅信，欲於山頂建造磚塔，以標勝迹。歲月兹久，工力未就。乃有府城信人高懷義，嘆之因循，慨其湮没，遂集衆力，同而成之。即於洞前按圖定址，審曲面勢，下葬舍利，上建磚塔，總高四丈五尺，中安辟支佛夾苎像一軀，粹容儼若，寶塔高妙，瞻者睹者，罔不發菩提心耶？噫！人之生，以寒暑之勞，朝營夕謀，豐衣厚食，不圖一善。至於齒鯢髮華，乾没於世者有之矣。若高氏生能構斯善，鳩舉衆類，建是塔、作是緣，鎮此名藍，標於勝概，是不朽之矣。長干圓照大師普莊，因睹斯善，合掌贊嘆云爾。皇祐二年，歲次庚寅，春三月三日起工，八月望日落成，後三日謹記。

興塔僧德銓，殿主僧德勤，維那僧德誠，寺主僧處真。李整刊。《金石萃編》卷一三四。又見《江寧金石記》卷四，《江蘇金石記》卷八，民國《金陵梵刹志》卷三三。

〔一〕題下原標『顧清書』三字。

唐介

唐介（一〇一〇——一〇六九），字子方，江陵（今湖北江陵）人。天聖進士，皇祐中爲殿中侍御史，因劾宰相文彦博，貶荆州别駕。召還，復爲殿中侍御史，除直集賢院，爲開封府判官。嘉祐三年，自江浙荆湖發運使入爲度支副使。次年知諫院，以論罷陳升之出知洪州。治平元年入爲御史中丞。神宗即位爲三司使，熙寧元年除參知政事，數與王安石争論。二年四月卒，年六十，謚質肅。介屢在臺諫，以抗直聞。有文集若干卷，奏議二十卷。見王珪《唐質肅公墓志銘》（《華陽集》卷三七），《宋史》卷三一六有傳。

敕賜壽聖禪院額碑　熙寧元年二月二十八日

河南府奏：准敕：『應今日以前，諸處無名額寺院、宫觀缺，蓋及三十間已上見有功德、佛像者，委州縣檢勘，保明聞奏，特與存留，係帳拘管〔一〕，仍并以壽聖爲額。』有項〔二〕，一十三縣各申有無名額寺院，見有蓋到舍屋下有功德、佛像，各有僧缺住持。遂委官躬親點檢到見在殿宇、廊舍各及三十間已上，并依降敕。目前蓋到縣司官吏，各保明委是缺，如後异同，甘俟朝典。本府尋委逐縣巡檢依此點檢。今據逐縣巡檢申，點檢到見在間椽，結罪保明，開坐如後，本府官吏保明委是實。如後异同，甘俟朝典。伏候敕旨。伊陽縣高都村洞子院一所，舍屋共五十間。永安縣橋西村義井院一所，舍屋共三十二間；韋蓆村明教院一所，舍屋共四十間。偃師縣泗州院一所，舍屋共三十五間。壽安縣郭下文殊院一所，舍屋共五十二間。密縣邢谷村影堂院一所，舍屋共三十一間；邢谷村義井院一所，舍屋共三十一間；張固村院子一所，舍屋共三十三間；張固村院子一所，舍屋共三十一間；謝村院子一所，舍屋共三十二間；謝村院子一所，舍屋共三十三間。福昌縣鐘王村賈谷塔院一所，舍屋共七十一間。永寧縣缺村安寶龍泉院子一所，舍屋共四十三間。河清縣南王村院子一所，舍屋共三十三間。澠池縣千秋店東禪院一所，舍屋共三十五間；北班村塔院一所，舍屋共三十一間；姚村慶空禪院一所，舍屋共三十二間；萬受村金和尚院一所，舍屋共三十二間；存留天王院一所，舍屋共一百間。伊闕縣中費村寺一所，舍屋共三十二間。河南縣平華村寺一所，舍屋共三十三間；宫南村寺一所，舍屋共三十三間。緱氏縣蔣村寺一所，舍屋共三十間。永寧縣西土村鐵佛寺一所，舍屋共三十八間。河清縣長泉村廣化寺一所，舍屋共三十三間。宜并特賜『壽聖寺』爲額。牒：奉敕如前，宜令河南府翻録敕黄，降付逐寺院。依今來敕命所定名額。牒至准敕，故牒。熙寧元年二月二十八日牒。給事中參知政事唐，右諫議大夫、參知政事趙，起復户部尚書、參知政事張，左僕射兼門下平章事〔三〕。《偃師金石遺文補録》卷一〇。

〔一〕帳：原作『悵』，據文意改。
〔二〕有項：疑當作『右項』。
〔三〕文後原案：唐爲唐介，張即張方平，趙即趙抃。

李大臨

李大臨（一〇一〇——一〇八六），字才元，成都華陽（今四川成都）人。寶元元年進士，爲絳州推官。杜衍薦爲國子監直講、睦親宅講書。文彦博薦爲秘閣校理。歷知廣安軍、邛州，還爲群牧判官、開封府推官。熙寧初，擢修起居注，進知制誥、糾察在京刑獄。言青苗法有害無益。李定除御史，大臨又與宋敏求、蘇頌相繼封還詞頭。皆以累格詔命歸班，世稱『熙寧三舍人』。以工部郎中出知汝州，徙知梓州，加集賢殿修撰，復天章閣待制。元豐二年致仕。元祐元年二月卒，年七十七。《宋史》卷三三一有傳，又見《續資治通鑑長編》卷二一一、二二六、二六九、三六六。

聖興寺護净門屋記

成都府城之東偏，有寺曰聖興，御史大夫王承俊之宅也。大曆初，杜鴻漸領東西川節度使，改爲永泰寺，武宗時例毁廢。大中三年，僧定蘭，華陽人，苦行精進，能外形骸，蚊蚋嘬膚，雖終夜，不之却，曰：『我報慈母恩也。』宣宗聞之，詔至長安，得對稱旨，賜予優加。遂丐西還，復構此寺，塔殿堂廊無慮四百楹。定蘭之功德行業，唐翰林學士鄭處誨贊序甚詳，此不盡紀。府城地狹，人繁物夥，又寺宇迫民檐，實爲闤闠，故三門之外，中除隙地，乃溲溺之場耳。溷濯委積，曾無隔閡，犬豕馬牛，踐蹂習常。監寺大師文爽有道行，博通經論。每開慈憫心，惡其不清净之甚，欲創屋翼張而蔽掩之，庶幾寶坊香刹，蚤莫焚修，祈福於四衆。因建白府帥翰林侍讀學士王公素，乃命簽書節度判官吴師服度地按視，利病昭然，若師之説不誣。師自發私囊千六百緡，造外舍十有八間於三門左右序，且以護净。市民占止，月僦直萬錢。師告予曰：『底處無田産資給，榱桷率皆摧圮，今獲月租，願以完葺充用，决不可爲齋蔬之費。來者主之，不易其承，則我之志行矣。一有不如是，神明殛之，當墜無間獄，永劫沈淪，無有出期，可不慎哉！』予得而書之，以深戒後之主者。《全蜀藝文志》卷三八。又見嘉慶《四川通志》卷三八，嘉慶《成都縣志》卷五，嘉慶《華陽縣志》卷三九，《宋代蜀文輯存》卷一九。

員安輿

員安輿，字文饒，陵州（治今四川仁壽）人。以學自力，皇祐中登進士第。與蘇洵、文同、張愈相友善，巴蜀學士莫不敬之。官至屯田員外郎。及卒，鄉人謚曰文質先生。見員興宗《九華集》卷二一《員公（南圭）墓志銘》。

靈泉縣石門院石像記

邑大夫伯成游長松，憩止石門，亂木灌叢之陰，朽壤之下，得石像焉，高一尋許。墻東□西相好種種完備，鑱諸岩壁，則有『大曆四年十二月十七日傅耆』字。伯成歸，遍詢其故於□游者。或曰：『魯有二曾參，趙有兩毛遂，同時同地尚同姓名，況時异地异，何猜乎？』俄有學佛者□言曰：『非也，往昔大夫豪邁於兹土者，釋氏之化也。故恤居民，憫行路，開林谷，興蘭若，鑿山□，造石像，□除虎兕蛇豕、魑魅魍魎之害也。石像作五百年，埋没殆百年。大夫爲邑，來拯□厄，亦釋氏之化也。孰謂時异地异，偶同姓名哉？夫無數劫中，善不善無數，釋氏每因之以缺三字。使遷善而向福也。故后稷之弃，牛羊腓字，飛鳥覆翼，夏禹之父鯀爲黃熊，漢祖之子如缺二字。蒼狗缺二字。公之女手有文曰魯夫人，羊祜金鐶、鎮州浮圖之類，無劫無之，怪怪神神，莫測其□而缺三字。也。我聞大夫在在處處，先勤勞，後逸樂，凡若虎兕蛇豕、魑魅魍魎者弗容於境，缺五字。弗與文苟簡，尹素者弗與語緣就，果孰去此，富貴可量乎？』伯成悦，遂議於僚缺六字。住持仁藻，廣仁阿闍梨也，孤立獨清，嘗避讒引退，輒揮刃斷其左手以自誓，勇，缺六字朱君謀藻師力，黽勉妝嚴。期月，而琉璃身，甘露寶鉢，光彩煥發，巍巍堂有救疾缺五字閣峥嶸，重扃幽邃，菩薩連岡阜，藥草滿磎徑，燦燦潔潔，有離濁惡之趣也。百里之缺五字。越，咸來瞻禮，徘徊嘆息，曰：『我大夫智慧，故少府經營之，比丘左右之，三□相缺五字。功德殊勝，靈泉所未睹也。』學佛者又偈曰：『彼皆慈氏下，燭汝等蒙瞽。汝等能敞紫缺五字。羽幡蓋，妙色之花，妙音之樂，燎旃檀香，齋戒供養，求財利得財利，求壽考得壽考，求福禄得福禄。雲雲昆昆，念之敬之。』檀越等諦聽歡喜，唯唯而退。嗚呼，然耶，不耶？然則吾恐學佛缺三字。釋氏之化也。咸豐《簡州志》卷一三，咸豐三年刻本。又見民國《簡陽縣志》卷五，《宋代蜀文輯存》卷三三。

盧覬

盧覬，永興軍（治今陝西西安）人，進士。仁宗時上書陳方略，康定元年四月召試舍人院，詔授坊州軍事推官、權寧州判官。見《續資治通鑑長編》卷一二七、《宋會要輯稿》選舉三一之一五。

普通塔記　慶曆五年二月〔一〕

塔非中國之有也，制起於西域。自東漢世，旁行書來，爲教以示人，日既侵熾。塔則或大或小，郡縣幾普矣，謂藏佛骨舍利之所也。外則其裔能燀揚經、律、論暨施用厚者，死則其徒咸起以貯骨焉。重真寺天王院沙門智顒，姓李氏，京兆武功人。自幼依師爲浮圖嗣，長則能恭養父母，久以孝聞。父母死，又能以送終之禮封樹之，此其浮圖嗣之難者也。復常悲其寓泊僧骨弃露零散，乃於寺之南城外不盡一里募施，掘地爲壙，際水起塔，出地又丈餘，磚用萬餘口。既成，近左收捃得亡僧骨僅四十數，於慶曆二年二月二十一日夜建道場，請傳戒師爲亡僧懺罪受戒。塔頂開一穴，以備後之送骨。嗚呼！古稱葬者，藏也，欲人之不得見也。今智顒師能盡力於親，而又悲其類，作普通塔，使游方之徒來者未來者死悉有所歸，其用可嘉也。五年乙酉春二月一日，前寧州從事盧覬過其院，智顒悉以事白。余素熟其行，因應請而記。國家圖書館藏拓片·各地八九一二。又見《金石萃編》卷一三三，《扶風縣石刻記》卷下。嘉慶《扶風縣志》卷八。

〔一〕題下原署：『弟子沙門可度書，張遵刻。』

釋希白

希白，字寶月，長沙（今湖南長沙）人。作書有江左風味，豪放自得，慶曆中嘗以《淳化閣帖》模刻於潭之郡齋。有古法帖十卷。見《皇宋書録》卷下，晁説之《題僧希白摹法帖》（《嵩山文集》卷一八）。

開元寺塔記

接九疑之形勢，據三湘之上游。土穰地靈，實南楚之望也。《方輿勝覽》卷二六。

朱處約

朱處約，皇祐中爲承奉郎、太常博士、通判瀘州。嘉祐中爲侍御史，遷司封員外郎，出知登州。後遷祠部郎中。見所撰《北岩定林禪院藏經殿記》《蓬萊閣記》《續資治通鑑長編》卷一八五、一八九，《臨川文集》卷五。

北岩定林禪院藏經殿記　皇祐四年八月

佛書總五千四十八卷，其大部折三乘有次矣。自前五代而下，繇學其教者抵西域取貝葉行梵之書至中國，譯而爲經。歷代官爲置局，參以文士，爲之潤色。故近世函而演之，始有藏號。至唐，尤得時君信重，以宰臣兼潤文使，於今相誦不易，其體宏大如此。太宗貞觀時，有玄奘法師者親就佛都〔一〕，廣求异本，在西域十餘年，經百餘國，悉曉其土著風俗之語，史官或取以志於异聞。是時梵本經已有六百五十七部，詔當世文學之士翻而修之，房、杜而下皆預其選。其教汗漫博誕，至此始有定據。其後通律學者又能講其書，率以奘爲宗主。今天下名山劇寺必有《大藏經》，奉爲偉觀秩字之宗，費常數百萬。營其事者，用力雖省而勤不解〔二〕，卒能成就，以果其願。合州北岩定林院僧曰緣正者，與其門弟從正思自康定辛巳迄皇祐壬辰，斂衆金，伐大木，於所居之宫構殿，極壯麗之妙，以用貯所謂《大藏經》者。會石照縣民陳氏者獨入緡以購其本，無慮五百幾函。黄卷朱軸，奩罩甚謹，籤列部次，自有題别，使學其法者日觀月誦。如彼法之説，求爲之益，吾不得而知之矣。但專其所習，有道可尚。僕見今之業儒者徒能毁謷釋氏，至其先師聖人經典之書，總數千卷，因模本於學人能貨者，止補楮墨之貲，官爲給之，而能蓄其書於私家者有幾焉？又豈得如學釋之徒，既崇其法，復嚴其藏，用它貨而爲己貲？斯亦知其所本之大者也。會寺僧慈廣者狀緣正之能，求爲之記，僕欣然爲載繕葺之起，并題其榜而與之，覽之者謂我有所警勸善事可也。皇祐四年八月十五日，承奉郎、太常博士、通州瀘州軍州兼管内外農事〔三〕、借緋朱處約記。乾隆《合州志》卷一二，乾隆五十四年刻本。又見嘉慶《四川通志》卷三九，民國《合川縣志》卷五八，《宋代蜀文輯存》卷九九。

〔一〕玄：原作「陳」，據《四川通志》改。
〔二〕省：原作「身」。據右引改。
〔三〕通州：疑當作「通判」。外：疑當作「勸」。

毛維瞻

毛維瞻（一〇一一——？），字國鎮，蘇門詞人毛滂之父。衢州江山（今浙江江山）人。慶曆二年進士。慶曆中爲縉雲縣尉，皇祐中爲義烏令。熙寧中任開封府推官、度支郎中。八年，罷爲提舉洞霄宫，與致仕還鄉之趙抃相友善，爲山林之樂。元豐三年以朝請大夫知筠州，與謫監筠州酒税之蘇轍多所唱和。五年致仕。見《續資治通鑒長編》卷二六九，《欒城集》卷二三、二四，雍正《廣西通志》卷七〇，乾隆《浙江通志》卷一二三，道光《東陽縣志》卷一〇，《括蒼金石志》卷三，《宋詩紀事》卷一五，《宋詩紀事小傳補正》卷一。

明果禪寺記　元豐二年十月

炎宋元豐二年冬十月十四日，維瞻陪資政殿大學士、太子少保致仕趙公去浮石，如宣風，宿五花峰下。詰旦，入項山，晨飯，來咸通興善院，遂入裏寺源，抵明果，瞻謁大徹禪師真身殿塔。寺距城僅七十里，僻在層雲亂峰之外。樵塗塢徑，車馬之迹不能到。山有銅刀澗、猪掊泉、貞證塔，楊光弼記，皆名存而迹亡，不可尋究。介源之半山，興善寺輒有巨石，極高峻，衆指爲捨身臺，言禪師昔來此，欲自毀於臺上，有神物捧護，竟不能殞。山四面回合，至之者宛如别造一世界。迫而望之，山轉近轉高，溪轉深轉清，實真人開士栖遁之域。寺碑有唐白太傅所撰《禪法堂記》，前後觀者無不眩惑。蓋記所叙禪師乃衢之信安人也，祝氏其姓，維寬其字。修善受具，居西京之興善寺。及終，就葬灞陵之西源。今是寺反有師之真身，來者參驗無證，宜不得以無惑也。嗚呼，佛之化身，動逾千百億，或在其土，或之他國，安有一方之定乎？極樂國衆生清旦衣裓，盛衆妙花供養，他方十萬億佛即以食時還到本國，又安有一止滯乎？公以維瞻考知始末，將去，俾條晰以書於題名之壁云。嘉慶《西安縣志》卷四四，嘉慶十六年刊本。又見嘉慶《衢縣志》卷一九。

蔡襄

蔡襄（一〇一二——一〇六七），字君謨，興化軍仙游（今福建仙游）人，天聖八年進士。明道中爲漳州從事。景祐三年爲西京留守推官日，范仲淹、余靖等以言事貶，襄作《四賢一不肖詩》贊仲淹等，而斥司諫高若訥，由是名聞遐邇。後爲館閣校勘。慶曆三年知諫院，支持慶曆新政，論事無所回撓。次年出知福州，改福建路轉運使，開五塘溉田，奏減丁口税之半。皇祐中召爲右正言、直史館，同修起居注，進知制誥，每除授不當，輒封還之。至和初知開封府。二年出知泉州。嘉祐五年，入爲翰林學士、權知開封府，擢三司使。治平二年，以端明殿學士知杭州。四年卒，年五十六。乾道中賜謚忠惠。襄工書，爲北宋四大書家之一。見歐陽修《端明殿學士蔡公墓志銘》（《歐陽文忠公集》卷三五），《宋史》卷三二〇本傳。

臨安海會寺殿記　慶曆三年正月十五日

杭州臨安縣海會寺，梁大同中始作，號曰『竹林』。及五代貞明之初，錢吴越王又新之〔一〕。

王，縣人也，少嘗往來里中，困甚。已而跨有全吴，名貴地大，私念所從來，豈非陰有相我者耶？且竹林最得山水佳趣，因大治之，益廣前制。當是時，吴中浮圖居雖百千數，無是倫者〔二〕。大中祥符間，例易天下寺名，遂錫今額。天禧五年冬十月火，通夕而墟，其徒散去。總持僧有朋顧思惕然〔三〕，以興所廢爲己務，每説於衆曰：『吾師之法，或資於塔廟，福報之來，稱其所出。今殿適謀始，而大家力饒，不能厚施，异時名氏不齒篆載，反索氣以後人〔四〕，其可乎？』於是盛仁俊、張從實先輸而唱之，又從而和之數十百人。以圓監元一、盛鋹兼管度材礱石、塈茨階級之役〔五〕，積費錢三千萬，行一十年而後已〔六〕。既成，列像其下，鼓鐘其中，會合邑子而落之，墟者復庀，而散者還集。昔錢王以一國之資基之於前，而有朋以一己之志繼之於後，可謂能且勤矣。慶曆三年正月十五日記。清雍正十二年福建蔡氏遜敏齋刻本《宋端明殿學士蔡忠惠公文集》（簡稱《蔡忠惠集》）卷二五。又見《淳祐臨安志輯逸》卷四，《咸淳臨安志》卷八三，萬曆《杭州府志》卷一〇〇，民國《杭州府志》卷三八。

〔一〕錢：原無，據宋刻本《莆陽居士蔡公文集》（簡稱『宋本』）補。

〔二〕者：原作『比』，據宋本改。

〔三〕『有朋』原作『有明』，『顧』原作『願』，據宋本改。下文『有朋』同。

〔四〕以：原作「於」，據宋本改。
〔五〕盛鋹：原作「盛張」，據宋本改。又宋本無「圓監」二字。
〔六〕行：原作「役」，據宋本改。

韓絳

韓絳（一〇一二——一〇八八），字子華，開封雍丘（今河南杞縣）人，億第三子。慶曆二年進士。皇祐中累遷右正言。至和元年知制誥，遷龍圖閣直學士、知諫院，爲翰林學士、御史中丞。出知蔡、慶州、成都、開封府，爲三司使。神宗立，拜樞密副使，同制置三司條例，助王安石變法。熙寧三年，參知政事，爲陝西、河東宣撫使，尋拜相，開幕府於延安。次年，以措置乖方罷。七年復代王安石相，密請再用安石。次年罷，歷知州府。哲宗立，封康國公，爲北京留守。元祐三年卒，年七十七，謚獻肅。著《治平會計録》《樞密院時政記》等，有文集五十卷，又内外制集十三卷、奏議三十卷。《宋史》卷三一五有傳。

崇聖寺碑銘　并序　元豐六年

臣竊觀自古帝王之受天命、享福祐，蓋有純有駁，皆象其德之厚云爾。若唐室之興，太宗乃以雄材大略，謀翼厥考，奄有天下，可謂近代之英主也〔一〕。然自始起義師，遭時多故，四方皆夷狄，寇攘蜂起，出没艱難，勞勩備嘗之矣〔二〕。爾後明辟不世出，外虞内變，投隙而作，遂及季世，陵夷莫振，孽臣角立，乃踵五代之亂。繇其德之薄，而享福亦駁，斯迹驗之較著者也。洪惟藝祖神宗，遐襲黄皇之流光，并膺昊天之眷祐，錫以勇智，俾拯生民於塗炭之中。於是藝祖誕承周禪，曾無血刃之慘，而海内累世擾攘之禍，一旦帖然安堵，罔不順服。是皆神宗同氣一志，陰相皇澤，充塞上下，神人以和。藝祖顧命神宗，紹宅萬邦，纘商之舊，百禄是荷。斯則天縱明德之厚，而永享威福之純，不亦宜哉！巍巍乎冠映於前，照示於後，罔有窮極者矣。建隆之初，上慨然嘆曰：『天全付予以率土之廣，昔之擅有一隅，毒痛吾人者，朕敢不龔行天之罰〔三〕？』於是王師所向，如取赤子置諸褓，藉之安，其易若此。自是復荆楚之地，收湖湘之域，西平兩蜀，南破嶺表，交州内附，僞唐敗降，契丹乞和，吴王來朝。獨劉繼元負固并汾之境，偷生朝暮，車駕遂往親征焉。時契丹來援繼元，使裨將敗之石嶺關，斬首數千級。上命以所獲首級鎧甲示并城，彼衆氣唵。又引汾水灌其城，雉堞有摧者，水天流注，彼莫之禦，舟師焚其南門。會時暑，師病而還。神宗踐祚，太平興國初，閩首來朝，獻其郡縣，吴越王亦踵，歸納疆土，唯繼元尚倔彊於巢穴耳。四年正月，命潘美充北路都招討，洎諸將攻并城。崔彦進督於東，李漢瓊衝乎南，曹翰瞰其西〔四〕，劉遇擣諸北，米信統騎士，田重進董步卒禦焉。二月，上幸鎮州，既而捷奏未至。四月，遂觀兵於太原。上躬按諸部，且趨進討，乃使祖裼揮刃前導以行。雪鍔滿空，妙絶無此，賊衆望之殿瞻〔五〕。諸急攻〔六〕，晝夜不息，控絃數十萬，矢集其壘如猬毛然。士氣奮厲，争欲先登，機石梯隧，咸皆竭力。五月朔，其城危甚，上慮城破，屠其旄倪，勒兵稍却。自草詔繼元曰：『朕憫百姓無樂戰之心，示生全之路。但速歸降，必保富貴，一城生聚，獲全安焉。兩途爾宜自擇。』癸未夜漏始下，繼元遣使上表納款，束身請罪。夜漏未盡，上幸太原北城臺，張樂宴從官以受降。繼元率僞官屬，白衣紗帽，俯伏待罪，詔并釋之。即賜繼元襲衣、玉帶、鞍勒、馬、金、銀、綿、彩等甚厚，僞官各賜衣帶器幣有差。詔繼元至，親撫勞之，繼元叩頭謝更生之恩。已而，從官詣行宫稱賀，大赦河東等内〔七〕，貸囚給復。得州十、縣四十一、户三萬五千有畸。百姓既免僞國誅求之苦，而沐浴上行之化，鼓舞驩呼，騰沸道路。繼元以宫妓百餘人來獻，上命分賜立功將校。復降詔毁太原舊城，歸平晋縣，以榆次縣爲并州，遷其士民於新邑。遣使如京師告宗廟。國家自肇伐諸僞邦，以至此舉，其降王而下悉多原其凶慝，又從而爵禄之。昔堯舜之仁義，皆此道也。上嘗語宰臣曰：『河東盜據三十餘載，世宗、太祖親攻不下。朕決意除腹心之患，亦爲二帝刷耻。』上將至晋，語諸將曰：『我當以端午日置酒高會於太原城中。』至癸未，繼元降，乃五月五日也。丁酉詔：『并門底定，鑾輅凱旋，宜崇衆善之因，以紀一戎之業。其行在所創爲佛廟，賜號平晋寺。』御製《平晋記》并賦及五七言詩各一篇，睿藻浚發，皆得雋永之意，并刻石於寺。至祥符二年，改賜寺額爲崇聖焉。熙寧初，汾水溢，寺宇有淤毁者，其後守臣圖上其狀，而請新之。皇帝追惟祖宗聖武之烈，於兹遂一天下，光昭上帝，全付統御之，普在此地也，其寺則錫福於彼之道場爾。亟詔於府，屬興役事。以元豐己未歲七月，工徒雲集，即其舊基外築防以圍之，預護水患〔八〕，首尾千尺，舉趾高丈有五尺。中建殿堂，輪焉奂焉；周廡還洽，如翼如翬。御製碑殿據其端，鐘樓峙於東廂，經閣聶於西序〔九〕。至癸亥歲七月告成，無慮三百六十餘楹。皆金碧丹雘，彩錯照爛，足以仰奉皇帝孝公繼志之景略，顯揚一代成功之迹於無窮矣。左右餘地列浄防十區，安處徒衆。其後壖垣，又爲館舍數十楹待使客。惟經營就緒，則匠禪其巧〔一〇〕，而奔走僝功，有師獻其力。計工僅十萬，而糜鏹一千三百六十八萬餘。守臣奏功之畢，願得金石刻記其本末，詔於方來。皇帝可其請，以命臣絳，拜手稽首隕越於下，謹獻銘曰：

天有顯道，陰隲下民。作之君師，率俾之仁。疇戾於是，構忿人神。唐季辟王，政失不綱。取侮萬國，敢或狂猖。一有唱者，群慝堂堂。顛反莫植，威勢潛移。廟社以覆，宇縣傾隳。五代禍纏，幾六十年。赤子罹毒，訖無所天。盜據壤地，十姓窘跧。帝憫其然，明命有屬。誕生元聖，黄帝裔族。藝祖神宗，并受天禄。同氣一德，畀人盛福。或運之籌，或推其轂。及周之禪，内外晏晏。大計休成，神宗攸贊。運祚之隆，前古之冠。藝祖曰嗟，帝既眷予，授予權位，使靖亘區。念昔之敝，兵分内虚。悉罷藩鎮，亂根乃除。孰敢不聽，必剪必鋤。首滅荆楚，次殄湘湖。平蕩荆蜀，粤劉禽伏。金陵既夷，係爲臣僕。蠢爾僞漢，負固陽曲。戎輅親征，摧拉憑淩。時則部衆，病暑弗勝。因詔班師，緩彼羈纓。神宗踐祚，威靈繼震。曰閩曰吳，納土來覲。帝顧〔一〕，罄以馴順。惟予所慨，獨在孤晋。藝祖誘我，俾揚我武。亟詔群師，要之必取。亦既累月，捷書未睹。省方之行，因幸并土。言觀其師，爰赫斯怒。躬御戎衣，親撫諸將。號令雷霆，士卒跳蕩。梯衝雲飛，矢石飆颺。萬衆一心，彼曷能抗。城欲壞焉，上仁軫愴。慮爾生聚，肝腦塗地。麾畢稍却，彼强何俟。訓敕繼元，安危孰計。臨難能悔，全國必宥。匪惟宥之，畀爾富壽。繼元奉詔，是夕請罪。束身來歸，赦收大憝。錫福斯寵，下逮賤猥。天子曰都！統一寰海。干戈既戢，是謂大凱。悍頑餘沴，化爲大和。發政施令，莫匪可歌。大平景鑠，如山如海。鑾輿將旋，載瞻御壘〔二〕。惟予駐驊，武成於此。勿廢兹土，示朕攸履。俾建佛廟，介是多祉。於赫威神，睿藻云記。俾永厥垂，用戒不軌。巍巍靈宇，宜不敗摧。水溢而毁，晋民所懷。畏之賴之，擬於軒臺。守臣言狀，帝命亟來。屬役於府，須費於公。徒出農隙，巨防隆隆。華構中峙，奂焉楚宫。凈防旁列，清流所容。亦既告戒，彼守奏功。皇帝曰咨，顯我先烈。傳言萬代，俾植珉碣。爰詔下臣，虔書盛節。臣絳拜手，承旨隕越。顧匪能文，黽勉肆筆。奉若聖孝，無華惟質。詎麗炳明，如揭白日。

嘉靖《太原縣志》卷五，天一閣藏明代地方志選刊本。

〔一〕英：原作『莫』，據文意改。

〔二〕嘗：原作『常』，據文意改。

〔三〕「敢不」原作「不敢」，「龔」原作「讋」，并據文意改。

〔四〕曹翰：原作「曹輸」，據《續資治通鑑長編》卷二〇改。

〔五〕殿瞻：疑當作「破膽」，《長編》云：「北漢人乘城望之破膽。」

〔六〕「諸」下疑脱一「軍」字。

〔七〕「内」字疑誤。

〔八〕護：原作「獲」，雍正《山西通志》卷二九引作「護」，據改。

〔九〕聶：疑當作「轟」。

〔一〇〕禪：疑當作「殫」。

〔一一〕「帝顧」下當脱二字。

〔一二〕瞻：原作「膽」，據文意改。

王國臣

王國臣，皇祐間潭州湘鄉縣民。

捨東臺山鳳凰寺大鐘記　皇祐四年六月

惟大宋國武安軍潭州湘鄉縣境安鄉永欣里居住弟子王國臣，謹捨浄財，鑄造大鐘一口，面闊二尺五寸，重五百斤，捨入本縣東臺山鳳凰寺，永鎮名山。上願當今皇帝聖業無窮，國泰民安。次乞捨鐘弟子自身清吉，闔宅家眷各保康寧。二爲追薦亡父八郎、亡母彪氏七娘早超生天。皇祐四年六月日記。同治《湘鄉縣志》卷二，同治十三年刊本。

釋慶儒

慶儒，皇祐間人，爲台州臨海縣大固鄉鷲峰院比丘。

宋祥符寺造内浴室記

台州臨海縣大固鄉鷲峰院釋迦遺教比丘慶儒謹施净財，就大中祥符寺造内浴室一所，其工圓畢。夫教開利濟，浴乃功深，建七净之温堂，澡五湖之上士，所冀即去塵離垢之身，洞妙觸宣明之體，然後福資三有，益報四恩者。皇祐五年歲次癸巳季夏日記。勾當造浴室僧擇文，石匠李元信〔一〕。

《台州金石録》卷三。

〔一〕按：原『勾當』以下，爲雙行小注。

徐振

徐振，萊州萊陽（今山東萊陽）人。慶曆中爲廣文館進士。見光緒《增修登州府志》卷六五所撰《萊陽縣趣果寺新修大聖殿記》。

萊陽縣趣果寺新修大聖殿記　慶曆五年九月

《文中子》曰：『佛，聖人也；其教，西方之教也。』以其然者，謂能設方便、究苦空之理，作善者升之天堂，受樂無極；爲惡者囚諸地獄，所□不盡。故使□者懦而凶者歸乎善矣。是以知佛之神聖不可象盡也已。始稱一佛，復證果者七，名曰祖焉。自兹以降，枝葉扶疏，厥名繁夥，等於河沙，以至□名號者阿彌陀萬計億數。然則數千年後，飛塵不足齊其多矣。且佛生長於西方，設其教，教其俗，猶謂克艱，矧流諸中夏，綿邈億萬里，含齒之倫，家家信奉，人人尊拜若己師焉。苟曰不神，奚數千年間，使繢容彩像密處重屋，厥徒詵詵，手爐燔香，旦暮拜祝，目不識蠶而被純綿之密麗，手不執耕而飫膏粱之珍美，墉陛彩篆，土木文繡，焕赫厥居，熾擬王室，盛而弗泯者哉？

亦常有杰出流輩、通明教旨者擁徒百數，儼然肅□，□據禪坐，演暢厥義，使懵者知而昏者明，寂滅超陷之理悟而開焉。圍繞瞻禮，謂之出世。噫！廣我聖人之道，明我聖人之旨，章縫衣冠，聲振海□者，其徒不及二三者，誠無他焉，止所謂蠶然後衣，耕然後食，又什一之賦在其中矣。完厥室廬，止可以蔽乎風雨，烏足與彩篆文綉之熾仿佛而談也！嗚呼！佛之教始於漢明，浸於梁武。迨乎我朝，受禪周祚，皇澤帝化，日月所照，靡不被及。北有五臺清凉之境，西有峨嵋駕象之所，南有泗濱生聖之藩，中乃都城集福之地。佛廟之勝，無土無之。皆金碧滉瀁，紺瓦鱗次，列刹相望，樓閣臺殿，高下參差，門户千萬。每歲會皇上誕辰，落髮稱大比丘者不減千數，天下業經試可、籍名奏御者又不知幾千焉。故知百民五僧，不爲誣矣。方今之盛，頗近蕭梁。以天下之廣、緇田之衆，豈無能樹教飾像、發輝前佛之心者哉！今和上俗姓吴，法號方教，東牟黄山人也。幼惡塵累，知佛之可以歸依也。始年十二，南來昌陽，禮寺僧志虔師焉。十九剃頭，二十受具足戒。披大如來衣，日化四方，廣增善利。一日，捨己錢三十萬，遣徒南抵餘杭，購白檀模大聖真像。入境之日，擊鼓吹螺，緇俗淆混，歡扶笑引，合雜道路。至止之初，和上復敕其徒曰：『真像既睹，秘宇未備，可共化緣。』信衆樂從，命工鳩植，成側殿於院之巽隅，面乃金方，便乎旦夕之禮。已而丹梁虹伸，雕甍鳥企，既壯且麗，以落厥功。於戲！能樹西聖人之教，章西聖人之道，若天之高、地之廣、日之明，俾無窮盡，非和上則誰與？振，邑子也。被率紀實，固艱牢讓，搦管遺辭，靦顔弗既。鑱諸堅石，用傳不朽，慶曆命元五載太歲乙酉九月癸未朔九日建。光緒《增修登州府志》卷六五，光緒七年刻本。又見民國《萊陽縣志》卷三之三下。

釋普祥

普祥，仁宗時僧人。

處州麗水縣敕賜普照寺記〔一〕

逾郡城之東北隅一百二十里，有精藍曰普照焉，即巨唐會昌六年，檀越戎公緒祝太平創建。厎爲植福之所，始榜曰福田。至皇宋垂衣之化，祥符元年，敕爲今額。肇自住持，五房尸掌，三綱主寺，自遐及邇，匪怠無荒。職非幹蠱，代有英賢。先德釋道勤於咸通十年，糾檀越公緒，造鐘臺一所。光啓二年，有信創水浮屠一座，釋全祐於宋端拱二年，率籲衆緣，革故鼎新，建寶殿一年，聖像七軀。祥符二年，釋全超幕緣，樹三門一座，追塑二聖。天禧五年，釋喜簾傾説浄之資，創浴室一座。釋子忠、居辯於天聖四年，召庶緣興庫院一所。居辯於慶曆三年蠲衣鉢之外，革故造彌陀寶殿，洎塑佛像七身。其間凡構僧舍、前後僅二百楹，悉已完具。於是大厦既作，百堵皆成，繡甍藻棁，鴛瓦文榱。飾若翬，勢如翼，峨峨梵宇，峻拔寒空，璨璨金容，光舒清夜，其唯勝若。噫！諸先德高躅雖往，奇迹依然。德音藹乎一時，盛績薰乎千古。俾居者視履，考祥景行，奚能過矣？兹寺也，宅遠林坰，款居美壤，門流一澗溪聲而今古無渝，檻對千山翠色以寒温不變。物儀淳樸，岡巋混成。清瘱虛閑，渺淵凝寂。游者蜕解羽翰，處者紋成印懷。然苾芻所舍，本塈家間。樹下乃有風雨之暴，故設棟宇之待，亦非華麗宏壯其居。今既宗佛法，厥宇得不宏麗哉！俾其庶物咸附，洞死生，證常樂，利之博矣。夫捨家人悟妙，圓覺爲大伽藍，庸智籠於法，植福契於心，不召而速，不言而信。若如是，厥處宏麗之宇，迪世何損焉？奚僭焉？苟不然者，可宜毖化。寺有徒弟曰藴思上人，衆之喉舌，寺之紀綱，睹於寶殿妝漆萎壒，瓦板墳隳。普賢、迦葉，隱壁菩薩。謂代浸遠，彩塑亦摧，遂於英信，再葺良緣。可謂薦巢招提，重光像運，吾道詎委地哉？復諗諸耆德，雖圖能事，尚闕紀文。後昆既紊其誠，先覺亦傾其緒。予辱承厚命，妄摭任詞，聊以補於將來，免湮乎厥而已矣。時聖宋至和二年，太歲乙未，十一月望日記。當寺尊宿沙門慶榮、藴仁、招慶、居勝。寺主沙門喜從。知浴沙門遇乘施石。當寺尊宿、城下管内都僧正兼依監檀長、講經律論沙門德宣立石。東嘉洪慧列。《栝蒼金石志》卷三，臺灣新文豐出版公司石刻史料新編本。又見《兩浙金石志》卷五，光緒《處州府志》卷二六，道光《宣平縣志》卷一四。

〔一〕題左原題有『沙門普祥述并書，當寺沙門居遜篆額』一行十五字。